高等院校公共基础课规划教材

创新创业教程

孙 伟 李长智 主 编
张嘉赢 李 丹 张世辉 杨春鹤 副主编

清华大学出版社
北 京

内容简介

本书的知识体系清晰合理，逻辑严密，是一本全面而专业的创新创业教育用书。在编写过程中，以转变教育思想、更新教育观念为基础，以提升学生的创新精神、创业意识和创业能力为核心，以通俗的语言、丰富的实例、有效的训练，系统地介绍了创新创业的基本思维方式、相关技能方法等。内容全面，具有较强的知识性、技能性和实用性，符合国家教育部和高等院校转型发展时期人才培养的需要。

本书共分为创新和创业两大部分，主要包括创新基本理论，创新思维方法，创造性技法，创新产品产业化，创业、创业精神和创业者，创业机会，创业中的商业模式构建与资源整合，创业计划与新企业开办，"互联网+"与大学生创业等内容，每章都安排了相应的训练、思考和测试内容，可以帮助读者通过实际训练及时、全面地掌握各章的内容。

本书可作为高等院校本、专科创新创业教育的通用教材，也可作为企业继续教育的培训教材，还可以作为拓宽视野、增长知识的自学用书。

本书对应的电子课件和习题答案可以到 http://www.tupwk.com.cn 网站下载。

图书在版编目(CIP)数据

创新创业教程 / 孙伟，李长智 主编. —北京：清华大学出版社，2017（2020. 1重印）
(高等院校公共基础课规划教材)
ISBN 978-7-302-46382-5

Ⅰ. ①创… Ⅱ. ①孙… ②李… Ⅲ. ①大学生－创业－高等学校－教材 Ⅳ. ①G647.38

中国版本图书馆 CIP 数据核字(2017)第 011310 号

责任编辑： 胡辰浩 高晓晴
装帧设计： 孔祥峰
责任校对： 曹 阳
责任印制： 杨 艳

出版发行： 清华大学出版社
网　　址： http://www.tup.com.cn，http://www.wqbook.com
地　　址： 北京清华大学学研大厦 A 座　　**邮　　编：** 100084
社 总 机： 010-62770175　　**邮　　购：** 010-62786544
投稿与读者服务： 010-62776969, c-service@tup.tsinghua.edu.cn
质 量 反 馈： 010-62772015, zhiliang@tup.tsinghua.edu.cn
课 件 下 载： http://www.tup.com.cn，010-62781730

印 刷 者： 北京富博印刷有限公司
装 订 者： 北京市密云县京文制本装订厂
经　　销： 全国新华书店
开　　本： 185mm×260mm　　**印　　张：** 21.25　　**字　　数：** 557 千字
版　　次： 2017 年 2 月第 1 版　　**印　　次：** 2020 年 1 月第 5 次印刷
定　　价： 43.00 元

产品编号：073519-01

前言 / Preface

中国共产党第十七次全国代表大会提出“提高自主创新能力，建设创新型国家”和“促进以创业带动就业”的发展战略。《国家中长期教育改革和发展规划纲要(2010-2020)》也明确指出，要大力推进高等学校创新创业教育工作，加强学生创新能力和实践能力的培养，加强就业创业教育和就业指导服务，着力提高学生的就业创业能力。2012年8月，教育部专门下发了《关于普通本科学校创业教育教学基本要求(试行)的通知》(以下简称《通知》)，对普通高校创业教育的教学标准、教学内容做了基本规定，提出面向全体、注重引导、分类施教、结合专业、强化实践的原则，推动高等学校创业教育科学化、制度化、规范化建设。

本书结合大学生群体的实际特点，帮助大学生了解和掌握创新与创业的相关知识和规律，提高大学生的创新意识和创业能力。本书具有知识新颖、内容丰富、案例鲜活、贴近实际、注重素质培养和能力提升等特点。在编写过程中，内容取舍以实用、实际、实效为原则，精讲细练，对各知识点和技能进行着重叙述。案例贯穿全书，使本书颇具可读性，更以训练、思考、测试等多种形式充分调动读者的思维活跃性，从而使其达到触类旁通、快乐学习的目的。

本书适合高等院校各专业作为开展创新创业教育的通用教材，也可作为企业继续教育的培训教材，还可以作为拓宽视野、增长知识的自学用书。教师可根据教学对象和授课学时不同，灵活选择相关内容进行重点学习。

本书由沈阳大学孙伟、李长智担任主编，张嘉赢、李丹、张世辉、杨春鹤担任副主编。全书共计9章，由孙伟副教授、李长智教授总体策划。各章编写人员及分工如下：李长智编写第1章；沙岫编写第2章；张嘉赢编写第3章；刘飒编写第4章；孙伟编写第5章；杨春鹤编写第6章；李丹编写第7章；丁旭编写第8章；张世辉编写第9章。全书最终由孙伟副教授总纂。

沈阳大学副校长王淑梅教授审阅了书稿并提出了许多好的意见和建议，在此深表感谢。

由于受时间、资料、编者水平及其他条件的限制，书中难免存在一些不足之处，恳请同行专家及读者批评指正。我们的邮箱：huchenhao@263.net，电话：010-62796045。

本书在编写过程中，参考了有关的教材、论著和期刊等，限于篇幅，恕不一一列出，特作说明并致谢。因各种条件所限，未能与有关编著者取得联系，引用与理解不当之处，敬请谅解！

本书对应的电子课件和习题答案可以到http://www.tupwk.com.cn网站下载。

编　者

2016年11月

目录 / Contents

第 1 章 创新基本理论

处处是创造之地，天天是创造之时，人人是创造之人。

——著名教育家 陶行知

人脑不是一个要被填满的容器，而是一支需要被点燃的火把。

——古希腊哲学家 普罗塔戈

人的时间有限，不要把宝贵的时间浪费在重复其他人的生活上，人活着就是要找到你真正所爱的东西，让每天都精彩绝伦，人活着就是要改变世界！

——苹果公司联合创办人 史蒂夫·乔布斯

想别人不敢想的，你已经成功了一半；做别人不敢做的，你就会成功另一半。

——现代物理学的开创者、集大成者和奠基人 阿尔伯特·爱因斯坦

【本章要点】

- 什么是创意、创新、创造力？创意的特征是什么？创新分为哪几类？
- 什么是创造性思维？有哪些特征？
- 创造性思维的形式有哪些？
- 什么是创业精神？如何培养创新精神？

1.1 创造、创意和创新

创新是一个民族的灵魂，是一个国家兴旺发达的不竭动力。科学的本质就是创新，历史上的科学发现和技术突破无一不是创新的结果。20 世纪相对论、量子论、基因论、信息论的形成，都是创新思维的成果。有没有创新能力，能不能进行创新，是当今世界范围内经济和科技竞争的决定性因素。创新不但决定性地影响着科学技术的发明创造，也决定性地影响着科学技术的发明成果及时转化为直接的社会生产力，最终促进社会经济的迅速发展。从这个意义上说，创新也是社会进步的决定性因素。随着新经济时代的到来，特别是进入 21 世纪后，人们对创新和创造的关注程度已陡然超过历史上的任何时期。“创新”概念的出现频率之高，实质上正是标志了创造和创新已成为当今时代的主题和最强音。

1.1.1 关于创新的概念

案例分享：Google 互联网创新模板

1996 年，两个斯坦福大学计算机科学系的博士生谢尔盖•布林和拉里•佩奇，创造了一种给网络搜索带来巨大飞跃的法则。他们认为页面的排名应该基于它被其他网页引用的频率及其可信度。Google 的搜索服务始于 1998 年，很快就获得每天超过 50 万次的询问。在接下来的几年里，Google 服务的发展和网络发展同样迅速。与 20 世纪 90 年代后期的网络公司不同，Google 找到了一剂万能药，能将所有的点击变成钱——通过搜索广告。在 2004 年 Google IPO 上市后的 3 年里，其收入翻了 3 倍多，从 32 亿美元增长到 106 亿美元，市值也高达 1400 亿美元以上。

Google 深刻地改变了软件行业。与微软不同，Google 通过网络，以在线服务的形式来发布软件，而不是通过传统零售渠道出售有形产品。微软的收入大部分来自于专利授权费，Google 则通过出售与搜索内容相关的广告来赚钱。微软的应用程序是设计用来与其他产品无缝合作、与 Windows 操作系统紧密结合的，而 Google 的搜索、Gmail 和 Google 地图等都是独立产品。因此，如果微软想在其交错的产品线中升级某个部分，必须面临很高的复杂性，Google 则不需要。

让 Google 变得独一无二的，是它“处在混乱边缘”的管理模式，而不是“以网络为中心”的商业模式。其中的关键包括：一个扁平的组织、一个能加强横向交流的密集网络、一种能给想出好点子的人丰厚奖励的政策、一个以小组为核心的产品开发方式，以及让每个员工把客户放在首位的公司信条。Google 这种独一无二的管理体系，得益于布林和佩奇解释自己企业早期成功的方式。两个创始人认为，运气在 Google 的迅速成功中扮演了重要角色。Google 所在的硅谷，大量公司在短暂而辉煌的成功后走向破产衰败。布林和佩奇深知，企业家的成功是达尔文自然选择论的产物——正如被赐予了好运的生物物种一样，Google 的成功很大程度上归功于这种意外的运气。所以，布林和佩奇不认为自己是世界上最聪明的人，也不认为自己是 Google 长期战略唯一的规划师，他们只是在为 Google 寻找一种硅谷本身就具有的、良好的创新环境。布林和佩奇深知，在当今世界，重要的不是企业在某个时间点的竞争优势，而是一种长期的进化优势。因此，他们的愿望是创建一家能和网络一样快速进化的公司。

1. 创造和创意的概念

1) 创造

创造是人类最美好的行为，是最高超的劳动。人类社会的文明史，就是一部创造发明史。在原始社会，若没有燧人氏发明钻木取火，人类恐怕还得生吃食物；若没有工具的发明，人类就不能称为高级动物。在近代，若没有大机器的发明，我们仍将处在扶犁耕田、手摇纺纱的落后状态；若没有人工接种牛痘的发明，成千上万人的生命将被天花吞噬；若没有电灯的发明，我们至今还得靠油灯照亮……

在《辞海》中，“创造”一词被解释为“首创前所未有的事物”。在《现代汉语词典》里，“创造”被解释为“想出新方法、建立新理论、做出新的成绩或东西”。这些都是关于“创造”的最基本的解释。创造特别强调独创性，然而，任何创造都不是无中生有，而是在前人创造的基础上有所突破，所以，要论创造二字的含义，中国语言中的创造更贴切实际。根据《辞源》的解释，“创造”是由两个字组合而成的，“创”的主要意思是“破坏”和“开创”，“造”的主要含义是“建构”和“成为”。所以，“创”和“造”组合在一起，就是突破旧的事物，创建新的事物。“唯创必新”乃是创造的根本特点。创造是各式各样的，时时处处都可以有创造。如科学上有发现，艺术上有创作，方法上有创新，技术上有发明。也可将创造分为“大创造”和“小创造”，“大创造”被称为“特殊领域的创造”，小创造被称为“日常生活中的创造”。

美国创造心理学家泰勒曾提出划分“创造五层次”的著名观点，具体如下：

(1) 表露式的(expressive)创造。意指即兴而发等，但却具有某种创意的行为表现。例如，戏剧小品式的即兴表演、诗人触景生情时的有感而发等，其创造水平或程度一般即属于这一层次。儿童涂鸦式的画作有时很有创意，其水平亦属此层次。

(2) 技术性的(technical)创造。意指运用一定科技原理和思维技巧，以解决某些实际问题而进行的创造。如把素材按新的形态组合产生出新事物，或某种旧的结合解体，新的结合重新产生。

(3) 发明式的(inventive)创造。意指在已有的事物基础上，产生出与以往曾有过的事物全然不同的新事物的创造。例如爱迪生发明的电灯、贝尔发明的电话。

(4) 革新式的(innovate)创造。意指不仅在旧事物基础上产生出了新事物，而且是在否定旧事物或旧观念前提下造出新事物或提出新观念的“革旧出新”的创造。例如，技术史上各种新工具的出现以代替旧工具，科学史上发现新定律以替代旧定律等。

(5) 突现式的(emergentive)创造。意指那种与原有事物无直接联系，看似“从无到有”地突然产生出新观念的创造。我们可以说，各学科领域荣获诺贝尔奖的重大科学发现，均应属于这一层次的创造。

在学术界，人们对“创造”有很多种不尽相同的解释，仅日本创造工程学家思田彰教授在其著作《创造的理论和方法》中就列举了人们提出的有关“创造”的 83 个定义。结合国内外的学者对创造的不同表述，可以对创造下一个通用的定义：所谓创造，是指人们为达到某种目的而首创或改进某种思想、方法、理论、技术和产品的活动。

2) 创意

(1) 创意的含义

在汉语中，创意的原意是指写文章有新意。创意比较接近以下几个意思：有新意的想法、念头和打算；过去从未有过的计划；创新性的意念。创意最基本的含义有两点：一是有创造性，包含新颖性、超前性和奇异性；二是头脑中的主意、念头、想法。“创意”既是一个名词又是一个动词。作为静态名词的“创意”是指创造性的意念、新颖的构思；作为动态词汇的“创意”是指创意思维的过程，是一种经过冥思苦想而突然降临的、从无到有的新意念的产生过程。简而言之，创意就是具有新颖性和创造性的想法。

(2) 创意的特征

创意常得益于灵感，它是灵感诱发形成的观念、想法和念头，比灵感要完整和完善。主要包括以下特征：

第一，突发性。创意是一种突变式的思维飞跃，使感性材料或灵感启示迅速升华为理性认识，也就是变成想法、意念，故而创新还有突破性。

第二，形象性。爱因斯坦在回复美国数学家调查科学家的思维方式的信中说：“在我的思维机制中，作为书面语言的那种语句似乎不起任何作用。好像足以作为思维元素的心理存在，乃是一些符号和具有或多或少明晰程度的表象，而这些表象则是能够自由地再生和组合的。”“在我的情况中，上述心理元素是视觉型的，有的是动觉型的。”爱因斯坦所说的“思维元素的心理存在”和“心理元素”就是一种创意。这就是说，爱因斯坦在产生创意时，他主要的思维活动是形象思维，他思维的元素是称为表象的记忆材料，他用表象来把握对象，明晰的概念在这时还没有介入，创意还是“具有或多或少明晰程度的表象”。有了创意以后，才可以用概念来审查、推论，运用逻辑思维来证明或否定创意。

第三，自由性。创意思维的目标是确定的，但从思维的方向来说，则是多路的、散漫的、全方位的、灵活的，具有充分的自由性。在创意的选择上，也是自由开放的，甚至是由着自己的性子去思考自己最愿意做的事，有的甚至是隔行的“业余爱好者”，表现出思维开阔、自由奔放、不受拘束的特点，有时竟能获得十分宝贵的创意。

第四，不成熟性。爱因斯坦所说的创意是“具有或多或少明晰程度的表象，而这些表象则是能够自由地再生和组合的”。这正说明创意的相对模糊性和不成熟性，也许经过明晰化和再生、组合之后，才能成为创新、设计和方案。我们不赞成把创意等同于创新思维的最终产物，创意是灵感或经验与创新设计方案之间具有中介性质的思维存在。因此，创意诞生后，还必须有一个对创意的证明和证伪的过程，有一个去粗取精、去伪存真、由表及里的再思维过程。

2. 创造力

什么是创造力？简单地理解，可以把创造力看作是人类自身所具有的创造新事物的能力。但实际上，创造力是个相当复杂的概念。它是人类特有的一种综合性本领，是由知识、智力、能力及优良的个性品质等复杂多因素综合优化构成的。创造力是指产生新思想，发现和创造新事物的能力。它是成功地完成某种创造性活动所必需的心理品质。例如创造新概念、新理论，更新技术，发明新设备，创作新作品都是创造力的表现。创造力是一系列连续的、复杂的、高水平的心理活动，它要求人的全部体力和智力的高度紧张，以及创造性思维在最高水平上进行。

创造力与一般能力的区别在于它的新颖性和独创性。它的主要成分是发散思维，即无定向、无约束地由已知探索未知的思维方式。按照美国心理学家吉尔福德的看法，发散思维当表现为外部行为时，就代表了个人的创造能力。创造力的构成可归结为以下三个方面：

1) 作为基础因素的知识

这些知识主要包括吸收知识的能力、记忆知识的能力和理解知识的能力。吸收知识、巩固知识、掌握专业技术、实际操作技术、积累实践经验、扩大知识面、运用知识分析问题及解决问题，是创造力的基础。任何创造都离不开知识，知识丰富有利于更多更好地提出创造性设想，对设想进行科学的分析、鉴别与简化、调整、修正；并有利于创造方案的实施与检验；而且有利于克服自卑心理，增强自信心，这是创造力的重要内容。

2) 创造性思维

创造性思维，是一种具有开创意义的思维活动，即开拓人类认识新领域、开创人类认识新成果的思维活动。创造性思维是以感知、记忆、思考、联想、理解等能力为基础，以综合性、探索性和求新性为特征的高级心理活动，需要人们付出艰苦的脑力劳动。一项创造性思维成果往往要经过长期的探索、刻苦的钻研，甚至多次的挫折方能取得，而创造性思维能力也要经过长期的知识积累、素质磨砺才能具备，至于创造性思维的过程，则离不开繁多的推理、想象、联想、直觉等思维活动。

3) 创造人格

创造人格主要包括意志、情操等方面的内容。它是在一个人生理素质的基础上，在一定的社会历史条件下，通过社会实践活动形成和发展起来的，是创造活动中所表现出来的创造素质。优良素质对创造极为重要，是构成创造力的又一重要部分。优良的个性品质，如永不满足的进取心、强烈的求知欲、顽强的意志、积极主动的独立思考精神等是发挥创造力的重要条件和保证。总之，知识、智能和优良个性品质是创造力构成的基本要素，它们相互作用、相互影响，决定创造力的水平。

3. 创新

1) 创新的概念

从词源来看，“创新”(innovation)一词源自拉丁语“innovare”，是指人类提供前所未有的事物的一种活动，原意有三层含义：①更新；②创造新的东西；③改变。这里的“事物”所指很广泛，既包括自然科学；也包括社会科学；上至国家政权，下至百姓生活。从天文到地理，无所不有。这里的“前所未有”却只有一种含义，那就是“首创”。任何的创新都必须是一种首创活动。通俗地讲，首创就是第一个的意思。不过这个首创因为参照对象的不同而有两种不同的含义，衍生出狭义创新和广义创新两种类型。

(1) 狭义创新是相对于其他人或全人类来说，你是第一，是首创。狭义创新是真正具有推动社会进步意义的。比如爱因斯坦发现相对论、爱迪生发明电灯等。

(2) 广义创新是虽然相对于其他人我们不是第一个，但相对于我们自己来说，是第一，是首创。比较简单，容易学习和掌握。比如单位搞了一场与往年不同的新年联欢会、推行了新的工作方法、进行了某些方面的改进等。

2) 创新的分类

(1) 按照内容不同，创新可分为知识创新、技术创新、工程创新、管理创新和社会创新等等。每一类创新又可细分为更多的方面，如社会创新可分为社会制度创新、社会政策创新、社会组织创新等；技术创新又可分为产品创新、服务创新、业务流程创新、业务模式创新、文化创新等。

第一，知识创新。知识创新是指通过科学研究，包括基础研究和应用研究，获得新的基础科学和技术科学知识的过程。科学研究是知识创新的主要活动和手段。知识创新的成果构成技术创新的基础和源泉，是促进科技进步和经济增长的革命性力量。知识创新包括科学知识创新、技术知识特别是高技术创新和科技知识系统集成创新等。知识创新的目的是追求新发现、探索新规律、创立新学说、创造新方法、积累新知识。总之，知识创新为人类认识世界、改造世界提供新理论和新方法，为人类文明进步和社会发展提供不竭的动力。

第二，技术创新。1992 年经济合作与发展组织提出了：技术创新包含了新产品和新工艺的产生以及对产品和工艺的重大技术性改变。创新包括了一系列科学的、技术的、组织的、金融的和商务的活动。我国学者认为：技术创新是指企业应用创新的知识和新技术、新工艺，采用新的生产方式和经营管理模式，提高产品质量，开发生产新的产品，提供新的服务，占据市场并实现市场价值。总之，技术创新概念的严格定义是一个相当广泛而复杂的问题，难以用简单的定义将它涵盖，到目前为止，还没有一个大家都认可的严格意义上的统一定义。但是，有一点是公认的，就是技术创新是一种经济概念，是一种经济发展观。这一概念的内涵是，高度重视技术变革在经济变革中的重大作用。它是经济和科技甚至包括教育、文化等的有机结合，而不是一个纯粹科技范畴内的概念。

技术创新是一种产生效益的创造性活动，没有创造就没有创新。创新同时也是一个“毁灭”过程，是一种创造性的“毁灭”，是对旧的生产体系的破坏。创新本身就是一个不断创造、不断毁灭的过程。在熊彼特看来，创新者必须具备三个条件：①要有眼光，能看到潜在利润；②要有胆量，敢于冒险；③要有组织能力，能动员社会资金来实现生产要素的重新组合。

第三，工程创新。工程是什么？简单地说工程就是造物。严格地说，工程是人类以相关的技术，按一定的规则，为了构建一个新的存在物的集成性活动。由于每项工程活动都有其特殊的初始条件、边界条件和不同的目标要求，不可能存在两项完全相同的工程。例如，当一个隧道工程“学习”另一隧道工程的先进经验时，是必须有某些变化或创新的。工程创新就有了多方面的具体内容和多种不同的表现形式：工程理念创新、工程观念创新、工程规划创新、工程设计创新、工程技术创新、工程经济创新、工程管理创新、工程制度创新、工程运行创新、工程维护创新、工程“退出机制”创新(例如矿山工程在资源枯竭后的“退出机制”)等。

工程创新的重要标志体现为“集成创新”。工程集成创新的第一个层次是技术要素层次的集成。工程创新活动需要对多个学科、多种技术在更大的时空上进行选择组织和优化。这就是说，工程不可能依靠单一的技术。工程创新的集成性还反映在工程活动中，包括了物质要素、技术要素、经济要素、管理要素、社会要素和文化要素等多种要素的集成。

第四，社会创新。社会创新指的是能够满足社会目的并取得实效的新想法。社会创新是指开发出更为有效的服务、项目和组织来满足社会需求。涉及的领域包括卫生、住房、教育和养老，这需要政府和企业做出较大的努力。然而组织形式不固定、资金投入少、参与的机构及方式不成体系是现有的问题，各国政府也在进行此方面的政策咨询，并付诸实践。

现任华盛顿大学社会创新中心主任的 Susan Stroud 在其著作《社会硅谷》中写道：过去的 500 年人类通过技术革新、科学发展和经济增长得以生存，如果人类想继续生存下去，人类未来的生存要通过社会创新，即建立一个可持续的社会机制。社会创新的过程就是城市、国家、政府以及企业通过对于新的更有效的方法的设计和开发应对城市扩张、交通堵塞、人口老龄化、慢性病以及失业等迫在眉睫的挑战的过程。要改善政府和企业的社会行为方式，通过教育来加强公民服务意识的培养，以促进社会的和谐统一。

(2) 按照创新的程度和创新中自我知识产权的比重，又可分为自主创新与开放式创新。

第一，自主创新。自主创新即指国家或企业依靠开发自己核心的技术，形成核心竞争力的创新。它强调企业核心部分的创新必须是自主的，次要部分可以“外购”或“外包”等，在利益最大化和时间效率最大化之间找到平衡。通过自主创新，企业能够主导自身在行业竞争中的领先地位。

世界产品中，38%的电视机、42%的电脑显示器、70%的收音机、50%的照相机、16%的电冰箱都是中国生产的，但是，我们并没有得到这么高比例的利润，原因是我们缺少自主核心技术和自主设计。过去，我们不重视自主创新，在经济发展中便遇到了困境，例如 DVD 机曾经是一个非常普及的家用电器，在国际市场上每一台产自中国的 DVD 最低 29 美元就可以买到，可是因为我们生产过程中缺乏核心技术，每生产一台 DVD 机我们要向有关部门缴纳专利费 20 美元，只能取得微薄的利润。因此，我们必须通过自主创新来提升竞争力，来提升中国经济的竞争力。

提倡自主创新并不会把自主创新看成是绝对的、每个组成单元都是自成体系的，因为任何企业都会受到内部和外部资源配置的局限，只要能在最主要的核心部分实施自主创新的突破即可，有些部分在成本可控的范围内应该尽量采用外部成熟资源，提高效率，缩短时间。

第二，开放式创新。传统的企业技术创新认为，创新的关键是在严格控制下的企业内部实验室进行，随着信息技术的发展，到处遍布的可用知识使得控制变得不可能，现在竞争优势往往来源于其他人的研究和发明。

所谓开放式创新即不断利用从外界得到新资讯、新技术、新产品，甚至与竞争者分享自己的创意而获利的创新。

原来人们理解的创新只是小部分研发人员的事情，这拉大了普通人与创新的距离。但“开放式创新”却直接指出创新不能仅仅靠组织内部的思想，而需要依靠所有愿意进一步开发的机构和个人。换句话说，创新是我们每个人的责任。

3) 创新的特点

(1) 普遍性。创新存在于一切领域，没有哪个学科、哪个行业、哪个领域是永远一成不变的。

(2) 永恒性。创新是人的本能，只要有人类，就有创新，这种活动受人类自我实现本能的支配。另外，人类的其他活动有可能终止，但创新永远不会终止。

(3) 超前性。由于创新就是相对于他人的首创行为，因此社会认识必然滞后于创新，创新总是超前的。

(4) 艰巨性。有两个因素导致了创新的艰巨性；其一是由于创新的超前性而致，因为超前，所以可能得不到他人的理解和支持，甚至遭到反对，给创新者造成很大的压力，并制造了艰难的创新环境；其二是由于创新本身，创新是做前人或他人没有做过的事情，实现创新的过程和方法都需要探索，因此带有不确定性和技术上的难度。

(5) 社会性。前面说过，完成一个创新，不但要想还要做、要实施。实施过程中就要与社会发生联系，产生社会性。现代社会随着分工的细化，单打独斗的时代已经一去不复返。

(6) 无止境、无边界、无权威。最好的创新永远是下一个！任何学科、领域、部门都是人为划分的结果，既然是人为划分，就可以人为打破；在专业知识面前，不同的行业、专业是有着很大差别的，但在创新面前，规律是一样的，而且越是跨行业、跨领域的创新，越是能诞生超乎寻常的结果。在创新面前人人平等，谁都可以成为创新的强者，没有任何人是权威。很多时候，对权威的过分迷信会形成对创新活动的巨大阻碍。

案例分享：香皂刨丝器

香皂滑溜溜的，很容易脱手掉到地板上甚至马桶里，容易沾上头发，多人使用的话难免交叉传递细菌，变得很黏很脏……正因为如此，香皂慢慢离开了我们的生活，取而代之的是取用方便，不会交叉使用的瓶装洗手液，尤其在公共场合的盥洗室，已经很难再看到香皂的身影了。

别致的香皂刨丝器(见图 1-1)，只需将块状香皂装入，推动下面金属杆就可以刨出香皂细丝落到手中，薄薄的香皂碎屑易溶易用，不用再搞得整个香皂都滑溜溜，没有了滑落的尴尬，全家人使用也都是干净全新的香皂屑。

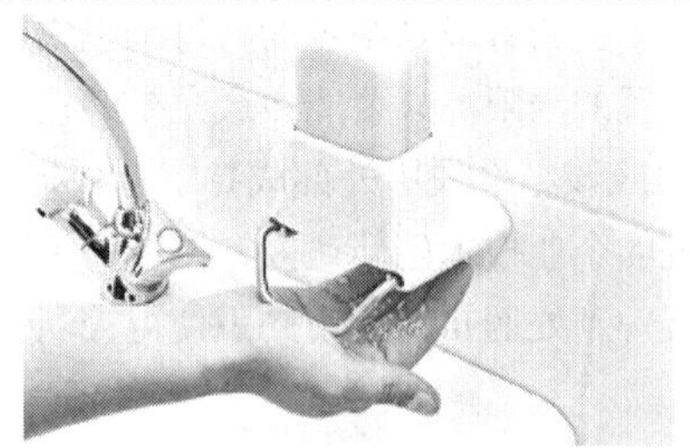

图 1-1　香皂刨丝器

1.1.2　创意开发理论

案例分享：创意楼梯的设计

对大多数人来说，爬楼梯都是一件很不爽的事，但如果楼梯都设计成了下面这些样子呢？看看以下几款楼梯设计，原本千篇一律的台阶经设计师之手，摇身一变，或妖娆或个性，成为家里的一道风景线。

加拿大艺术家 Andrew McConnell 从鲸鱼的脊椎上获得灵感，修建了这架脊椎形状的楼梯(见图1-2)。每一块脊椎就是一步台阶，通过台阶和仅有一侧的扶手部分连接起来，盘旋而上。不仅组装简单，也有如鲸鱼身体一般的负荷力，简直不能帅气更多！

图 1-2　鲸鱼骨架楼梯

建筑师工作室 Arquitectura en Movimento Workshop 设计的楼梯(见图 1-3)，美轮美奂，少了扶手，却多了连接上下梯面的木板，爬起来舒服，看起来也顺眼，而且室内的透光性更好，使用者可以随意地坐在楼梯上，并且以延伸面作为椅背，圆弧的角度看起来十分舒适。

位于荷兰阿姆斯特丹的 marc koehler architects 利用楼梯一层层的规则，分割出大小一致的方格，把楼梯下的三角空间充分利用做成书架，不但可以收纳更多书籍，而且刚好在餐桌前，面对一整面书墙用餐，不比盯着电视差哟(见图 1-4)。

图 1-3　流线型的艺术楼梯

图 1-4　书墙楼梯

将小朋友最喜欢的滑梯设计在一侧，大人小孩两相宜，当然大朋友累了的话也可以溜下去，不失童趣的有爱设计(见图 1-5)。

图 1-5　带滑梯的楼梯

1. 创造力开发的理论依据

大脑是思维的器官，是人类创造力的物质基础。通过大脑的训练，既可保持年青态，还可以提高创造力。本书所谈到的创造力开发，涉及更广泛的内容，不仅涉及大脑问题，还涉及人格、态度、行为；不仅涉及个体，还涉及团队和社会组织。

在创造学中，“创造”和“创新”这两个概念，在一般情况下是可以相互替换使用的，或者说，它们之间并没有绝对严格的界限。其所表征的共同特点就是，无论是创造主体的创造性思维，或是创造出来的产品(物质的或精神的)，都是越出新、越独特、越不同凡响或越标新立异则越好。如果这种产品是世界上从来没有过的、独一无二的“原创”，那么，只要它还能满足“现实性”(或“适用性”)这一充分条件，那它就将是世界性的、顶尖级的创新或创造。

人们越来越重视创造力的培养，挖掘创造力资源是社会发展的需要。面对复杂的未来，各国都需要更多的创造型人才。奥斯本在其名著《创造性想象》中指出：“人类社会的文明史正是由人们依靠创造力实现的辉煌成就构成的。想象力是人类能力的试金石。作为动物，人类之所以能生存、发展，毫无疑问是依存想象力。人类也正是依赖想象力才能征服世界。”P.伊顿指出：“这就向我们的教育才能提出了挑战，看我们是否获得发展创造性、积极性和智力的源泉。我们深信，我们国家的最高经济利益在不远的将来主要依赖我国人民的创造才智，而不是我们丰富的自然资源。”哈佛大学前校长普西教授也指出：“中学和大学应该使具有十分重要意义的创造性火花恢复生机。因为创造性火花是各级教育之间的纽带，这是历史赋予我们的，应该毫无拖延地完成的一项使命。”

人的创造力能否通过一定的教育手段和环境改变等措施而得到发展呢？回答是肯定的。国际上许多国家将创造力研究的理论运用于教育之中，经过多年的实践，形成了创造力开发的专门活动。创造力开发，又叫创造性培养，是以下述理论为依据的：

第一，人人都具有创造力，只是程度高低不同而已，普通人和天才之间并无不可逾越的鸿沟。与传统的看法不同，不少心理学研究者根据调查得出结论说，创造力在人群中呈正态分布，创造力很强和很差的人均属少数，大多数人都具有中等程度的创造力。

第二，创造力和智力是不同的范畴。大量研究表明，创造力和智力是两种不同的心理品质，智商低的人其创造力也同样低，但是智商高的人创造力则有高有低。因此，开发智力不能完全代替创造性的形成。

第三，创造性虽说不是靠教得到，但是通过恰当的环境和教育是可以提高的。创造力的高低，先天素质一般只决定了一半，后天的教育和环境的熏陶有时更重要。如与传统的教学方法相比，创造性教学方法能够取得更好的教学效果，即使教学内容相同，创造性学习也能明显提高学习效果。创造性学习还容易调动学生的积极性和自主性，研究表明，具有创造的意识和精神是创造活动的主要动力。

第四，创造性培养最根本的问题是塑造创造性人格。创造力开发的活动，不能满足于教授创造技法和思维训练，要进行更深层次的人格培养。只有具备让创造之花自由生长的文化沃土，才能使创造成为社会文明之舟。因此，创造力开发也包括努力促进社会环境和文化的进步。

2. 创造中的心理障碍

在培养创造性人格问题上，所谓心理素质差，也就是指在人格特质中缺乏创造性所需要的某些特定方面。当然，这种人格弱点仅仅是与发挥创造性有关，它与病理心理学所谓的人格缺陷或障碍性人格等无关。但这种人格弱点却往往会导致创造主体在创造过程中出现各种心理障碍，因而在研究创造性人格问题时值得特别关注。

所谓创造过程中的心理障碍，既包括那些明显由个体认知或个性上的弱点所造成的心理障碍，如感知不敏锐、缺乏自信心等；也包括那些受社会认知影响，尤其是受所在团体氛围中实际存在的某种有形或无形压力的作用而产生的心理障碍，如害怕失败、崇拜权威等。

总括起来看，创造过程中的心理障碍大致表现在以下几个方面。

1) 自我意识障碍

自我意识上的障碍，主要是不能客观、公正地估计自己。比如，认为自己没有创造力，或是认为自己没受过某种专业训练等。实际上，在创造过程中，一定的自责有时虽然必要，但过分看重自己的不足则会失之客观，而造成归因上的误差，甚至导致对自我丧失信心。

很多人始终认为创造有一种神秘感，认为只有那些天才、专家才能创造。这完全是一种误解，创造并不神秘，也不是可望而不可即的事。

历史上，发明显微镜的列文虎克原本是个杂货店的学徒和看大门的；发明缝纫机的坦莫尼尔和豪都是普通的裁缝、工人；发明照相机的利埃普塞是个业余科学家。又如，圆锯的发明者是个修女，她当时一面纺线，一面观看男子吃力地用直锯锯树，心想若将一个纺线轮子周围装上锯齿，锯起来不就省力得多了吗？

还有的人总认为自己还需要学习，不具备创造的本钱，这种看法有道理，但也有局限，专业知识虽是创造的必要条件，但当需要打破旧的知识限制而创造新知识时，有些专业知识也可能反而成为一种阻碍。实际上，有时恰恰需要打破专业界限。因此，从这个意义上说，专业知识准备并不是绝对的，一味因专业问题而产生心理障碍实无必要。

另外，在自我意识方面还存在另一种障碍，即过分自负。它往往使得个体羞于提出一些不太成熟的想法，对别人的不成熟想法也爱吹毛求疵，其结果则常常是一无所获。

2) 情感障碍

情感障碍是创造过程中经常容易出现的现象，而且也较难克服。例如不敢冒险、害怕失败。这是由于新设想一般不能很快为社会或其他团体成员所认同，就容易使创造者因被拒绝而失去团体和社会的归属感，因而不敢冒此风险。又如，情感上的“自恋情结”，即过分看重已有的创造成果，而妨碍自己和他人做进一步改进，以创造出更好的解决办法或产品。

再如，在情感上容不得“混乱”也是一种常出现的障碍。这种障碍就是不能忍受不确定的、存在多种可能性的状态。其实，如果问题处于模糊状态，恰恰可能正预示着某种突破。这时所需要的是坚持和忍受，直至达到真理的彼岸。

另一种妨碍创造的情感障碍是不会幽默，不会放松，不敢有游戏心理。实际上，幽默可以活跃思想，可以摆脱传统和现实的束缚，激发想象力，甚至可以直接为创造发明提供思路。可以说，幽默是高情感智慧的标志，幽默感是创造个性的集中体现。

3) 认知障碍

认知障碍主要有感知不敏锐、功能固定、过分遵守规则、人云亦云、缺乏独立见解、崇拜权威以及经验主义等。如感知不敏锐是指在认识一开始就不主动、不积极、不敏感的状态，主要表现在：对任何事都无动于衷，不感到新奇；对事物的兴趣只维持一会儿，不喜欢刨根问底，多问几个为什么；感知麻木，不善于发现问题；见怪不怪，看不出毛病和缺陷。

我们在生活中总会遇到不安全、不得劲、不顺手、不如意的地方，但是一般人都是埋怨几声后，依然这么办。为什么呢？因为大家习惯了。感官对明显暴露的缺陷也不敏感。

4) 动机障碍

动机上的最大障碍是：对创造不感兴趣，满足于做好常规工作；在认知需要上浅层化，只了解需求，没有理解需求，没有深层探讨的驱动力；缺乏危机感，等等。

创造过程中的心理障碍，首先与主体的主观因素有关。创造过程的前期，主要容易出现自我意识上的不自信或认知上的感知不敏锐等心理障碍。创造的中期，则主要容易出现认知上的功能固定、过分遵守规则、情感上的害怕失败、不敢向权威挑战等障碍。创造的后期，则容易出现不能忍耐长期的艰苦和动机上寻求尽早得到报偿的障碍等。

创造之途总是布满荆棘，尝试新事物不仅开始就面临失败，就是成功了，人们也难于马上接受，因为大家对新事物不熟悉。在科技史中，新事物受到压抑和打击的事例屡见不鲜。哈维的血液循环理论被说成是离经叛道；琴纳发明种牛痘预防天花被说成“谁种牛痘谁就会成为牛痘狂”；爱因斯坦的相对论被讥笑为“怪物”；韦尔斯医生第一次用麻醉法拔牙，医务人员却骂他是江湖骗子；富尔顿发明轮船，却受到运河主人的反对；斯蒂芬逊发明火车，竟遭社会舆论的谴责……这不胜枚举的事实说明创新必须冲破来自各个方面的重重阻力。只有敢于创新的人，才能不畏风险，才能迎来真理的曙光；而任何犹豫、怯懦都可能失去认识真理的机会。冒险就是要有猜测、尝试、实验或面对批评的勇气。应该勇于坚持自己的见解，也勇于修改自己的见解，即使全错了，放弃自己的见解，心里也不留有阴影。

3. 创意开发的环境要素

美国心理学家罗伯•史登堡和特德•鲁巴特在《不同凡响的创造力》中分析说，创造潜能和创造力是有区别的。创造力就是去形成或看到别人尚未看出价值的想法或念头。有些人可能很有创造力潜能，但是它只是潜伏着，除非他们懂得利用可获得的资源将这个潜能显现出来，不然，别人是很难对他的创造力做出评价和认同的。他们认为，一个人把自己的创造力潜能转化为现实创造力的资源有六项，它们主要是：

1) 智慧

一个有创造力的人必须要有三种智慧：

(1) 能产生新构想的综合智慧，如重新定义问题等，其中包含着信息处理的领悟力，包含着把旧的信息、理论等组装成新的东西的能力，也包含着利用周围现有的物质创造出与众不同的东西，以及改变方向采用其他方式的能力等。智力的综合功能常常有助于我们分析和把握问题解决中出现的各种“例外”和“反常”的价值。

(2) 能认清问题、发现问题、调度资源以及评价构想价值的分析，它有助于我们看出哪一个新的想法是好的、有前途的，然后有效地调动资源，把问题的基本部分分别加以解决。在我们周围，总有一些人不断有新点子冒出来，但无法区分各种点子的优劣，这就使他们的各种点子和想法常常停留在半空中，无法最终实现。一个真正有高创造力的人，不但要能提出很多点子，而且要能看出这些点子的潜力得以实现的途径。

(3) 能从别人的批评中学习如何宣传、改进自己的构想的实用智慧，它能使我们有效地把自己的成果表现给观众看。在新创意的开发上，“卖点”是很重要的，好的销售策划可以提高这个想法的价值。一个人应该从他的工作中得到回馈，知道怎样回馈就是实用智慧的表现。这个批评值得采纳吗？我们应该改变产品吗？如何改才可达到最高效益？以新的、非故步自封的方式看事情，重新界定问题，以及把事情反转过来看的能力；能够建构问题、分配资源和评估一个想法是否可行的能力；能够宣传一个想法、善用别人的批评的能力。所有这些都是综合、分析和实用智慧的具体表现，是创造力有效发挥的重要条件。

2) 知识

要组合或超越已有的想法，必须先要知道这个想法是什么；不要随便接受别人已经接受的东西，必须预先知道什么是别人所接受的；要去质疑基本的原则，必须预先知道什么是基本的原则。创造性成果不可能凭空存在，即使它与现有的理念完全不一样，你也必须预先知道什么是现有的理念。因此，知识是一个从事创造性活动的人必备的智力资源。

3) 思维形态

思维形态不是一种能力，而是一个人解决某个特定问题所用的方式、方法，具体体现在一个人开发利用自己知识和创造力潜能的独特方式上。高创造力的人常常“随时依情境应变”及“质疑社会规范、真理及假设”，而不人云亦云，这种宁可自己去制定规则也不愿遵守既定规则的工作习惯或解题模式，是高创造力者的“注册商标”。思维形态是开发创造力的基本因素，一个人的创造力潜能需要借助于特定的思维形态才能完全激活，从一个原本冬眠的状态突变为创造激情沸腾的状态。

4) 人格

创造力不仅仅是认知的或心智上的特质，也有人格方面的特质。很多有高创造力的人很少或永远没有把他的能力展现出来，最主要的原因是他们没有必备的人格。由于创造性想法和观点的独特性和不合时宜性，一个高创造力的人必须有勇气讲出自己的创造性想法和观点，而且还必须坚持不懈地去克服种种困难来捍卫和实现自己的想法。

5) 动机

要发挥自己的创造力潜能，一个人必须有很强的动机才行。这些动机可能是外在的，如奖励、金钱、权利、名誉等；也可以是内在的，如自我实现、自我挑战等。动机可以使一个人专注于手边的工作，并促使他不断地克服各种困难，做出更多能表现其创造力的发现和发明成果来。绝大多数成功的高创造力者所从事的都是他们有兴趣、很喜欢的工作。内在的动机常常使一个人保持高度专注力，进入“衣带渐宽终不悔”的人生状态，并最终做出重要的创造性的工作和成果。

6) 环境

创造性想法或创意是一个人跟环境互动的产物。一个可以刺激创意的环境，在这个创意被提出时能够及时给予鼓励、奖励的环境，才可能造就出一流的原创性的科学家、发明家、思想家和其他杰出人才。相反，一个过于排斥异端思想或另类创意的社会环境，会使许多真正有原创性想法的人把自己的创意深埋在心中而不说出来，这不论对那些富有创造精神的个人来说还是对整个社会来说都是很可悲的事情。

案例分享：全球最具创意的公司——3M 公司

美国明尼苏达矿业制造公司，因英文名称头三个单词以 M 开头，所以简称为 3M 公司。3M 公司以其为员工提供创新的环境而著称，视革新为其成长的方式，视新产品为生命。公司的目标是：每年销售量的 30%从前 4 年研制的产品中取得。每年，3M 公司都要开发 200 多种新产品。它那传奇般的注重创新的精神已使 3M 公司连续多年成为美国最受人羡慕的企业之一。

3M 公司知道，建立有利于创新的文化氛围是非常重要的，因此，在工作中 3M 的管理人员尊重个人的尊严和价值，鼓励员工各施所长，提供一个公平的、有挑战性的、没有偏见的、大家分工协作式的工作环境；尊重个人权利，经常与员工进行坦率的交流；主管和经理要对手下员工的表现与发展负责；鼓励员工发挥主观能动性，为其提供创新方面的指导与自由。冒险与创新是公司发展的必然要求，要在诚实与相互尊重的气氛中给予鼓励和支持。同时，提供公平的个人发展的机会，对表现优秀的员工给予公平合理的奖励。

3M 公司提倡员工勇于革新。只要是发明新产品，不会受到上级任何干预。同时，允许有失败，鼓励员工坚持到底。公司宗旨中明确提出：决不可扼杀任何有关新产品的设想。在公司上下努力养成以自主、革新、个人主动性和创造性为核心的价值观。

“世界上最具有创新力的公司”是 3M 公司的正式宣言。3M 公司对创新的基本解释既醒目又简单。创新就是：新思想+能够带来改进或利润的行动。在他们看来，创新不仅仅是一种新的思想，而是一种得到实施并产生实际效果的思想。创新不是刻意得来的，3M 公司证明了一件事，那就是当公司越是刻意要创新时反而越是不如其他公司。随时贴便是在一连串意外中诞生，并不是依循精密的计划而来，每次意外的发生都是因为某个人可以完全独立从事非公司指定的工作，但同时也履行了对公司的正式义务。

正是由于 3M 公司独有的创新文化、一系列的创新机制和创新管理，使得 3M 公司在过去 15 年中在著名的《财富》杂志每年出版的美国企业排行榜上，10 年均名列前 10 名。面对知识经济的挑战，3M 公司的知识创新实践为其他企业提供了不可多得的范例。

1.2 创造性思维的理论

恩格斯曾经指出：“一个民族若想站在世界的高峰，就一刻也离不开思维。”而一个人创造力的大小，不仅与人的心理品格有关，而且与创造性思维有直接联系。

1.2.1 创造性思维的特征和形式

案例分享：“无字信”是如何解读的

有个商人在外做生意，他的同乡要回家，于是他就托同乡带 100 两银子和一封家书给妻子。同乡在路上打开信一看，原来只是一幅画，上面画着 1 棵大树，树上画着 8 只八哥、4 只斑鸠。同乡大喜，这信上没写多少银子，我藏下 50 两，她也不知。同乡将银子和书信交给商人的妻子后，说：“你丈夫捎给你 50 两银子和一封家书，你收下吧！”商人的妻子拆信看毕后说：“我丈夫让你捎带 100 两银子，怎么成了 50 两？”那同乡见计谋被识破，就说：“我是想试试弟媳聪明不聪明。”忙把那 50 两银子递给了商人的妻子。商人妻子怎么知道是 100 两银子呢？原来那幅画上写的意思是，8 只八哥是八八六十四两，4 只斑鸠是四九三十六两，合起来就是 100 两。

商人写信不用文字而用图画，商人妻子读信不是认字而是解画，他们夫妻使用的就是创造性思维方法。

1. 创造性思维的定义和特征

1) 创造性思维的定义

创造性思维，亦称创新思维，是指在创新活动中，将以往的知识和经验独立地分析，综合组织起来，形成新的概念和联系，从而制造出新的物质或精神产物的思维。简单说，创造性思维是运用新颖、独特的方式和方法解决问题的一种积极主动的思维活动。创新思维不同于习惯思维，而是更高级、更活跃、更精细的创造思维，它的产物不是一般性的产物，而是前所未有的新知识、新产品、新技术、新工艺和新理论。

2) 创造性思维的特征

创造性思维的特征主要可以概括为以下几点：

(1) 独创性

这是创造性思维的基本特点。创造性思维活动是新颖的、独特的思维过程，它打破传统和习惯，不按部就班，解放思想，向陈规旧俗挑战，对常规事物怀疑，否定原有的框框，锐意改革，勇于创新。在创造性思维过程中，人的思维积极活跃，能从与众不同的新角度提出问题，探索开拓别人没认识或者没完全认识的新领域，以独到的见解分析问题，用新的途径、方法解决问题，善于提出新的假说，善于想象出新的形象，思维过程中能独辟蹊径，标新立异，革新首创。

(2) 多向性

创造性思维不受传统的单一的思想观念限制，思路开阔，从全方位提出问题，能提出较多的设想和答案，选择面宽广。思路若受阻，遇有难题，能灵活变换某种因素，从新角度去思考，调整思路，善于巧妙地转变思维方向，产生适合时宜的新办法。

(3) 综合性

创造性思维能把大量的观察材料、事实和概念综合在一起，进行概括、整理，形成科学的概念和体系。创造性思维能对占有的材料加以深入分析，把握其个性特点，再从中归纳出事物规律。

(4) 联动性

创造性思维具有由此及彼的联动性，是创造性思维所具有的重要的思维能力。联动有三个方向：一是看到一种现象，就向纵深思考，探究其产生原因；二是逆向，发现一种现象，则想到它的反面；三是横向，能联想到与其相似或相关的事物。总之，创造性思维的联动性表现为由浅入深，由小及大，触类旁通，举一反三，从而获得新的认知、新的发现。

(5) 跨越性

创造性思维的思维进程带有很大的跨越性，省略了思维步骤，思维跨度较大，具有明显的跳跃性和直觉性。

2. 创造性思维的常见形式

创造性思维的根本特点就在于，它是运用新颖独特的方式方法解决问题的一种积极主动的思维活动。创造过程中，人们既要运用逻辑思维，也要运用非逻辑思维；既有形象思维，又有抽象思维。逻辑思维与非逻辑思维、形象思维与抽象思维在创造中的作用是不一样的，在不同性质、不同类别的创造中，各种思维形式的作用大小也不一样。一般来说，创造性思维中非逻辑思维要比逻辑思维起到更重要的作用，而常规思维中逻辑思维要比非逻辑思维起到更大的作用。

1) 理论思维

理论一般可理解为原理的体系，是系统化了的理性认识。理论思维是指使理性认识系统化的思维形式。恩格斯曾指出：“一个民族想要站在科学的最高峰，就一刻也不能没有理论思维。”因为理论思维具有科学性、真理性。凡是理论思维混乱，或不符合客观规律，其结果不是收效甚微，就是失败。理论思维在实践中应用较多，如系统工程就是运用系统理论思维，来处理三个系统内和各个有关问题的一种管理方法。

钱学森同志认为：系统工程是组织管理的规划、研究、设计、创造、试验和使用的科学方法，是一种对所有系统都是有普遍意义的科学方法。又如有人提出的“相似论”，也是科学理论思维的范畴；有人见鸟有翅膀能飞，就根据鸟的翅膀，鸟体几何结构与空气动力和飞行功能等相似原理发明了飞机。还有许多地方也要常常运用到理论思维，如对一些自然规律和社会规律的归纳和总结，对一些问题的认识和分析。所以说，理论思维是一种基本的思维形式。

2) 直观思维

直观思维一般是指在实践中，外界事物在人们大脑中产生的感觉，它具有生动性、具体性、直接性的特点，是开发人们创造性思维的基础。直观思维决定于观察力、想象力和记忆力。爱因斯坦有一个思维过程模式：经验——直觉——概念(设想)——逻辑推理——理想实践。在创造活动中，人们往往靠知识的积累程度，知识在人们头脑里储存的越多，创造力的基础也越强。如画家必须对自然界的颜色、标记、布局、人物、建筑先产生直观思维，才可能进行创造。

毛泽东同志在《人的正确思想是从哪里来的》一文中，深刻地阐明了认识来源于实践，在实践中产生直观思维的道理。法国地理学家魏格纳提出“大陆漂移说”，就是从地图上巴西的一块突出部分和非洲的喀麦隆海岸凹进去的部分，形状十分相似的地貌而直观得到的；池田菊苗发现“味精”也是从饭桌上的黄瓜汤的直观中想到的；等等。许多创造发明都是通过直观思维后创造的。

3) 倾向思维

倾向思维也是一种基本思维形式，即人们在思维过程中往往是从一定的目的、倾向而进行的思维。在创造思维过程中，这种思维形式也常常被运用，一般是指创造者通过接触到某一事物，从一定倾向出发，即在思考某一问题时，或有意或无意、或正常或偶然中突然开了窍，找到了创造成功之路。

人们认识事物，不完全是直线性的，有时是曲折的，甚至要反复多次，才能对事物有所理解。不论何种情况，都会有“触发”“媒介”的机会，会在偶然和无意中激发新的创造思路，正所谓“多思出智慧”。这种思维，也有人称之为灵感思维。钱学森同志认为：创造性思维中的灵感是一种不同于形象思维和抽象思维的思维形式。

在创造实践中，由于倾向思维的作用而取得成功的例子不少。这种激发往往寓于创造和创造活动之中，如俄国肖像画家米海依洛夫在创作一个盛怒面容的人时，说什么也画不好，后来看到涂有蜡油油渍的旧画，忽然从油脂污迹的奇形怪状中得到启发，使那幅怒容画获得了成功；邓禄普发明充气轮胎也是这样，他原是苏格兰的一名医生，他看到自己的儿子转着硬轮自行车颠簸地在卵石道上行驶，非常怕其摔跤，一直在思索，能否用一种新的可以减震的轮胎来代替，一个偶然的机会，他发现充气的橡皮管既有弹性又有坚硬性，于是触发创造灵感，成功发明了邓禄普充气轮胎。这些都说明倾向可以开发人们的创造能力。

4) 联想思维

客观事物都有一定的相互联系，具有各种不同联系的事物往往会反映在人们的头脑里，形成各种不同的联想。联想思维就是指由某一事物联想到另一事物而产生认识的心理过程。在一般的思维过程中，联想思维也常常被运用到，如由某物想到远方的亲人或由某事想到另外的事情，这都是经常性的。

联想思维对于创造发明、开发人的创造力也有很多成功的事例。上海橡胶模型厂职工，创新制成光电跟踪轮胎模自动绕花机的过程，就是很好的例证。过去加工橡胶轮胎金属模，全靠手工绕制，花费时间多，后来职工们去参观上海船厂的自动仿样切割机时受到启发，联想到这种原理可以在绕花机上运用，后通过实践获得成功，现在只需 3 天就可自动绕制一副轮胎金属模。再如，上海灯具厂的冲床机械进给制动安全装置，原采用光电控模原理，由于冲床回转惯性，存在缓冲距离，还有不可靠的因素，后来他们由火车刹车的抱闸原理，联想到抽键式冲床的机械部分也可改为抱闸式，使光电安全装置更可靠。后来，他们又从平面车床齿轮刹车得到启发，使两种冲床在光电信号发生之后，滑块可立即在三分之一秒钟内制动，在 360 度回转任意位置上均可制动，保证了安全生产。这些。都是联想思维启发的作用，这也说明，联想思维能开发人的创造力。

5) 联结和反联结思维

事物的相关联结和分离，同事物内部矛盾双方或事物之间有相互依赖、相互制约、相互转化的关系。这种思维形式在创造活动中也很广泛，经过联结，可使一物品成为具有多种功能的新物品。如把电子表与圆珠笔相联结，成为带有电子表的圆珠笔；把手电筒与笔相联结，可以制成带光源的光笔；还有既能计时，又能做秒表、带有计算器和报时器的多功能表；用电炉原理与保温杯相联结而成的加热杯；带橡皮头的铅笔，是橡皮和铅笔的联结；连衫裙是衬衫与裙子的联结；双体客轮则是由两个船体的联结。

反联结思维则是一种与联结相反的分解思维，它使二个以上相结合的物质分解，从而产生新的物质和新的用途。例如，水(H_2O)可以分解成氢和氧，水经过稀土物质吸氧，变成氢燃料，可与汽油等综合使用，节约能源；又如，常用雨伞柄太长，不易携带，于是就把柄分解成可以收缩的二节或三节，这就是折叠式雨伞。

还有一种反向思维，就是向某一物质的反方向去展开思维。如由浮在水面的兵舰发展为沉入水底的潜水艇等。

6) 形象思维

形象思维就是依据生活中的各种现象加以选择、分析、综合，然后进行艺术塑造的思维方式，在形象思维的过程中始终不脱离具体形象，并包含着创造者的强烈情感。形象思维是文学、艺术创作过程中所运用的主要的思维活动和思维方式。高尔基说过：文学创作“主要是用形象来思维，是‘艺术的’思维”。鲁迅先生所创造的许多栩栩如生的艺术典型，如阿 Q、祥林嫂、华老栓等，都是根据现实生活中的各种人物和事件进行选择、分析，综合概括，给予艺术加工而创造出来的。

形象思维在科技发明中也是经常运用的一种思维方式。如法国化学家凯库勒对于苯环的创造，就是在睡梦中看到一条银蛇起舞，受到启发。又如各种千姿百态、栩栩如生的盆景，也都是形象思维的结果。

7) 逻辑思维

逻辑思维与形象思维不同，它是用科学的抽象概念揭示事物的本质，表达认识现实的结果，它是人们在认识过程中，借助概念、判断、推理，反映现实的过程。

逻辑思维是具有严密的科学性的思维形式，它必须完全符合客观规律。这种思维能力的强弱，与知识广泛性密切相关，它直接涉及创造成果的成功率以及时间的长短。从18世纪法国的莱布尼茨提出数理逻辑后，经过许多人的研究，到英国罗素同怀特海合著《数学原理》时，数学逻辑就走上了蓬勃发展的道路。电子计算机的发明，就是在逻辑思维指引下创造的一种成果。就是文艺创作中，也不能完全离开逻辑思维。

任何创造都不是科学家的主观臆断，而是通过观察分析、判断、推理，进行符合客观规律的逻辑思维的结果。在我们的日常生活、工作中，逻辑思维被广泛地应用着；在日益广泛的创造活动中更是有意识地、主动地使用逻辑思维这种形式培养创造能力；在研究预测，开发未来的过程中，逻辑思维能力将占有极重要的地位。应当指出，应用逻辑会预测未来。研究和开发人的创造能力，这是一个非常重要的环节。

8) 发散性思维和集中性思维

发散性思维的概念最早是由伍德沃斯于1918年提出，以后斯皮尔曼作为一种“流畅性”因素而使用过，吉尔福特在“智力结构的三维模式”中更明确地把发散性思维和集中性思维作为智力操作明确地提了出来。20世纪50年代以后，通过对发散性思维的研究，提出了发散性思维的流畅度(指发散的量)、变通度(指发散的灵活性)和独创度(指发散的新奇成分)三个维度，而这些特性是创造性思维的重要内容。心理学者们编制了发散性思维测验来测试创造性思维，而用智力测验来测试集中性思维。这样，逐渐地就把创造性思维和发散性思维画上了等号，造成了把集中性思维排斥于创造性思维之外的倾向。

当然，在现实生活中，是存在只用发散性思维的创造性思维，主要是指那种具有多种答案的问题。如要求对一段简短故事提出各种题目，被试者就可做出多种答案。但在大多数情况下，特别是一个新解答的问题要得到创造性的解决，必须也发散之后，进行集中，才能逐步导致正确的结论。因此，我们认为，发散性思维的确是创造性思维的最重要成分，但在创造性思维活动中，发散性思维和集中性思维的相互关系却是一种辩证关系，相辅相成。

(1) 只有集中，才能发散。在很多情况下，问题的情境不是很明确的，往往只是一堆没有头绪的乱麻，解决问题必须进行集中性思维，综合已知的各种信息；导出发散点，因此，集中性思维是发散性思维的基础。并且，这一步的集中就是具体创造思维的最低序列。

(2) 只有发散了，才能集中。为了寻求独创性的设想，任自己的思想自由发散，但是，发散的结果并不是都有意义、有价值，往往有相当多的是谬误的，可见大量的发散，还要通过集中性思维，最后导出正确的结论。

(3) 发散度高，集中性好，创造水平才会高。西方研究证明，大多数创造性发现需要集中和发散两种思维。即一个问题的解决，往往是这个人的思维沿着一些不同的道路发散，另一方面必须应用一个人的知识和逻辑规律，以严密的可能性并集中得到相应的解决，运用集中性思维，综合发散结果，敏锐地抓住其中最佳线索，使发散结果去伪存真，去粗取精，升华发展，最后导致问题的正确创新的答案。

由此可以得出结论，创造性思维的特殊形式包括发散性思维和集中性思维。

那么，什么是发散性思维和集中性思维呢？

发散性思维又称扩散性思维，就是指沿着各种不同的方面去思考、重组眼前的信息和记忆中的信息，产生新的信息。这是创造活动中既重要又必须发生的第一步思维。人们在开始思考一个新工作或一项革新时，可以提出许多设想，创造者的想象力越强，知识面越广，设想就越多，创造活动的成功因素也就越多。

以夏天纳凉为例，在扩散思维的作用下，就可想出许多纳凉方式：可以吹室外自然风(树荫下、江边、海边、登高等)；也可以扇扇子(蒲扇、折扇、用书或其他物品做扇)；还可以开电扇，还可以应用空调设备等。根据这些发散思维输出，然后再根据可能的条件，采取某一种方法。

发散性思维的发散度高，发散质量好，就更有利于创造。发散度高和发散质量好的标准在于变通度大和独创性多。例如，我们要求大学生回答：“铅笔的各种可能用途”时，有的被试者回答：“画线、画图、作记录、打草稿、作为礼品送人、作为奖品……”有的被试者则回答：“书写工具、作礼品、用铅笔代替直尺、削尖的笔可作为伤人的工具、当木材烧、可作简易圆规……”显然前者发散量不少，但变通度和独创性则远差于后者，前者集中一、两个维度上发散，后者则在多种维度上变通地、独创地发散。当然后者的发散性思维质量好一些。为了获得创造的成功，在运用发散思维的过程中，应尽量从多维度去发散，独创性地发散就可获得质量高得多的创造设想，获得创造的成功。

所谓集中性思维，就是利用已有信息，达到某一正确结论。集中性思维如果是以一个工作、一项革新为对象的话，一般是在发散思维提出的许多方案的基础上进行集中，最终采纳其中的一个方案。

作为一项创造，一般都在经过发散和集中思维的过程，这样才构成一个完整的认识过程，首先经过发散思维的多种形式，再经过讨论、试验、实践，然后达到思维集中和产生创造性成果。

以上介绍的八种思维方式，在一般人的思维过程中，也常常被运用，同样，它们作为基本的思维形式，也是创造性思维过程中经常出现的思维形式。作为基本的思维形式，它们是存在于各种思维过程中的。关于创造性思维的形式将在以后章节中进一步详细介绍。

案例分享：超酷环保汽车

这是一款由德国 Loremo AG 汽车公司最新推出的概念汽车(见图1-6)。与传统的环保汽车不同，这款车的环保概念并不是体现在混合动力系统上，而是通过减轻车体重量来降低油耗、提高燃料利用率从而达到环保的目的。该车采用两缸发动机驱动，燃油利用率达到150英里/加仑(百公里耗油约为1.56升)，最高时速可达160千米/小时！而如此之高的柴油利用率都得归功于其超轻的车身重量，这样一部汽车的重量仅为450千克！

另外，这款车的造型也非常酷，它摒弃了传统汽车两边开门的设计，而采用了前后两向的上掀式设计，更使得这款车充满了现代的时尚气息。

图 1-6 环保概念汽车

1.2.2 创造性思维的方向

案例分享：关于电梯问题的解决方案

某工厂的办公楼原是一片 2 层楼建筑，占地面积很大。为了有效利用地皮，工厂新建了一幢 12 层的办公大楼，并预备拆掉旧办公楼。员工搬进了新办公大楼不久，便开始抱怨大楼的电梯不够快、不够多，尤其是在上下班高峰期，他们得花很长时间等电梯。

顾问们想出了几个解决方案：

1. 在上下班高峰期，让一部分电梯只在奇数楼层停，另一部分只在偶数楼层停，从而减少那些为了上下一层楼而搭电梯的人。
2. 安装几部室外电梯。
3. 把公司各部门上下班的时间错开，从而避免高峰期拥挤的情况。
4. 在所有电梯旁边的墙面上安装镜子。
5. 搬回旧办公楼。

你会选择哪一个方案？

这家工厂选择了第四种方案，并成功地解决了问题。

"员工们忙着在镜子前审阅自己，或是偷偷观察别人。"博诺先生解释说，"人们的注意力不再集中于等待电梯上，焦虑的心情得到放松。大楼并不缺电梯，而是人们缺乏耐心。"

假如你选了 1、2、3、5，那么你用的是"纵向思维"，也就是传统思维。假如你选择了 4，你就是个"横向思维"者，在考虑问题时能跳出思维惯性。

1. 发散思维和收敛思维

英国著名哲学家弗兰西斯•培根曾说过："跛足而方向正确的人能赶过健步如飞但误入歧途的人。"如果把思路比作道路的话，思维方向的重要性便可想而知。创造性思维的早期研究，主要涉及想象、灵感这些思维形式问题。自美国心理学家吉尔福特提出发散性思维的概念、英国认知科学家德•波诺倡导横向思维以后，开创了对思维方向的关注。思维视角的不同，决定了思维朝着哪个方向前进。思维方向与创造过程的关系比思维形式更为重要。思维形式有助于人们在微观上把握创造过程，而思维的方向则关系战略大局。

1) 发散思维与收敛思维的内涵

发散思维和收敛思维是我们进行创造活动时运用的两种不同方向的思维。发散性思维是整个创造性思维的基础和核心。发散思维追求思维的广阔性，海阔天空，大跨度地进行联想，它的量和质直接决定收敛思维取得的结果和要达到的目的。在创造学著作中，收敛思维虽然不如前者多见，但却是我们生活中最经常使用的一种思维。发散思维即产生式思维，运用发散思维产生观念、解答、问题、事实、行动、观点、方法、规则、图画、概念、文字。思维发散过程需要发挥知识和想象力，而收敛思维是选择性的，在收敛时需要运用知识和逻辑。

发散思维就是指在问题解决的过程中，不拘泥于一点或一条线索，而是从仅有的信息中尽可能扩散开去，而不受已经确定的方式、方法、规则或范围等的约束，并从这种扩散的或者辐射式的思考中，求得多种不同的解决办法，衍生出不同的结果。发散思维包括联想、想象、侧向思维等非逻辑思维形式，一般认为“发散思维的过程并不是在定好的轨道中产生，而是依据所获得的最低限度的信息，因此是具有创造性的。”

而收敛思维，是在解题过程中尽可能利用已有的知识和经验，把众多的信息逐步引导到条理化的逻辑程序中去，以便最终得到一个合乎逻辑规范的结论来。收敛性思维包括分析、综合、归纳、演绎、科学抽象等逻辑思维和理论思维形式。

2) 发散思维与收敛思维的关系

发散性思维与收敛性思维具有互补的性质。不仅在思维方向上互补，而且在思维操作的性质上也互补。美国创造学学者 M. J. 科顿，形象地阐述了发散性思维与收敛性思维必须在时间上分开，即分阶段。如果它们混在一起，将会大大降低思维的效率。

发散性思维与收敛性思维在思维方向上的互补，以及在思维过程上的互补，是创造性解决问题所必需的。发散性思维向四面八方发散，收敛性思维向一个方向聚集，在解决问题的早期，发散性思维起到更主要的作用；在解决问题后期，收敛性思维则扮演着越来越重要的角色。

收敛思维与发散思维各有优缺点，在创新思维中相辅相成，互为补充。只有发散，没有收敛，必然导致混乱；只有收敛，没有发散，必然导致呆板僵化，抑制思维的创新。因此，创新思维一般是先发散而后集中。有的人善于使用发散思维，有的人善于使用收敛思维。发散与收敛的失衡，在成人和孩子身上都能看到。成年人比较适应运用逻辑的技巧，其结果是失去了很多发挥想象力并由此从中选择的机会，这个过程则导致发散与收敛的失衡；孩子很容易激发更多的设想，他们想象力丰富，却不善于熟练地评价，结果收敛思维不发展，也导致创造力受损。因此，为了达到一种平衡，在创造性解决问题的每一个阶段，都需要发散思维与收敛思维一张一弛、相辅相成，那种以为创造性思维就是发散思维的看法是片面的。

2. 横向思维和纵向思维

横向思维，顾名思义，是指这个人的思维有其横向、向宽处发展的特点。具有这种思维特点的人，思维面都不会太窄，且善于举一反三。有一个形象的比喻，这种思维就像河流一样，遇到宽广处，很自然就会蔓延开来，但欠缺的是深度不够。

所谓纵向思维，是指在一种结构范围内，按照有顺序的、可预测的、程式化的方向进行的思维形式，这是一种符合事物发展方向和人类认识习惯的思维方式，遵循由低到高、由浅到深、由始到终等线索，因而清晰明了，合乎逻辑。在我们日常生活和学习中大都采用这种思维方式。其与横向思维相对应，“横向”和“纵向”是空间概念。

在实际生活和思维活动中，横向思维和纵向思维往往会(也需要)结合进行，为加强深度与广度，还应结合逆向思维、发散思维等思维方式。

3. 正向思维与逆向思维的结合

正向思维与逆向思维的结合，就是一种高级的创造性思维形式——两面神思维。

1) 两面神思维概述

美国精神病学家卢森堡，在详细研究和分析了科学巨星爱因斯坦创建相对论的科学发现过程后，认为爱因斯坦的创造力是“两面神思维”的一个典型例子。两面神是罗马神话中的门神，它有两个面孔，能同时转向两个相反的方向。这位精神病学家对有重大科学发现和创造性成就的人物作了大量的调查、访问和分析，形成了“两面神思维”这一概念。他对这一概念进行了解释，认为两面神思维就是指同时积极地构想出两个或更多并存的，同样起作用或同样正确的、相反的或对立的概念、思想或印象。在表现违反逻辑或违反自然法则的情况下，这样两个或更多并存和同时起作用的相反物或对立面的表述，就产生了完整的概念和思想。卢森堡在爱因斯坦身上看到了“两面神思维”的模特形象。

两面神思维虽然是一种高级的创造性思维，但并不神秘，也不是高不可攀。我们周围的一些事物中就存在着两面神思维的结晶。例如以“装卸工”这一职业名称来说，就体现了“装”与“卸”两种对立面的事物的结合。光有“装”没有“卸”，工人就不能连续工作，因为运输工具总有装满的时候。有了“卸”来补“装”，“装”就变得源源不断。同样光有“卸”，没有“装”就无所谓“卸”，货物没有被装进运输工具，卸什么呢？装和卸这一对措施的有机结合，恰好是两面神思维。又如，开关，每天都要使用多次。没有“开”，也就无所谓“关”，没有“关”也就无所谓“开”。“开”与“关”两个对立的性质结合在一起，能同时满足两种需要，多么巧妙的发明。

2) 两面神思维的作用

(1) 相辅相成。有意地将两个或多个对立面联系在一起，对立的性质不仅不起破坏作用，反而起建设性作用，相互补充，相互弥补，打破了单方面性质的限制，可以发现事物新的功能和作用。

光学上将镜像的失真称为像畸变。畸变可分为正畸变和负畸变。正畸变使物体变宽，负畸变使物体变窄。正负畸变本是对立的，正畸变可以破坏负畸变，负畸变可以影响正畸变。但是宽银幕电影的原理却将正负畸变联系在一起，使之相互补充。拍摄时用正畸变，把一个宽大的场景缩成细窄条；放映时用负畸变镜头，使细窄条还原成大场景，正负补偿，相得益彰，还获得了普通电影所没有的宽广的视野效果。

在20世纪初，如果发生了交通事故，车窗玻璃很容易破碎，致使乘客受伤。法国化学家别涅迪克受到自己一个掉到地上而没有摔碎的烧杯的启发，让胶膜和玻璃紧密合作，取长补短，发明了一种新型的“夹层玻璃”，这样的夹层玻璃在破碎时不会产生碎片。后来，夹层玻璃又有了很大发展。夹层中可以使用各种各样的材料，英国科学家在夹层中夹入一种钛金属薄片，制成的夹层玻璃具有很高的抗冲击、抗贯穿力、耐高温的特性。

在中国古代哲学家老子看来，对立面相互联结、相互补充、保持适度、达到平衡，这才是最佳的状态。“曲则全，枉则直，法则盈，做则新，少则得，多则惑。”“天之道，其犹张弓乎？

高者抑之，下者举之，有馀者损之，不足者补之。”都反映了相反相成、相辅相成的思想。

(2) 对立面的动态结合。对立面处于一体，保持一种必要的张力和平衡，而且能适时地相互转化，使事物同时具有两种对立的性质，能在两种极限的条件和状态下相继发挥作用，以这种思路进行科学研究、技术发明和设计，能创造最科学的理论体系、科学概念，获得最符合自然本性的、最经济的发明物和设计方案。如科学家要发明一种新型的屋顶，希望屋顶夏天呈白色，能反射太阳光线，降低空调成本；冬天呈黑色，能够吸收热量，减少采暖费用。科学家从自然界中寻找能把对立的性质集于一身的原型，将屋顶与比目鱼真皮深处的黑色色素的沉浮能改变颜色的原理进行类比，构想出新的解决方案：考虑制成一种埋有微小的白色小球的黑色屋顶材料，当阳光照得屋顶灼热时，小球依波义耳定律发生膨胀，使屋顶呈白色；反之，在屋顶变冷时，小白球冷缩，屋顶又呈黑色。这样，黑与白、热胀与冷缩，这些矛盾对立的性质共存于一体，适时地相互转化，相继地发挥作用，更好地满足了人们的需要。

有的事物同时具有矛盾对立的属性，能够适时地相互转化，它们和平共处，相互渗透，相互扶持，相得益彰。技术有许多这样矛盾的结合体，如潜水艇能沉能浮，升降机能升能降。甚至有些设施和概念本身就是两种对立的属性结合在一起的，如给排水专业、冷暖机、裁缝、装卸工等等。因此，有的相辅相成就发生在事物的内部。

案例分享：聪明的少女

一位聪明、美丽的少女因父亲欠了高利贷者的钱无力还债，将面临严酷的选择：高利贷者从地上一堆黑白色石子中拣出 2 块投入布袋，命令少女摸取其中一块，如果是白色的，即可将债务一笔勾销；如果是黑色的，少女则要嫁给高利贷者为妾，不然就将少女之父送官严办。少女机警地发现高利贷者投入袋中的石子均为黑色，此时，面临噩运的少女怎样才能既能救了父亲又能救了自己，而且令狡猾的高利贷者在众多围观者面前心甘情愿地服输呢？

少女装作顺从，恐惧地、战战兢兢地摸出一块石子，手一抖，不料将石子落到了石堆中，少女说：看看剩下的一块石子是何种颜色，我摸到的石子不就是另一种颜色了吗？

在这个故事中，如果从思维过程来看，显然存在着与惯常的思维过程不同的、具有独特意义的思维方式和思维方向。这就是一种创造性思维。

1.2.3 创造性思维的生理学基础

案例分享：表情识别系统

想要让机器人更好地为人类服务，就必须要通过双方的交互来实现，语言虽然是最重要的手段。但是人与人交流的时候还会利用表情、手势等方式来传递相对较为隐性的信息，而要让机器人更好地与人类沟通，就必须要解决如何识别人类表情的问题。

日前美国加州大学圣迭戈分校的一位计算机博士生就开发了这样一套非常有趣的系统(见图 1-7)。它将表情识别系统和教学系统整合在一起，通过表情的探测来了解学生对于教学内容的反应，从而对教程进行改进。

开发者还计划将这套系统进一步完善，从而能够应用到机器人等更为广泛的领域中去。

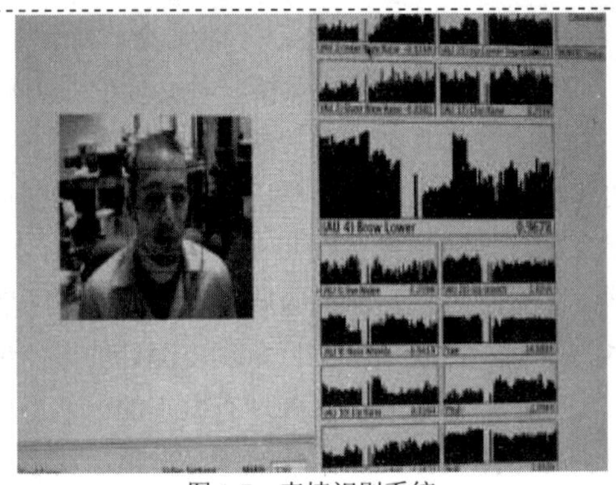

图 1-7　表情识别系统

1. 人脑的构造

大脑分为左、右两个半球，它们之间通过脑桥的大量神经纤维相互贯通。左脑与右脑的结构相当，但功能却各不相同。所谓左右脑“功能特化”(functional specialization)，是指人的左右脑半球各有各的机能分工或特殊的专门职责。一般来说，大脑左半球在语言思维、运算思维以及逻辑思维等能力上比较出色，具有连续性、有序性、分析性、理论性和时间依赖性等特点，因而又被称为理性脑。与之相反，右脑则在形象思维、形象辨识、直观思维及对空间的把握等方面比较出色，具有不连续性、弥散性、操作性和空间依赖性等特点，被称为感性脑。大脑左、右之间存在某种功能性联系的实体，即胼胝体，它是连接左、右脑的横行神经纤维束，起着连接左、右半球全部皮质的作用。左、右脑配合默契，正常情况下，左、右脑通过胼胝体以每秒 400 亿次的频率相互传递脉冲信息。

关于脑科学的研究，20 世纪 70 年代，美国科学家罗杰 • 斯佩里(Roger Sperry)进行了著名的“裂脑实验”，发现了左、右脑结构与功能的区别，提出了左、右脑分工说，如表 1-1 所示。

表 1-1　左右脑智能分工

左脑(理性脑)	右脑(感性脑)
语言/文字	空间/音乐
逻辑、数学	整体的
线性、细节	艺术、象征
循序渐进	一心多用
自制	敏感的
理智的	直觉的、创新能力强的
强势的	弱势的(安静)
世俗的	灵性的
积极的	感受力强的
好分析的	综合的、完整的
阅读、写作、述说	辨认面目
顺序整理	同时理解
掌握复杂程序	感知抽象图形
掌握复杂动作顺序	辨识复杂数字

由表可知，左脑擅长语言、阅读、计算、书写、分类、排列等，主要进行逻辑思维、集中思维，确定时间关系，具有连续性、有序性和分析性的特点，被人们称为理性脑；右脑在形象记忆——识别几何图形，理解隐喻、音乐、舞蹈、态度、情感、直觉、想象等方面起主要作用，是进行形象思维、发散思维的中枢，并确定空间关系，具有弥漫性、连续性、整体性的特点，被人们称为感性脑。

2. 左右脑与创造性思维

左、右脑半球在功能上确是有差异的，但这并不是在于孰优孰劣，而是在于机能分工的不同。若说有优劣之分，那便是各有各的优长之处：左脑长于言语功能，右脑则长于非言语的功能。这就是斯佩里等人通过上述大量实验研究而总结出来的大脑两半球功能特化理论的根本点。而这一点在他们的实验研究和科学发现之前，人们几乎是不得而知的。左脑与右脑的和谐发展和协同活动，是创造性思维活动得以正常进行的前提。

如今的智力开发过分注重大脑左半球，也就是以逻辑思维、闭合思维的智力开发为重点，而对创造性思维具有重要作用的大脑右半球的机能开发相对不足。从左、右脑分工来看，要想开发一个人的创造潜能，决不能忽视大脑右半球的想象力、直观思维等方面的重要思维力量，而应尽可能使大脑左、右半球的作用统一起来，使左半球的理性脑与右半球的感性脑相互联系、彼此协调统一发展，从而实现左、右脑的分工配合、协同一致。

案例分享：爱因斯坦大脑里的秘密(作者：方智)

智商高达 200 的爱因斯坦是现代物理学的开创者和奠基人、相对论的提出者、“决定论量子力学诠释”的捍卫者。被公认为是自伽利略、牛顿以来世界上最伟大的科学家，爱因斯坦的天才到底从何而来，爱因斯坦的大脑里究竟隐藏了什么秘密？这是许多科学家想解开的谜。

爱因斯坦去世后，他的大脑被取出并切成 240 片，分别放到显微镜载玻片上，再用火棉胶包好，又用树脂固化，保存在酒精中，每一个切片上都贴有详细记录脑位置的卷标。多年之后，在得到爱因斯坦的儿子汉斯授权以后，各国科学家开始研究爱因斯坦的大脑，爱因斯坦大脑的秘密逐渐呈现在我们面前。

神经胶质细胞发达

科学研究证明，人的大脑皮层大约有 140 亿个神经细胞，人在整个生命活动过程中(即使寿命很长)经常运用的脑神经细胞也只不过 10 多亿个，还有 80%～90%的脑神经细胞没动用。而爱因斯坦的脑神经细胞动用率高达 65%。

英国研究人员选取了 4 名和爱因斯坦逝世时年龄相仿的男子作为参照对象，把爱因斯坦的大脑切片和他们的大脑切片进行对比研究，结果发现，除了脑细胞数量多于常人，爱因斯坦大脑组织中的星形胶质细胞突起比较大，这些胶质细胞末端的神经组织数量也较多。

神经胶质细胞除了把神经元集结起来，还在大脑活动中发挥重要作用，不仅要向周围的神经元输送钙，还要促进神经元间的信息交流。爱因斯坦大脑中每个神经元的胶质细胞数量较多，表明他的大脑对能量的需求和消耗较大。由此可见，爱因斯坦的超凡智慧来自勤于思考。因为勤于用脑的人，脑血管经常处于舒张的状态，脑神经细胞才会得到很好的保养，从而使大脑更加发达。

后脑枕叶大于常人

佛罗里达州州立大学人类学系的教授迪安•法尔克说，在对爱因斯坦大脑10多个组织切片的研究中，多项实验都指向爱因斯坦的后脑枕叶区域大于常人。

人的“后脑枕叶”在哪里，有什么作用呢？举起你的双手，分别放在左右上耳廓的后部，贴着头皮将手移向后脑勺，最突起的汇合处就是后脑枕叶区。后脑枕叶区是视觉、听觉、体觉(来自身体各部分的感觉)和前庭器官的神经通路的交汇处，许多科学家认为这里是人体综合各种感觉，产生更高等的神经、认知活动的区域。爱因斯坦的这片脑区较大，因此他有着超于常人的视觉空间认知能力、数学能力和运动想象能力。

颞叶下部区域较宽

有记载显示，爱因斯坦3岁才会说话，父母因此常常觉得他智力有问题。

加拿大麦克马斯特大学教授桑德拉•威特森研究发现，爱因斯坦大脑颞叶里主管语言的区域的神经元密度低于常人。这就能够解释爱因斯坦为什么自幼不善言辞了。威特森进一步推论：爱因斯坦的后脑颞叶下部的区域比一般人宽，影响了邻近主管语言的区域发展。然而，爱因斯坦的抽象能力是超凡的。爱因斯坦曾经说过，自己几乎不以语言文字的方式思考，而是像放电影一样用图画般的想象力来思考问题，这与他较宽的后脑颞叶下部区的想象与空间认知功能相呼应。

脑重量轻，神经细胞密度高

阿拉巴马大学神经学教授保罗•安德森发现，爱因斯坦的大脑重量只有1230克(普通男子大脑一般重1400克)，但神经细胞密度比普通人高。

这个发现有什么意义？安德森教授推论，人体的大脑神经元密度越高，则大脑记忆传导速度越快，对逻辑思维能力的建立越有帮助；人体的大脑神经元分布网络越广，则大脑记忆存储量及大脑容积越大，而且人的综合记忆能力也越强。这表明爱因斯坦的大脑有优异的传讯效率与卓越的智慧。

海马区不对称

美国加利福尼亚大学脑科学博士达利亚•扎德尔对爱因斯坦大脑的海马区切片进行了分析，结果发现，爱因斯坦大脑海马区的左侧神经细胞组织比右侧神经细胞组织大得多，而普通人海马区左、右两侧的神经细胞组织差别不大。

海马区正是人类进行逻辑分析及产生创新思维的地方，这个发现意味着爱因斯坦的左脑海马区与大脑皮层神经细胞的联系较之右脑更加紧密。

顶下叶区机能超凡

爱因斯坦5岁的时候，他的父亲送给他一个罗盘，这激发了小爱因斯坦的兴趣，他想弄明白为什么指针总是指向同一个方向。也许从这个时候起，他的抽象思维能力、想象力以及视觉空间认知能力就开始被超凡运用了。

加拿大麦克马斯特大学教授桑德拉•威特森领导的研究小组发现，位于爱因斯坦后脑左右半球的上部顶下叶区域比常人大15%，非常发达。负责视觉思考和空间推理的顶下叶区域发达，对一个人的数学思维能力、想象力以及视觉空间认知能力起着重要作用。

麻省理工学院著名认知科学家斯帕克指出，爱因斯坦有了这个完整宽大的顶下叶，就可以通过千百万个突触所构成的微循环容纳更丰富也更紧凑的空间与数学推理的逻辑思维线路。

天堑变通途

麻省理工学院著名认知科学家斯帕克研究发现，正常人大脑的顶叶和颞叶之间通常由“西尔维裂沟”所分裂，形成一道脑中天堑，沟的尾稍一块名为“缘上回”区域。而爱因斯坦大脑的这个裂沟却在进入顶叶下部区域之前就戛然而止。天堑变通途，使得爱因斯坦大脑的顶叶相对完整。联结面积大于常人。

一般情况下，大脑中神经连接密集的地方形成凸起的脑回，而神经连接比较稀少的地方则凹下变成脑沟，爱因斯坦大脑中的外侧沟戛然而止，表明他大脑顶叶下部区域的神经连接比一般人更密集。

科研人员说，爱因斯坦的大脑结构也许并非独一无二，以上特点在其他人的大脑中也可能存在。看来，拥有“天才”大脑的人可能比我们想象的还多，只不过很多“天才”没有“用武之地”而已。因此大脑结构不该被看成是一种智力标志，个人潜能的全面实现依赖于各种环境因素，最重要的则是自身的勤奋和努力。

1.3 创新精神培养

1.3.1 创新精神的概念

所谓精神，是指人的意识、思维活动和自觉的心理状态，意志、性格等。创新精神特指人的创新意识和创新性格，其中，又包括创新愿望和创新动机。

在构成创造力的因素中，创造性是一个充分条件，而排在这个充分条件第一位的则是创新精神。创新精神是创造发明的内动力，是主导，是前提。它是指挥一个人行动的能源。所以，想要创新的人，首先要培养自己的创新精神。

有人对800名男性进行了几十年的追踪调查发现，成就最大的人并不是智力最好的人，而是创新精神最强的人。由此也可以看出，创新精神是创造者与普通人的最大区别。

一个真正的创新者一定具备以下特征：

- 虚心好学，坚持不懈；
- 善于发现问题、分析问题和解决问题；
- 敢想、敢干、敢于实践；
- 百折不挠；
- 以造福人类为终极目标，而不是为了追求财富。

1.3.2 创新意识

创新意识中最重要的是要有创新的愿望，其次是要有正确的创新动机。一个人的愿望形成是需要外部环境的，比如，小孩子从小就受到家长的鼓励和引导，从而热爱创新；一名工作人员受到单位的倡导和激励制度的影响，从而热爱创新等。

创新意识也就是创造发明或改革创新的愿望或动机。创新，需要一定的条件。条件有内部的，即创新主体本身具有的各种因素和主观条件，也有外部的，即影响创新主体发挥创造性的各种客观条件和环境因素。在众多的内外条件中，强烈的创新意识或创新欲望，可以说居于首位，是进行创新的首要条件。

创新意识的形成，有两个重要前提：一是要有创新的信心；二是要认识创新的必要性，对创新有一种社会责任感和紧迫感。缺乏创新的信心，究其原因，主要是对“创新”缺乏正确的了解，把它看得过于神秘，过于高深莫测了。

在创造力的概念中，还有一点很重要，那就是创造力这种能力带有方向性。换句话说，它是矢量。这就意味着在一个群体中，很有可能出现这样的情况：每一个个体的创造力都很高，但由于方向的混乱，因此最终表现的群体创造力可能为零。造成这种现象的原因在于——环境！一个人的创造力能否源源不断地释放出来，与环境有很大关系。环境是否鼓励创新，有没有相应的激励制度等，都影响创造力的发挥——通过影响创新精神、创新动机等而影响创新能力。所以，这就是为什么很多企业都通过制订好的创新激励制度来持久地鼓励员工的创新行为的原因。国家也是一样，通过各种科技进步奖项、鼓励科技创新企业、提倡自主创新、实施一系列措施来鼓励民众的创新活动，从而提升国家的整体创新能力。

1.3.3 创新性格

创新性格中最重要的是两大性格特征：一个是自信；一个是不怕失败，百折不挠。

心理学调查研究发现：世界上95%的人都有自卑感，由于自卑感造成的人才埋没远远高于因社会环境造成的埋没。这种自我埋没极大地遏制了人们创造才能的发挥。

自卑的表现：我天生就不是那块料；我从小就笨，不如别人聪明；我肚子里的“墨水”太少，搞不了创新；我是女生，怎么也比不过男生；我的情况特殊，没有别人的条件好等。自卑成了我们最大的敌人！因此，一个创新者首先要自信，要相信自己能行！

创新面前没有权威，没有强者，只要我们敢于去创新，我们自己就是创新的强者，而且，科学告诉我们，每个人的创新潜力是一样的，只是释放的程度不同而已。另外，创新本身就是做前人没有做过的事情，因此，极有可能遇到失败。而成功的人和失败者的区别在于：他们遇到的失败是相同的，但他们对待失败的态度截然不同。失败者让失败变成了真正意义的坏事，而成功者让失败变成了前进的新动力。其实，只要我们不放弃，是没有什么真正的失败的。

1.3.4 创新精神培养

1. 对所学习或研究的事物要有好奇心

牛顿少年时期就有很强的好奇心，他常常在夜晚仰望天上的星星和月亮。星星和月亮为什么挂在天上?星星和月亮都在天空运转着，它们为什么不相撞呢？这些疑问激发着他的探索欲望。后来，经过专心研究，他终于发现了万有引力定律。能提出问题，说明在思考问题。在学习过程中，自己如果提不出问题，那才是最大的问题。好奇心是包含着强烈的求知欲和追根究底的探索精神，谁想在茫茫学海获取成功，就必须有强烈的好奇心。正像爱因斯坦说的那样："我没有特别的天赋，只有强烈的好奇心。"

2. 对所学习或研究的事物要有怀疑态度

不要认为被人验证过的都是真理。许多科学家对旧知识的扬弃，对谬误的否定，无不是自怀疑开始的。例如伽利略对亚里士多德"物体依本身的轻重而下落有快有慢"结论的怀疑，发现了自由落体规律。怀疑是发自内在的创造潜能，它激发人们去钻研、去探索。事物在不断地变化，有些知识这时候适用，将来不一定适用；而现有的知识不一定没有缺陷和疏漏。老师不是万能的，任何老师所传授的专业知识不能说全部都是绝对准确的。对待我们所学习或研究的事物我们应做到：不要迷信任何权威，应大胆地怀疑。这是我们创新的出发点。

3. 对学习研究的事物要追求创新的欲望

如果没有强烈的追求创新的欲望，那么无论怎样谦虚和好学，最终都是模仿或抄袭，只能在前人划定的圈子里周旋。要创新，我们就要坚持不懈地努力，勇敢面对困难，要有克服困难的决心，不要怕失败。例如著名学者周海中教授在探究梅森素数分布时就遇到不少困难，有过多次失败，但他并不气馁。由于追求创新的欲望和坚持不懈的努力，他终于找到了这一难题的突破口。1992 年他给出了梅森素数分布的精确表达式。目前这项重要成果被国际上命名为"周氏猜测"。

4. 对学习研究的事物要有求异的观念

不要"人云亦云"。创新不是简单的模仿，要有创新精神和创新成果，必须要有求异的观念。求异实质上就是换个角度思考，从多个角度思考，并把思考的结果进行比较。求异者往往要比常人看问题更深刻、更全面。

5. 对所学习或研究的事物要有冒险精神

创造实质上是一种冒险，因为否定人们习惯了的旧思想可能会遭受公众的反对。冒险不是那些危及生命和肢体安全的冒险，而是一种合理性冒险。大多数人都不会成为伟人，但我们至少要最大程度地挖掘自己的创造潜能。

6. 对学习研究的事物要做到永不自满

一个有很多创造性思想的人如果就此停止，害怕去想另一种可能比这种思想更好的思想，或已习惯了一种成功的思想而不能产生新思想，结果会使这个人变得自满，停止了创造。

【思考练习题】

1. 帮助儿童重返校园

一个刚刚开发的山区，山上还有很多熊猫、野猴之类的动物，居民靠给游客兜售地方产品如熊掌、兽皮、特色服装等为生。山区开了一所学校，但是很多学龄儿童都去帮父母做生意，不来上学，你能运用创造性思维想出一套方案帮助儿童重返校园吗？

2. God is a girl——科幻小说式训练法

这个方法叫作科幻小说式训练法，它的基本公式是：如果……会怎样？

你也可以自己想一些“如果……会怎样？”来训练自己的创意。

这个训练法的原理是：当有了一个不可能的假设后，人们就可以突破常识、常规、常理，而有些超乎寻常的想法！

准备纸笔，开始这个训练。

如果 God is a girl(上帝是个女孩)，会怎么样？

请写出你的设想，越多越好。

注意，在写的时候，不要一行一行地写。

请使用思维布赞术的方法：在中间写上你的主要想法(main idea)，然后拉出线，写出你的其他想法，参考下面这个草图(见图 1-8)。

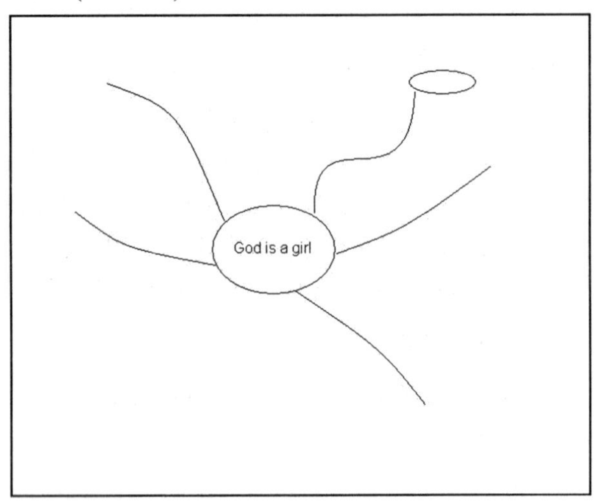

图 1-8　思维布赞术草图

如果上帝是个女孩，会怎么样呢？你能够想到很多有趣的创意吗？

笔者想到了很多，比如：

世界上就没有战争

下雨会是下香水

天空会有花瓣雨

眼泪会成为货币

……

现在就开始练习吧，只需要十分钟，你就能“收获”一个“如果上帝是女孩”的美好世界。

3. 杯子与苍蝇

这个训练来自于詹宏志的《创意人》，他称之为反分析训练，我们也可以称其为共通点训练。其基本思路是：试图找出两个不相干事物的共通之处。

第一步：花 10 分钟，找出杯子与苍蝇有哪些相同的地方。

第二步：花 10 分钟，为杯子和苍蝇找一些有用或有趣的组合。

以上两个问题的答案都是越多越好，而且可以荒唐一些，为了保证思维的流畅性，你尽管写下一切想到的东西。

关于杯子和苍蝇的共通点，乍一看会有点摸不着头脑，等你适应了这类题目就会发现其实并不难，比如：它们都是敞口的，都不穿衣服，都经常出现在餐桌，如果落在头上都会让人不快……

关于杯子和苍蝇的组合，比如：印一只假苍蝇在杯底，每个人喝完咖啡都吓一跳，这可能是个会流行的恶搞产品。

做过这个训练，你就可以自己找很多事物来练习了。下一次，请你试着找一下风筝和高速公路有哪些共通点，又有什么有趣的组合？

4. 词的乱伦

语言的本质即“乱伦”。也就是说，你要为语词不断创造新的组合方式，才会有出人意料的效果。

请在字典中找到两个词，然后试着用他们造几个句子。

比如，你找到这样两个词：“茄子”“恋爱”。那么你会为他们造出什么样的句子呢？例如：

茄子恋爱了，它爱上了隔壁的黄瓜，它希望嫁到那个黄瓜架下做个幸福的女人。

要谈恋爱吗？请学学茄子吧，它可以为了爱人而“下油锅”。

茄子很吸油，这就像恋爱很耗费精力，所以第二天难免打盹。

恋爱中的人们，喜欢去很多漂亮的地方，合影留念——“茄子！”

我谈恋爱了，昨天约会的时候，我从裤兜里拿出一根茄子，告诉她：“我要让你喜欢上它，这是我的至爱。”我的女友也毫不含糊，从挎包里拿出一颗大白菜，说：“一块炖了更好吃！”

每天吃茄子的话，恋爱很容易成功。

如果不能恋爱，茄子会死的，像霜打的一样。

……

5. 何六训练法

何六是一个人，住在何家村，是何家的老六。话说此人天生智商极高，思维极富理性和创造性。并且，何六的创意训练法亦很神奇。

呵，其实何六不是一个人，那它又是什么呢？要搞清楚这个，首先要弄清 5W1H。

5W1H 是一种分析方法。5W 就是指 What、Who、Why、When、Where，1H 是指 How，5W1H 就是从原因(何因)、对象(何事)、地点(何地)、时间(何时)、人员(何人)、方法(何法)这六个方面提出问题进行思考。上面说的何六，其实就是这个。

5W1H 是一种思考方法，更可以说是一种创造技法。

不知你有没有玩过 5W1H 法罐子游戏，就是找来六个瓶子，然后让大家每个人写“何六”中的一个放在指定的罐子里。然后再从每个罐子里取出一个纸条来，连成一句话。如：

When	Who	Where	How	What	Why
早上 8 点	小李	在洗手间	干劲十足地	吃了一块蛋糕	因为老师批评了他

因为每个人写的不同，又是随机凑在一起，所以会很有趣。(这个游戏还有个简单版，是只用人物、地点、事件三点来玩)。而游戏的关键点在于大家发挥想象力，把这 6 个元素每个都写得好玩一些。凑在一起就更离奇了。这个训练法其实也是一个重要的创意方法。

再拿上面的句子做例子，让我们尝试一下每次换掉一项：

原句：	When	Who	Where	How	What	Why
	早上 8 点	小李	在洗手间	干劲十足地	吃了一块蛋糕	因为老师批评了他

换项1：耶稣诞生的时候　小李　在洗手间　干劲十足地　吃了一块蛋糕　因为老师批评了他

点评：小李还和耶稣有一腿？

换项2：早上8点　周杰伦　在洗手间　干劲十足地　吃了一块蛋糕　因为老师批评了他

点评：怪不得口齿不清，原来因为老吃蛋糕，哈

换项3：早上8点　小李　在鲸鱼的肚子里　干劲十足地　吃了一块蛋糕　因为老师批评了他

点评：那老师在哪？是不是在鲸鱼的肠子里？

换项4：早上8点　小李　在洗手间　哭爹喊娘地　吃了一块蛋糕　因为老师批评了他

点评：呵，就吃了一块蛋糕，没必要这么激动吧！

换项5：早上8点　小李　在洗手间　干劲十足地　抓住一只老虎　因为老师批评了他

点评：这洗手间真够大的！

换项6：早上8点　小李　在洗手间　干劲十足地　吃了一块蛋糕　因为火车刚刚经过故乡

点评：小李坐过站了？

Ok，再在把刚才所有换项全部放在一起：

耶稣诞生的时候　周杰伦　在鲸鱼的肚子里　哭爹喊娘地　抓住一只老虎　因为火车刚刚经过故乡

点评：My God，有点神经错乱，看来离精神病院不远了！

6. 工具飞行记

工具们乘着飞机去旅行啦，阳光格外的好，天空中的云像一大朵一大朵的棉花一样，工具们真的是超开心啊！这次出门的工具有铅笔、橡皮、胶水等等，每个工具都有自己的特长，但大家每天工作，好不容易可以轻松一下啦，大家高兴地唱起了歌。这时，突然发生了一件事，一个叫作匕首的工具突然站起身，冲向驾驶室，自称要劫机。机舱里一下子就大乱起来。

请问这时，以下的工具会怎样面对这件突发事件，怎么说？怎么做？

请根据它们的特点进行联想。

铅笔：

橡皮：

画笔：

调色板：

画架：

笔筒：

剪刀：

胶水：

传真机：

打字机：

椅子：

麦克风：

扩音器：

照相机：

第 2 章 创新思维方法

对于创新来说，方法就是新的世界，最重要的不是知识，而是思路。

——郎加明

想像力比知识更重要，正因知识是有限的，而想像力概括着世界上的一切，推动着进步，并且是知识进步的源泉。

——爱因斯坦

作为一个未来的总裁，应该具有激发和识别创新思想的才能。

——(美)斯威尼

一些陈旧的、不结合实际的东西，不管那些东西是洋框框，还是土框框，都要大力地把他们打破，大胆地创造新的方法、新的理论，来解决我们的问题。

——著名科学家、地质学家　李四光

【本章知识点】

- 何为创新思维？有什么特征？
- 创新思维有哪些形式？
- 何为创新思维障碍？如何突破？
- 创新思维如何训练？

在自然界优胜劣汰的竞争中，人类之所以能够成为世界的主宰，是因为人类有着其他任何动物都无法比拟的思维能力。人依靠思维所显示的无限智慧，不断利用自然、征服其他动物而繁衍生存，主宰着这个世界。思维是人类区别于其他动物的最根本特征。

思维方法多种多样，创新思维是在一般思维的基础上发展起来的，是思维活动中最有价值和最积极的形式。

2.1 创新思维理论

案例分享：黑暗餐厅

你尝试过在黑暗的环境中吃过饭吗。相信很多人从来没有过这样的体验。在巴黎蓬皮杜艺术中心广场对面一条小街上，有一家小有名气的黑暗餐厅。餐厅的特色是里面一丝光亮都没有，它打出的广告语是“美食新体验”“感官新经历”“法国独此一家”。里面所有顾客都在黑暗中用餐，而所有为顾客提供服务的侍者则带着夜视镜。

进入这家完全黑暗的餐厅内后，每个用餐的顾客都被要求戴上一个巨大的围兜，以防止食物和饮料溅洒在衣服上。他们首先来到唯一有光亮的地方——位于餐厅中央的集体点餐柜前，在昏黄的灯光下点餐。点餐完毕后，顾客们便将手搭在戴着夜视镜的服务人员肩膀上，慢慢地踱步至大厅内，开始享受黑暗美食。

餐厅只在打扫卫生时亮灯，而且打扫中从不对外人开放。因为如果有外人知道餐厅里面的模样，那餐厅将丧失它的神秘感。

黑暗餐厅只有安全方面的投人大于普通餐厅。为了确保安全，黑暗餐厅内设有全方位的红外线录像检测仪、独特的照明应急设备和更便捷的紧急出口，而且都须经政府监管部门严格审批。

黑暗餐厅建成以后，引得很多游客慕名而来，从而一炮走红，后来全球各地也有类似的餐厅开业，都引起极大的轰动，而餐馆老板也都赚得盆满钵满。

2.1.1 创新思维的概念

创新思维(即创造性思维)是人类思维的高级形式，通过这种思维，人们可以在现有的科学认知基础上，创造出新成果，形成新的认知结构，并使认识达到一个新的水平，从而实现探索未知、创造新知。那么，什么是创新思维呢?

关于创新思维的定义，至今仍是众口不一。现行的概念归纳起来有三种：

第一种，创新思维是人脑一种复杂的生理现象。罗杰•斯佩里的“神经回路说”认为：大脑中数亿计的神经元相互连接，能形成数量巨大的神经回路，每个回路可能与某种思维形式相对应。某一部分回路可通过学习而固定下来，产生重复思维，而在此基础上产生的心得回路，则可产生创新思维。

第二种，将创新思维分为广义和狭义两种。从狭义的角度来讲，是把创新思维定义为一项具体的思维方法，即通常人们所说的创意思维或创造性思维，它是以发明创造为目的的一项思维方法。从广义来讲，创新思维是指对现有思维观念、思维模式和思维方法的超越和创新。它的具体内容包括：超越现有思维观念的局限、打破固有思维模式的束缚、认知和掌握新的思维方法。

第三种，创造性思维就是在客观需要的推动下，以新获得的信息和己储存的知识为基础，综合地运用各种思维形态或思维方式，克服思维定式，经过对各种信息知识的匹配、组合，或者从中选出解决问题的最优方案，或者系统地加以综合，或者借助于类比、直觉、灵感等等创造新方法、新概念、新形象、新观点，从而使知识或实践取得突破性进展的思维活动。

第一种概念是从脑科学、思维科学的角度进行断定；第二种概念是抓住创造性思维的方法加以定义；第三种概念对创造性思维的本质的界定比较恰当、全面。该定义明确了创造性思维涉及的几个主要问题：客观需要是创造性思维的推动力；获得的新信息和创作主体已有的知识是创造性思维得以进行的基础；对多种思维方式与方法、思维形态的综合运用、各种信息知识的匹配、组合、选优是创造性思维的运作方式；克服思维定式是创造性思维的必要条件；此概念还对创造性思维过程的基本内容和结果作出了比较清楚的界定。

虽然人人都能够进行思维，但是有的人一生事业平平，有的人却能硕果累累，关键就在于后者具有创新思维能力，其程度越高，事业的成就也就越大。

古今中外成功人士的事迹无不向我们昭示：创新思维对人生发展具有决定性的作用！人们的

创新思维方法在科技发明、生产经营、艺术创作、人际交往、战争谋略和侦查破案中发挥了巨大的功能。

2.1.2 创新思维的特征

案例分享：能监测生命体征的“药丸”——EnteroPhone

生命体征是身体健康的重要指标，但有时要跟踪心、肺等体内器官的体核温度可能需要采取侵入性手段，这对病患来说往往会产生副作用。不过，要是只吞下一颗“药丸”就能搞定，那任何人都可以承受。

2012 年，当哈佛医学院布莱根妇女医院的胃肠病学专家、生物医疗工程师乔凡尼•特拉法索和 MIT 林肯实验室的生物材料专家阿尔•斯威士顿在一个工作场合偶遇时，都意识到了这一点。当时，特拉法索正在研究可吞服医疗设备，而斯威士顿则在研究生命体征监测，两人一拍即合，决定联手打造特拉法索所谓的“可以吞服的听诊器”(见图 2-1)。

图 2-1 EnteroPhone

“从根本上来说，它就是一个微型扩音器，能够听到医生想要听到的那些声音。”斯威士顿解释说。这款名为“EnteroPhone”的生理状态监测(PSM)药丸包含一些特制的、可以“收听”心跳声和肺部活动声音的迷你扩音器，以及一个可以测量体核温度的迷你体温计。它是目前唯一一种可以同时跟踪三项关键生命体征的药丸式检测器。

目前，这种药丸的样品已在猪身上测试成功，该研究团队计划接下来进行人体试验。如果一切顺利，那么军方或许有一天会用这一设备在战场监测士兵的健康状况；马拉松运动员也能在比赛中密切监测自己的心率情况。另外，医生也能借用它发现心律失常或哮喘的早期症状。

研究人员希望有朝一日能把药物输送也纳入设计之中，如此一来，当 EnteroPhone 检测到异常时就能及时给药施救。

创新思维与一般思维相比，就是以新颖独创的方式方法来解决问题。不同于一般的思维活动，创新思维就是要求打破常规，将已有的知识轨迹进行改组和重建，创造出新的思维成果。创新思维以不断发展变化的动态社会为基础，不局限于某一种思维模式，是一种灵活多变的、富于探索性的、以不断变化的现实为标准的思维形式。和充满活力的年轻人一样，创新思维也追求个性。

1. 创新思维的求异性

创新思维的本质是求异、求新，具有前所未有的特征。创新思维本身就是一个求异性的思维方式。求异性又叫作新颖性、原创性和突破性。而所谓求异性，是指在认识过程中着力于发掘客观事物之间的差异性、现象与本质的不一致性、已有知识与客观实际相比而具有的局限性等，是对常见现象和人们已有的习以为常的认识持怀疑、分析、批判的态度，在怀疑、分析和批判中去探索符合实际的客观规律。换句话说，也就是说学会用“新眼光”去看待问题，突破思维的惯性。比如可以在原料、结构、性能、材料、外形、色彩、包装乃至加工上找到新的方法。

一个好的创意会让人产生眼前一亮的感觉，这就源于创新思维的新奇，也就是求异性。如果老调重弹、平平淡淡，必然乏味。

2. 创新思维的突发性

突发性，又叫作偶然性、意外性、非逻辑性。创新思维总是表现为在时间上以一种突然降临的情景标志着某一种突破的获得，表现了一种非逻辑的特征，这是在长期量变基础上的爆发性的质的突破。一般思维往往是逻辑思维，是在长期研究基础上顺理成章的结果，在时间上往往是顺延的。弗朗西斯•培根曾在 1605 年说：“人类主要凭借机遇或其他，而不是逻辑创造了艺术和科学。”

当然，创造性成果的产生，是研究者长期观察、研究、思考的结果，是创新思维活动过程的产物。在这一过程中，往往存在着对于形成创造性成果有关键、决定作用的突发性思维转折点。“山穷水尽”时突然看到“柳暗花明”。这种突发性和偶然性表现在：思想火花的爆发没有固定的时机，它的出现带有极大的随机性。

不管是突然悟到还是灵光一现，均表现了创新思维的这种突然降临的特征，都是在长时间思考的基础上的一个突破。一种新思想，可以是在读书时由于某段精辟的论述而突然萌发；也可以是在乘车、漫步、看戏、参加体育比赛时由一句台词或一个偶然的动作得到启发而爆发出来的；还可以是在与人讨论问题时突然受到启发而产生的某种新鲜见解等等 。创意的迸发不分场合、地点和时间，任何事物和事件都会给你带来灵感，让你在思维领域产生突破。

案例分享：王致和与臭豆腐

清朝康熙年间，安徽举人王致和进京赶考，屡试不中，为谋生路，在北京前门外延寿街开了一家豆腐坊。一年夏天，王致和急等着用钱，就让全家人拼命地多做豆腐。说来也巧，做得最多的那天，来买的人却最少。大热的天，眼看着豆腐就要变馊。

王致和非常心疼，急的如同热锅上的蚂蚁一般，忽然他想到了盐，放点盐是不是能让豆腐保存得久一些呢？他怀着侥幸心理，端出盐罐，往所有的豆腐上都撒了一些盐，为了去除馊味，还撒上一些花椒粉之类，然后把它们放入后堂。过了几天，店堂里飘逸着一股异样的气味，全家人都很奇怪。王致和一下子想到发霉的豆腐，赶快到后堂一看：呀，白白的豆腐全变成一块块青方！他信手拿起一块，放到嘴里一尝：“哎呀，我做了一辈子豆腐，还从来没有尝过这样美的味道！”王致和喜出望外，立刻发动全家人，把全部青方搬出店外摆摊叫卖。摊头还挂起了幌子，上书“臭中有奇香的青方”。当时的老百姓从未见过这种豆腐，有的出于好奇之心，买几块回去；有的尝过之后，虽感臭气不雅，但觉味道尚佳。结果一传十，十传百，不到一上午，几屉臭豆腐售卖一空。

如今的“王致和”品牌被不断发扬光大，成为老百姓爱吃的日常食品。

3. 创新思维的敏捷性

思维的敏捷性是良好心理品质的前提。敏捷性是指在短时间内迅速调动思维能力，具备积极思维、周密考虑、准确判断的能力，还必须依赖于观察力以及良好的注意力等优秀品质。没有对事物敏锐的洞察力和反应能力，很难从众多事物中发掘到“潜力股”、找到创新的起点。

案例分享：地产领袖的崛起

潘石屹，活跃于媒体与网络的房地产领袖，他与妻子张欣在 1995 年共同创立的 SOHO 中国有限公司已经成为北京最大的房地产开发商之一。在北京的 CBD，他留下了永久的印记，在这个区域，无论在建筑的规模上还是在项目的销售额上，SOHO 中国都是最大的开发商，并为中国首都大胆引入了标志性的当代建筑。

1987 年年底，潘石屹第一次南下广州、深圳。春节一过，潘石屹便变卖家当，辞职南下深圳，到达南头关时，身上仅剩下 80 多块钱，这便是多年后外界描述的潘石屹的“创业资本”。在深圳打拼一段时间以后，认为“不能错过历史机遇”的他主动请缨南下海南，迎来了他自认为最多姿多彩的人生阶段。经历海南“房地产泡沫”的吹起和爆炸以后，锻炼了足够胆量的潘石屹决定到北京创业。

一个偶然的机会，在怀柔区政府食堂吃饭的潘石屹，无意中听旁桌的人讲，北京市给了怀柔几个定向募集资金的股份制公司指标，但没人愿意做。

潘石屹抓住了这个机会。很快，北京万通实业股份有限公司开始进入设立程序。通过相关部门的审批之后，公司就建起来了。这一次，北京万通挖到数亿元的利润，潘石屹开始崭露头角。后来潘石屹的企业越做越大，不断地抓住机会，成了如今的地产大鳄。

4. 创新思维的专一性

量变是质变的必要准备，质变是量变的必然结果。好创意的产生不是“三天打鱼，两天晒网”的结果，它需要专一的目标、持之以恒的思考、坚持不懈的努力。它与毫无根据的胡思乱想是有根本区别的。人们要进行创新思维，就要有专一性和确定性。创新思维心理学实验证明：当人的活动具有专一目标时，效率高；而当“一心二用”时，效率会大大降低。专一的目标越鲜明、越强烈，思维活动就越易集中，聚集于一个突破点上，产生聚焦突破效果。

所谓专一性，是指导引思维目标的确定性，是导引思维过程中已有概念、事物在显意识与潜意识两个层次的集中与凝聚的特征。而创新思维最重要的条件是所研究的问题已经成为研究者的优势目标，即心理学上所说的“优势灶”。专一性是创新思维的基本特性。

托马斯•爱迪生一生拥有 1039 项专利，这个纪录至今仍无人打破。他给自己和助手确立了创新的定额：每 10 天有一项小发明，每半年有一项大发明。有一次他无意中将一根绳子在手上绕来绕去，便由此想起可否用这种方法缠绕碳丝。如果没有思维的连贯性和专一性，是不会有如此灵敏的反应力的。专一性的案例还有很多，浮力原理的发现源于阿基米德不断地苦想冥想；索尼的产生源于井深大和盛田昭夫在行业领域不断地思考和探索等等。有了专一性，才有了相对于他人的“优势灶”。每一次的创新看似偶然而绝非偶然，偶然是必然的结果。

案例分享：从不能行走到跑得最快

曾经发生过这样一个故事：一场突如其来的大火使康纳不幸被烧成重伤，虽然生命脱离了危险，但他的下半身却失去了知觉。出院的时候，医生悄悄地告诉康纳的母亲，说他这辈子离不开轮椅了。母亲非常难过，只好把痛苦埋藏在心底，每天照料康纳的起居，还定时带他到院子里呼吸新鲜空气。一次，母亲把轮椅推到院子里，吩咐康纳自己在外面散心，就回到屋内干活去了。康纳抬头仰望，碧空如洗，胸襟豁然开朗起来，感觉一股强烈的冲动自心底涌起——我一定要站起来。康纳挣扎着摆脱轮椅，拖着瘫腿用双肘在草地上爬行。就那么一寸一寸匍匐，磨磨蹭蹭地移动着身子，他终于移到了栅栏边，喘息片刻，他一把抓住栅栏，竭尽全力使身子直立起来，再借助栅栏尝试横向移动。毕竟胳膊的力量不及大腿，每一下他都累得满头大汗，他不得不停下来喘口气，然后咬紧牙关再试，直至挪动到栅栏的尽头。

从这一天开始，康纳和母亲达成一种默契，每天都要扶着栅栏练习走路。就这么日复一日地坚持，可是他的腿始终没有一点感觉。然而，在康纳的心中燃烧着重新站起来的迫切愿望，所以他没有也不可能气馁，照样全力以赴地与命运抗争。自从烧伤以后，康纳的下肢一直毫无知觉。这天早晨，他双手攀着栅栏向一旁移动，突然感到双腿一阵锥心的疼痛。他心头为之一震，甚至怀疑那是一种错觉。他又试着挪动了两步，再次体验了那种剧烈的疼痛。伴随着一种悲壮的感觉，重新站立起来的希望已扑面而来。自从下肢恢复知觉，康纳每天锻炼得更加起劲了，效果也一天比一天明显。他先是能慢慢地站起来，勉强扶着栅栏走几步，不久就可以独立行走，继而连跑步都不成问题。生活又回到正常的轨道，康纳重返学校读书，看上去和同学没两样。考入大学之后，他成为学校田径队的尖子队员，奇迹般地跑出了当时世界上最好的成绩。

2.2 创新思维的形式

创新思维使人能突破思维定式思考问题，从新的思路去寻找解决问题的方法。常用的创新思维有发散(扩散)思维、收敛(集中)思维、逆向思维、联想思维、灵感思维、想象思维、组合思维、逻辑思维、侧向思维、求异思维、类比思维等方式。本书将介绍几种常见的创新思维形式。

2.2.1 发散思维

案例分享：阿托搬家中心

日本著名的女企业家寺田千代，在她经营“阿托搬家中心”的创新实践中，为我们提供了一个出色地朝四面八方想的发散思维的成功事例。寺田千代原是一个个体运输户，20 世纪 70 年代爆发了世界性的石油危机，运输行业日益衰落。当她决定在“帮人搬家”这一新兴行业中一显身手之后，她既不局限于“搬家公司只管搬家”的老一套做法，也不受制于“什么时候想到了该干什么就干什么”或“现在有条件干什么就干什么”。她力求摆脱以往搬家公司传统的业务范围，将“为用户提供以搬家为中心的综合性服务”作为辐射源，尽力向“一切有关搬家的事务”做了一番辐射思考。

首先，她想到了要给她的搬家公司取一个便于顾客在电话簿上查找的名字。日本的电话号码簿是按行业分类排列。在同一行业中，各个企业的排名先后则是以企业日语名称的第一个字母，按字母顺序排列。日语的第一个字母是“阿”，于是她把自己的公司命名为“阿托搬家中心 ”。这样，她的公司便在同行业中居于首位。为了便于顾客记忆，她还从电话局的空白号码中选用了一个能让人过目不忘的号码：“0123”。

按照以往的搬家公司的一贯做法，搬家时，在顾客的旧居和新居，两边都要有人照看，特别是在空无一物的新居里，必须很早就有人守候在那里，以恭候“搬家专车”的光临。寺田千代为了将“令人劳累头痛的搬家”变为“令人轻松愉快的旅行”，她委托德国的巴尔国际公司专门设计制造了一种新型的搬家专用车。这种车全长 12 米，高 3.8 米。前半部分分为上下两层，第一层是驾驶室；第二层是一个可容纳 6 个人的客厅，里面有舒适的沙发，有供婴儿睡觉的摇篮，还有电视机、录音机、立体组合音响设备、电冰箱、电子游戏机等。汽车的后半部分是装运家具、行李的车厢，载重量为 7 吨，一般家庭的全部器物都能够一次运完。她还设计了与这种汽车配套的集装箱和吊车，使居住楼房的客户搬家时只需用吊车将集装箱送到窗前即可进行作业。由于汽车的车厢很大，全部家具行李都能装入车厢内，既安全可靠，行人又一点也看不见，这充分照顾到了一般客户担心财物被遗失损坏和不愿被外人看见的心理。寺田千代还为她所定做的这种新型搬家专用车取了一个神秘诱人而又美妙动听的名字——“21 世纪的梦”。寺田千代考虑到，顾客在搬家时不免会有许多相关的杂事需要处理。比如，新居的室内设计、装修和陈设，室外环境的清扫和消毒，处理和丢弃废旧物品，以及迁移户籍、变更电话、改变报刊投递、更改水电供应、中小学生转学等众多而烦琐的大小事项，她的“阿托搬家中心”全都可以代理。寺田千代还想到，日本有一个传统习惯：搬家难免会给左邻右舍带来一些打扰和不便，因而人们在搬家时往往都要给邻居送一点糕点或面条之类的礼物，以表示歉意和谢意。她考虑到搬家的客户常会由于忙乱而疏忽此事，她要求她的公司工作人员连这样的事也承担下来。据统计，寺田千代通过围绕“搬家”这一中心事务朝四面八方想，从而想出和确定下来的有关搬家的服务项目多达 300 余项。

“阿托搬家中心”于 1977 年 6 月作为股份公司正式成立。它由一个地区性的小型企业，很快便发展成为在全国拥有几十家分公司的中型企业。它的先进卓越的搬家技术专利，还远销到了东南亚地区和美国。

1. 发散思维的定义

发散思维又称辐射思维、放射思维、扩散思维或求异思维，是指大脑在思维时呈现的一种扩散状态的思维模式。它表现为思维视野广阔，思维呈现出多维发散状，即可以通过从不同方面思考同一问题，如“一题多解”“一事多写”“一物多用”。发散思维是多向的、立体的和开放型的思维。

发散思维的模式是给出一个问题，在一定时间内，以该问题为中心，向四面八方做辐射状的积极思考，无任何限制地探寻各种各样的答案。图 2-2 为发散思维的轨迹示意图。

发散思维的特点是突破头脑中固有的逻辑框架，从给定的信息中产生众多的信息输出，由一种想到多种，促使思路转移、跳跃或前进，得到众多具有新意的答案。发散思维的实质，就是要突破常规和定势，打破旧框框的限制，提供新思路、新思想、新概念及新办法。所以不少心理学家认为，发散思维是创造性思维一个最主要的特点，是测定一个人和一个团队创造力的主要标志之一。

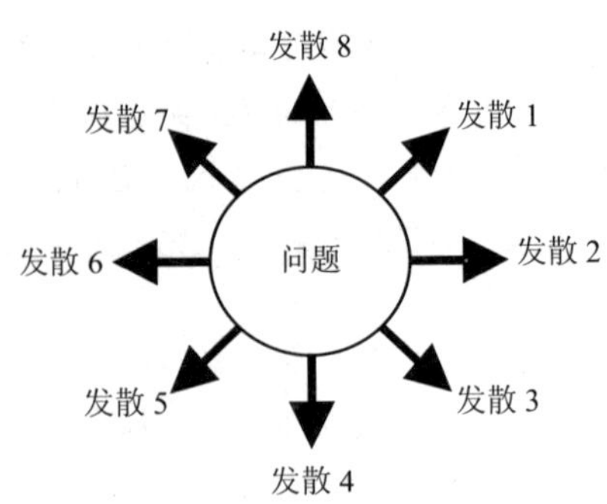

图 2-2　发散思维轨迹示意图

2. 发散思维的特征

发散思维具有三个最主要的特征，即流畅性、变通性和独特性。

(1) 流畅性

流畅性是发散思维的基础，指在短时间内表达出不同观点和设想的数量，衡量的是思维发散的速度，可以看作是发散思维“量”的指标。具体包括字、词流畅性，图形流畅性，观念流畅性，联想流畅性，表达流畅性等。例如，在有限的时间里请你写出带“土”“日”结构的字，越多越好，表明的就是这种流畅性。

(2) 变通性

变通性是指多方向、多角度思考问题的灵活程度，是发散思维的“质”指标，表现了发散思维的灵活性，是思维发散的关键。变通性使世上没有什么是不可能的。“不可能”标志着思维的中断和完成目标中途完结，变通性表现着思维的继续，表现着一种内在毅力，表现着事物发展的希望。如罗马一出版商为售出滞销的书，想尽办法托人给总统看，但总统工作很忙，无暇顾及。出版商再三请求总统提意见，总统随便说了句“此书甚好”。该出版商马上推出广告词：“现有总统评价很高的书出售。”结果积压的书一售而空。另一出版商见状，也用此法，总统被利用了一回，这次说了句：“此书很糟。”相应出台的广告词为：“兹有总统批评甚烈的书出售。”结果书也很火爆。第三位出版商马上也送了一套书给总统，总统这次决心不加理睬，于是，第三个广告词表述为：“现有连总统也难以下结论的书出售。”他的书销路居然也很好。

(3) 独创性

独创性也可称之为新颖性、求异性，是指产生与众不同的新奇思想的能力，是发散思维的本质，表现发散思维的新奇成分，是思维发散的目的。如美国北部下大雪时有一段长达 1000 公里的高压线经常被积雪压断，严重影响了正常的供电。为了清除积雪，有关部门向社会各界紧急征求方案。许多专家和其他相关人员纷纷提出了不少建议：有人联想加热可以融雪，主张沿线安装加温装置；有人想到震动可以抖落雪，提出安装振荡器……这些想法似乎都很好，但由于成本太高，技术复杂，实施困难而难以采纳。迫不得已有关部门进行了公开报道，希望能引出更多更好的建议。结果一位飞行员提出一个方案：驾驶直升机沿高压线上空飞行，飞机强大的气流可以清除电线上面的积雪。这个方案既新奇独特又现实，能既快且省地达到除雪目的。

2.2.2 收敛思维

案例分享：美国罐头大王的发迹

美国罐头大王亚默尔是一位非常善于抓住市场机会的人，他总是在别人容易忽略的微小信息和动态中，准确判断出市场的变化和行情的涨落，及时抓住机会，迅速果断地采取行动，在短期内就能获得平时无法想象的巨大利润。

1875年，亚默尔在报纸上看到一条“豆腐块新闻”，说的是墨西哥牧群中发现了病畜，有些专家怀疑是一种传染性很强的瘟疫。亚默尔立即想到毗邻墨西哥的加利福尼亚、德克萨斯肉类供应基地，如果瘟疫传染至此，政府必定会禁止那里的牲畜及肉类进入其他地区，这样将造成全国肉类供应紧张，价格上涨。这样一来，势必会增加罐头的生产成本，影响到公司的营业额。

亚默尔立即派人连夜赶往墨西哥，核实那里的牲畜发生疫病的消息。家里的亚默尔则积极准备资金，当派去的人打来长途电话，告诉他消息可靠时，亚默尔立即倾其所有，拿出所有的现金从其他各州大量采购经过检疫的牲畜和牛肉，迅速运往东部地区。

不出所料，不出两个月，政府果然对这两个地区的牲畜实行禁运。美国肉价由此迅速暴涨，其他同类公司的产品生产成本迅速上升，销售价格也随之上扬，而亚默尔公司产品的成本却和以往一样没有变，利润却高出几倍，亚默尔公司的销售额在当时稳居全美第一位。

1. 收敛思维的定义

所谓收敛思维，是指以某个思考对象为中心，尽可能运用已有的经验和知识，将各种信息重新进行组织，从不同的方面和角度，将思维集中指向这个中心点，从而达到解决问题的目的(见图 2-3)。(又称：聚合思维、集中思维、求同思维、综合思维、辐辏思维、辏合显同思维等。)

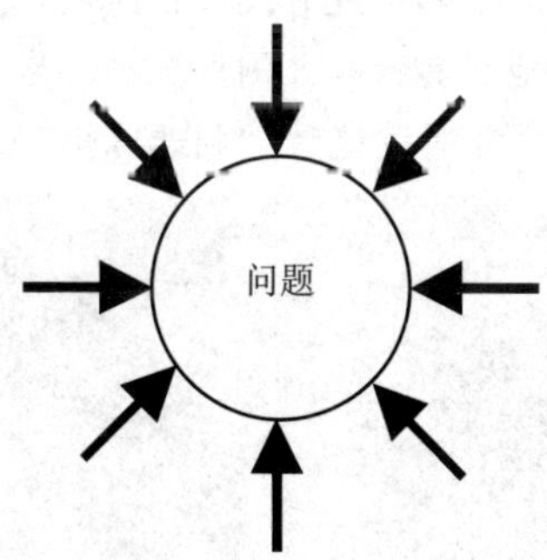

图 2-3　收敛思维轨迹示意图

2. 收敛思维的特征

(1) 封闭性

如果说发散思维的思考方向是以问题为原点指向四面八方的，具有开放性，那么，收敛思维则是把许多发散思维的结果由四面八方集合起来，选择一个合理的答案，具有封闭性。

(2) 连续性

发散思维的过程，是从一个设想到另一个设想时，可以没有任何联系，是一种跳跃式的思维方式，具有间断性。收敛思维的进行方式则相反，是一环扣一环的，具有较强的连续性。

(3) 求实性

发散思维所产生的众多设想或方案，一般来说多数都是不成熟的，也是不实际的，我们也不应对发散思维做这样的要求。对发散思维的结果，必须进行筛选，收敛思维就可以起这种筛选作用。被选择出来的设想或方案是按照实用的标准来决定的，应当是切实可行的。这样，收敛思维就表现了很强的求实性。

(4) 聚焦法

聚焦法就是围绕问题进行反复思考，有时甚至停顿下来，使原有的思维浓缩、聚拢，形成思维的纵向深度和强大的穿透力，在解决问题的特定指向上思考，积累一定量的努力，最终达到质的飞跃，顺利解决问题。

3. 发散思维与收敛思维的相互关系

(1) 发散性思维和收敛性思维，是人们进行创造活动时，运用的两种不同方向的思维。

(2) 发散思维与收敛思维的辩证关系是：发散性思维与收敛性思维在思维方向上的互补，以及在思维过程上的互补，是创造性解决问题所必需的。发散性思维向四面八方发散，收敛性思维向一个方向聚集，在解决问题的早期，发散性思维起到更主要的作用；在解决问题后期，收敛性思维则扮演着越来越重要的角色。

2.2.3 逆向思维

案例分享：返璞归真的面盆

现代卫生间里的面盆无论造型和功能如何多变，最起码都是有下水口的。可是今天的这款面盆则是采用了一种返璞归真的设计，下水口没有设计在内部，反而是安排在了面盆的前侧，而面盆本身的造型可以方便使用者轻松地将其掀起并倒出废水，为了防止废水乱溅，它的下水口还被设计成了一道狭长的缝隙(见图 2-4)。通过这种“制造麻烦”的方式来达到节水的目的。

图 2-4　返璞归真的面盆

1. 逆向思维的定义

逆向思维是从相反的、对盘的、颠倒的角度思考问题。把事情从反面来考虑，或者说颠倒过来考虑，会促使我们产生意想不到的创意，这就是逆向思维，又叫逆向构思法。

在创造中，人们经常使用具有挑战性、批判性和新颖性的逆向思维来启发思路，逆向思维的本质是知识和经验向相反方向转移，是对习惯性思维的一种自觉冲击，所以，这种从对立的、颠倒的、相反的角度去想问题的方式往往能打破常规，破除由经验和习惯造成的僵化的认知模式，因而能为创造扫清障碍。

2. 逆向思维的特征

(1) 普遍性

逆向思维在各种领域、各种活动中都有适用性，由于对立统一规律是普遍适用的，而对立统一的形式又是多种多样的，有一种对立统一的形式，相应地就有一种逆向思维的角度，所以，逆向思维也有无限多种形式。如性质上对立两极的转换：软与硬、高与低等；结构、位置上的互换、颠倒：上与下、左与右等；过程上的逆转：气态变液态或液态变气态、电转为磁或磁转为电等。不论哪种方式，只要从一个方面想到与之对立的另一方面，都是逆向思维。

(2) 批判性

逆向是与正向比较而言的，正向是指常规的、常识的、公认的或习惯的想法与做法。逆向思维则恰恰相反，是对传统、惯例、常识的逆反叛，是对常规的挑战。它能够克服思维定式，破除由经验和习惯造成的僵化的认识模式。

(3) 新颖性

循规蹈矩的思维和按传统方式解决问题虽然简单，但容易使思路僵化、刻板，摆脱不掉习惯的束缚，得到的往往是一些司空见惯的答案。其实，任何事物都具有多方面属性。由于受过去经验的影响，人们容易看到熟悉的一面，而对另一面却视而不见。逆向思维能克服这一障碍，往往是出人意料，给人以耳目一新的感觉。

2.2.4 联想思维

案例分享：细胞吞噬理论的产生

德巴赫是法国著名的生理学家，他曾致力于研究动物机体同感染作抗争的机制问题，但一直没有成果，这令他伤透了脑筋。一次，他仔细观察海盘车的透明幼虫，并把几根蔷薇刺向一堆幼虫扔去。结果那些幼虫马上把蔷薇刺包围起来，并一个个地加以“吞食”。这个意外的发现使德巴赫联想到自己在挑除扎进手指中的刺尖时的情景：刺尖断留在肌肉里一时取不出来，而过了几天，刺尖却奇迹般地在肌肉里消失了。这种刺尖突然消失的现象，一直是他心中没得到解决的一个谜。现在他领悟到，这是由于当刺扎进了手指时，白细胞就会把它包围起来，然后把它吞噬掉。这样就产生了“细胞的吞噬作用”这一重要理论，它指明在高等动物和人体的内部都存在着细胞吞噬现象，当机体发生炎症时，在这种现象的作用下，机体得到了保护。

1. 联想思维的定义

人脑中的记忆表象由于受到诱因而发生联系的一种思维活动。是由此及彼，并同时发现它们共同的或类似的规律的思维方法。

联想思维是指由某一事物联想到另一种事物而产生认识的心理过程，即由所感知或所思的事物、概念或现象的刺激而想到其他的与之有关的事物、概念或现象的思维过程。简单地说，联想思维就是通过思路的连接把看似“毫不相干”的事件(或事项)联系起来，从而达到新的成果的思维过程。

2. 联想思维的特征

(1) 目的性和方向性

联想思维是从一定的思考对象出发，有目的、有方向地想到其他事物，以扩大或加强对思考对象某方面本质和规律的认识或解决某一问题。联想思维是反映事物某方面本质的理性认识活动，是后天培养训练发展起来的，而记忆联想是反映事物现象的感性认识活动，是人的天赋能力。

(2) 形象性和概括性

不是某个具体的形象，而是带有事物一般特征的形象，即具有概括性。如由带钩的草籽想到子母扣，由蜡烛想到奉献等。

2.2.5 灵感思维

案例分享：米老鼠的诞生

美国的华特•迪士尼曾从事美术设计工作，后来他失业了。原来他和妻子住在一间老鼠横行的公寓里。但失业后，因付不起房租，夫妇俩被迫搬出了公寓。这真是连遭不测，他们不知该去哪里。一天，二人呆坐在公园的长椅上，正当他们一筹莫展时，突然从迪士尼的行李包中钻出一只小老鼠。望着老鼠机灵滑稽的面孔，夫妻俩感到非常有趣，心情一下子就变得愉快了，忘记了烦恼和苦闷。这时，迪士尼头脑中突然闪过一个念头。对妻子惊喜地大声说道：“好了！我想到好主意了！世界上有很多人像我们一样穷困潦倒，他们肯定都很苦闷。我要把小老鼠可爱的面孔画成漫画，让千千万万的人从小老鼠的形象中得到安慰和愉快。”风行世界数十年之久的“米老鼠”就这样诞生了。在失业前，迪士尼一直住在公寓里，每天从早到晚都同老鼠生活在一起，却并没有产生这样的设想。而在穷途末路、面临绝境的时候出现了这样的灵感，原因何在？其实，“米老鼠”就是触发了灵感的产物。他说：“米老鼠带给我的最大礼物，并非金钱和名誉，而是启示我陷入穷途末路时的构想是多么伟大！还有，它告诉我倒霉到极点时，正是捕捉灵感的绝好机会。”

1. 灵感思维的定义

灵感思维也称为顿悟，它是人们借助直觉启示所猝然迸发的一种领悟或理解的思维形式。诗人、文学家的“神来之笔”，军事指挥家的“出奇制胜”，思想战略家的“豁然贯通”、科学家、发明家的“茅塞顿开”等，都说明了灵感的这一特点。它是在经过长时间的思索，问题没有得到解决，但是突然受到某一事物的启发，问题却一下子解决的思维方法。“十月怀胎，一朝分娩”，就是这种方法的形象化的描写。所谓“众里寻她千百度，蓦然回首，那人却在灯火阑珊处。”就是这样一种意境。

2. 灵感思维的特征

灵感思维是在无意识的情况下产生的一种突发性的创造性思维活动。它与形象思维和抽象思维相比，主要有以下三个方面的特征：

(1) 突发性

灵感往往是在出其不意的刹那间出现，使长期苦思冥想的问题突然得到解决。在时间上，它不期而至，突如其来；在效果上，突然领悟，意想不到。这是灵感思维最突出的特征。

(2) 偶然性

灵感在什么时间可以出现，在什么地点可以出现，或在哪种条件下可以出现，都使人难以预测而带有很大的偶然性，往往给人以“有心栽花花不开，无心插柳柳成荫”之感。

(3) 模糊性

灵感的产生往往是闪现式的，而且稍纵即逝，它所产生的新线索、新结果或新结论使人感到模糊不清。要精确，还必须有形象思维和抽象思维辅佐。灵感思维所表现出的这些特征，从根本上说都是来自它的无意识性。形象思维、抽象思维都是有意识地进行的，而灵感思维则是在无意识中进行的，这是它们的根本区别所在。

2.2.6 想象思维

案例分享：偃师与机器人

有一天，周穆王不知为什么非常高兴，招来众位妃子饮酒观舞赏乐。周穆王环视了一下左右美人佳丽，吩咐道：“献舞！”在轻柔舒曼的舞曲中，一队舞女袅娜而入，翩翩起舞。其中一位明眉皓齿，身姿娇美，妙目流盼。周穆王被她迷得心猿意马，双眼紧盯着她不放，竟惹得旁边妃子顿生妒意。一曲舞罢，本该转身而去，可这位舞女竟斜着眼睛直给周穆王的妃子打媚眼。周穆王顿生醋意，勃然大怒：“大胆歌伎，吃了豹子胆了，竟敢对我的美人无礼！”“大王息怒！大王息怒！”旁边有个叫偃师的能工巧匠赶忙上前启奏。“讲！”周穆王怒气未消。“这舞女是假的！不是真人，是臣下做出来的，请大王饶恕！”偃师跪伏于地。偃师走上前去，将舞女的头，胳膊等一一卸下。周穆王才如梦方醒，众人都大为吃惊。上面的文字，乃我国古时候《列子·汤问》中记载的一段故事。这是有史以来记述最早的“机器人”。而到了 1958 年，美国人研制的能模拟人手部分功能的机器人才问世，已是相差几千年的事了。这不能不说明古人想象力之丰富，确实令人叹服。

1. 想象思维的定义

想象思维是指人脑对存储的形象进行加工、改造或重组，从而形成新形象的思维活动。

2. 想象思维的特征

(1) 形象性

想象思维是借助形象或图像展开的，不是数字、概念或符号。所以，我们可以根据他人的描述，在头脑中塑造出各种各样的形象。比如，我们可以在读小说时想象出人物和场景的具体形象。

(2) 概括性

想象思维是对外部世界的整体把握，概括性很强。爱因斯坦说："想象力比知识更重要，因为知识是有限的，而想象力概括着世界上的一切，推动着进步，并且是知识进化的源泉。"

(3) 超越性

想象中的形象源于现实但又不同于现实，它是对现实形象的超越，正是借助这种对现实形象的超越，我们才产生了无数发明创造。

2.2.7 组合思维

案例分享：北京奥运会吉祥物

北京奥运会吉祥物的成功问世就是组合思维的生动事例：专家组对来自全世界的662件参赛作品进行了大量的研究、考证、修改和艰苦的再创作工作，最后确定以大熊猫、猴子、龙、老虎、拨浪鼓及其组合形象为基本创作方向。"五一"期间，韩美林根据各方提出的修改意见，对"中国娃"方案进行了进一步的修改完善，提出了以北京传统风筝"京燕"造型代替"龙"造型的修改方案。在表现手法上，将申奥会徽毛笔的笔触和奥运会会徽中国印的感觉相结合，大胆地采用中国传统水墨画的手绘技法，重新勾画了五个福娃的形象，突出了吉祥物生动活泼的性格特质，在整体形象的艺术表现方面有了重大的突破。至此，北京奥运会吉祥物形象定位基本完成(见图2-5)。

图2-5 北京奥运会吉祥物

1. 组合思维的定义

组合思维又称"连接思维"或"合向思维"，是指把多项貌似不相关的事物通过想象加以连接，从而使之变成彼此不可分割的、新的、整体的一种思考方式。

2. 组合思维的特征

(1) 创新性。许多科学家认为知识体系的不断重新组合是人类知识不断丰富发展的主要途径之一，从这一角度看，近现代科学的三次大创造是由三次大组合所带来的。

第一次大组合是牛顿组合了开普勒天体运行三定律和伽利略的物体垂直运动与水平运动规律，从而创造了经典力学，引起了以蒸汽机为标志的技术革命；

第二次大组合是麦克斯韦组合了法拉第的电磁感应理论和拉格朗日、哈密顿的数学方法，创造了更加完备的电磁理论，因此引发了以发电机、电动机为标志的技术革命；

第三次大组合是狄拉克组合了爱因斯坦的相对论和薛定鄂方程，创造了相对量子力学，引起了以原子能技术和电子计算机技术为标志的新技术革命。

(2) 广泛性。

(3) 时代性和继承性。例：电视+电话=可视电话； 数据+文字+图像+声音=多媒体；电子管+电阻+电容=集成电路；台秤+电子计算机=电子秤；飞机+飞机库+军舰=航空母舰；手枪+消音器=无声手枪；自行车+电机+蓄电池=电动自行车。

以上是对常见几种创新思维的介绍，具体的创新思维方法及训练将在 2.4 节中阐述。

2.3 破除创新思维障碍

创新思维的产生不可能是一帆风顺的，我们要培养和开发创新思维，就必须根据存在的问题，有的放矢地采取各种方法和措施，努力破除和扫清抑制创新思维产生的各种主观障碍，为创新思维的产生创造良好的环境和条件。

2.3.1 思维定式

所谓思维定式，就是按照已有的思考和解决问题的思维规律，以及不断积累的思维活动经验教训，在长期不断反复使用过程中形成相对比较稳定、定型化的思维方式、路线、模式和程序。

1. 思维定式的积极作用

思维定式对于问题解决具有极其重要的意义。在问题解决活动中，思维定式的作用是：根据面临的问题联想起已经解决的类似的问题，将新问题的特征与旧问题的特征进行比较，抓住新旧问题的共同特征，将已有的知识和经验与当前问题情境建立联系，利用处理过类似的旧问题的知识和经验处理新问题，或把新问题转化成一个已解决的熟悉的问题，从而为新问题的解决做好积极的心理准备。

具体地说，在问题解决中，思维定式主要包括以下三方面内容：

(1) 定向解决问题总要有一个明确的方向和清晰的目标，否则，解题将会陷入盲目性。定向是成功解题的前提。

(2) 定向方法是实现目标的手段，广义的方法泛指一切用来解决问题的工具，也包括解题所用的知识。不同类型的问题总有相应的、常规的或特殊的解决方法。定向方法能使我们对症下药，它是解题思维的核心。

(3) 定向解决问题是一个有目的、有计划的活动，必须有步骤地进行，并遵守规范化的要求。

思维定式是一种按常规处理问题的思维方式，它可以省去许多摸索、试探的步骤，缩短思考时间，提高效率。在日常生活中，思维定式可以帮助人们解决每天碰到的 90%以上的问题。但是思维定式不利于创新思考，不利于创造。

2. 思维定式的消极作用

思维定式对问题解决既有积极的一面，也有消极的一面，它容易使我们产生思想上的惰性，养成一种呆板、机械、千篇一律的解题习惯。当新旧问题形似质异时，思维定式往往会使解题者步入误区。大量事例表明，思维定式确实对问题解决具有较大的负面影响。当一个问题的条件发生质的变化时，思维定式会使解题者墨守成规，难以涌出新思维，做出新决策，造成知识和经验的负迁移。

根据唯物辩证法观点，不同的事物之间既有相似性，又有差异性。思维定式所强调的是事物间的相似性和不变性。在问题解决中，它是一种“以不变应万变”的思维策略。所以，当新问题相对于旧问题，是其相似性的主导作用时，由旧问题的求解所形成的思维定式往往有助于新问题的解决。而当新问题相对于旧问题，是其差异性起主导作用时，由旧问题的求解所形成的思维定式则往往有碍于新问题的解决。

从思维过程的大脑皮层活动情况看，定势的影响是一种习惯性的神经联系，即前次的思维活动对后次的思维活动有指引性的影响。所以，当两次思维活动属于同类性质时，前次思维活动会对后次思维活动起正确的引导作用；当两次思维活动属于异类性质时，前次思维活动会对后次思维活动起错误的引导作用。

2.3.2 创新思维障碍类型

下面介绍几种常见的创新思维障碍类型。

1. 从众型创新思维障碍

从众，即指一切服从众人，按众人的意志说话、办事的心理和行为现象。通俗地说，就是“随大流”。它是思维定式中最常见、最典型的表现之一。思维从众倾向比较强烈的人，在认识事物、判断是非的时候，往往是附和多数，人云亦云，缺乏自己的独立思考和主见。从众定式对个人来说，使人有一种归属感和安全感，能够消除孤单和恐惧心理，也是一种比较保险的处世态度。具有从众思维定式的人不仅没有主见，在一定情况下甚至会随着众人犯错误，当然更不可能有什么创新了。

因此，要获得正确的思维方式并具有创新精神，就不能人云亦云、随波逐流，而应该有自己独立的见解。在某些情况下，大家都认为是正确的，其实并不一定是正确的。这就是毛泽东同志讲的，真理往往掌握在少数人的手中。洛克菲勒说过：“如果你要成功，你应该朝新的道路前进，不要跟随被踩烂了的成功之路。”

案例分享：阿希实验

美国心理学家所罗门•阿希在40多年前请大学生们自愿做他的被试者，告诉他们这个实验的目的是研究人的视觉情况的。当某个来参加实验的大学生走进实验室的时候，他发现已经有5个人先坐在那里了，他只能坐在第6个位置上。事实上他不知道，其他5个人是跟阿希串通好了的假被试者。

阿希要大家做一个非常容易的判断——比较线段的长度。他拿出一张画有一条竖线的卡片(见图 2-6)，然后让大家比较这条线和另一张卡片上的 3 条线中的哪一条线等长。判断共进行了 18 次。事实上这些线条的长短差异很明显，正常人是很容易做出正确判断的。

然而，在两次正常判断之后，5个假被试者故意异口同声地说出一个错误答案。于是许多真被试者开始迷惑了，他是坚定地相信自己的眼力呢，还是说出一个和其他人一样、但自己心里认为不正确的答案呢？

结果当然是不同的人有不同程度的从众倾向，但从总体结果看，平均有 37%的人判断是从众的，有 75%的人至少做了一次从众的判断。

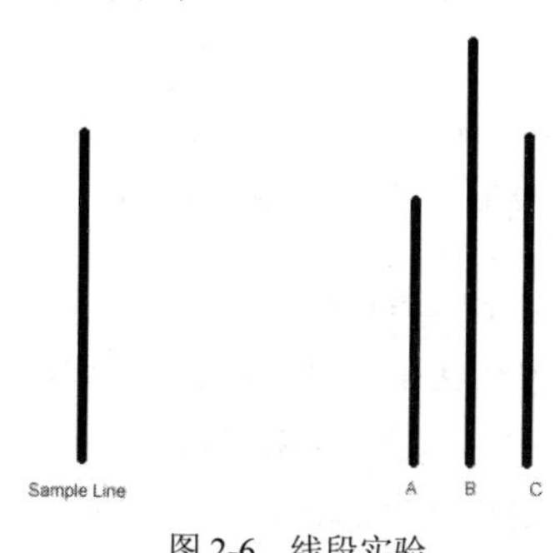

图 2-6　线段实验

2. 权威型创新思维障碍

在思维领域，不少人习惯于引证权威的观点，不假思索地以权威的是非为是非。记得我们在小学作文中，为了证明自己的观点是正确的，往往会引述某些名人名言，如“伟大的发明家爱因斯坦曾经说过”“伟大的物理学家牛顿曾经说过”……甚至某句话明明是自己想出来的，但是为了提高可信度，我们就会在前面加上“某个伟大的数学家曾经说过”等。这些都源于对权威的某种崇拜。可以说，有人类群居的地方就有权威，权威是任何时代、任何社会都存在的现象。人们对权威普遍存在崇拜之情，这是可以理解的，然而这种尊崇常常演变为神化和迷信。一旦发现与权威相违背的观点或理论，便想当然地认为其必错无疑，甚至大张挞伐。这就是创新思维的另一重大障碍，即权威型障碍。

案例分享：天灾？人祸？

1938 年 9 月 21 日，一场凶猛异常的飓风袭击了美国的东部海岸。美国著名历史学家威廉曼·彻斯特在他的名作《光荣与梦想》中记载并描述了这场罕见的风暴。书中写道：“下午两点三十分，海水骤然变成了一堵高大的水墙，以迅猛之势，向巴比伦和帕楚格小镇(位于纽约长岛)之间的海滩劈头压来。

第一波海浪的威力如此之大，以至于阿拉斯加州锡特卡的台地震仪上都记录下了它的影响。在袭击的同时，飓风携带着巨浪以每小时超过 100 英里的速度向北挺进，这时，水墙已经达到近 40 英尺高，长岛的一些居民手忙脚乱地跳进他们的轿车，疯狂地向内陆驶去，没有人能精确地知道有多少人在这场生死赛跑中，因为输掉了比赛而失去了生命。幸存者后来回忆道，一路上，人们都将车速保持在每小时 50 英里以上。”

其实，当地气象学家们已预测到了这场飓风的规模和到来时间，但因为一些不便公开的原因，气象局并没有向公众发出警告。事实上，绝大多数的居民通过家中的仪器或者通过其他渠道都获知飓风即将来临，但由于作为权威部门的气象局并没有发出任何预报，居民们都出人意料地对即将到来的大灾难漠然视之。

“后来，许多令人吃惊的故事被披露出来，”曼彻斯特写道，“这里有一个长岛居民的经历。早在飓风到来前几天，他就到纽约的一家大商店订购了一台崭新的气压计。9 月 21 日早晨，新气压计邮寄了过来。令他恼怒的是，指针指向低于29的位置，刻度盘上显示：'飓风和龙卷风'。他用力摇了摇气压计，并在墙上猛撞了几下，指针也丝毫没有移动。气愤至极的他，立即将气压计重新打包，驾车赶到了邮局，将气压计又邮寄了回去。当他返回家中的时候，他的房子已经被飓风吹得无影无踪了。"

这就是绝大多数当地居民采取的方式。当他们的气压计指示的结果没有得到权威部门的印证时，他们宁愿诅咒气压计，或者忽略它，或者干脆扔掉它！

巴尔扎克曾说过："打开一切科学的钥匙都毫无疑义的是问号，我们大部分的伟大发现应该都归功于'如何'，而生活的智慧大概就在于逢事都要问个为什么。"质疑观念的核心特征是它的疑问性——"为什么"或"是什么"，这是求索问题的切入点，也表达了一种探索、求知、解疑的心理欲望，是一把发现问题、提出问题的钥匙。

质疑不是停留在口头上，要能够在质疑的基础上提出问题、提出假设，并对自己的假设进行验证。也就是说对权威的质疑不是信口开河，而是需要理论和实践的论证，最终验证自己的怀疑是正确的。假设是以事实和科学知识为根据的，它是人类认识接近客观真理的方式和途径，也是人类洞察世界的能力和智慧的高度表现。

3. 书本型创新思维障碍

不少人都有这种习惯或者说是毛病，就是总以为书上的内容都是对的，无须考证、毋庸置疑的，因此，读书时不怀疑、不辨别，而是全盘接受，书本上怎样说，自己也就怎样说、怎样做，最终被书本所主宰，成了书本的"奴隶"。这种读书的态度是错误的、有害的。书是人类知识和实践经验的总结，是人类进步的阶梯，书当然还是应该读的，但是一定要采取怀疑和批判的态度去读，否则，就无法判断正确与错误。例如，在现代化学史上，价键理论、杂化轨道理论充分否定了有氟的含氧酸存在，否定了化合物中所有元素的氧化数不为零，谁能相信1971年美国两位科学家成功地制取了次氟酸，宣告此前的理论假说的不完整性及错误性。可见，科学本身总是在新的发现基础上不断纠正自己以往的错误而发展的，世界上从来就没有一成不变的事物。因此，当理论与事实发生矛盾的时候，人们只能修改理论使之与事实相适应，而不应该本末倒置地要求事实去符合理论，这才是唯一正确的选择。

案例分享：铁路的道轨是两匹马屁股的宽度，4.85英尺？

美国铁路两条铁轨之间的标准距离是4.85英尺。这是一个很奇怪的标准，究竟从何而来的呢？

原来这是英国铁路的标准，因为美国的铁路最早是由英国人设计建造的。而早期的铁路是由建电车的人所设计的，4.85英尺又正是电车所用的标准。

那么，电车轨道标准是从哪儿来的呢？原来最先造电车的人以前是造马车的，所以电车的标准是沿用马车的轮距标准。好了，那么，马车为什么要用这个一定的轮距标准呢？因为如果那时的马车用任何其他轮距的话，马车的轮子很快就会在英国的老路上撞坏的。为什么？因为这些路上的辙迹宽度为4.85英尺。这些辙迹又是从何而来的呢？答案是从古罗马人那里来的。因为整个欧洲，包括英国的长途老路都是由罗马人为它的军队所铺设的，而4.85英尺正是罗马战车的宽度。那么，罗马人为什么要用4.85英尺为战车的轮距宽度呢？原因很简单，这是两匹拉战车的马的屁股的宽度。

故事到此还没有结束。

当你在电视上看到美国的航天飞机立在发射台上的雄姿时，如果留意看，在它的燃料箱的两旁有两个火箭推进器。如果可能的话，工程师希望把这些推进器造得再胖一点，这样容量可以再大一些，但是他们不可以，因为这些推进器造好以后要用火车从工厂运到发射点，路上要通过一些隧道，而这些隧道的宽度只比火车轨道的宽度宽了一点点。因此火箭助推器的宽度是由铁轨的宽度所决定的。

所以，最后的结论是：路径依赖导致了今天世界上最先进的运输系统——航天飞机火箭助推器的宽度，而这竟然是两千年前两匹马屁股的宽度所决定的！

4. 经验型创新思维障碍

在一般情况下，经验是我们处理日常问题的好帮手。只要有某一方面的经验，处理问题时就能得心应手。特别是一些技术管理方面的工作，非要丰富的经验不可。但是我们也要看到，经验是具有稳定性的东西，也有其负面效应。这种负效应的表现就是，可能导致人们对经验的过分依赖，形成固定的思维模式。这样一来，就会削弱人们头脑的想象力，制约人们的创新意识。这就是说，经验具有很大的狭隘性，在某种情况下，甚至可能成为束缚人们思维的枷锁。美国石油大王保罗•盖蒂说过："在快速变化的年代，经验可能是你最大的敌人。"张瑞敏说："创新就是创造性的破坏，将原有的成功的经验统统打破，不断打破既有的平衡，否定自我，重塑自我，那么企业将在所有的竞争中取胜！"因此，我们既要借鉴以往的好经验，又不能仅仅依赖于经验，要善于根据新的实践，创造性地总结新的经验。

过分相信和依赖自己现有的优势从而意外跌倒的，这种情况在现实中并不少见。从方法论上说，这是被过去成功的经验和方法所束缚，忽视了原有优势在认识和实践上存在的局限性，陷入了盲目性的误区，因而在面对新情况时就出现了不适应。

案例分享：马尔科夫之死

在日常生活中，因凭经验处理问题而产生偏差和失误的实例不胜枚举。马尔科夫之死就是一个典型的例子。1978 年 9 月，保加利亚叛逃者马尔科夫在英国首都伦敦被刺客用装有暗器的雨伞击中。人们很快将他送到了医院，医生检查他的伤口，未发现炎症，便根据经验对他进行了处理，并认为他很快就会痊愈。不料 4 天以后，马尔科夫突然死亡。医生大吃一惊，经仔细研究发现，刺客用的是带剧毒的铂—铱子弹，由于铂具有抑制细菌的作用，因此在伤口处找不到炎症，但毒液却进入了马尔科夫的体内，最终导致了他的死亡。

5. 自我中心型创新思维障碍

"自我中心型"就是"自以为是"。在日常的思维活动中，人们自觉或不自觉地按照自己的观念、站在自己的立场、用自己的目光去思考别人乃至整个世界，由此产生了自我中心型思维定式。

在这种思维定式的束缚下，个人的思考以自己为中心，听不进别人的意见和建议，总认为自己的思考没有任何问题，是完全正确的，甚至认为就是真理。岂知，所谓"真理"都是相对的，具有一定的时空性，在这一场合正确的观点，换个场合也许就是错误的；现在没有问题的知识，随着时间的推移就不一定没有问题了。

每个人都会犯错误，即使是傻瓜也会为自己的错误辩护。但能承认自己的错误，多听取别人的意见和建议，对我们的进一步思维也许起到了抛砖引玉的作用。

案例分享：爱迪生的错误

伟大发明家爱迪生，一生差不多都在与电打交道，在电学方面的发明数不胜数，可是当其他人提出交流电可能有广泛用途时，他以老资格自居，说那可不行，交流电太危险，不能在实际生活中应用。为了证明，他还当众把一条狗用交流电电死吓唬大家，劝大家千万不要使用交流电，后来的事实证明他确实犯了自以为是、自我封闭的错误。

6. 习惯型创新思维障碍

《现代汉语词典》中对习惯是这样定义的：“习惯就是人们在长时期里逐渐养成的，一时不容易改变的行为。”习惯是一种循规蹈矩的形式。从清晨起床到晚上睡觉，人们99%的动作是习惯性动作。习惯使我们不饥而食，不困而眠，不思而行，不禁而止。习惯之所以成为创新思维的障碍，是因为人们对习惯的事物失去了敏感性，反应变得迟钝，甚至熟视无睹，发现不了问题，当然也谈不上解决这些问题。习惯之所以成为创新思维的障碍，还因为惯性非常容易成为惰性，而惰性历来是创新的大敌，它压制不符合习惯的思想，阻止对习性的改变。

在人生历程中，常规学习、常规工作、常规生活使我们每个人都形成了一套惯用的套路、惯用的格式、惯用的模型。一遇问题，我们便会不假思索地将它引入自己的套路、格式、模式之中，从中寻求答案。久而久之，这种套路、格式、模式就成为一种习惯和定式。但正是因为它的这种特性，有时它们也会转化成无形的包袱或绊脚石，使我们自我设限、故步自封，从而制约和扼杀了人身的思考潜能。创造性思维追求出新，绝不与他人雷同，更不能落入定型的套路、格式、模式之中。

案例分享：一链系千金

一根小小的柱子，一截细细的链子，拴得住一头千斤重的大象，你相信吗？可这令人难以置信的场景，在印度和泰国随处可见。原来，那些驯象人，在大象还是小象的时候，就用一条铁链将它绑在水泥柱或钢柱上，无论小象怎么挣扎都无法挣脱。于是，小象渐渐地习惯了不挣扎，直到长成了大象也是如此。小象是被链子绑住，而大象则是被习惯性的思维定式困住。

7. 自卑型创新思维障碍

自卑感也是开发创造性、进行创新思维的一大障碍。自卑者怕失败，怕犯错误，怕自己表现得愚蠢，遭到别人的嘲讽，从而不敢尝试，不敢冒险，堵塞了创造性思维产生的源泉。缺乏自信心最会妨碍创造性思维的产生。过分地自我批判是妨碍创造性思维的又一个心理障碍。这种人往往过于责备自己，对自己的成就和行为过分挑剔。认真、精益求精固然是好事，但凡事都有一个尺度，不能把尺度片面地夸大或绝对化。畏惧思想，是创造性思维最大的障碍，因为有了畏惧思想，就会谨小慎微，患得患失，怕失败、怕犯错误、怕困难。畏惧会磨灭人的想象力和创造精神，使人在许多有可能获得成功的机会中，丢失了这种机会。

案例分享：燃烧一千多年的灯

一位考古学家在深山中发现了一座古墓，经过考证，他确认里面埋葬着一千多年前的一位富可敌国的王侯，陪葬品价值连城。墓道里有重重的机关，稍不留神就会葬身于此。他费尽千辛万苦拆除了所有机关。然而，当他推开墓门，却吓得魂飞魄散——棺木上方很多的吊灯中竟有一盏还在燃烧着。这位经验丰富的考古学家从来没有见过能燃烧一千多年的灯，惊骇之余转身便逃，再也不敢回到墓中。

几天后，另外几位考古学家得知消息赶到那里，却没有发现那盏燃烧的灯，他们顺利取出了文物。原来，那盏看似一直燃烧着的灯的燃料里含有磷。墓穴被封闭后，耗尽了氧气的灯全部熄灭。墓门打开，新鲜空气涌入，那盏燃烧点很低的磷灯又开始自燃。就是说，打开墓门之前，那盏灯也是熄灭的。如果他在那里等一段时间或者过几天再来，磷灯就会熄灭。因为认为灯一直亮着，恐惧的考古学家与重大考古发现失之交臂。

8. 偏见型创新思维障碍

固执己见，死抱住错误观念不肯放弃，迷途而不知自返。如三国时，诸葛亮派马谡统兵把守战略要地街亭，马谡自恃熟读兵书，布阵失当却拒不听王平的建议，结果失守街亭，蜀国从此一蹶不振。可见，固执和偏见是创造性思维的克星和杀手。

当某种观念为人们所普遍接受后，会在人们的心脑中相对固定下来，成为一种固定的观念。人们常说的传统观念就是固定观念的一种重要表现形式。固定观念对于人们学习知识、阐述问题、利用知识从事常规性工作可以说是必不可少的。然而对于发展、拓宽创新思维而言就会成为一种阻碍。它用已有的知识、观念在人们和新事物、新现象之间形成了某种屏障，总是觉得熟悉的事物比较有安全感，易对新事物有所猜忌、犹豫，使人们的思维无法实现突破。在固有观念的影响下，人们往往会利用已有的经验过早地作出判断，而把新构想的幼芽扼杀在摇篮里。

案例分享：海顿和莫扎特的打赌

有一次，音乐大师海顿和莫扎特打赌，莫扎特写了一首乐曲，看海顿能不能弹出来。刚开始时，海顿弹奏得很顺利，可当他的双手被高、低音支配到键盘的两端时，曲谱上又跳出了一个在键盘正中间的音符，海顿这时便无法处理了。他大嚷道："这是世界上无人能弹的曲子！"莫扎特笑眯眯地说："我能弹！"对那个几乎无法处理的音符，莫扎特弹的时候居然用上了鼻子尖。假设海顿的头脑中没有钢琴必须用手弹的主导观念，那么海顿肯定也会想到用其他方法触碰琴键。这位在音乐领域里很有创造力的大师尚且如此，可见主导观念无处不在。

2.4 创新思维训练

2.4.1 排除创新思维障碍训练

1. 针对从众型创新思维障碍类型的训练

(1) 在美国通用汽车公司的一次董事会议上，有位董事提出了一项决策方案，立即得到大多数董事的附和。有人说，这项决策能够大幅度提高利润；有人说，它还有助于我们打败竞争对手；还有人说，应该组织力量，尽快付诸实施。但是，会议主持人则保持了冷静的头脑，他说："我不赞同刚才那种团体思考方式，它把我们的头脑封闭在一个狭小的空间里，这会导致十分危险的结果。我建议把这项方案搁置一个月后再来表决，请各位董事各自独立地想一想。"一个月后，重新讨论那项方案，结果它被否决了。

请问：为什么一个月前大家都赞成这项决策方案？主持人让搁置一下的做法有什么好处？

(2) 动动你的脑筋，想出一种与众不同的观念，这个观念只要与人们的日常习惯相冲突就可以，不追求高明和实用。然后把自己的新观念告诉朋友和家人，听听大家的反响。在这个过程中，体会社会的从众势力有多强大，也能锻炼你"反潮流"的胆量。面对大家的指责、嘲讽和反对，你应心平气和地辩解，尽力说服他们，让多数人承认新观念中有可取之处。当然，你还可以发明或改进一种物品，只要与传统观念中的物品不同就行，同样要大力宣传、辩护，仔细观察不同人的不同反应。例如，提出"寒冷的冬天穿着短袖和短裤出门"的想法，把眼镜的镜片设计成一大一小，并戴着这样的眼镜出去试试。通过这类练习，你能够体会到众人的评论和嘲笑没什么了不起，从而逐渐削弱思维中的从众定势。

2. 针对权威型创新思维障碍的训练

(1) 以权威人物的某种论断进行突破权威型障碍的训练。找出某位权威人物的某种论断，一是要求这种论断尽管是正确的，但却与人们的常识或直觉相违背；二是要求这段论断的传播范围比较窄，一般人不太了解。比如，爱因斯坦相对论中的"尺缩现象"，即物体运动时长度不变只是低速世界的特殊现象，长度随速度而变才是宇宙的一般规律。然后，你把这一权威论断告诉周围的人，但不要打着权威旗号，比如可以说成自己或朋友的新发现，听别人的反应和评价。你还可以把同一论断告诉另外一些人，首先声明是某权威的观点，把大家的反应和评价进行比较，看从中能悟出什么道理。

(2) 没有永久的权威，任何权威都只是一时的。随着时间的推移，旧权威不断地被新权威所替代，清楚这一点，会大大削弱对权威的敬畏心态。请在自己头脑中回忆一两个 10 年或 20 年前自己敬畏的权威，了解一下如今他们还是权威吗。

(3) 一位电影明星能推荐一种感冒药，一位体操健将就肯定能制造出高质量的运动鞋吗？这都是"别的领域的权威"。面对权威漫天"泛化"的怪状，请自问自答：推广人是哪个领域的权威，他对这一行有研究吗？他是这一行的权威吗？他那些振振之词对这个领域有价值吗？

(4) 即使是一位真正的权威，而且是在他的权威领域发表意见，也要看看是否与权威的自身利益有关。一位科学家提出一种新的理论，那么他自己对该理论的评价就会至少部分失去权威性。一次科研课题或产品鉴定会，假如权威受到优厚的款待，鉴定结果是否有足够的权威性就值得怀疑。在进行训练时，看到某权威在卖力地推荐某产品或某观念，首先想一想，他与权威的利益有没有关系？

3. 针对书本型创新思维障碍类型的训练

(1)"正分合"读书法。拿到一本理论类的书，认真用不同的方法和眼光读三遍，你会有一种全新的感觉。第一遍是"正读"，首先假定书中的说法完全正确，你十分赞同作者的观点。你一边读，一边为书中的看法补充新的证据、材料和论证方法。第二遍是"反读"，你假定书中所有的观点都是错误的，你读此书的目的，就是找出错误而一一驳倒它们。也许一开始很困难，这一方面是过去读书的习惯使然；另一方面是因为你还没真正把握书中所讲的内容。任何理论上的阐述，都不可能天衣无缝。第三遍是“合读”，就是把“正读”与“反读”的结果综合起来，在此基础上对书中所讨论的内容，提出自己的新看法。到这一步，应该说达到了读书的最高境界——既能读“进去”又能读“出来”。

(2) 找出书本与现实的差距。想一想，怎样从现实中找到具体事例反驳下列知识性论断：男人比女人有力气；开卷有益；众人拾柴火焰高；冬天比春天冷；瑞雪兆丰年；用计算机写作既方便又迅速。

(3) 设想多种答案。书本上提供的答案往往是“唯一的”“标准”答案，它会束缚头脑，降低创新意识。如果我们面对一个问题，尽可能多地给出越新奇越好的多种答案，创意思维水平就可以提高。例如：“大雁为什么向南飞？”答案：向北飞要飞过北极会饿死；向北飞路太远；去会见去年结识的女朋友海鸥；锻炼小天鹅的翅膀，免得沦落为“抱大的一代”；消耗身上的脂肪以治疗肥胖症……

就以下问题设想多种答案：面条是怎样做成的？天空为什么是蓝的？浪花为什么是白的？熟人见面为什么要打招呼？花朵为什么颜色不同？

4. 针对经验型创新思维障碍类型的训练

(1) 仿盲人训练。经验大部分是通过感觉得来的，而感觉中由视觉获得的信息占全部信息的85%以上。过分发展的视觉反而妨碍了其他感官功能的发挥，有必要体会一下盲人的感觉，来充分发挥其他感觉的功能，使你获得意想不到的丰富的外界信息。训练方法是：用布或者完全不透光的眼镜使自己看不到外界，先在室内走动，再去室外熟悉处走走，最后在朋友的引领下到陌生的地方走一圈，这种地方最好是景观、人员等比较集中的地方，完全依靠你的听觉、触觉、方向感和平衡感去了解外界。如此训练几次，肯定会有丰富的收获。

(2) “逆经验反应”训练。大量日常经验使每个人对外界刺激形成一套固定反应模式，打破它对增强创新意识大有帮助。训练原则即如此，内容可自定。例如：下雨时不打伞走出去；收到信不拆，扔在桌上不管它；电话铃响着，不去接。

5. 针对自我中心型创新思维障碍类型的训练

(1) 冷静法。当别人对你的某种观点提出质疑时，不妨让自己冷静一段时间。过一段时间，你再考虑这个问题，并思考别人给你的建议，也许你会改变自己的想法。

(2) 尝试法。如果条件允许的话，可以尝试一下别人给你的建议，看效果如何，和自己的做个对比。

6. 针对习惯型创新思维障碍类型的训练

任何事情以不同的方式思考，都可能会有完全不一样的结果。固定的思维模式是人生的大敌，当我们被某个思维定式主导时，往往很难看清楚一些事物的本质。生活中不是缺少奇迹，而是缺少发现。世界上许多奇迹的诞生就是以不同思维方式思考的结果，我们唯有具有挣脱思维枷锁的勇气和智慧，属于自己的奇迹才有可能出其不意地降临。美国著名的贝尔实验室里树立的贝尔雕像的下方写着贝尔留给后人的警句：“有时，需要离开常走的大道，潜入森林，你就肯定会发现前所未有的东西。”

7. 针对自卑型创新思维障碍类型的训练

要破除自卑感或胆怯心理，必须从以下方面着手：

(1) 树立自信心。没有自信，就是对自己各方面能力不信任，对自己能否进行丰富的想象和创造性活动持否定或模棱两可的态度，最终不敢前进，没有独创性成果。例如德国物理学家普朗克，曾首次做出了“能量子假说”这个革命性论点，但此后却对此长时间怀疑，对自己也缺乏信心，而未能完成这一物理学上的革命性发现。因此，成功是与自信相联系的，与勇气、胆魄密不可分。

(2) 切勿过分地自我批判。过分地自我批判，主要是不能客观、公正地估计自己。比如，或是认为自己没有创造力，或是认为自己没受过某种专业训练等。实际上，在创造过程中，一定的自责虽然必要，但过分看重自己的不足则会因失之客观而造成归因上的误差，甚至导致自信心的丧失。

(3) 克服畏惧思想。畏惧会磨灭人的想象力和创造精神，使人在许多有可能获得成功的机会中，丢失了这种机会。创造者是不应怕失败的，失败是成功之母。

8. 针对偏见型创新思维障碍类型的训练

(1) 要破除固执和偏见，必须挑战主导观念。而挑战主导观念的关键在于找出主导观念，一旦找出主导观念，解题的新思路会水到渠成。向“毋庸置疑”挑战，首先要训练找主导观念。针对你要解决的问题，先整理出占据头脑的主导观念。主导观念的特征是：当一个问题发生时，思考者不由自主首先想到甚至是不假思索就跳出来的解题方法。这种方法往往常人都能找到。

(2) 要避开主导观念。当我们找出主导观念后，要有意识地避开或远离主导观念，尽量从侧面或其他方向寻找思路和方法，这样找到的设想肯定是新颖、独特的。

2.4.2 创新思维训练

所谓创新思维训练，就是采用一定的方案，对思维能力、思维方法、思维知识和思维态度等进行系统训练，从而使人的创新思维水平得到提高的过程。

创新思维是可以训练的。第一，思维的生理基础是大脑，大脑的特点决定了人的聪明程度。大脑神经元的数目可达1000多亿，而实际使用的却不到10%，余下的神经元都未被开发利用。研究发现，生理上的变化可引起思维的变化。人类的思维能力随着社会的发展不断提高，这正是长期学习和训练的结果。环境和教育，可以使思维的发展加速或延缓。第二，创新思维训练具有悠久的传统。思维训练从古时就有了，只是从20世纪以来，通过大量的研究和实践探索，才使人们认识到了思维训练对提高民族素质的重要作用。在西方，最早采用系统方法进行思维训练的人，也许可以追溯到古希腊时代的苏格拉底。

为迎接知识经济给人们带来的挑战，提倡和鼓励创意，培养人的创意能力，正在成为时代的潮流。创新思维是创新的基本条件，在许多需要创新的领域，诸如科学研究、科学决策、产品设计、广告策划中，情感、意象、形象、直觉、灵感以及经验、联想、想象、猜测、灵感等创意素质直接制约着创新的水平。因此，创新思维的培养和训练至关重要。

1. 发散思维训练

发散思维指一种不依常规、寻求变异、从多方面寻求答案的思维方式。宽广的知识面可以使人们见多识广，思路宽且灵活。因此，人们要注意培养广泛的兴趣；要尽可能地从各个方面去吸取信息和知识；重视各种环境下的实践。

发散思维训练的核心是发散点训练。一般从用途、功能、结构、形态、组合、方法、因果、关系等 8 个方面向外延扩散。

(1) 用途发散。所谓用途发散就是以某物品作为发散点，设想出它的多种用途。例如，在 5 分钟内尽可能多地说出订书钉的各种用途：订书、订报纸、订杂志、订装纸盒、订壁画、做牙签、做成掏耳勺、在皮带上钉出一定的图案、做装饰、可作为项链的一次性用锁、弯曲做成五线谱的音符、做成圆珠笔的尖头、做成发夹、做造型各异的饰品、做成别针、用在广告中人物化、钉在木板上，将一头磨圆制成钢刷、当筷子用、用来拆一些小食品的塑料袋、连接两个很小的物体、做敲击乐器、当作针来引线、塞进枪膛做子弹、扭弯后做成手链、做成一次性拉链、将它放在外星球上作为人类文明的标志、涂上彩色油漆用来拼图案、制作标本时的订装、修理东西……

用途发散训练的题目形式是"在一定时间内说出某物品的各种用途"。

用途发散有两种思维方式：一种是根据物品的特征进行发散，想出可能的用途。例如，订书钉是铁制的，铁可以导电，于是我们就可以想到订书钉可以用来做导线、做启动日光灯等。第二种就是进行强制性的思维发散，即随便想出一个事物，把该事物和作为发散点的事物强制地联系在一起，寻找作为发散点物品的新用途。例如，忽然间想到扣子，那么可以把订书钉卷成圆形，做扣子用；当然也可以做成订书钉形状的扣子。第二种方式对于发现某种材料的新用途能起到巨大的作用，有时还会取得辉煌的成果。特别是一种新材料发明以后，可以应用物品用途发散的第二种方式寻找适用的领域，一定会得到用其他方法得不到的新奇构思。

【思维训练】

1. 以扣子为发散点，从用途发散的两种思维方式考虑，扣子有多少种用途？至少回答 10 种。
2. 以铅笔为发散点，从用途发散的两种思维方式考虑，铅笔有多少种用途？至少回答 10 种。

(2) 功能发散。功能发散是从某事物的功能出发，构想出获得该功能的各种可能性。如对"怎样才能达到照明的目的"这一问题，有人做出如下构想：点油灯、开电灯、点蜡烛、划火柴、烧纸片、用手电筒、点火把、燃篝火、用镜子反射太阳光等。从发散思维的角度出发，没有废物或废料，只要能合理地借助功能发散(有时加上视角转换)，一定能变废为宝。

下面以红砖的用途为例，说明如何进行功能发散。

红砖最常用的功能是作为建筑材料使用，那在哪些方面可以实现红砖这一功能呢？可以在盖房子(包括盖大楼、宾馆、教室、仓库、猪圈、厕所……)、铺路面、修烟囱等方面实现红砖作为建筑材料的功能。红砖从其物理性质来看，它具有一定的重量，这也可以说是它的一种功能，那在哪些方面能够体现红砖的重量呢？它可以用来压纸、腌菜，当作凶器、砝码、哑铃等。红砖的形状是长方体，在哪些方面能够体现红砖长方体的特征呢？它可以当作尺子、多米诺骨牌、垫脚等。红砖的颜色是红色的，可以通过在水泥地上当笔、画画、压碎做红粉、磨碎掺进水泥做颜料等实现红砖的这一功能。红砖的硬度较硬，可以用做凳子、锤子、支书架、磨刀石等，体现红砖的硬度较硬，说明红砖能够承受较大的重量，同时也比较耐磨。另外红砖的吸水性较强，可以用它来吸水。还可以将红砖刻成一颗红心献给心爱的人；在砖上刻下自己的手印、脚印变成工艺品留念。

【思维训练】

1. 以书本为发散点，从功能发散的角度进行发散，即先考虑书本有哪些功能？在哪些方面又能实现这些功能？

2. 夏天天气特别热，如何能够达到凉快的目的？

(3) 结构发散。结构发散是以某个事物结构为扩散点，设想出利用该结构的各种可能性的思维活动。例如，尽可能多地说出含圆形结构的东西：太阳、水滴、酒杯、西瓜、扇子、瓶盖、镜子、头、螺丝钉等。经常进行这种思考，可以增加我们头脑中的形象储备，锻炼想象力。

【思维训练】

1. 写出包含⬭结构的事物或现象。

2. 写出包含方形结构的事物或现象。

(4) 形态发散。形态发散是以事物的形态(如颜色、形状、音响、味道、明暗等)为发散点，设想出利用某种形态的各种可能性。例如，你能设想出利用红色可做什么或办什么事吗？这是一种形态发散思考，如利用红颜色可做信号灯、红墨水、红围巾、红灯笼、红粉笔、红喜报等。

【思维训练】

1. 利用白色可以做什么或办什么事情？

2. 利用蓝色可以做什么或办什么事情？

(5) 组合发散。组合发散是以某一事物为发散点，尽可能多地设想出与另一事物联结成具有新价值的新事物的可能性。组合发散是一种强制性思维的发散方法，即你想到什么就与发散点的事物组合在一起。

组合思维是一种非常重要的创意思维方法，组合思考不仅数量要多，更重要的是组合要新奇而合理。经常进行组合发散思考，将会提高我们的创意能力。例如，尽可能多地说出手电筒可以同哪些东西结合在一起。如果想到了钥匙、手表、钟、鞋子、笔、衣服、书，那么与手电筒一组合就有了带手电筒的钥匙、带手电筒的手表、带手电筒的钟、带手电筒的鞋子、带手电筒的笔、带手电筒的衣服、带手电筒的书等。从中可以发现一些很好的创意，如带手电筒的钥匙，我们知道，在生活中尤其是晚上开门的时候，如果楼道灯不亮，是很难找到锁眼的，有了带手电筒的钥匙就可以不用为此烦恼。

组合发散和前面讲到的用途发散中的强制性思维发散方式有相似之处，也有不同之处。相似之处在于两者都是想到一种事物，将这种事物与发散点进行联系。不同之处在于组合发散是把发散点与这种事物结合起来，形成一个新事物；而用途发散是以发散点来代替这种事物，从而发现发散点的新功能。例如，以钥匙为发散点，随机想到一种事物是手电筒，按照组合发散的思维方式，两者就能结合形成新的事物——带手电筒的钥匙；按照用途发散的思维方式，由手电筒联想到钥匙是否能够具有一种新功能，即钥匙可以当手电筒用。

【思维训练】

1. 以桌子为发散点，按照组合发散的思维方式，看能够有哪些新事物的产生(至少 10 种)？其中，哪些比较有创意？

2. 以杯子为发散点，按照组合发散的思维方式，看能够有哪些新事物的产生(至少 10 种)？其中，哪些比较有创意？

(6) 方法发散。方法发散是以人们解决问题或制造物品的某种方法为扩散点，设想出利用该种方法的各种可能性。例如，说出用“吹”的方法可能做的事或解决的问题：吹气球、吹口哨、吹笛子……这是一种方法发散思考。方法发散，是人们创新创意能力的一项重要素质。平时，人们要多掌握一些前人解决问题过程中积累下来的成功方法和技术，并能把这些方法辐射出去，用到新领域、新事物上，从而大大地提高我们的创新创意能力。

【思维训练】

1. 用“吸”的方法可以办哪些事情或解决哪些问题(至少 10 种)?

2. 用“敲”的方法可以办哪些事情或解决哪些问题(至少 10 种)?

(7) 因果发散。因果发散是以某事物发展结果起因为扩散点，设想出该事物出现的原因或该事物可能产生的结果。例如，发现地上有一摊水，推测造成地上有水的各种可能的原因；猜测这滩水会造成什么样的后果。这就是因果发散。

具体来说，因果发散包括原因发散和后果发散。原因发散是以某事物发展的结果为发散点，推测造成此结果的各种可能的原因。如尽可能多地说出玻璃杯破碎的各种可能原因。答案如下：落地摔碎、被汽车碾碎、开水冲进杯子时炸碎、杯子结冰胀碎、被火烧裂碎、被子弹击碎等。后果发散是以某事物的起因为扩散点，推测可能发生的各种结果。如尽可能多地说出拉上开关后可能发生的各种结果。答案如下：灯不亮、灯亮、灯亮了马上灭掉、灯泡冒出白烟、灯泡爆炸、保险丝断了、电线起火等。

人们在进行科学研究时，经常会碰到认识事物因果关系的问题。因此，进行因果发散思考训练，有助于培养我们的科研素质，去发现事物、认识事物的内在规律。

【思维训练】

1. 请尽可能多地说出玻璃杯破碎后造成的各种可能结果。

2. 你打羽毛球的时候，忽然球拍断了，请分析出现这种情况的原因有哪些？后果有哪些？

(8) 关系发散。关系发散是从某一对象出发，尽可能多地设想它与其他对象之间的关系。例如，每个人都可以从自我出发，想出自己与其他社会成员之间的关系，除了日常的一些基本关系之外，每个人还可能是听者(相对于演讲者)、观者(相对于哑剧表演者)、读者(相对于图书管理员和书商)、选民(在选举活动中)……确定事物之间可能的关系发散有以下两种方式：第一种是从某一事物出发，尽可能设想出与其他事物的各种关系。例如“你是谁？”你是你父母的女儿，你是某高校某系某班的学生，你是女生，你是舞者等。尽可能说出你与社会各方面及各种人物之间的关系。第二种是给出两个事物，请说出这两个事物之间的各种关系。例如，父亲和儿子之间可能有什么样的关系？答案有：父子关系、医生和病人的关系、师生关系、同事关系、上下级关系、原告和被告的关系、游戏伙伴的关系、谋害者和被害人的关系、病人和护士的关系、营业员和顾客的关系等。

【思维训练】

1. 说说你是谁？
2. 猫和狗有哪些关系？

2. 收敛思维训练

收敛思维是与发散思维相对应的思维方式，一种从面到点的内聚式思维形态。收敛思维能力强的人一般具有较强的洞察力，看问题比较深刻，善于推理分析，且严谨周密。

收敛思维的训练方法有以下几种。

(1) 聚合显同法。就是把所有感知到的对象按照一定的标准“聚合”起来，显示它们的共性和本质。例如，我国明朝时期，江苏北部曾经出现了可怕的蝗灾，飞蝗一到，整片整片的庄稼被吃掉，人们颗粒无收……徐光启看到人民的疾苦，想到国家的危亡，毅然决定去研究治蝗之策。他搜集了自战国以来两千多年有关蝗灾情况的资料。

在这浩如烟海的材料中，他确定了蝗灾发生的时间大多在夏季炎热时期，以六月为最多。另外他从史料中发现，蝗灾大多发生在“幽涿以南、长淮以北、青兖以西、梁宋以东诸郡之地(相当于现在的河北南部，山东西部，河南东部，安徽、江苏两省北部)”。为什么多集中于这些地区呢？经过研究，他发现蝗灾与这些地区湖沼分布较多有关。他把自己的研究成果向百姓宣传，并且向皇帝呈递了《除蝗疏》。徐光启在写《除蝗疏》整个思维过程中，运用的思考方法就是“聚合显同法”。

(2) 层层剥笋法(分析综合法)。我们在思考问题时，最初认识的仅仅是问题的表层(表面)，因此，也是很肤浅的东西，然后，层层分析，向问题的核心进一步地逼近，抛弃那些非本质的、繁杂的特征，以便揭示出隐藏在事物表面现象下的深层本质。

(3) 目标确定法。平时我们碰到的大量问题比较明确，很容易找到问题的关键，只要采用适当的方法，问题便能迎刃而解。但有时，一个问题并不是非常明确，很容易产生似是而非的答案，把人引入歧途。

这个方法要求首先要正确地确定搜寻的目标，进行认真的观察并作出判断，找出其中关键的现象，围绕目标进行收敛思维。目标的确定越具体越有效，不要确定那些各方面条件尚不具备的目标，这就要求人们对主客观条件有一个全面、正确、清醒的估计和认识。目标也可以分为近期的、远期的、大的、小的。开始运用时，可以先选小的、近期的，熟练后再逐渐扩大。

(4) 聚焦法。聚焦法就是人们常说的沉思、再思、三思，是指在思考问题时，有意识、有目的地将思维过程停顿下来，并将前后思维领域浓缩和聚拢起来，以便帮助我们更有效地审视和判断某一事件、某一问题、某一片段信息。由于聚焦法带有强制性指令色彩，其一，可通过反复训练，培养我们的定向、定点思维的习惯，形成思维的纵向深度和强大穿透力，犹如用放大镜把太阳光持续地聚焦在某一点上，就可以形成高热。其二，由于经常对某一片段信息、某一件事、某问题进行有意识的聚焦思维，自然会积淀起对这些信息、事件、问题的强大透视力、溶解力，以便最后顺利解决问题。

【思维训练】

1. 请说出家中既发光又发热的东西。找出它们的共同点。
2. 请写出海水与江水的共同之处，越多越好。
3. 鸽子、蝴蝶、蜜蜂与苍蝇有什么相同之处？
4. 铜、铁、铝、不锈钢等金属有什么共同的属性？

3. 逆向思维训练

逆向思维是让思维向对立面的方向发展，从问题的相反方向进行深入的探索。人们总是习惯于顺着事物发展的正方向去思考问题，并寻找解决问题的办法。其实，对于某些问题，尤其是一些特殊问题，从结论往前推(也就是倒过来思考)，从求解回到已知条件，或许会使问题简单化。

具体来说，逆向思维可以从以下几个方面进行训练。

(1) 作用颠倒。任何事物都能起各种各样的作用。一个事物对另一个事物来说，既可以起正作用，也可以起反作用。就事物对人的利害关系来说，既有有利作用，也有不利作用。人们通过采取一定的措施能够改变事物所起的作用，其中也包括能够通过使事物某方面的性质、特点发生改变，起到同原有作用正好相反的作用。比如使事物对人不利的作用变为对人有利的作用。基于这样的事理，如果我们对事物的某种作用进行逆向思维，就有可能想出更好利用该事物或与该事物相关的新设想、新主意来。

【思维训练】

网络是当今社会不可缺少的，就如同空气一般。请问网络对人们来说有哪些有利作用，有哪些不利作用？对于不利作用，如何将其变为有利的？

(2) 方式颠倒。事物都有自己“起作用的方式”，它也是事物的一种基本属性。此方式发生变化，事物的性质、特点和作用也会随之变化。我们如果从某种需要出发，采取一定的措施，使某一事物起作用的方式有所颠倒，那就可能会引起事物的性质、特点或功能相应地产生符合人们需要的某种改变。基于事物同其起作用的方式之间的这种客观存在的关系，就可以进行创新思考，也可以就事物起作用的方式倒过来想。

【思维训练】

我们平时洗脸的时候，一般会打开水龙头，水从水龙头中流下来，我们手捧着水洗脸，或者用洗脸盆接点水洗脸。请问，关于水的流向能有什么创新吗？

(3) 过程颠倒。事物起作用的过程具有确定的、显著的方向性。过程颠倒作为一种逆向思维的创新思考方法是指：事物起作用的过程一旦方向有所颠倒，人们对它的认识和态度便会有所改变。所以，如果有意识地就事物起作用的过程从相反的方向思考，便有可能从中引发新的设想。

【思维训练】

生活中有哪些运用过程颠倒的例子？

(4) 位置颠倒。两个(以及多个)事物之间在空间上总是保持着一定的位置关系。或两两相对，或一前一后，或一上一下，或一左一右……从甲所处的位置看乙与甲的关系，从乙所处的位置看甲，以及看甲与乙的关系，得出的认识往往不同。在创新思考过程中，将事物之间的位置关系倒过来思考，也有可能产生新的看法和设想。

【思维训练】

利用位置颠倒的思维方式考虑，如果把鞋前后反穿，是什么样的感觉？对你有什么帮助。你也可以试着倒立看这个世界，你会有什么发现？

(5) 结果颠倒。结果颠倒作为一种逆向思维的创新思考方法是指：对具有因果关系的事物之间，从作为结果的事物乙出发，倒回去思考作为原因的事物甲，以及思考事物乙发生、发展的过程，往往能获得新的认识和设想。

根据化学能可以转换为电能，英国物理学家戴维最终发现了电能也可以转化为化学能。根据电能生磁，英国物理学家法拉第最终发现了磁也能生电。意大利物理学家伽利略曾应医生的请求设计温度计，但屡遭失败，有一次他在给学生上实验课时，由于注意到水的温度变化引起了体积的变化，这使他突然意识到，倒过来，由水的体积变化也能看出水的温度的变化，循着这一思路，他终于设计出了当时的温度计。科学家在发现各种元素都有自己独特的光谱以后，根据不同元素有不同的光谱进行反推：有某种光谱存在，也就能断定必然有某种与之对应的元素存在。在这一思想的指导下，科学家不但发现了太阳上也有地球上所存在的氦等元素，还由此而提出了在科学技术研究中发挥巨大作用的光谱分析法。

【思维训练】

生活中有哪些事物和现象是利用结果颠倒发现的？

(6) 观点颠倒。理论观点是人主观意识的产物，但它们归根到底都是客观事物及其规律在人们头脑中的反映。既然我们可以对客观事物进行逆向思维，那么对思想观点自然也可以，也就是将一种观点从相反的方向思考，以便从中获得新的认识，形成新的见解。这就是所谓的“观点颠倒”。人们对许多理论观点通过逆向思维而有所创新的事例表明：“观点颠倒”也是理论、知识创新的一种重要的思考方法，在生活和工作中有重要的应用。

【思维训练】

还有哪些体现观点颠倒的案例？

4. 联想思维训练

联想思维是指人脑记忆表象系统中，由于某种诱因导致不同表象之间发生联系的一种没有固定思维方向的自由思维活动。一般是看到一种事物或事件的表象或动作而联想到其他事物或事件的表象或动作的心理过程。

日本创造学家高桥浩曾说过：联想是打开沉睡在头脑深处记忆的最简便、最适宜的钥匙。

联想是开发创新创意能力的翅膀，通过联想，可以发现无生命物体的象征意义，可以寻到抽象概念的具体体现，从而使信息具有更强的刺激性和冲击性，可以使人的认识大大超越时间、空间等具体条件的限制，极大地丰富人们的精神世界，成为推动人类社会进步的精神动力。平时积累知识越多、经验越丰富的人，一般他的联想力就越强，联想的范围也就越广。丰富的知识储备使人容易从一种事物联想到另一种事物，容易在相似、递进、对比和相关的事物间展开联想，但这种联想常常摆脱不了逻辑和理性的束缚。在现有知识和经验的基础上训练活跃的联想能力，会产生许多意想不到的创意设想。

联想思维的训练方法有以下几种。

(1) 直接类推法。有意识地让自己突发奇想，把自己想象成所要解决问题的因素，这个因素可以是人、动物、植物，然后运用知识的迁移来展开联想。例如，可以把自己想象成一个电子表，当电子表运行的时候是什么样的感觉？当没有电的时候，是什么样的感觉？这种非逻辑的类推强调移情介入，要求个人暂时失去部分自我，而且“失去自我后产生的观念与正常情况差异越大，联想的非逻辑性就越强，从而越富有创意性”。因为自己的原认知能力获得了发展，对自己的思维过程可以调控，故这种离奇性一般不会导致偏激。

(2) 强迫冲突法。强迫冲突法就是将两个截然相反的概念联系在一起，想象可能产生的各种奇怪的内涵。例如，破碎的铁片、无情的爱、可怜的富人、冰冷的火焰……两个词的冲突性越大，越会有好的创意被激发出来。

(3) 先确定对象，将两组对象组合在一起，说明它们之间的关系。看看你的四周，你所看到的每一件事物都是和其他事物有关联的，即使你一下子还看不出来，但如果仔细研究一下你会发现，无论把哪两个东西放在一起，你都可以在它们之间找到一些更深层或潜在的联系。我们试着把 CD 和名片这两件事物联系起来看看，尝试寻找两种事物间的相似之处，再从这些联系当中想出什么新的创意。首先思考 CD 和名片的特征，它们有以下的共同点：都是长方形的、都有许多颜色、都写了字、都反映了持有者的名字甚至个性、都经过精心设计。接着进一步找出它们相互之间的联系和差异。对于 CD 盒来说，它易碎、可以打开、比名片大些、里面装有歌手及曲目内容的小册子、有条形码、有艺人的照片等；而 CD 本身则具有圆形、需要音响播放、有光泽、内含录制的歌曲、中间有个孔等特点。而名片则拥有以下特征：比 CD 片轻薄、更易保存、可以折叠、表明详细的个人联系方式、可以便宜批量制作用以分发。通过对这些相同与差异之处的了解，我们可以想出名片和 CD 以及 CD 盒应该如何改进。例如，可以把自己的照片或其他人的照片印到名片上，用塑料制作名片，把名片做成一个迷你 CD，让名片可以说话或唱歌，制作一本个人和公司的小册子，名片上加入条形码方便扫描；CD 能否变成可抛弃式的，尺寸再小些，CD 盒的材质可以更有弹性、变得更薄些。

事物之间都是可以相互联系的，只要投入足够的脑力，一定可以在任意两个事物之间建立起联结，获得新的创意。现在，你所要做的就是尝试着去发现身边新的联结。

【思维训练】

1. 假如你现在正在电梯里，突然间电梯失控，先迅速到顶层，紧接着坠向最底层，瞬间你可能会涌现出哪些可怕的联想？

2. 把自己想象成投入洗衣机中的衣服，联想整个洗衣过程，你是什么样的感觉？

3. 当你看到高速公路上风驰电掣的汽车时，你可能会联想到哪些与其截然相反的事物？

4. 把闹钟和西瓜进行联系，分别找到两种事物的特点、两种事物的相似点和差异点，是否会产生好的创意？也可以试着将周围看到的任何两种事物进行联系，看是否能产生好的创意？

5. 灵感思维训练

灵感思维的出现往往带有神秘感，具有不可确知性，但它是可以开发的，可以通过勤奋思考获得的。灵感思维的训练方法如下。

(1) 久思而至。思维主体在长期思考数日不就的情况下，暂将课题搁置，转而进行与该研究无关的活动。恰好是在这个“不思索”的过程中，无意中找到答案或线索，完成久思未决的研究项目。柏辽兹写作《五月五日》这部作品时，结尾怎么也想不好，不得不搁置起来。后来有一次，他在莱茵河里乘船，不慎失足掉进水里，当别人把他拉上来的时候，他忽然有了灵感，找到了这部作品绝妙的结尾。

(2) 梦中惊成。梦是以被动的想象和意念表现出来的思维主体对客体现实的特殊反映，是大脑皮层整体抑制状态中，少数神经细胞兴奋进行随机活动而形成的戏剧性结果。并不是所有人的梦都具有创造性的内容。梦中惊成，同样只留给那些“有准备的科学头脑”。

(3) 自由遐想。科学上的自由遐想是研究者自觉放弃僵化的、保守的思维习惯，围绕科研主题，依照一定的随机程序对自身内存的大量信息进行自由组合与任意拼接。经过数次乃至数月、数年的意境驰骋和逻辑推理，完成一项或一系列课题的研究。

(4) 急中生智。利用此种方法的例子，在社会活动中数不胜数。即情急之下做出了一些行为，结果证明，这种行为是正确的。英国名作家毛姆 20 多岁写成一部小说，作品出版后无人问津。心急如焚的他想出一条绝招，在国内各大报纸登出征婚启事：“本人是位年轻而又有教养的百万富翁，愿娶一位和毛姆小说中的主角完全一样的女性为妻。”许多人看了启事后，争先恐后地去书店抢购毛姆的那部小说。不到 3 天，伦敦各家书店的毛姆新作全被购完。

(5) 另辟蹊径。主体在科学研究过程中，课题内容与兴奋中心都没有发生变化，但寻解定式却由于研究者灵机一动而转移到与原来解题思路相异的方向。1953 年，美国前总统卡特刚接管父亲的花生业务，他看到原野到处贮放的花生堆。当时传统的处理方式是将花生暴晒后运往榨油厂，但若遇到雨天花生就会霉烂。卡特心中一动，想出了改变传统暴晒为室内烘干的点子，设计制造出大型烘干机，创造出良好的经济效益。

(6) 原型启示。在触发因素与研究对象的构造或外形几乎完全一致的情况下，已经有充分准备的研究者一旦接触到这些事物，就能产生联想，直接从客观原型推导出新发明的设计构造。1982 年，只有初中文化的重庆姑娘何永智，在街边开了家只有 3 张桌子的火锅店。她时刻琢磨着顾客的需要，从一位顾客怕辣受到启示，对传统火锅加以改造，发明了“鸳鸯火锅”。这一简单的创意，竟引发了一场火锅业的革命，使这种口味单一的地方名吃，摇身变成了世人共享的佳肴，风靡全国。

(7) 触类旁通。人们偶然从其他领域的既有事实中受到启发，进行类比、联想、辩证升华而获得成功。他山之石，可以攻玉。触类旁通往往需要思维主体具有更深刻的洞察能力，能把表面上看起来完全不相干的两件事情沟通起来，进行内在功能或机制上的类比分析。如篮球运动的创始人詹姆斯•奈史密斯长期思考如何发明一种全新的室内运动项目。开始，他老觉得思路打不开。有一次，一群人向一个看门人要几个装东西的盒子，看门人拿出几只装鱼的竹篮让他们作为代用品。奈史密斯看见这些竹篮，一下子触发了灵感：是不是可以把竹篮做成将球投入其中的“球篮”呢？后来，他终于设计出了“篮球”这一新的运动项目。

(8) 豁然开朗。这种顿悟的诱因来自外界的思想点化。主要是通过语言表达的一些明示或隐喻获得。豁然开朗这种方法中的思想点化，一般来说要有这样几个条件：一是“有求”，二是“存心”，三是“善点”，四是“巧破”。

(9) 见微知著。从别人不觉得稀奇的平常小事上，敏锐地发现新生事物的苗头，并且深究下去，直到做出一定创新为止。见微知著必须独具慧眼，也就是用眼睛看的同时，配合敏捷的思维。

(10) 巧遇新迹。由灵感而得到的创新成果与预想目标不一致，属意外所得。许多研究者把这种意外所得看作“天赐良机”，也有的称之为“正打歪着”或“歪打正着”。

【思维训练】

1. 假如……？

(1) 假如外星人真的存在，想象一下它们的样子？

(2) 假如世界上只剩下你一个人了，想象一下你的生活会怎样？

(3) 假如将来有一天地球不适合人类居住了，想象一下人类可能的生活环境？

(4) 假如你能够穿越时空隧道回到唐朝，想象一下那里的情景？

(5) 假如汽车由你设计，想象一下它的外观、性能？

2. 一个轮子置于一平面上，轮子边缘有一个黑点，使轮子在平面上滚动，想象并划出黑点在轮子滚动时留下的轨迹。

3. 电话铃突然响起，在接听之前，运用直觉思维，预测一下是什么人打来的？有什么事？

4. 在大街上遇到一个陌生人，运用直觉思维，猜测一下他(她)的年龄、职业或家庭状况怎样？

5. 下面是电影里的经典台词，你从中可以得到什么启示？

(1)《玻璃樽》：星星在哪里都是很亮的，就看你有没有抬头去看它们。

(2)《饮食男女》：人生不能像做菜，把所有的料都准备好了才下锅。

(3)《半生缘》：我要你知道，这个世界上有一个人会永远等着你。无论是在什么时候，无论你在什么地方，反正你知道总会有这样一个人。

(4)《教父》：别跟我说你是无辜的，这让我愤怒，因为它侮辱了我的智慧。

(5)《简爱》：你以为我贫穷，不漂亮，就没有感情吗？如果上帝赐给我美貌和财富，我也会让你难于离开我的！就像我现在难于离开你一样！

6. 想象思维训练

通过想象，人们可以从现在回溯人类的远古时代，又可以从远古时代而来到遥远的未来；可以在想象中飞离地球，进入银河系中的任何一个星球，通过想象我们甚至可以进入某种完全梦幻般的意境。想象是提出问题和解决问题的形象化，又是思维中的各种因素辩证联系的真实写照。钱学森曾说过，人的创造性思维过程绝不是单纯的抽象思维，总要有点形象思维，甚至要有灵感思维。因此，离开抽象思维或形象思维，就没有创造性思维。

想象思维的专项训练如下。

(1) 图形想象。

① 图形意义想象，即给出一个图形，尽可能想象出图形形象所表示的东西和意义。例如，尽可能多地写出什么东西与ට图形相像。

蚊香、弹簧、漩涡、盘着的大蛇、指纹、妇女头上盘起来的发髻、葱花饼上的细纹、卷尺、码头上卷着的缆绳、盘山公路、唱片上的纹路、小提琴手柄上雕刻的螺旋花纹、卷起来的纸筒截面、草帽顶上的细纹、对数螺线……

思维训练

尽可能多地写出什么东西与S图形相像。

② 图形组合想象，即给出几个图形，要求利用这些图形尽可能做出不同的组合，并说出组合出来的图形表示的事物和意义。

【思维训练】

给出两个三角形和两个正方形，做出不同的组合，并说明每种组合的不同含义。

(2) 制作想象。给出一些材料，自己设计、制作出有意义的东西；或者根据具体要求，自己选材、设计和制作。

【思维训练】

1. 给你零碎的布片，请设计和制作出有意义的东西。
2. 给你棉签和扣子，请设计和制作出有意义的东西。

(3) 假想性推测。“假想性推测”是假设一件一般情况下不可能发生的事情，当这个不可能事件发生后，对产生的后果进行自由想象。一般的思考模式是“假设/如果……将会……”这是兼具“关系发散”和“因果发散”中由因及果的训练因素。例如，假如人类长生不老，世界将会怎么样？人类的生育欲望降低，会间接减少出生率；国外枪支等相关产业丧失市场；人满为患；资源枯竭；环境恶化；人类变异；人类可能会为所欲为，因为不再害怕死亡……

【思维训练】

1. 假如世界上没有老鼠，将会怎么样？
2. 假如恐龙现在还活着，将会怎么样？
3. 假如人有7个手指将会怎么样？
4. 假如地球的大气层突然消失，将会怎么样？

7. 组合思维训练

(1) 主体附加法。主体附加法是指以某一特定的对象为主体，通过置换或插入其他技术或增加新的附件而使发明或创新诞生的方法。例如电扇加定时器、电冰箱加温度显示器、彩色电视机上附加遥控器、带橡皮头的铅笔、含微量元素的食品等。

(2) 二元坐标法。二元坐标法就是借用平面直角坐标系在两条数轴上标点(元素)，按序轮番地进行两两组合，然后选出有意义的组合物的创新方法。

(3) 焦点法。焦点法是以一预定事物为中心、为焦点，依次与罗列的各元素一一构成联想点，寻求新产品、新技术、新思想的推广应用和对某一问题的解决途径。例如玻璃纤维和塑料结合，可以制成耐高温、高强度的玻璃钢。

(4) 形态分析法。形态分析法就是通过对研究对象相关形态要素的分列和重新组合，全面寻求各种解决问题方案的方法。

具体步骤如下。

① 确定创新对象。准确表述所要解决的课题，包括该课题所要达到的目的及属于何类原理、技术系统等。

② 基本因素分析。确定创新对象的主要组成部分(基本因素)，编制形态特征表。

③ 形态分析。要揭示每一形态特征的可能变量(技术手段)，应充分发挥横向思维能力，尽可能列出无论是本专业领域的还是其他专业领域的所有具有这种功能特征的各种技术手段(方法)。在形式上，为便于分析和进行下一步的组合，往往采取列矩阵表的形式，一般表格为二维的，每个因素的每个具体形态用符号 i、j 表示，其中 i 代表因素，j 代表具体形态。对较复杂的课题，也可用多维空间模式的形态矩阵。

④ 形态组合。根据对发明对象的总体功能要求，分别把各因素的各形态一一加以排列组合，以获得所有可能的组合设想。

⑤ 评价选择最合理的具体方案：选出少数较好的设想后，通过进一步具体化，最后选出最佳方案。

(5) 信息交合法。根据课题的实际需要采用二元坐标法，母本轴、父本轴或以中心点按独立要素分别拉线，标出信息点进行组合，产生大量新观念(想法)、新方案、新技术，创造出更多新产品的方法。

信息交合法实施步骤：把物体的总体信息分解成若干要素，然后把这种物体与人类各种实践活动相关的用途要素分解，把两种信息要素用坐标法连成信息标 x 轴与 y 轴，两轴垂直相交，构成“信息反应场”，每个轴上的各点的信息依次与另一轴上的信息交合从而产生新的信息。

【思考练习题】

1. 请在 10 个“十”字上加上最多三笔构成新的字。

2. 对名词、动词、形容词在坐标上进行组合，经过筛选，找到创新方向的方法，就是二元坐标法。应用二元坐标法，对以下词进行组合，并把有意义的结果写出来(5 种以上)：

发光　温度　弹性球　玻璃　风筝

3. 在保留以下主体功能不变的情况下，加上其他附加物，以改善或扩大其功能，把结果填入表内。

主体	附加物	改进后的名称
手表	日历	带日历的手表
皮靴		
钱包		
儿童车		
黑板		
钓鱼竿		

4. 任意选出以下 2 种物体并列出来，你可组合出哪些有意义、有价值的东西？

计算机	咖啡机	百合花	太阳镜	门前的擦鞋棕垫
浴缸	手机	防晒液	卧室	电视
切片机	雕塑	吊床	手机	窗户
真空吸尘器	汽车	票	苏打罐	驱虫剂

5. 思维敏捷度测试：妈妈在抽屉里发现了你的银行账单，打电话质问你为什么花的总比赚的多？你的回答会是。

A. 只要我喜欢的东西我就不计价钱，买下来的那一刻让我觉得特别满足

B. 我等下再打给你，车子马上就要过隧道了，信号不太好

C. 我刚刚失恋，要给自己一点补偿

6. 将下列故事整理成三个可供选择的结局，一个悲伤的，一个幽默的，一个富有道德教育意义的。

在战争时期，一个士兵牵着驴去牧场吃草，此时，敌人突然进犯，使他惊慌，他试图用各种方法促使驴子快跑，但是枉然。

“敌人朝我们来了!”他对驴子说。

“敌人干什么？”驴子问，“他们要在我背上放一对篮子，而不是像你这样放一个？”

“不，”士兵回答说，“这并不可怕。”

“那为什么？”驴子说。

7. 旅行家萨米•琼在周游世界之后，回到他阔别十年的故乡。有一次，他向人们诉说了这十年中他在世界各地的所见所闻。他还向人们提出了两个怪问题。

问题 1：在非洲的某地，我看到一个人的身体内有两颗心脏，而且都跳动得很正常。你说，这有可能吗?

问题 2：在大洋洲的某一个村庄里，所有的人都只有一只右眼。你说，这有可能吗?

8. (1、3、7、8)

(2、4、6)

(5、9)

你能猜出上面这 3 组数字间有何种关系吗? 提示：每一组数字都有一个相同的条件。

9. 一个交警执勤时，看到一个小女孩转过拐角超过他后就走了，他朝小女孩笑了笑，也没有多注意她。几分钟后，小女孩又转过拐角从他身边经过了，接下来好几次都是这样，而且她一次比一次显得焦虑。最后，交警耐不住问：“你在这儿走来走去干什么呢?”你猜小女孩是怎么回答的?

10. 艾米很兴奋地发现她家花园的池塘里有很多青蛙。有时候出现一只绿色的，有时候出现一只褐色的，还有一对小青蛙。艾米想了解池塘里到底有多少只青蛙。她数了好几次，但每次得到的结果都不一样。那么，如何才能正确地知道池塘中到底有多少只青蛙呢(不能抽干池塘中的水)?

第 3 章 创造性技法

如果把智商比做汽车固有的功率，那么思维技巧就等于驾驶技巧。

——创意大师、英国剑桥认知研究中心主任　爱德华·德·波诺

要创新，需学问；只学答，非学问；要创新，需学问；问愈透，创更新。

——美籍华裔物理学家、诺贝尔物理学奖获得者 李政道

大胆的想法就像向前走步的棋子，他们可能会被击败，但他们也可能赢得比赛。

——德国著名思想家、作家、科学家　歌德

对于创新来说，方法就是新的世界，最重要的不是知识，而是思路。

——著名创新专家、中国研究创新思维第一人　郎加明

【本章知识点】

- 什么是创造性技法？基本原理是什么？
- 常用的创造性技法有哪些？如何应用？
- 创造性技法应用训练。

3.1 创造性技法概述

在我们日常的生产生活中，经常会进行设计制造，如设计新产品或者解决问题的新方案。设计的过程就是一个创造的过程，设计人员创造能力的高低，将直接影响产品创新程度和设计质量。目前常用的习惯性思维容易使人们思路闭塞和思想僵化，为了保证创造性活动的正常开展和完成，须充分调动和发挥创造性活动实施者的创造性思维能力，同时也要掌握并正确运用创造性技法。

案例分享：告别铅与火的时代

人们发明了印刷术，可以把思想用文字记录下来转印成书，扩展开并世代相传，从而促进了人类不断积累经验，在此基础上向前发展。

古代人把字刻在龟甲或牛骨头上，用来祭祀，因而产生了甲骨文；春秋战国时期，人们又把字刻在竹片上，我们称之为竹简。东汉元兴元年(公元105年)，蔡伦发明了造纸术，人们可以进行雕版印刷，但其工作量是很大的。北宋仁宗庆历年间(公元1041—1048年)，毕昇对印刷术进行了大胆改革，将印刷术分为造活字和制版。毕昇发明了胶泥活字印刷术，后来由泥活字发展到铜活字，后来人们又用铅字印刷。随着计算机技术的普及，王选成功创造了中文激光照排系统，在全国范围内淘汰了铅字，使我国及全世界的华人告别了印刷术的铅与火的时代。

从以上案例中我们可以看出，发明创造具有以下一些特点：

一是重大发明创造都适应了社会发展的急需，如造纸术、印刷术、活字版、计算机应用等的发明创造，都解决了社会发展所急需解决的问题，极大地推动了生产力的发展。

二是重大的发明创造，不是一个人或少数人所能完成的，而是在总结前人发明创造成果的基础上逐步改进完善的。如前述印刷术的进化，由龟甲兽骨到电子计算机，是经过多少代人共同努力的结果。

三是任何一项成功的发明，都是经历了多次失败而成功的。“失败是成功之母”，每一次失败都是一次尝试，都向着成功迈进了一步。

四是科学是发明创造的基础，特别是现代的重大发明创造，都是以科学发展为先导的。

五是任何发明创造既是成功的，也是有缺点的，也就是还需要完善，大有改进的余地。而这一点是非常重要的，它给人类的发明创造留下了无限广阔的天地。如蒸汽机的发明，萨弗里的“矿工之友”效率很低，能耗很大，且很不安全；纽可门把蒸汽机和抽水机分开，使蒸汽机能安全运行，并且使蒸汽机能够自动调整注入和排放汽缸内的蒸汽和清水，但仍存在效率低的问题；只有瓦特把蒸汽机的冷凝工序从汽缸中分离出来，才使效率提高了近 10 倍，瓦特又经过一系列改进，终于获得了旋转式蒸汽机的专利；在瓦特之后，人们又对蒸汽机进行了一系列的改进，使蒸汽机实现了小型化和高效化。

3.1.1 创造性技法的概念

创造性技法是解决创新设计问题的创意艺术。创造性技法的基本原则是打破传统的思维习惯，克服思维定式和阻碍创造性设想产生的各种消极的心理状态，发挥各种积极心理，给予启发激励，按照一定步骤方法努力工作，就能取较好的成果。“一般方法”观认为：创造技法就是一般的发明创造方法、达到创造目的的途径和手段。

什么是创造性技法？“程序化方法”观认为：以发散性思维为主的思维方式定型化，使其适用于任何人，使其具有普遍性、程序化的科学方法。总的说来，创造性技法是人类运用创造学的基本理论，为实现创新思维而进行的具有创新价值或新设想能力的创造活动的概括、总结和提炼得出的一些原理、技巧和方法的总称。它是在传统方法的基础上，通过积累过去的经验而得以发展的，它是促进经济社会发展必不可少的要素，有助于人类在创造发明活动中打破传统思想习惯，克服思维定式，提出新问题，形成新概念，产生新设想，促进产生新产品、新方法和新的服务方式，促进多出创造性成果或高水平的创造性成果，为全社会的经济、文化发展带来有价值的“质”的变革。

应用创造性技法可以帮助人们在设计和开发产品时得到创造性的解，因此创造性技法体现了人们对创造性思维和创造理论进行具体化应用的技巧。创造性技法适用于产品规划阶段、方案设计阶段和技术设计阶段。

3.1.2 创造性技法的产生

创造性技法作为一种指导人们进行创造发明的方法，既不是某些天才凭空想出来的，也不是创造学家有意杜撰出来的。它的产生，既有社会的历史原因，也是科学发展的必然，是随着社会的发展、人类的进步而产生的。

第一，创造技法是根据社会的需要产生的。

第二，创造技法是从以往的创造实践中总结出来的。

第三，创造技法是随着现代科学的发展而发现的。

3.1.3 创造性技法的特点

1. 科学性

创造技法是经过实践证明了的反映了创造发明活动的客观规律，是经验的总结。经验可以是本人自己总结的经验，如奥斯本的“头脑风暴”法；也可以是后人(别人)为前人总结的经验，如达•芬奇的“希望总结”法。经验的总结须来自于实践，但要高于实践，并且对实践有积极的指导作用。

2. 程序化

创造技法是思想方法系统化、模式化的表现。其本身具有大致明确的实施步骤，必须参照一定的程序，遵守一定的规则才能完成，有些甚至有较为严格的要求。创造技法是思维方法系统化、模式化的反映，逻辑性较强。

3. 实用性

创造技法可操作性比较强，可以传授，具有明显的实用性。操作比较具体，可以逐条执行。不仅可以传授，还可以通过学习而获得。

3.1.4 创造性技法的基本原则

目前，世界上的创造技法达 300 多种，从整体上看，每个创造技法都离不开如下基本原则：

1. 自由畅想原则

创造技法没有边界，没有禁区，没有权威，没有止境，创造没有任何框框。想象力是创造性思维能力的核心，想象也是没有任何框框的。因而，使用创造技法也必须破除一切框框，鼓励自由畅想，促进思维的流动，让思维自由驰骋。

2. 信息刺激原则

脱离社会实践，闭门造车，既不能发现问题，也难于解决问题，是搞不出创造的，信息是打开新思路的钥匙，信息越多，则越有利于想象和联想；有许多不同领域的信息，更可以启发我们破除习惯性思维而开拓新思路；许多潜意识也只能在信息的刺激下涌现。因而，创造技法必须为充分调动各种信息而创造条件。

3. 集思广益原则

“三个臭皮匠，抵个诸葛亮”，集体智慧是创造力的源泉，大力开展集体创造，是创造技法的重要原则。

4. 量中求质原则

习惯性思维思路很狭窄，要搞创造必须拓宽思路。因而各种创造技法都应利用发散思维和集中思维的形式，先求数量，然后从数量中寻求最佳思路。

5. 同中求异与异中求同原则

世界上的事物千差万别，隔行如隔山，又都殊途同归，隔行不隔理。对于其中既有联系，又有区别的情况，从事创造时必须善于从相同中找差异，从不同中找规律，则可发现处处都是创造的天地。

6. 需要导向原则

环境虽是外因，但良好的环境对创造必然有很大的促进作用。故良好的思维环境或一定的环境压力，可以促进创造活动的系统工程取得更好的成功。

7. 尊重科学原则

任何创造都不能违背科学，否则将一事无成。故敢于创造绝不是乱造，尊重科学规律才能取得丰硕成果。

8. 综合创造原则

不同而相关联的事物或现象综合起来，可以组成无穷的创新演变，综合是创新的重要渠道。

9. 实践第一原则

任何创造性思维的产生均离不开实践；任何创造技法的应用及效果均需在实践中经受检验。

3.2 创造性技法的基本原理

创新和创造是人类一种有目的的探索活动，创造性技法的基本原理是人们创造实践活动的理性归纳，同时它也能指导人们开展新的创造实践。创造性技法的基本原理包括：

1. 主动原理

创造者经常保持强烈的好奇心，积极、主动地提出问题，提出新方案，探求新解法，开拓新局面。

2. 刺激原理

有较强的洞察力，经常留心和接受各种外来刺激，善于学习各种知识和信息，随时注意观察和深入研究各种新奇刺激的事物。

3. 希望原理

不安于现状，不墨守成规，善于发现需求，善于分析矛盾，追求设计对象的完善化和理想化。

4. 环境原理

具有敢于进取、不怕失败的良好心理素质。

5. 多多益善原理

在进行创新设计活动中，可供选择的创造性设想越多，创造成功的概率就越大；也只有在多方案比较中，才能选出最优设计方案。

6. 压力原理

适度的压力能激发强烈的事业心、刺激求知欲和探索精神，进而产生人们所需要的创造力和工作动力。人们的智慧只有在各种主客观要素的强大压力场内才能真正释放出全部能量。这些压力主要有：

(1) 自然压力，包括求生存，扩大生存范围，改造自然界压力。

(2) 社会压力，包括社会体制、制度、政策、法律等社会压力。社会压力应建立在充分发挥人的积极性的基础上，营造人人都有压力感的环境，通过社会压力来激发进取精神和提高创造能力。

(3) 经济压力，主要体现在智力能量与经济补偿之间的关系，进而激发人们积极向上，不断进行创新和发明。

(4) 工作压力，适度的工作压力才能充分发挥每个人的才能，使每个人在满负荷的工作压力场内正常、高效地工作，从而充分发挥自己的才干。

(5) 自我压力，由于强烈的工作责任心和事业心对自己产生的压力。

创造者要善于把这些压力转化为创造的强大动力，因为适度的压力能使人挑战自我，挖掘潜力，富有效率，激起创造性。

3.3 常用的创造性技法

案例分享：身体的潮汐

精神病学家利伯在一次度假时，看到海边涨潮现象后突然联想到，都说人们身体也有一个海洋，会不会也有“身体的潮汐”呢？

由这一联想开始，他进行了研究，最后发现，每当月圆之夜，精神病院里病人的病情会加重，新入院的精神病人也会增加，特别是一些狂躁病人会情绪激动，无法平静。进一步研究发现，月亮的圆缺对人有明显的影响。月亮圆时，心脏病人的发病率增大，出血病人增多；肺病患者容易发生咳血现象；消化道出血的病人病情会加重，危险性增加，死亡率较平时更高。利伯通过联想所研究得到的这一系列发现在科学界引起了轰动。

3.3.1 联想法的概念与应用

1. 联想法概述

联想是一种科学的、丰富的想象过程，是指当一种事物和另一种事物相类似时，往往会从这一事物引起对另一事物的联想。比如，当你见到一个意志坚强的人就会联想到钢铁；看到天上朵朵白云就会联想到一团团的棉花；而见到一个凶狠的人就会联想到豺狼。

联想又分为自由联想和强制联想。自由联想就是不受拘束地随意联想，例如，由夜晚想到星星，由星星想到宇宙飞船等。强制联想则是有意识地限制联想的主体和方向。因此，所谓联想法，是通过一些技巧，或者激发自由联想，或者产生强制联想，从而解决问题的方法。

2. 联想法的应用

1) 图片联想法

看到这张长城的图片(见图3-1)，会使人们想到什么？比如“秦始皇”“战争”“世界奇迹”等。

图 3-1 长城

通过看到一张图片而自然产生的联想，称为图片联想。图片联想法就是在解决问题时利用与所解决的问题本无关系的图片，产生强制联想，从而启发思维的方法。图片联想法的特点是：不用概念作刺激物进行联想和类比，而是用图片作为刺激物，发挥人的视觉想象力，在图片和需要解决的问题之间产生联想，进行类比，以获得创造性的设想。

(1) 图片联想法的功能

第一，视觉刺激更加直接、生动。利用视觉形象作刺激物还可以使人比较容易地直接从形象思维进入问题，更符合人类思维的过程和状态。图 3-2 中的各个特征都是有特定意义的，在图片的启发下所产生的想法必然是新颖奇特、不同于旧思路的。在图中，是蔬菜广告？还是艺术造型？这些富有创意的图片来自于意大利的某个超市，看此图片的人也不禁感叹利用图片进行想象的无限创意。

图 3-2 创意蔬菜造型

第二，图片给予的视觉刺激有利于打破概念束缚。图片给人的视觉刺激是非常丰富的，更有助于人们产生大量的联想。因为用语言概念作刺激物，容易使人受抽象概念的束缚，受旧的暗示作用的影响，趋于习惯性的思想。利用视觉形象作刺激物则可以更远地离开要介绍的事物概念，通过看图片并理解这些图片，不再去想那些困扰心头的问题。图 3-3 中大家可以对吸烟可能带来的严重后果一目了然。从一定意义上说，一张生动的图片比一篇成千上万字的明文规定所表达的含义不知深刻多少倍。

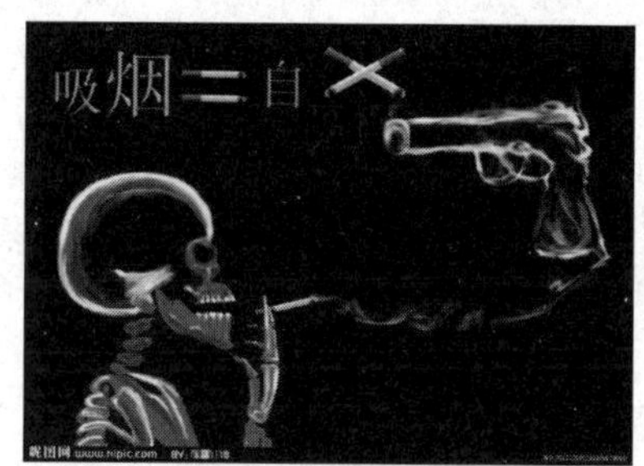

图 3-3 吸烟有害健康提示

按理说，没有感知经验的积累，便不能上升到抽象的理性认识。但是，由于人们学习间接经验和知识的时机大大增加，往往在接受抽象的理性认识之前缺乏丰富的感性认识的积累。所以，一旦需要改进感性认识所直接涉及的事物时，脑子里只有抽象的符号，而直接的经验、生动的形象信息十分匮乏，这就阻碍了创造发明的顺利产生。远离生活和实践，死啃书本，必然会培养左脑发达、右脑萎缩、想象思维不发达的人。大哲学家康德说过，没有抽象的视觉谓之盲，没有视觉的抽象谓之空。这种以图片作为刺激物的方法可以帮助某些人改变旧的思维习惯，弥补抽象思维的缺陷，以一种全新的途径来解决问题。

(2) 图片联想法的使用程序

在集体讨论时，也可以使用图片联想法。其具体程序如下：

第一，明确要解决的问题，并给小组成员展示一张图片。

第二，每个成员都用一两个句子描述他所看到的东西(远离要解决的问题)。小组成员努力把图片中的种种元素或结构与所要考虑的问题联系起来，并越来越详细地分析首先获得的印象，逐步完善自己的设想。

第三，当小组成员不再设想时，看下一张图片，重复上面的过程。

小组最好在实施这个方法之前，将要解决的问题讨论一下，最后在设想产生后再交流一下，确定最优方案。

使用图形联想法时，挑选合适的图形很重要，最好是与解决的问题相距很远又具有幽默感的问题。有的创造小组专门设计了一套图，如发明这个方法的德国巴赫勒-法兰克福研究所就制作了专门的一套图。

例如，用图片联想法解决"如何改善新建住宅小区的集中供热系统的安装，又不降低舒适度"的问题。

首先，暂时远离问题，看一幅图。

刺激物(与问题无联系)：一副火车的图片(见图 3-4)。

图 3-4 火车

其次，看到火车，我们能产生什么联想呢？

A. 为了安全，火车需要有运行的时间表

B. 火车的发明应用了空气动力学原理

C. 火车的速度非常快

D. 驾驶火车需要训练有素的专业人员

E. 特殊基础设施，如火车站、铁轨等

最后，回到要解决的问题，根据以上线索产生强制联想，提出解决小区安装供热系统的新设想：

根据 A，制定按每日或每周一循环安装供热系统的程序表。

根据 B，在房屋中，供暖设备的设计要应用热力学原理，以减少热损耗(如对流等)。

根据 C，两套供热装置中，一套根据室外气温达到一定温度时提供基本热量，另一套装置按要求使温度提高，如洗澡间的温度。

根据 D，提高供热设备维修和管理人员的业务素质。

2) 相似联想法

案例分享：旋转棒棒糖与电动牙刷

1987 年，美国弗吉尼亚州两个邮递员汤姆•科尔曼和比尔•施乐特无意中看到一个小孩手里拿着的绿色发光的荧光棒，便寻思，这玩意能派上什么用场呢？他们决定把棒棒糖放在荧光棒的顶端，光线穿过半透明的糖果，显现一种奇幻的效果。后来他们又使用电池驱动一个小马达，使糖果旋转起来，结果旋转棒棒糖获得了巨大的成功。买下此专利的约翰•奥舍，也开始寻找利用旋转马达能解决的新问题。他在超市内看到电动牙刷，但价格高达 50 美元，销量很小，于是他联想，可以用旋转棒棒糖的技术，花 5 美元就能制造一支电动牙刷。结果，目前美国日用品市场上最畅销的旋转牙刷诞生了。通过技术转让，奥舍和他的两位搭档拿到了 4.75 亿美元。

由旋转棒棒糖发明的旋转牙刷，正是运用了原理相似的联想技法。相似联想创造技法，是在广泛联想的基础上，按照技术创造提出的要求，寻求与这一要求差异度最小的事物，并利用该事物于发明创造之中。相似联想需要对事物进行异中求同、同中求长的分析，以便从尽可能联想到的事物中寻找各种相似因素，然后在相似点上尽心思索、尽智发挥、尽才设计、尽力创造。根据事物的不同构成和不同属性，相似联想可分为以下四种：

(1) 原理相似。对自然界客观存在着的人们已经创造出来的事物，从机理或原理上进行对照分析，就可以发现，许多不同类属、不同领域、不同功能甚至不同时代的事物，具有十分相似的原理。这绝不是巧合，任何发明创造都建立在特定的原理上，而带来普遍性意义的原理，常常被许多事物所采用，这就必然导致发明创造朝纵向延伸、向横向扩展。许多原理相似的发明被人们不断地创造出来，其根本原因，就是某种原理在不同的时空地域被不同的人们理解认识之后，应用于不同目的的发明创造。如发热护膝、发热手套、自热坐垫、自热罐头、自热锅等，都是利用金属氧化放热的相似原理发明的。要在千差万别的事物中发现相似原理，首先要按照发明创造或技术创新要达到的目的和要解决的问题，明确原理的指向，再沿着原理指向，破类属、破领域、破行业甚至超越时代地扫描各种事物，穷搜联想对象，苦思相似原理，从中挑选最佳相似原理，作为自己发明创造的原理。

(2) 结构相似。发明创造是原理与物质结构的创造性统一，结构是利用原理达到发明创造目的的具体物质形式。原理与结构好比发明创造的灵魂和躯体。原理存在于结构之中，结构保证原理的实现。一个原理可以用在不同的发明创造上，原理的实现主要依靠结构的变化，例如，利用惯性原理，作为玩具汽车的动力、冲床的飞轮、发动机的调速器，它们的结构全然不同，一个原理即使用在同一目的的发明创造上，其结构也可以是多种多样的。因此，原理确定后，创新的水平完全取决于结构设计。结构相似法以各层次上的结构要求、结构功能和结构关系，作为结构相似的指向。只有从结构上对大量事物进行相似联想，储存了丰富多彩的相似结构的信息，才能在结构的构思和设计中提炼最优结构，直接用于或者指导发明创造的结构设计。

(3) 功能相似。功能是事物的根本属性。世界上没有无功能的发明，也没有脱离事物的功能。事物的功能是各种各样的。科学研究和发明创造活动，归根到底是认识和发现事物及其功能，创造和革新事物及其功能。一切发明创造课题的产生，都是来自人类的功能欲望。功能相似法的指导思想是，在提出功能并形成课题后，先不急于考虑原理和结构问题，而是直接寻找具有相似功能的现成书物。分析事物的相似功能，应明确事物的功能和事物的类属的六种关系：同类事物相似功能、异类事物相似功能、同类事物非相似功能、异类事物非相似功能、同类事物的部分相似功能、异类事物的部分相似功能。事物的功能还具有多样性、主次性和明暗性。这些都是运用功能相似分析法所要注意思考的。

(4) 声音相似。世界是物质的世界，也是声音的空间。声音对人的身体产生的精神作用是声音的软功能，如音乐；声音对物质产生的物理作用是声音的硬功能，如超声波按摩器。利用声音的软功能和硬功能进行发明创造也是很有潜力可挖的。

3) 自由联想法

案例分享：贝尔发明电话机

1844年，莫尔斯发明了电报通信后，引起了巨大的轰动，很多人开始对电信展开研究。贝尔也很感兴趣。他联想到，电流可以传递文字信息，能不能传递声音呢？他又联想到，既然电流可以让音叉振动，那么人的声音或音叉的振动，能不能让电流获得相应的音波而来传递声音呢？在一次试验中，他发现了一个有趣的现象，当电流导通或截止的时候，螺旋线圈就会发出轻微的噪声，贝尔联想到，空气使薄膜振动而能发出声音，同时使线圈内的感应电流发生变化，如果用导线将电流传到另一地，由变化的电流使薄膜振动，人的声音不就可以凭借电流传送出去了吗？这一设想，就是贝尔发明电话机的原始起因。他进行了一系列的试验，先用音叉试验，又从音叉联想到金属簧片，若用金属簧片代替音叉，线圈也应产生感应电流，使簧片振动发音，这样金属簧片就会"说话"了。贝尔又联想到用薄铁片代替金属簧片，把线圈中的铁芯改用磁棒。结果人在薄铁片前说话，线圈所产生的随声波节奏而变化的电流，通过导线传送到另一线圈中，使这个线圈前的薄铁片发生振动，发出清晰的讲话声音，实现了用导线传递声波的设想，进而于1876年发明了电话机。

贝尔通过联想发明了电话机。联想法是最富有活力的发明创造技法之一。联想技法主要分为以下几种：一是接近联想创造法，是指对在空间或时间上接近的事物通过联想而进行创造的方法；二是控制联想创造法，是指对事物的有限制的联想创造方法；三是对比联想创造法，是指对性质、特点相反的事物的联想进行发明创造的方法；四是因果联想创造法，是指对具有因果关系的事物的联想进行发明创造的方法。这里重点介绍自由联想技法。

自由联想技法是指对事物的不受限制的联想而进行发明创造的方法，其特点是没有什么规则，任思维自由驰骋，海阔天空，任意想象。例如，由宇宙飞船联想到建立太空度假村，由地热联想到建造地热电站等。

创造活动的初期，联想是觅选创造目标、寻求发明课题和启发创造灵感的有效方法。那么，我们如何驾驭自己的想象力，独辟创新思路，寻求和积累丰富的创造性设想呢？在美国和日本的发明训练班上，都进行过"强迫联想"的练习，每人发一本百货商店目录，任选两种或两种以上的物品组合成一个有用而独特的发明项目，这样启迪了学员的创新意识，引发了许多发明创造的新设想，并产生了不少新的发明。这种方法有一定的局限性，仅限于产品或商品，效率也低，然而正是这一方法提醒人们去探讨快速高效的联想技法。

4) 二元坐标联想法

(1) 人们通过数学的二元直角坐标系，进而创造了二元坐标联想技法。笛卡尔二元平面直角坐标系由两条数轴正交组成，横轴和纵轴上的任何一对数都可以确定平面上的一个点。如果用不同的事物取代横轴和纵轴上的自然数，那么，横轴和纵轴上的任何一对事物，就在平面上形成对应的联想点。这样，就可借助坐标系把人们已知的客观事物建立起联系，使无数原来不容易和不可能相互联系的事物联系了起来。然后，对创造性的联想点进行预测判断的推理剖析，从中形成前所未有的新念头、新形象、新设想。最后，经可行性分析，确定成熟的发明创造课题。

(2) 二元坐标联想法的步骤如下：

① 在数轴上列出联想元素，如玻璃、照明、乐器、桥梁、餐具、金属加工、麦克风、电视、汽车、笔筒、电磁铁、炸药、焊接、绿色、道路、充气、香味等，列举联想元素时无任何限制条件，可以随心所欲自由列举；

② 用联想线连接所有的元素，编制联想图；

③ 进行联想和判断，并将联想和判断的结论用自己明白的符号画在联想线的交点处，如有意义的联想△、无意义的联想▽、已有的发明创造☆；

④ 从联想图中找出有意义的联想，结合前面元素，有意义的联想如照明玻璃、玻璃乐器、玻璃桥梁、玻璃餐具、玻璃麦克风、玻璃笔筒、焊接玻璃、香味玻璃、照明麦克风、照明笔筒、炸药焊接、炸药金属加工、金属加工餐具、金属笔筒、绿色道路、香味汽车、香味笔筒、汽车充气等；

⑤ 对有意义的联想进行可行性分析，可从以下几方面考虑：有无类似的事物，如脚踩式打气筒为已有的发明，有何不同，玻璃麦克风为没有的发明；该项发明实现后，对社会的价值和进步意义以及市场前景如何；完成发明创造需要涉及哪些方面的知识和技术，有哪些技术关键；现在的生产条件和技术水平能否适应；确定近期和长期的研究课题。

二元坐标联想法简洁而不单调，富有思想性和娱乐性，而且不受任何限制，只要有纸和笔，随时随地都可进行。

5) 焦点法

案例分享：柚子和建筑

世界著名的建筑师伊罗·萨里曾经受环球航空公司的委托，在纽约肯尼迪机场设计一座建筑，他构思多日都未获得满意的方案。一天早餐时，他偶尔瞥了一眼放在桌子上的柚子——可能在大多数人的眼里，柚子和建筑没有什么联系，但对伊罗·萨里来说，那偶然的一瞥使他豁然开朗。他出神地盯住柚子左看右看，然后连早饭也没有吃完就急忙走进了设计室，想象的翅膀引领他进入了自由的创新天地。当建筑物竣工时，建筑界为之一振，赞誉萨里设计的建筑是“一种完全流体的式样，把弯曲和环转包含其内，使人想象到大鸟的飞翔”。

萨里的强制联想在创新设计中发挥了作用。所谓强制联想，就是把原本毫不相关的东西硬联系在一起，其结果有时很荒唐，有时却很有创意。

(1) 焦点法是由 C. H. 赫瓦德创造的方法。也是一种典型的强制联想法。焦点法是以一预定事物为中心、为焦点，依次与罗列的各元素一一构成联想点，寻求新产品、新技术、新思想的推广应用和对某一问题的解决途径。焦点法是根据综合的原理，这点可以从焦点法形成的特点得出结论。

(2) 焦点法的应用步骤和操作程序如下：

第一步，确定目标 A，如要发明某个产品。

第二步，随意挑选一个与要发明的产品风马牛不相及的事物 B 作刺激物。

第三步，列举事物 B 所有的属性。

第四步，以 A 为焦点，强制性地把 B 的所有属性与 A 联系起来产生强制联想。

联想的结果有的可能很荒唐，有的则有一定价值。如果均不令人满意，还可以就其中一种属性，产生进一步的联想。在使用焦点法时，每产生一个层次的联想，就意味着突出该事物的一种属性。

自然界的一些现象看上去似乎与我们所要解决的问题风马牛不相及，但将它们联系起来，往往可以激发出许多耐人寻味、不同寻常的见解，有助于我们从困境中解脱出来。蜜蜂的蜂房激发出了蜂窝状结构的航天飞行器的设想，海豚光滑的流线型体型或许导致了潜水艇的建造，响尾蛇的感觉能力或许导致了红外定向技术。

人们不单从随处可见的各式各样的事物那获得灵感，甚至看上去与问题完全无关的事物也能够为解决问题提供刺激。一片草叶与一把菜刀之间有什么相似性？设计一种新式菜刀能从一片草叶身上汲取哪些启迪？草叶呈墨绿颜色或许启发我们设计一把彩色菜刀；草有根须或许启发我们设计刀架、钩扣或皮条连在菜刀上，使菜刀“根植”于厨房这片沃土，以免丢失或孩子拿着玩；水珠总是从草叶上滚落这一属性启发我们将刀面抛光镀铬，使之防水防锈；草是活的或许可以启发我们设计一种可以伸缩或可以折叠的菜刀。要看到草叶与菜刀之间的关系，必须发挥我们的创造想象力。一个审慎而又富于创造力的问题解决者不仅能够联想出互不相关的项目之间的联系，而且能够联想出它们之间新颖的、富于独创性的联系，从而导致问题的创造性解决。

强制联想可以把任何毫无关系的事物强拉在一起。乍一看好像非常荒唐，其实是打开了事物的联系之网，提供了发现相似性和相反性的可能和机会，有助于打破原有的固定联系，建立新的联系。

运用强制联想法必须思路开阔，善于把握事物之间的共同之处和彼此之间的关系，善于调动你记忆中的所有储备。另外，还要善于从毫不相干的事物之间透过现象分析，找到其中隐蔽的相似之处，展开联想。所以，我们在平时要多看、多想、多在脑中放一些供联想的事物。有时也许只是一句话、一个故事、一次游戏，就会激发我们发明的灵感。

(3) 焦点法运用例题

例题：以任一物品作为刺激物，设计新式帽子。

解题：选择字典为刺激物。

第一，选择刺激物——字典。

第二，列举字典的特性——字母排列；笔画排列；解释词意；页码；外文翻译(双解)；地名和人名；度量衡；历史年代；成语；专业术语。

第三，将字典的特性强制性地与帽子结合，提出各种设想，诸如：

发明标有字母的帽子，人们可根据姓氏的第一个字母购买帽子，使用时方便辨认；

由笔画想到谜语和拼图游戏发明可拼接的帽子，不戴时可拆了玩；

设计有不同含义的帽子，如情人帽、母子帽、兄弟帽、姐妹帽、老乡帽、战友帽等；

由页码想到一页一页地翻，可设计能层层揭下外皮的帽子，让帽子每天换一个花样；

设计印有外文单词的帽子和能说外语的帽子，帮助学习外语；

以成语为意境设计帽子，如海枯石烂帽、盘马弯弓帽、心心相印帽等；

受各专业精神的启发，产生设计灵感，如受数学启发，设计的帽子所有的尺寸暗含某个数的倍数；由建筑专业想到设计积木块帽子。

案例分享：仿生家具

仿生设计是一种借助大自然的力量去寻找设计灵感的优秀设计方法。现代家具造型设计在遵循人体力学原则的前提下，运用仿生与模拟的手法，借助于自然界的生物特征，结合家具的造型与功能，创造性的设计与提炼，使家居用品体现出一定的情感与趣味，更加具有生动的形象与鲜明的个性特征，使消费者在使用中产生美好的联想与情感的共鸣。这样的家具不但具有原来的功能，还增加了趣味性和可爱性，如图 3-5 与图 3-6 所示仿生家具。

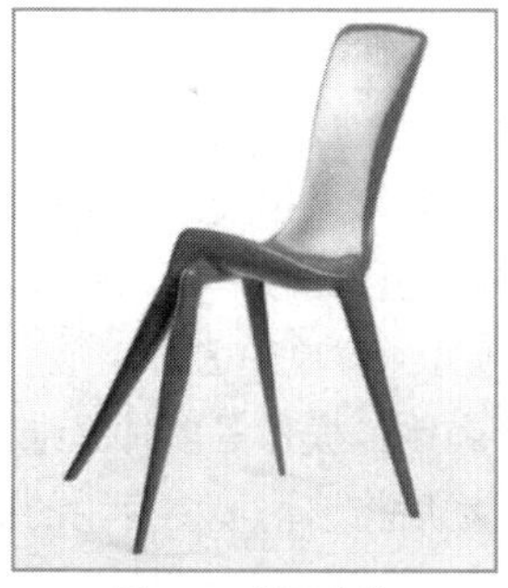

图 3-5　美腿座椅

图 3-6　大熊书架

3.3.2　类比法的概念与应用

案例分享：蹲式起跑与袋鼠

澳大利亚运动员舍里尔有一次发现一只袋鼠起跳之前总是屈身下蹲，腹部贴近地面，然后一跃而起。袋鼠的起跑姿势启发了他，他想到，如果人也像袋鼠那样蹲下去再跃起，一定也会像袋鼠那样产生更大的爆发力。于是，舍里尔发明了与袋鼠相似的蹲式起跑法，改变了过去赛跑一直使用的站式起跑的老方法，并在 1896 年的奥运会短跑比赛中取得了优异成绩。后来，蹲式起跑方式也一直沿用至今(见图 3-7)。

图 3-7　袋鼠与起跑

1. 类比法概述

类比法也叫“比较类推法”，是指由一类事物所具有的某种属性，可以推测与其类似的事物也应具有这种属性的推理方法。其结论必须由实验来检验，类比对象间共有的属性越多，则类比结论的可靠性越大。类比法的特点是“先比后推”。“比”是类比的基础，“比”既要共同点也要“比”不同点。对象之间的共同点是类比法是否能够施行的前提条件，没有共同点的对象之间是无法进行类比推理的。最常见的类比就是比喻，如我们常把小孩的脸比作苹果。更高级的类比就是隐喻，隐喻是一种暗含的比喻，比如把人生比作一个大舞台。隐喻是一种心理机理，缺乏具体性，所以几乎是不能言传的，而是通过直接类比、拟人类比、符号类比、幻想类比等具体操作表现出来。

2. 类比法的应用

1) 直接类比法

(1) 直接类比法的原理

类比一词最开始是数学家用于表示比例关系方面的相似性，后来又扩展到作用关系方面的相似。直接类比的思维过程分为两个阶段：第一阶段，把两个事物进行比较；第二阶段，在比较的基础上进行推理，即把其中某个对象有关的知识或结论推移到另一对象中去。

飞行器自动控温系统的发明就经历了观察、分析、推理、类比、模仿等多种思维方法，但是核心的方法是类比许多发明来自捕捉与解决问题类似的情境，然后将该情境中有用的原理直接类推到要解决的问题之中，这就是直接类比。

科学史上，有不少科学家应用类比方法提出重要的科学假说，有力地促进了科学的发展，也有的科学家应用类比方法获得了科学发现和技术发明。比如，德布罗意和薛定谔根据光学中的费尔马原理与经典力学中的莫泊图原理的相似性，从光具有波粒二象性类推出物质粒子也具有波粒二象性，建立了波动力学。时隔 4 年，他们大胆的预言和推论都被实验证实了。

运用直接类比法，主要通过描述与创造发明对象相类似的事物和现象去形成富有启发的创造性设想。直接类比是事物之间的类比，在技术发明中最经常使用的思路是将创造对象与其他事物进行类比。人类从动植物获得灵感的直接类比又叫仿生法。雷达、飞机、电子警犬、潜水艇等科技产品都是模仿生物体的结构和功能发明的，所以又叫结构模拟法和功能模拟法。

(2) 直接类比法的种类

① 外形类比。为迎接 2008 年北京奥运会，国家游泳中心启动了“水立方”设计方案。该方案由中国建筑工程总公司、澳大利亚 PTW 建筑师事务所、ARUP 澳大利亚有限公司联合设计。这个看似简单的“方盒子”是由中国传统文化和现代科技共同“搭建”而成的。在中国文化里，水是一种重要的自然元素，并能激发起人们欢乐的情绪。国家游泳中心赛后将成为北京最大的水上乐园，所以设计者针对各个年龄层次的人，探寻水可以提供的各种娱乐方式，开发出水的各种不同的用途，他们将这种设计理念称作“水立方”(见图 3-8)，希望它能激发人们的灵感和热情，丰富人们的生活，并为人们提供一个记忆的载体。

图 3-8　国家游泳中心——水立方

为达到这一目的，设计者将水的概念深化，不仅利用水的装饰作用，而且利用其独特的外观结构。基于“泡沫”理论的设计灵感，他们为“方盒子”包裹上了一层建筑外皮，上面布满了酷似水分子结构的几何形状，表面覆盖的 ETFE 膜又赋予了建筑水晶状的外貌，使其具有独特的视觉效果和感受，轮廓和外观变得柔和，水的神韵在建筑中得到了完美的体现。

② 功能类比。蚂蚁在出去寻找食物的时候，会时不时地返回蚁巢重新调整导航系统，以防迷路。蚂蚁不但通过路标来确定方向，还拥有一种名为“路径整合器”的备份系统。该系统会对其走过的距离进行测量并通过体内的罗盘不时地重新测算蚂蚁所在的位置，这使蚂蚁即便在离开巢穴后走过的路跟迷宫一样，也能找到直线返回巢穴的路径，以减少行走的路程(见图 3-9)。

现在科学家正在利用这一理念制造出更智能的机器人。苏黎世大学的马库斯•克纳登教授指出，如果从蚂蚁那里学到路径整合以及识别路标的知识，就能将这些知识应用到自动化机器人身上。其中，包括在重要位置重新设置、调整导航系统，这能使机器人在辨别方向上的性能更加可靠。

图 3-9　蚂蚁回巢

③ 结构类比。航天飞机、宇宙飞船、人造卫星等太空飞行器要进入太空持续飞行，就必须摆脱地心引力，这就要求运载它们的火箭必须提供足够大的能量。为了使太空飞行器达到第二速度，运载火箭就必须提供相当大的推力，能使太空飞行器飞得更高、更远。因为运载火箭上带有推进剂、发动机等沉重的“包袱”。为减轻飞行器的重量，科学家们绞尽脑汁，与太空飞行器“斤斤计较”。但要减轻重量，还要考虑不能减轻其容量和强度。科学家们尝试了许多办法都无济于事，最后，还是蜂窝的结构帮助科学家们解决了这个难题。

大家都知道，蜜蜂的窝都是由一些一个挨着一个排列得整整齐齐的六角形小蜂房组成的(见图 3-10)。18 世纪初，法国学者马拉尔琪测量到蜂窝的几个角都有一定规律：钝角等于 109° 28′，锐角等于 72° 32′，和蜂房结构完全一致。

图 3-10　蜜蜂蜂巢

蜂窝的这种结构特点不正是太空飞行器结构所要求的吗？于是，在太空飞行器中采用了蜂窝结构，先用金属制造成蜂窝，然后再用两块金属板把它夹起来，就成了蜂窝结构。这种结构的飞行器容量大、强度高，且大大减轻了自重，也不易传导声音和热量。因此，今天的航天飞机、宇宙飞船、人造卫星都采用了这种蜂窝结构。

(3) 使用直接类比法解决问题的程序

第一步，根据要解决的问题，想一想世界上还有什么事物与要解决的问题具有同样的功能。

第二步，那个事物的功能是如何发挥的(原理)。

第三步，将那个原理运用到要解决的问题中。

第四步，完善这个设想。

例题：老鼠是人类的敌人，人类常用的灭鼠方法是鼠夹。但旧式的鼠夹响声太大，老鼠们学乖了，不再靠近鼠夹。所以，有必要发明一种无声捕鼠器。

解答：因为无声捕猎只能发生在动物界和植物界，无生命的世界还谈不上捕猎。

第一，寻找能满足这种需要的动物和植物。

想一想，什么生物能无声的捕猎？青蛙、蛇、蜘蛛、壁虎、猫、蝙蝠、猪笼草、狸藻、毛毡苔等等。

第二，弄明白其中的道理。

这些生物无声捕猎的原理是什么？青蛙靠舌头卷、蛇靠蛇信子一伸一缩、壁虎靠变色伪装、猫靠脚上的肉垫、蝙蝠靠特殊的在黑暗中能看东西的超声波系统、蜘蛛靠网粘住猎物、猪笼草靠用蜜液引诱昆虫、狸藻靠茎上小囊口倒生的只能进不能出的刚毛、毛毡苔靠叶上分泌的带有甜味和香味的黏液等。

第三，模仿这个原理提出设想。

借用上述原理提出方案：设计入口处有倒刺的捕鼠器；设计活动门略长于门框，老鼠只能进不能出的捕鼠器；发明分泌香味既能引诱老鼠，又能粘住老鼠的捕鼠器；发明利用超声波技术捕鼠的工具等。

第四，完善这个设想。

2) 拟人类比法

美国学者鲍勃•麦金和比尔•威波兰克提出了一种培养学生想象力的方法，叫“苹果之旅”。该方法在美国斯坦福大学视觉思维课程上进行了试验，收到了很好的效果。该方法的主要环节如下：首先，闭上眼睛，放轻松……你刚吃进去的苹果现在正在你的消化系统中消化，苹果变成了你，想象你就是刚才被吃进去的苹果，想象你长在一棵苹果树上，深吸一口气，呼出来。呼气时，把所有的紧张统统抛开，让所有的杂念沉寂下去……你感觉到温暖的阳光照在皮肤上，柔和的清风吹拂着，天空湛蓝，阳光渗入你——苹果的身体里，感觉妙极了。你可以听见树叶被微风吹得沙沙作响，闻到渐趋成熟的苹果的甜甜香气，你成为大自然的一部分，感觉真好……

这一试验使许多参与者深有感触：当你的身心随着想象溶入大自然，脱离了固有的躯体，随所遇而成形，你会感到你的思维无比的自由，感观无比的清新，你仿佛活跃在无比宽广的奇幻世界里，身心无比舒坦。在这个训练想象力的试验中，要求学生把自己比作苹果，就是运用拟人类比的方法。

当人们研究一个发明对象时，会把已经知道的物品或曾经看到的某种现象联系起来，加以比较，并从中受到启发。这种把别的事物的道理类推到这个事物，或者模仿和借鉴某种技术解决现在的难题的方法就是类比。类比法就是运用类比推理，打开思路，解决新的问题，创造新的东西的方法。联想之后往往随之进行类比，因此，很难将联想和类比区分开来，但是作为联想法和类比法，二者在技巧上还是有许多不同。

拟人类比法又被称为“亲身类比”或“角色扮演”，是指在解决某些问题时，让我们设想自己变成了问题中的某些事物，从而去设身处地、身临其境地感受体验问题的本质，从而帮助我们得出更富创意的设想。在这个过程中，人们将自己的感情投射到对象身上，把自己变成对象，体验一下作为它会如何，有什么感觉。这是一种新的心理体验，使个人不再按照原来分析要素的方法来考虑问题。

(1) 拟人类比的特点

世界上的事物尽管千差万别，但并非杂乱无章，它们之间存在某种程度的对应与类似。如果我们能善于在异中求同、同中见异，就可以得到创造性的成果。

运用拟人类比，最简单的做法就是问“假如我是它，我会……”这是一种移情，又叫拟人化。即把要解决的问题、面对的事物人格化，使无生命的东西有了生命。比如“假如我是鼠标，我想变成什么？”把自己比作鼠标，想象一下自己的想法和感受，这样的体会过程使设计师对鼠标与之前相比有了不同的看法，设计师说：“我想让自己变成自行车”“我想让自己变成一把钥匙”“我想让自己变成面包”，于是，一连串的创意喷涌而出。要记住，这些精美的设计都来自“假如我是……我会……”。这样的思考能激发人的情感，启发人的智慧，加深对问题的理解，促使人提出独特的设想和解决问题的方法。例如，在研究并联电路分流作用时，我们可以设想自己就是电路中流动的电荷，当遇到电阻不同的两条支路时自己会怎样前进。

所以，在创造发明中，如果我们能故意用“自我欺骗”的方式，通过拟人化和移情，把自身的性格、情感、感觉与课题对象(或问题因素)等同起来，这就是亲身类比。亲身类比使我们看问题的角度变了，从中获取关于对象(或问题因素)的全新感受和深刻见解，能帮助我们最终产生创造性设想。

拟人类比在我国古代典籍中屡见不鲜。《易经》的“天行健，君子以自强不息”就是一种天人合一、万物一理的拟人类比。文学艺术中的拟人类比更是随处可见。例如，把祖国比作母亲，把美丽的姑娘比作鲜花。科学上，拟人类比的例子也是不胜枚举，如凯库勒在梦见一条蛇咬住自己的尾巴后，提出了苯分子环状结构理论。设计师在设计机械装置时，常把机械看作人体的某一部分，进行拟人类比，从而获得意外的收获，如挖土机的设计就是模仿人的手臂动作——他向前伸出的主杆如同人的胳膊，可以上下左右自由转动；它的挖土斗好比人的手掌，可以张开、合起；装土斗边缘的齿形好比人的手指，可以插入土中。挖土时，手指插入土中，再合拢、举起，移至卸土处，松开手让泥土落下，这是局部的拟人类比，各种机械手的设计也是如此。整体的拟人类比就是机器人的设计。这种拟人类比还常用于科学管理中，比如把某工厂的厂办比作人脑，从而按照人体的正常活动管理全厂，这样就能及早发现问题，实现协调有序的管理。

(2) 拟人类比使用的程序

第一，把自己比作要解决的问题(移情)，或让无生命的对象变成有生命、有意识(拟人化)的对象。

第二，变换角度后，你就是它，它就是你，会产生新的感受和看法。

第三，根据上述感受提出新的解决办法。

第四，恢复到原来的状态，评价设想的可行性。

曾有一个涂料生产厂家想要改进原来生产涂料的配方，以增强涂料在白灰墙上的吸附性，但经过多次试验，许多配方效果都不理想。一位技术人员用拟人类比法提出了解决问题的新方案。

他假想：我是一滴涂料，刚刚被涂到白灰墙的表面上。我喜欢白灰墙的表面，因为我知道，我只能在这里为自己建造一个临时住所，但我处于恐慌之中，因为我在跌落、跌落……我试图挤到墙里面去，我就要被杀死了！我用我的手抓一个像样的支撑物，但我在滑落，越来越快！我不能抓到支撑物了……

经过这样的拟人类比后，他又重新回到了现实的自我状态中，知道了涂料需要有一双有渗透力、能"插"到白灰墙里的"手"，这实际上意味着涂料里应有一种溶剂，它能与结合力差的白灰相结合或渗透其中，又能使涂料也随之结合渗透进去。

根据上述思路，这位技术人员终于试制出了一种渗透性很强的新型涂料，使涂料能很好地吸附到白灰墙上。

案例分享：设计榨果汁机

某罐头厂要设计一种榨果汁的机器。试用拟人类比法提出设想。

解题：工厂的技术人员在提出设想时，运用拟人类比法，把自己设想成橘子瓣中的一个小液泡，然后问自己"我怎样才能从包围我的胞壁中跑出去呢？"从而得到一些有趣的想法。

甲说："气球里的空气是怎么样跑出去的？使劲挤压，把气球压破了，空气就跑出来了，那么，谁来挤压我呢？可以找一个重砣压在我身上……啊！好重啊，我都要喘不上气了。"换种方法怎么样？

乙说："把包围我的细胞壁冻一下，一碰就破了，我就跑出来了。不过这样容易把我也冻坏。"

丙说："用绳子拴个石头抓在手里，在头上转一圈，一松手，小石头就飞了。如果也给我这样的离心力，就像有什么在背后推了我一把，帮我冲破细胞壁的包围跑出去。"

罐头厂采用了丙的设想，设计出了离心式榨果汁机(见图 3-11)。

图 3-11 离心式榨果汁机

3) 幻想类比法

幻想类比法就是将幻想中的事物与要解决的问题进行类比，由此产生新的思考问题的角度。例如，要设计能自动驾驶的汽车，人们想到神话中用咒语启动地毯的故事，由此启发人们运用声电变换装置实现汽车的自动驾驶。

(1) 幻想类比的创造机制

借用幻想、神话和传说中的大胆想象来启发思维在许多时候是相当有效的。在这里，首先要强调的是，幻想类比只是运用幻想激发想象力。幻想就像帮助我们过河的“垫脚石”，只是一个工具，幻想并不是我们马上要实现的目标。

(2) 运用幻想类比的操作步骤

第一步，根据要解决的问题，想一想有什么幻想故事和大胆的传说。

第二步，这个故事和传说中使用了什么新奇的想法。

第三步，根据上述想法受到的启发提出新的解决办法。

第四步，评价设想的可行性。

尝试解决好像不可能实现的理想状态也是需要幻想类比的。建筑师幻想当屋主离开屋子时，住宅屋门会自动关闭；在周末屋主来临时，又会打开，怎样解决这个问题呢？郁金香因阳光作用会自动的绽开和闭合；牵线木偶也能在人的控制下做各种动作。建筑师想：如果有一个小人国里的人帮助自己开启门窗该多好啊。最后，建筑师从牵线木偶那儿借鉴灵感，使用绳索和滑轮来升降百叶板。升降体系做成重量均等，因此，在平台上的人体重量就可以掀起屋面，屋面降低时，平台升到原位。平台的开、闭应用弹簧闩固定。

案例分享：人类的“最后一公里”

著名哲学家艾赫尔别格曾经对人类的发展速度有过一个形象的比喻。他指出，在到达最后 1 公里之前的漫长征途中，人类行进的道路十分艰难崎岖，虽侥幸穿过了荒野和原始森林，但对周围的世界万物一无所知。只是在即将到达最后 1 公里的时候，人类才看到了原始时代的工具和史前穴居时代创作的绘画。他接着描绘到，在最后的赛程里，人类看到难以识别的文字，看到农业社会的特征，看到人类文明刚刚透过来的几缕曙光。离终点 200 米的时候，人类在铺着石板的道路上穿过了古罗马雄浑的城堡。离终点还有 100 米的时候，在跑道的一边是欧洲中世纪城市的神圣建筑，另一边是“中央之国”的四大发明的繁荣场所。离终点 50 米的时候，人类看见了一个人，他用创造者特有的充满智慧和洞察力的眼光注视着这场赛跑——他就是达•芬奇。剩下 5 米了，在这最后冲刺中，人类看到了惊人的奇迹，电灯光亮照耀着夜间的大道，机器轰鸣，汽车和飞机疾驰而过，摄影记者和电视记者的聚光灯使胜利的赛跑运动员眼花缭乱……

在这里，艾赫尔别格运用了丰富的幻想，将漫长的人类历史即所谓的“最后 1 公里”栩栩如生地展现在人们面前。

3.3.3 缺点列举法的概念与应用

案例分享：失效的“千里眼”

雷达被称为“国防千里眼”，是一项伟大的发明，但雷达也不是万能的。在 1991 年海湾战争中，“沙漠风暴”的第一个冲击波，美国数十架轰炸机，贴着地面或海面，超低空钻进伊拉克本土，对十几个雷达站展开了突然袭击，强大的电子干扰使雷达失灵，接着反雷达导弹就跟踪而来，百发百中地摧毁了雷达站。伊拉克的空中、海面警戒的“千里眼”第一天就被弄“瞎”了。为什么雷达这么容易受到攻击呢？这是因为雷达存在的三大弱点造成的：一是对超低空目标有盲区。“千里眼”实际是远视眼，头顶和鼻子底下有盲区；二是雷达是主动用电波去搜寻目标的，易暴露自身；三是雷达很容易受到干扰，频率相同的电波它不分敌我，一律可以入内。战前美国人早就侦察好雷达的位置和电波的频率，因此反雷达导弹一攻就中了。针对雷达的缺点，人们又发明了现代预警飞机，把雷达、计算机和飞机融为一体，克服了地面雷达的缺点，使其具有特殊的功能。

1. 缺点列举法概述

人们总是期望事物能尽善尽美，然而世界上任何事物总存在这样或那样的缺点。如果有意识地列举分析现有事物的缺点，并提出改进设想，就能产生创造。缺点列举法是通过寻找产品存在的缺点并设法消除缺点来实现改进产品的方法。

运用缺点列举法始于发现事物的缺点，挑出事物的毛病。虽然所有事物都有缺点，但并不是所有的人都会寻找缺点。人的心理惰性往往产生一种心理障碍，认为现在的事物能达到如此水平和完善程度已经差不多了，由于对现有事物比较满意，也就不会主动去发现缺点、改进设计。因此，应用缺点列举法要有精益求精的思想基础。找出需要改进的缺点后，就必须有目的地进行创造性思考，寻找解决方案，改进现有设计，消除缺点以获得新的技术方案，达到改进产品的目的。例如：一家生产汽车喇叭继电器的小厂，为了改变产品销路不畅的被动局面，厂长和技术人员、销售人员一起对有关产品进行分析，在广泛收集用户意见的基础上，分析产品的缺点，然后针对缺点"对症下药"，设计出新产品，很快便打开了销路，销售量一年内便增长了一倍。

缺点列举法就是通过对事物的分析，着重找出它的缺点和不足，然后再根据主次和因果，采取改进措施，从而在原有基础上创造出新的成果。

缺点列举法是美国通用电子公司为了提高产品质量而提出来的，但其应用是非常广泛的。该技法不仅有助于革新某项具体产品，解决属于"物"一类的硬技术问题，而且也可用于属于"事"一类的，如企业管理等软技术问题，是一种简便有效的创造发明方法。

任何事物都是一分为二的，既有其能存在的优点，也有其逐渐被淘汰或需要改进的缺点。人造事物的缺点大致分为两类：一类是事物于孕育和形成过程中造成的缺点，称为"造就性缺点"，如工程设计中指导思想上或计算上的失误，铸件的砂眼、裂纹等，造就性缺点是显露的，易于较快被人们发现；另一类缺点是事物形成后，随着时间的推移，环境条件的改变，原来的优点失去了积极作用或转化为消极作用而转变的缺点，如以往的一些企业管理方法在今天已失去其进步作用。事物的转化性缺点是潜伏的，难以短期内觉察，因而认识事物的转化性缺点是需要一定过程的。如农药滴滴涕是在第二次世界大战中发明的，当时在全世界范围内，防止和消灭害虫的要求非常强烈。由保尔•缪拉发明的滴滴涕起到了极好的作用，并获得诺贝尔奖。但是，随着使用量的不断增加，药害威胁着生态平衡，形成严重的转化性缺点，后来被禁止使用。再如，名叫马克斯•舒施尼的维也纳工厂主在1902年发明的塑料袋，可能怎么也不会想到，如今塑料购物袋已衍生为如此庞大的一个家族，在人类的生活中无处不在。然而，尽管塑料袋具有制造简单、使用方便等优点，但百余年来，人们在享用它带来的方便时，也背上了沉重的环保包袱，塑料垃圾传统处理方法仅限于填埋和焚烧等，这些都不利于环境，虽然近年来人们开发出许多新处理技术，如用塑料垃圾制造燃油、制取化合物用作化工原料等，但处理成本却非常高昂。所以澳大利亚、爱尔兰、德国以及美国的旧金山等国家或地区已经制定了禁用塑料袋购物的法令。由此可见，寻找并揭示事物的潜伏缺点比寻找事物的显露缺点要困难得多。对事物的潜在缺点必须用延伸发现的眼光，瞭望分析到一定深度和广度才能发现。

无论是显露的造就性缺点，还是潜伏的转化性缺点，抓住它们就找到了改变或者提高原有事物的着手点。大家都知道被面怕烟头烧，德国一家公司抓住这一缺点，集中力量竭力研究，使用称为“特力维拉”或“达努非”的特种纤维制成了不怕火烧的被面，上市后，颇受消费者欢迎。

事物的缺陷按其形成原因来分，有造就性缺陷和转化性缺陷；按事物缺陷的属性来分，有功能性缺陷、原理性缺陷、结构性缺陷、造型性缺陷、材料性缺陷、制造工艺性缺陷、使用维修性缺陷等。某些旧产品，只要准确抓住其中一个缺点或若干个相关缺点，究明原因立题攻克，就能使旧产品面貌焕然一新。例如，我国以前广泛使用的输水、输气管道多为灰口铸铁管或焊接钢，由于灰口铸铁管抗拉强度低、没有韧性，经常因为输水管道破裂导致大量的水泄漏，而钢管虽然抗拉强度高，但不耐腐蚀，人们根据灰口铸铁管和焊接钢管的这些缺点，研制出了用途广泛的抗拉强度高、韧性好、耐腐蚀的球墨铸铁管，在我国已成为铸铁管更新换代的新产品。

2. 缺点列举法的应用

1) 用户意见法

通过收集用户的各种意见，归纳整理，分类统计，企业再针对这些意见进行改进产品或提出新产品概念。用户意见法事先应设计好用户调查表，以便引导用户列举缺点，同时便于分类统计。例如，将全自动洗衣机投放市场试销后，用户指出这种洗衣机有如下缺点：

(1) 洗净度不高，尤其是衣领、袖口处不易洗净；

(2) 混洗不同颜色的衣物容易造成互染；

(3) 衣物易绞缠，不易快速漂洗。

2) 对比分析法

把同类事物进行对比分析，很容易看到事物的差距，从而列举事物的缺点。进行对比分析，首先要确定具有可比性的参照物。例如，列举洗衣机的缺点，应将同类型的多种洗衣机进行比较。对比分析时，还应确定对比分析的项目，通常是进行功能、性能、质量、价格等方面的比较。此外，也应注意与国内外先进技术标准相比较，及时发现设计产品的优缺点，加以改进，以确保产品的技术先进性和新颖性。

3) 会议列举法

缺点列举法也可采用智力激励法的形式，即召开缺点列举会，围绕主题，循着由浅入深、由近到远的思路，先考虑列举造就性缺点，再考虑列举转化性缺点，最后从中挑选出主要缺点，进一步弄清其产生的因果关系，考虑克服或改进的对策。

针对某一产品或某一项目召开缺点列举会，以充分揭露事物的缺点。会议列举法的一般步骤如下：

(1) 由会议主持者根据需要确定列举缺点的对象和目标。

(2) 发动参加会议人员(一般 5～10 人)根据会议主题尽量列举缺点，并将缺点逐条写在预先准备的小卡片上。

(3) 对写在卡片上的缺点进行分类整理，确定主要的缺点。

(4) 研究探索克服缺点的办法。

(5) 缺点的分析与改进。

运用缺点列举法的目的不是列举，而是改进，因此要善于从列举的缺点中找出有改进价值的主要缺点作为创造的对象。

不同的缺点对事物特性或功能的影响程度不同，分析时首先要选择对产品功能、性能、质量等影响较大的缺点作为创造的对象，使提出的新设想、新建议或新立案更有实用价值。

在分析缺点时，除了要列举那些显而易见的缺点外，更要注意挖掘那些不易被人觉察的缺点。有时，发现潜在缺点比发现明显缺点更有创造价值。例如，有人发现洗衣机存在病毒传播的缺点，开发了具有消毒功能的洗衣粉；针对普通洗衣机不能分类洗涤的缺点，研制出具有分洗功能的三缸洗衣机。

3. 例题：试列举电冰箱的潜在缺点并提出若干改进意见

通过观察和思考，发现电冰箱有以下几个潜在缺点：

(1) 使用氟利昂，产生环境污染；

(2) 使冷冻方便食品带有李司德氏菌，可引起人体血液中毒、孕妇流产等疾病；

(3) 患有高血压的人给电冰箱除霜时，冰水易使人手毛细血管及小动脉迅速收缩，使血压骤升，对健康不利。

针对上述缺点列出改进的新设想如下：

(1) 研究新的制冷原理，开发不用氟利昂的新型冰箱。如国外开发的“磁冰箱”，采用磁热效应制冷，不用有污染的氟利昂介质；

(2) 研制一种能消灭李司德氏及其他细菌的“冰箱灭菌器”；

(3) 改进冰箱性能，可实现自动定时除霜、无霜和方便除霜。

3.3.4 检核表法

1. 检核表法概述

检核表法是最简单的一种理性化解题方法，也可称为检查提问法、设问求解法、分项检查法、对照表法。检核表法是指针对任何一项计划或问题，或需要发明创造、技术革新的对象，找出有关因素，列出一张思考表，然后从不同角度提问以激发构想，针对表中所列各因素逐个地去思考、研究，深入挖掘，由此激发创造性思维，使创造过程更为系统，使创造力得到充分发挥，从而获得解决问题的方法或发明创造的新设想，实现发明创造的目标。

检核表法实际上是一种变维思维的方法，它为人们的思考提供了步骤。人们根据检核项目，从不同的视点、角度，一路想问题，使思维更具扩散性，也有利于深入地发掘问题并有针对性地提出更多的可行性设想或方案。由于这种方法几乎适用于任何类型和场合的发明创造活动，因而又有“创造技法之母”的美誉。目前，创造学家们已创造出多种各具特色的检核表，如思路提示十二个一检核表、设问检核表等，其中最著名、最受人欢迎，既容易学会又能广泛应用的，首推奥斯本检核表(见表 3-1)。

表 3-1　奥斯本检核表

序号	检核内容	具体内容说明
1	有无他用	现有的发明有无其他用途？稍加改变后有无其他用途？
2	能否借用	现有的发明能否引入其他的创造性设想？能否从别处得到启发和借鉴？现有发明能否引入到其他的创造性设想之中？

(续表)

序号	检核内容	具体内容说明
3	能否改变	现有的发明能否做某些改变？如改变一下形状、颜色、音响、味道、型号、运动形式，或改变一下意义，改变一下会怎样？
4	能否扩大	现有的发明能否扩大使用范围、延长使用寿命、添加一些功能，提高价值？
5	能否简化	现有的发明是否可以缩小或增大体积、减轻重量、降低高度、压缩、分割、化小，略去某些零件、去掉某些工序？
6	能否替代	现有的发明有无代用品，包括材料、制造工序、方法等的代用？
7	能否调整	现有的发明能否更换一下型号、顺序？
8	能否颠倒	现有的发明能否颠倒过来使用(如上与下、左与右、正与反、前与后、里与外等)？
9	能否组合	现有的一些发明是否可以组合在一起？

2. 检核表法的步骤

检核表法是先将问题列成一张检核表，再针对表中每一项，从问题的要点、范围或者可能性等方面提供暗示。检核表法以项目记录方式将设计过程形式化，即汇集每一个项目并检查是否实现，直到全部项目审核结束，从而将必须要做的事情具体化。奥斯本的检核表法的具体实施步骤如下：

第一步，根据创新对象明确需要解决的问题。

第二步，参照表中列出的问题，运用丰富想象力，强制性地逐个核对讨论，写出新设想。

第三步，对新设想进行筛选，将最有价值和创新性的设想筛选出来。

运用奥斯本检核表，可以打破旧框框的束缚，引发人们的创造性设想。现按照奥斯本检核表的顺序举例如下：(1)增加手电筒、计算器、镜子等功能的智能手机；(2)将洗衣机稍加改进后发明了新的洗涤设备，用于洗红薯；(3)运用激光技术治疗眼病和肿瘤；(4)将卧式彩电改为立式或悬挂式；(5)具有定时功能的电风扇、带夜光及防水功能的手表；(6)保温瓶缩小体积后成为保温杯；(7)门窗的材料由合成材料代替铝合金材料、由铝合金材料代替钢结构材料、由钢结构材料代替木质材料；(8)将人型客船内部进行重新装修，改造为水上旅馆；(9)根据吹风机的原理，改变风的方向，制成吸尘器；(10)带随时测体温、血压装置的手表。

案例分享：奥斯本检核法与双面牙花弹子锁

在发明创造和技术创新的过程中，运用奥斯本检核表法取得成功的例子是很多的。如河南省的一位中学生运用奥斯本检核表法，发明的双面牙花弹子锁，获河南省青少年小发明一等奖。开始他偶然看到了一把进口的双面牙花钥匙，产生了很大兴趣，于是把使用这种钥匙的汽车锁拆了下来进行研究，发现该锁的主要结构与普通车锁相似，只是把钥匙正反插上都能开，而起开锁作用的还是一面牙花。这时他联想到，现有的机械牙花变化并不是很多，重复开启的可能性较大，保密性能不高，汽车门锁、电点火锁的安全性能就差了，因为一把“万能钥匙”能打开相当一部分锁。虽然也有保密性能较高的电子锁、密码锁、磁性钥匙锁等，但结构复杂、成本高，不易普及推广。他运用检核表法，联想到能不能把双面牙花运用到普通常用的弹子锁上，设计一种双面弹子锁，让钥匙上的双面牙花都起开锁作用，这样重复开启的可能性就很小。经过努力，他终于试验成功了挂锁、门锁、司必灵锁、自行车锁、保险柜锁、汽车点火锁等 7 个品种的双面牙花弹子锁。

3. 例题：利用检核表法研究风扇和新产品方案

(1) 引申

风扇稍加改进还能有其他的用途吗？

风扇的基本功能是形成压力差，由于空气流动而使人感到凉快。

风扇——鼓风机，为炉灶送风助燃；

风扇——抽风机，抽吸厨房的油烟；

风扇——吸尘器，吸尘。

(2) 变动

外形设计新颖的风扇(如猫头鹰扇，加灯饰的华丽吊扇)同时也是很好的室内装饰品。

改用压缩式空调器，可调节冷热，其功能比风扇还要全面。

改变结构：台扇——落地扇、吊扇、壁扇等。

改变造型：圆形、方盒形、动物外形等。

(3) 增减

设计大型工业排风扇或小型旅行扇、蚊帐内的小吊扇等满足不同需要。增加功能：加灯便于夜间照明，加“倾倒即停”装置，保证使用安全。

(4) 替代

多速风扇替代单速风扇的性能替代；扇叶材料用木、铁、铝、塑料、玻璃纤维等不同材料；风扇体采用铁板冲压、塑料整体注塑等。

(5) 颠倒

普通风扇外罩不转、风扇摆动，送风摆扇结构复杂。鸿运式风扇的风扇不摆，外罩上的栅页转动，使风受到干扰后排出，送风角度大，风量柔和，结构简单。

(6) 组合

功能组合的多用风扇、落地灯扇、有装饰灯并送香风的风扇等。

目标组合的模拟自然风风扇，如有强、弱、微三挡风量的组合风扇，或用自动控制开关控制的单速风扇。6s 开、4s 停，得到强—弱—微—强—弱—微的模拟自然风。由此得到风扇的多种变形。

3.3.5 头脑风暴法

俗话说“众人拾柴火焰高”，团体创造性思维是非常重要的，因为集体的智慧大于个人的智慧。随着科学的发展、技术的进步和生产力水平的不断提高，人们面临的情景和问题越来越复杂，充分发挥集体的智慧则越发重要了。

当一个人苦思冥想不得其解的时候，大家聚集在一起讨论，相互激励、相互补充，会引起思维的“共振”，有助于打破思维障碍，激发不同凡响的新创意或新方案诞生。一个人提出一种想法和思路，其他人受到刺激，做出反应，提出更多的创意，这就是团体创造方法，最常见的团体创造方法就是头脑风暴法。

1. 头脑风暴法概述

头脑风暴法是最负盛名、最具实用性的团体创造方法，是指以小组讨论会的形式，群策群力，互相启发，互相激励，使人们的大脑产生连锁反应，以引出更多的创意，获得更多的创造性解决问题的方案。头脑风暴最早是精神病理学上的术语，是指精神病患者的一种胡思乱想的思维状态，在创造学中被引申为无限制的自由联想和讨论，其目的在于产生新观念或激发创造性设想，强调思维不受拘束，创意才能破壳而出。

头脑风暴法是由美国人奥斯本创立的。1938 年，只有高中文化、年仅 25 岁的奥斯本失业了，他决定去一家报社应聘做记者。报社主编问他有没有办报的经验，他实事求是地回答说没有。但他给主编看了一篇他写的文章，主编看后，发现尽管文中有许多语法、修辞错误，但却见解独到、很有创造性，于是决定录用他。从此也使奥斯本意识到，创意是最重要的。在几年的工作中，他自己获得了众多专利，后来成为美国 BBDO 广告公司的副董事长。

奥斯本认为，社会压力对个体自由表达思想观点具有抑制作用。为了克服这种负面现象，应设置一些新型会议形式，在这样的会议上，每个人自由发表意见，不对任何人的观点做出评价，评价是各种观点表达完之后的事情。在头脑风暴会上，一是大家思维开放、无拘无束。会上，每个人都可以自由发表自己的任何想法，即使是看起来荒诞可笑的想法，也不当场批评。这种气氛可以激发大家寻求异常设想的强烈兴趣，刺激新思路的开拓，特别是使人们易于接受和发展违反常规的新设想，最大限度地发挥创造力。二是信息激励、集思广益。我们知道，当一个人独自思考一个问题时，其思路容易局限在一个方向上，而几个人对同一个问题进行思考，就会从各自的经验、知识角度出发去思考问题。这样，在头脑风暴会议上，由于形成了无拘无束的气氛，大家可以互相启发，相互刺激，引起联想反应，就可以诱发更多新颖独特的设想了。

古希腊思想家苏格拉底就非常重视集体对话的作用，他经常通过集体思考来获得个人难以触及的思想认识。对话的基本原则是“自由阐述”“不争论”“不打断”和“仔细倾听”。爱因斯坦与他的同事一直坚持自由的聚会和谈话，交流关于现代物理学的各种想法。他们的讨论没有改变别人观念的意图，也没有激烈的争论，他们自由地提出各自的想法，总是注意倾听他人的观点。正是这种讨论促成了物理学的突破。

头脑风暴法之所以有效，是归功于在集体活动情景下彼此促进和互动的群体动力学基础。每个人提出一个新观点，不仅仅激发自己的想象力和创造性思维，在这个过程中，与会的其他人的想象力也受到激荡和刺激，产生一系列的连锁反应，进而产生众多的创意。

采用头脑风暴法组织群体决策时，要集中有关人员召开专题会议，主持者要以明确的方式向所有参与者阐明问题，说明会议的规则，尽力创造融洽轻松的会议气氛。主持人一般不发表意见，以免影响会议的自由气氛，由参与者自由提出尽可能多的方案。与传统讨论会比较，头脑风暴法克服了多数人的意见或一致意见的压力、老板或领导权威的影响、参加人随意的批判、部分与会者沉默或不够积极、得出的方案不够多等缺点。

头脑风暴法会议与常规会议在创新能力方面的差异是显而易见的，主要体现为思维方向上的不同(见图 3-12)。

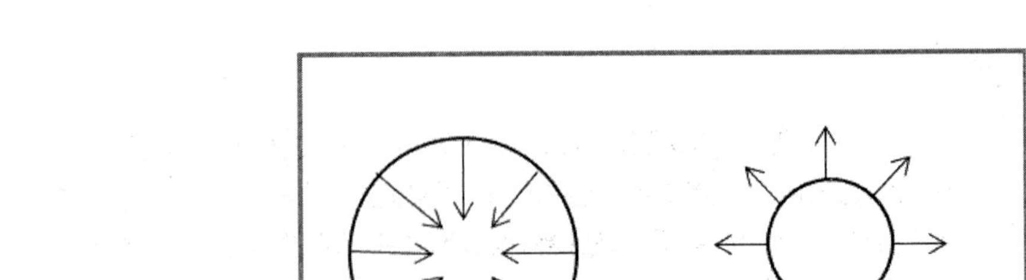

图 3-12　常规会议(左图)与头脑风暴法会议(右图)创新能力比较示意图

2. 头脑风暴法的基本原则

头脑风暴法是针对要解决的问题召开小型会议，一般规模为 5～10 人为宜。与会者按照一定的步骤和要求，在轻松的氛围中展开想象，敞开思想，各抒己见，相互激励和启发，使创造性的思想产生大量的新创意。因此，一次成功的头脑风暴会议最为关键的是探讨方式与心态上的转变。概言之，是进行充分的、非评价性的、无偏见的交流。为了达到这个目的，在头脑风暴法实施过程中还必须遵循以下基本原则：

(1) 禁止评价，延迟判断

延迟判断是指在提出设想阶段，只专心提出设想，而不进行评价。畅谈期间，任何人都不允许对别人的或自己的意见做任何评判，包括肯定性的评判，更不允许批驳。设想看起来越荒谬可能越有价值，延迟判断原则排除了与会者评论性的判断，鼓励自由想象，而对设想的评价都要在“头脑风暴”结束后进行。这是为克服“评判”对创造性思维的抑制作用，保证自由思考和良好的激励气氛。一个新设想看起来好像很荒诞，但它有可能是另一个好设想的“垫脚石”。贯彻这一原则，既要防止出现那些束缚人思考的扼杀句，如“这不可能”“这根本行不通”“真是异想天开”等；也要禁止赞扬溢美之词的出现，如“挺好”“不错”“非常棒”等，它们都会不同程度地起到扼杀设想的作用。

(2) 自由想象，鼓励新奇

要让与会者的心情像平时独自外出散步时一样，敞开思想，不受传统逻辑和任何其他思想框框的束缚，使思想保持自由驰骋的状态，想到什么就说什么。还要尽力求新、求奇、求异，充分发挥联想和想象力，从广阔的思维空间寻求新颖的解决问题方案。好的创意无处不在，每个人的设想都有可能带来技术创新。在头脑风暴法实施中，轻松、愉悦环境的构建可以鼓励更多的人大胆地提出新设想、新思路。

(3) 追求数量，以量求质

头脑风暴会议的目标是在有限的时间里，获得尽可能多的设想，追求设想的数量是它的首要任务，所提设想的数量越多越好。因为，越是增加设想的数量，就越有可能获得有价值的创造性设想。通常，相关科学统计显示，最初的设想往往不是最佳的，而一批设想的后半部分的价值要比前半部分高 78%。此外，在追求数量，并且活跃、积极的氛围中，与会者为了尽可能地提出新设想，也就不会去做严格的自我评价了。

(4) 相互启发，综合改进

会议尽可能提供一个有助于把注意力高度集中于所讨论问题的环境，鼓励参与者对他人已经提出的设想进行补充、改进和综合，进而发展出新的设想，形成一种创造性设想的连锁反应——“思维共振”。因为创造往往就在于综合，在于头脑中已有思想之间、已有设想和新获得的外来信息及设想之间形成新的组合，产生新的思路。此外，会上提出的设想大都未经深思熟虑，很不完善，必须加工整理，并对其综合改进，从而收到事半功倍的效果。

在具体实施过程中，以上几条原则非常重要，尤其是前两条，它们能够保证产生足够多的创意，只有与会者严格遵守这些原则，期间不作任何评判，会议才能成为名副其实的头脑风暴会议，才能真正达到预期的效果。

3. 头脑风暴法的实施流程

头脑风暴法适用于开放性的问题。问题的类型可以涵盖以下几种：关于产品和市场的创意，包括新的消费观念、未来市场方案的观念；管理问题，包括拓展业务方面、改善置业结构；规划问题，包括对可能增加的困难性的预期；新技术的商业化，包括开发一项可以获得专利权的新技术；改善流程，包括对生产流程进行价值分析；故障检测，包括追寻不可预期的机器故障的潜在原因等。头脑风暴法的具体实施流程通常分为如下五个步骤。

(1) 会前准备

会议开始前应逐一落实会议参与人、会议主持人和课题任务等，必要时可进行柔性训练，参加会议的人数以 5～10 人为宜，可根据待解决问题的性质确定参会人员。

选定合适的主持人和记录员。理想的主持人要熟悉头脑风暴法并了解所要解决的问题，能在必要时恰当地启发和引导大家。为了让参加者的灵感相互激励，引发灵感的连锁反应，主持人在会议中应督促参加者在规定时间(如5分钟)内将自己的灵感写下来，并要求他们在各自发言前将内容整理得清晰明了，以便记录员记录在海报纸上，进而让他人产生更多联想，激发更多灵感。

在参加者发言气氛相当热烈时，可能会出现许多违背头脑风暴法基本原则的现象，如哄笑、公开评论他人意见等情况，此时主持人应当立即制止。

当许多灵感陆续被激发出来，而参与者也呈疲惫状态时，主持人可以以“每人再提两个点子就结束”之类的话把控会议。为避免参加者太疲倦而产生厌倦情绪，主持人应控制好会议时间，一般建议控制在 30 分钟左右。会议结束后，主持人表示感谢并鼓励和表扬大家。

记录员应依照发言顺序标号记录点子，在发言内容含糊不清时，应向发言者确认，发言内容过长时，仅记录要点即可。尽量要清晰、确保每位参与者都能看清，海报纸版面应简洁整齐。

会议小组成员构成。头脑风暴法小组成员中专家不宜过多，如果专家比例太高，就很难避免在头脑风暴过程中做各种评价，并且较难以形成轻松、自由的畅谈氛围。

会前通知。会议之前应通知所有与会成员，告知会议目的，以便参会者事前做些准备工作，但要防止造成先入为主的后果。

(2) 会前热身

为使参加会议的人员进入“角色”，减少僵局或冷场的局面，需要提早营造一种正确、舒适的会议氛围。例如，可以播放舒缓的音乐、放些糖果或倒杯茶水等，待与会人员的心情放松后，主持人便可以提出一个与讨论课题对象无关的简单而有趣的问题，以激活大脑的思维。可采取“动物游戏”“互相介绍”“讲幽默故事”等形式，使气氛活跃起来。待大家全都积极地投入进来，主持人便可调转话题，切入正题。

(3) 明确议题

首先，主持人向与会者简明扼要地介绍所要解决的问题之后，可让与会者简单讨论一下，以取得对问题的一致理解。其次是重新叙述问题，对问题进行分析，也可将问题分成几个小问题。同时，主持人应启发大家的多种解题思路，为提出设想做准备。

(4) 自由发言

这是头脑风暴法的核心环节，要求大家突破种种思维羁绊，克服种种心理障碍，任思维自由驰骋。自由畅谈时应借助人们之间的知识互补、信息刺激和热情感染，并通过联想和想象等思维形式提出大量创造性设想。

(5) 加工整理

会议提出的解题设想大都未经仔细斟酌，也未做出认真评价，还应该加工整理，使它更完善才有实用价值。一般在会议的第二天，主持人应及时收集大家在会后产生的新设想。因为通过会后的休息，思路往往会有新的转换或发展，又能提出一些有价值的设想。如在一次会议中，与会者在会上提出百余条设想，第二天又增补了二十余条，其中有四条设想比前一天提出的所有设想都更有实用价值。同时，还要对所有方案进行评价筛选，看其是否具有新颖性和可行性。最后，形成最佳方案。将被筛选出来的少数方案逐一进行推敲斟酌，发展完善，分析比较，选出最佳方案，或将几个方案的优点进行恰当组合，形成最佳方案。

4. 案例分析

(1) 背景

盖莫里公司是法国一家拥有 300 人的中小型私人企业，这一企业生产的电器有许多厂家和它竞争市场。该企业的销售负责人参加了一个关于发挥员工创造力的会议后大有启发，开始在自己公司谋划成立了一个创造小组。在冲破了来自公司内部的层层阻挠后，他把整个小组(约 10 人)安排到了农村一家小旅馆里，在以后的三天中，每人都采取了一些措施，以避免外部的电话或其他干扰。第一天全部用来训练，通过各种训练，组内人员开始相互认识，他们相互之间的关系逐渐融洽，开始还有人感到惊讶，但很快他们都进入了角色。第二天，他们开始创造力训练技能，开始涉及智力激励法以及其他方法。他们要解决的问题有两个，在解决了第一个问题，发明一种拥有其他产品没有的新功能电器后，他们开始解决第二个问题，为此新产品命名。

在第一、第二两个问题的解决过程中，都用到了智力激励法，但在为新产品命名这一问题的解决过程中，经过两个多小时的热烈讨论后，共为它取了 300 多个名字，主管则暂时将这些名字保存起来。第三天一开始，主管便让大家根据记忆，默写出昨天大家提出的名字。在 300 多个名字中，大家记住了 20 多个。然后主管又在这 20 多个名字中筛选出了三个大家认为比较可行的名字。再征求顾客的意见，最终确定了一个。

结果，新产品一上市，便因为其新颖的功能和朗朗上口、让人回味的名字，受到了顾客热烈的欢迎，迅速占领了大部分市场，在竞争中击败了对手。

(2) 分析

从上例可见，所谓头脑风暴会议，实际上是一种智力激励法。这种方法的英文原意是 brainstorming，直译为精神病人的胡言乱语，奥斯本借用这个词来形容会议的特点是让与会者敞开思想，使各种设想在相互碰撞中激起脑海的创造性“风暴”。头脑风暴法是一种通过会议的形成，让所有参加者在自由愉快、畅所欲言的气氛中，自由交换想法或点子，对一个问题进行有意或无意的争论辩解的一种民主议事方法。它又称智力激励法，是由美国创造学家奥斯本于 1939 年首次提出、正式发表的一种激发创造性思维的方法。发明创造的实践表明，真正有天资的发明家，他们的创造性思维能力较平常人要优越得多。但对天资平常的人，如果能相互激励，相互补充，引起思维“共振”，也会产生出不同凡响的新创意或新方案。俗话说，“三个臭皮匠，顶个诸葛亮”，也就是奥斯本头脑风暴法的“中国式”译义，即集思广益。集思广益，这并没有什么高深的道理，问题在于如何去做到这点。开会是一种集思广益的办法，但并不是所有形式的会都能达到让人敞开思想、畅所欲言的效果。奥斯本的贡献，就在于找到了一种能有效实现信息刺激和信息增值的操作规程。难怪奥斯本在 20 世纪 30 年代发明这种集思广益的创造技法后，马上在美国得到推广，日本人也相继效法，使企业的发明创造与合理化建议活动硕果累累。员工的创造潜力是巨大的，一个优秀的领导者，应该懂得如何发掘和运用这一潜力。

(3) 启示

头脑风暴法适合于解决那些比较简单、严格确定的问题，比如研究产品名称、广告口号、销售方法、产品的多样化研究等，以及需要大量的构思、创意的行业，如广告业。在企业，领导是最主要的决策者，但对领导来说，一个人的智慧和力量、经历和观察问题的视觉都是有限的。因此，领导常常会出现一些困惑，如企业在开展某项活动时，因为思维上形成了一定的定式，在制定方案时始终跳不出固有的模式，这就给员工以厌烦之感，调动不起激情来，活动也因此而显得一般化；再如领导在管理工作中，往往遇到一些棘手的事情，常常冥思苦想也没有好的办法。这时，就可以听听广大员工的意见，试着使用头脑风暴法来帮助解决一些问题，因为这既可集思广益，充分体现民主，又很好地调动起全体员工管理的积极性，且能从一定程度减少决策的失误。领导在具体操作时，可以给员工们营造一个机会，在有意无意间提出需要讨论的话题，鼓励大家放开胆子尽情地说，让讨论者的思维大门洞开，让一些新的想法在讨论中迸发出来。我们常常有这样的体验，一个人在一个热烈的环境中，当看到别人发表新奇的意见时，思维受到刺激，情绪受到感染，潜意识被自然地唤醒，巨大的创造智慧自然地迸发了出来，大量的信息不断地充斥着人的大脑，奇思妙想就会喷涌而出。在这时，在场的人就会压抑不住自己内心的激动，争着想把自己的想法说出来。场面越是热烈，争着发言的人就会越多，发言的人越多，形成的点子就会越多，于是，一个个好的方案就这样形成了。

3.3.6 六顶思考帽法

1. 六顶思考帽法概述

六顶思考帽是英国学者爱德华•德•博诺博士开发的一种思维训练模式，或者说是一个全面思考问题的模型。它提供了“平行思维”的工具，避免将时间浪费在互相争执上。强调的是“能够成为什么”，而非“本身是什么”，是寻求一条向前发展的路，而不是争论谁对谁错。运用德博诺的六顶思考帽，将会使混乱的思考变得更清晰，使团体中无意义的争论变成集思广益的创造，使每个人变得富有创造性(见图3-13)。六顶思考帽是平行思维工具，是创新思维工具，也是人际沟通的操作框架，更是提高团队智商的有效方法。

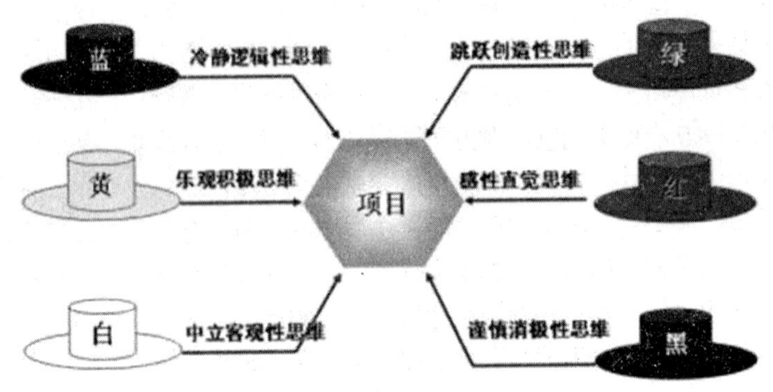

图 3-13 六顶思考帽法的大脑思维模型

在多数团队中，团队成员被迫接受团队既定的思维模式，限制了个人和团队的配合度，不能有效解决某些问题。运用六顶思考帽模型，团队成员不再局限于某单一思维模式，而且思考帽代表的是角色分类，是一种思考要求，而不是代表扮演者本人。六顶思考帽代表的 6 种思维角色几乎涵盖了思维的整个过程，既可以有效地支持个人的行为，也可以支持团体讨论中的互相激发。

蓝色思考帽：蓝色是天空的颜色，笼罩四野，控制着事物的整个过程。它是一顶控制思维过程的帽子，规定和管理整个思维过程，并负责做出结论。

白色思考帽：白色是中立而客观的，代表着事实和资讯。收集已知的或者是需要的信息，仅仅是中立和客观的事实和数据，因此，人的思维也是中立和客观的。

黄色思考帽：黄色代表价值与肯定，与逻辑相符合的正面观点，人们从正面考虑问题，表达乐观的、满怀希望的、建设性的观点，探究价值和利益，帮助人们发现机会。

黑色思考帽：黑色象征冷静、反思或谨慎，人们可以运用否定、怀疑、质疑的看法，合乎逻辑地进行批判，尽情发表负面的意见，以探索事物的真实性、适应性、合法性为焦点，找出逻辑上的错误来帮助人们控制风险。

绿色思考帽：绿色是春天的色彩，象征勃勃生机，是创意的颜色。寓意创新和改变，用创造性思考、头脑风暴、求异思维等思考方式寻找更多的可选方案和可能性，从而获得具有创造力的构想。

红色思考帽：红色是情感的色彩，代表感觉、直觉和预感。人们可以表现自己的情绪，为情绪和感情的表白提供机会，这是一个直觉和预感的判断。

2. 六顶思考帽法的应用步骤

六顶思考帽是一种简单、有效的平行思考程序。它帮助人们做事更有效、更专注、更加能够运用智慧的力量。一旦学会，可以立即投入使用。

(1) 你与工作伙伴将思考过程分为六个重要的环节和角色。每一个角色与一顶特别颜色的“思考帽子”相对应。在脑海中，你将想象把帽子戴上，然后一顶顶换上，你会很轻易就能做到集中注意力，并对想法、对话、会议讨论进行重新定位。

一个典型的六顶思考帽法在实际中的应用步骤如下：

① 陈述问题事实(白帽)；

② 提出如何解决问题的建议(绿帽)；

③ 评估建议的优缺点，列举优点(黄帽)，列举缺点(黑帽)；

④ 对各项选择方案进行直觉判断(红帽)；

⑤ 总结陈述，得出方案(蓝帽)。

(2) 使用六顶思考帽法应注意的几个问题：

① 控制与应用。掌握独立和系统地使用帽子工具以及帽子的序列与组织方法。

② 使用的时机。理解何时使用帽子，从个人使用开始，分别在会议、报告、备忘录、谈话与演讲发言中有效地应用六顶思考帽。

③ 时间的管理。掌握在规定的时间内高效地运用六顶思考帽的思维方法，从而整合一个团队所有参与者的潜能。

六顶思考帽是一个操作简单、经过反复验证的思维工具，它给人以热情、勇气和创造力，让每一次会议，每一次讨论，每一份报告，每一个决策都充满新意和生命力。这个工具能够帮助人们提出建设性的观点，聆听别人的观点，从不同角度思考同一个问题，从而创造高效能的解决方案，用“平行思维”取代批判式思维和垂直思维，提高团队成员的集思广益能力，为统合综效提供操作工具。

3. 案例分享

(1) 1996 年，欧洲最大的牛肉生产公司 ABM 公司由于疯牛病引起的恐慌，一夜之间丧失了80%的收入。借助六顶思考帽法，12 个人用 60 分钟想出了 30 个降低成本的方法和 35 个营销创意，将它们用黄色帽子和黑色帽子归类，筛选掉无用的方法后还剩下 25 个创意。靠着这 25 个创意，ABM 公司度过六星期没有收入的艰苦卓绝的日子。

(2) 全球最大的保险公司保诚长期运用六顶思考帽法，其总部的地毯就是用彩色的“六顶思考帽”图案编织而成。保诚保险公司运用六顶思考帽这种思维方法把传统的人寿保险投保人死亡后支付保险金改革为投保人被确诊为绝症时即可拿到保险金。这种方法目前已经被许多国家的保险公司效仿，被认为是人寿保险业 120 年来最重要的发明。

(3) 六顶思考帽法还曾经拯救了奥运会的命运，1984年洛杉矶奥运会的主办者就是运用了六顶思考帽的创新思维，使奥运会从烫手山芋变成了今天的炙手可热，并且获得了1.5亿美元的盈利。

(4) 挪威国家石油公司曾经遇到一个石油装配问题，每天都要耗费 10 万美元，引进六顶思考帽思维方法以后，这个问题在 12 分钟内就得到了解决，每天 10 万美元的耗费降低为零。

(5) 摩根大通国际投资银行用六顶思考帽思维方式减少了 80%的会议时间，并且改变了整个欧洲的企业文化。

(6) 波音公司将六顶思考帽法引入罢工谈判，成功避免了两次工人罢工，第三次罢工谈判中，工会对公司管理层讲，除非用“六顶思考帽”，否则不愿谈判。

3.3.7 组合型创造方法

案例分享：CT 机的发明

CT 的全称为计算机辅助的 X 线断层扫描，是电脑与 X 光扫描综合技术的产物，集中了当代一系列不同技术领域的最新成就。它能把人体一层一层地用彩色图像显现出来，检查出体内任何部位的微小病变。CT 机的发明成功经历了几代人的努力。1895 年，德国物理学家伦琴发现了 X 射线。1938 年，一个名叫法兰克的放射学专家，开始尝试利用 X 射线诊断疾病，发明了 X 射线断层摄影的诊断技术。20 世纪 60 年代，美国生物学家阿伦·科马克开始探索用高灵敏度的 X 射线检测器来接收断层扫描穿越人体的 X 射线，把测到的大量数据交给电子计算机处理，而得到更为清晰、分辨能力更好的人体断层图像，于 1792 年研制成功了 CT 机，并于 1979 年获诺贝尔生理学与医学奖。

发明创造可分为两种类型，即原理突破型发明和组合型发明。原理突破型发明是由于发现了新规律，探索出新技术原理而做出的发明，其突破在于找到了以科学原理物化为技术原理的方法而做出的发明。如内燃机代替蒸汽机、电力代替汽力、晶体管代替真空管等均属于此列。组合型发明是利用已有的成熟技术，通过适当的组合而成的发明。如“CT 扫描仪”的发明是通过把 X 射线照明装置同电子计算机结合在一起实现的。这两项技术本身都是成熟的技术，并无什么原理上的突破，但组合为一体后，便可诊断出脑内疾病及体内癌变，而这一特殊功能是原来两项单独技术所没有的。

CT机的发明，从创造技法上来看属于组合发明法。组合创造法是将两种或两种以上的技术思想、物质产品的一部分或整体进行适当的组合变化，形成新的技术思想、设计出新的产品的发明创造技法。其特征是思路的多起点、多指向、多交叉、多结点。组合发明创造可以小到两个相同的零件的组合，如两个齿向相反的斜齿轮的组合，发明了人字齿轮；也可以大到两种或两种以上不同技术系统的组合，如机械技术与电子技术的组合，其成果有数控机床、数控铣床、数控加工中心等，形成机电一体化的高新技术产业群。

爱因斯坦曾说：“我认为，一个为了更经济地满足人类的需要而找出已知装备的新的组合的人就是发明家。”因此，组合型创造方法和组合设计技巧，乃是发明创造者需要掌握的基本发明创造技能。

1. 组合型创造方法概述

组合型创造方法简称组合法，是指运用创新思维将已知的事物进行组合，使其在性能或功能等方面发生变化，以产生新的使用价值的创造技法。组合型创造反映了当代技术发明的时代特征。相关统计表明，在现代技术开发中，组合型成果已占全部发明创造的 60%～70%。

日本创造学家高桥浩认为，发明创造的根本原则归根结底不过是一条，那就是将信息进行分割和重新组合。爱因斯坦对组合原理说得更为深刻：组合作用似乎是创造型思维的本质特征，由此可见组合法的重要性。

组合法绝非简单罗列、机械叠加。创造型的组合应该包含三个要点：一是要将多个特征组合在一起；二是所有特征都为单一目的起作用，并相互支持、促进及补充；三是产生一定的新效果。

各种元素组合在一起的根本目的就是形成集合效应，实现单个元素实现不了的效果和价值，就如系统论中所描述的那样，系统的效果必须大于系统内各元素单独效果之和。

2. 组合法的类型

组合法有多种类型。按组合因素、组合方式、组合要素性质等角度的不同，可将组合法分为多种不同的类型。这里仅介绍三种常见且常用的类型。

1) 同类组合法

(1) 同类组合法的创造原理

同类组合是指两种或两种以上相同或相近事物的组合，其特点是参与组合的对象与组合前相比，其基本性质和结构没有发生变化，只是通过数量的变化来弥补功能上的不足或得到新的功能。由于组合的角度不同、形式不同、方法不同、目的不同，产生的结果也就不尽相同。最简单的同类组合，如装在一只精巧礼品盒中的两只钢笔、两块手表，还有带锯的刀、多头多色圆珠笔、鸳鸯宝剑、双插座等。

案例分享：两面通用花瓶

两面通用花瓶运用了同类组合创造法。大花瓶中如果只摆放一两支花，花朵不仅容易站立不稳，还会显得有些孤单(见图3-14)。这款花瓶被设计成正反两头都可以使用，可以按照花朵的数量选择合适的一面，不管是插一束还是一枝花都能轻松胜任。美好的设计让生活变得更简单！

图 3-14　两面通用花瓶

(2) 同类组合法的运用步骤

第一，思考同类组合的效果。任何事物都可以自组，但自组后的效果很不一样。在运用同类组合时，主要追求的是量变引起的质变。

第二，解决同类组合的结构问题。同类组合过程中，参加组合的对象与组合前相比，其工作原理和基本结构没有什么变化，并在组合中具有结构上的对称性。因此，同类组合在连接上是比较容易的。但是对某些创造性较强的同物自组(如组合型的 USB 接口)，可能在结构设计时还会碰到技术难题。这时，同类组合能否成功取决于创造者解决技术问题的能力。

案例分享：组合型文教用品

在各大商场文教用品专柜前，我们能看到，各种组合文具包装精美，样式各异，品种齐全，可以清晰看见里面装有订书机、剪刀、铅笔、圆珠笔等(见图 3-15)。

图 3-15　组合型 USB 接口和组合文具

2) 异类组合法

(1) 异类组合法概述

异类组合法又称异物组合法，是指将两种或两种以上的不同种类的事物组合，产生新事物的技法。这种技法是将研究对象的各个部分、各个方面和各种要素联系起来加以考虑，从而在整体上把握事物的本质和规律，体现了综合就是创造的原理。组合的结果带有不同的技术特点和技术风格。异物组合实际上是异中求同，异中求新。由于其组合元素来自不同领域，一般无主次之分，参与对象能从意义、原理、构造、成分、功能等任何一个方面或多个方面进行互相渗透，从而使整体发生深刻的变化，产生新的思想或新的产品。

异类组合法具有如下特点：第一，组合对象(设想和物品)来自不同的方面，一般无明显的主次关系；第二，组合过程中，参与组合的对象从意义、原理、构造、成分、功能等方面可以互补和相互渗透，产生 1+1>2 的价值，整体变化显著；第三，异类组合是异类求同，因此创造性较强。使用异类组合法的例子很多，例如多功能工具机床，一个机床集合了车、镗、刨、铣、磨、钻等切削功能，功能多样集中，节省设备投资，特别适合于小型工厂或个人用户的需要。又如机电一体化技术，就是融合机械、微电子、控制等技术于一体。它能集合动力机、计算机、驱动机构、执行机构、控制系统等，可完成驱动、支承、运算、控制、检测等一系列功能。

案例分享：电视凳

有一款很有趣的概念设计——电视凳，就是异类组合的产物。这里的电视凳可不是看电视时坐的凳子，它其实是一款内置有电视的凳子。它在凳子的底面设计有一个电视，平时可以像普通凳子一样使用，要看电视的时候将凳子翻过来即可。

不过最有趣的是，你可以直接仰卧到地上，把头伸到凳子底下看电视，重新体会一下儿时的乐趣(见图 3-16)。

图 3-16　电视凳

(2) 异类组合法的运用步骤

① 首先要确定一个基础组合元素；

② 根据发明创造的目的进行联想和扩散思维，以确定其他组合元素；

③ 把组合元素的各个部分、各个方面和各种要素联系起来加以考虑，这些要素没有主副之分。

3) 主体附加组合法

(1) 主体附加组合法及其特点

主体附加组合法是指在原有的物品基础上补充新的内容或在原有的物品上增添新的功能附件，从而使新的物品性能更好、功能更强的组合技法。它以一种“锦上添花”的方式，在原本已为人们所熟悉的事物上利用现有的其他产品或添加若干新的功能来改进原有产品，使产品更具生命力。例如有人把栅状沟子分别附加在 3 个电风扇叶片上，在电风扇旋转时，就会使空气快速流动。当有蚊子飞过时，就会被吸进叶片中去，并且被挡在栅网上，过段时间，就会有成千上万只蚊子被杀死，这就是“杀虫电风扇”。有人对普通手杖进行主体附加改装，使其具有拄杖助行、照明、按摩、磁疗、报警、健身防卫等多项功能。带闪光灯的照相机，安装载物架、车筐、打气筒的自行车，手机附加摄像头增加拍照功能，同时增加其他电子附件使其具备收录、录音等功能等，都是运用了主体附加组合法。运用主体附加组合法不仅能搞出“小发明”，也可以获得技术上较复杂的“大发明”。许多重要的优质合金材料就是在“添加实验”中显露峥嵘的。

主体附加法的特点有：一是不改变主体的任何结构，只是在主体上连接某种附加要素。如在奶瓶上附加温度计，在铅笔上附加橡皮头等。二是要对主体的内部结构作适当的改变，以使主体与附加物能协调运作，实现整体功能。如为了减少照相机的体积，有人将闪光灯移至照相机腔体内。这种组合不是将闪光灯与照相机主体简单地联系在一起，而是将两种功能赋予一种新的结构形式——内藏闪光灯的照相机。

案例分享：吸管式 LED 灯

如图 3-17 所示，这款创意设计表面看起来就是一个普通的吸管，不过它却内置有 LED 灯。要开灯只需将吸管弯曲即可，直立时则会关闭。由于夜晚比较安静，所以很多人都喜欢在晚上读书学习，尤其是学生，更是乐此不疲。可是，由于在集体宿舍中很容易打扰到别人，所以就有了不少针对这部分人群设计的产品。

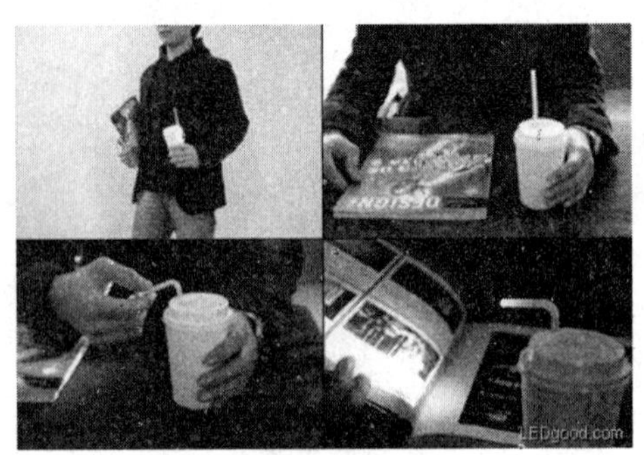

图 3-17　吸管 LED 灯

(2) 主体附加组合法的运用步骤

① 有目的、有选择地确定要附加的主体；

② 分析主体所存在的缺点或对主体提出新的希望和功能要求；

③ 根据实际需要确定附加物及组合的方案。

(3) 练习：手帕与系列词组组合，进行产品设计

① 沙眼手帕。在手帕上滴入含有治疗沙眼药液的软质水，用手帕擦眼即可治疗沙眼。

② 美容手帕。在手帕上滴入特制的高级美容液，用手帕擦脸时即可达到美容的效果。

③ 癣用手帕。在手帕上滴入特制的高级药物，从而起到治疗皮肤癣的效果。

④ 香水手帕。向手帕注入高级香精即可实现使用手帕时伴有香味的功能。

⑤ 祛斑手帕。在手帕上滴入混合型药物，用手帕擦脸时，起到淡斑美白的效果。

⑥ 棋盘手帕。在手帕上印制各种棋盘，便可以给喜欢下棋的人提供方便。

⑦ 童话手帕。童话，是开发儿童智力的有效方法；手帕，是儿童喜爱并必需的生活用品。在手帕上印制童话连环画，一定会受到小朋友们的欢迎。

⑧ 益智手帕。在手帕上印制字母、短语、小故事以及智力开发题，有利于形成语言环境，加强学习和训练，达到儿童益智的效果。

⑨ 科普手帕。收集新的科学知识，印在手帕上，做成“十万个为什么”系列。

⑩ 广告手帕。在手帕上印制设计美观、富有创意的广告图片和文字，在人们使用手帕的过程中，可以很好地实现广告宣传的功效。

案例分享：带键盘的牛仔裤

有时人们想用不同的姿势来操控电脑，可是键盘和鼠标却不方便放置。尽管无线鼠标和无线键盘的普及已经大大增强了灵活性，可是还是需要摆出一些怪异的姿势来固定键盘和鼠标。不过，有了下面这款设计之后(见图 3-18)，人们就可以更加舒适地使用电脑了。

这其实是一款非常有趣的牛仔裤，它在前裆的位置上融合了一个柔软的键盘，这样就不必担心键盘掉落了；而鼠标则绑在裤子的一侧，可以随手放到裤兜里，需要的时候只要拿出来放在腿上使用即可。

图 3-18　带鼠标和键盘的牛仔裤

3.3.8　信息交合法

案例分享：曲别针的用途

1983 年 7 月，中国创造学会第一届学术讨论会在南宁召开。会上除了国内诸多学者、名流参加外，还请了日本专家村上幸雄与会。村上先生给大家做了精彩的演讲，演讲中，他突然拿出一枚曲别针说："请大家想一想，尽量放开思路来想，曲别针有多少种用途？"与会代表七嘴八舌讨论开了："曲别针可以用来别东西——别相片、别稿纸、别床单、别衣服。"有人想得要奇特一点："可将曲别针磨尖，去钓鱼。"归纳起来，大家说了 20 多种用途。在大家议论的时候，有代表问村上："先生，那你能讲出多少种？"村上故作神秘地一笑，然后伸出三个指头。代表问："30 种？"村上自豪地说："不！300 种！"人们一下子愣住了。村上先生拿出早已准备好的幻灯片，展示了曲别针的诸种用途。

与会代表许国泰，看着村上先生颇为自负的神态，心理泛起了涟漪：在硬件方面，或许我们暂时还赶不上你们，但是，在软件上——在思维能力上，咱们倒可以一试高低！与会期间，他对村上先生说："对曲别针的用途，我能说出 3000 种、30 000 种！"人们惊诧了："这不是吹牛吗？"许国泰登上讲台，在黑板上画出了图，然后他指着图说："村上先生讲的用途可用钩、挂、别、联 4 个字概括，要突破这种格局，就要借助一种新的思维工具——信息标与信息反应场。"他首先把曲别针的若干信息加以排序，如材质、质量、体积、长度、截面、韧性、颜色、弹性、硬度、直边、弧等，这些信息组成了信息标 X 轴。然后，他又把与曲别针相关的人类实践加以排序，如数学、文字、物理、化学、磁、电、音乐、美术等，并将它们也连成信息表 Y 轴。两轴相交并垂直延伸，就组成了"信息反应场"。现在只要我们将两轴各点上的要素依次"相交合"，就会产生出人们意想不到的无数的新信息。比如，将 Y 轴的数学点，与 X 轴上的材质点相交，曲别针可弯成 1、2、3、4、5、6……+、−、×、÷等数字和符号。用来进行四则运算。同理，Y 轴上的文字点与 X 轴上材质、直边、弧等点相交，曲别针可做成英、俄、法等各国字母。再比如，Y 轴上的电与 X 轴上的长度相交，曲别针就可以变成导线、开关、铁绳等……

许国泰构思曲别针用途所采用的方法就是其独创的信息交合法(又称魔球理论)。许国泰认为人的思维活动就是大脑对信息及其联系的输入反映、运行过程和结果表达，一切创造活动都是创造者对自己掌握的信息进行重新认识、联系的组合过程。因此，如果有一种方法能够有助于大量信息的产生和重组，那么这个方法就能有效促进创新。

1. 信息交合法概述

信息交合法就是一种在信息交合中进行创新的思维技巧，即把物体的总体信息分解成两种或两种以上的要素，然后再将这些要素进一步分解成信息因子，把每一种要素及其信息因子以信息标的形式呈现，若干条信息标相交，构成“信息反应场”，每个轴上各点的信息因子可以依次与另一轴上的信息因子交合(或者与其他物体分解出的信息标交合)，从而产生新信息的方法。

2. 信息交合法实施步骤

信息交合法的实施，一般分为四步：

(1) 确定一个中心，即确定原点。比如以杯子为中心。

(2) 列出标线(信息标)，即根据需要将中心对象分解成两个或两个以上的信息因素。如将杯子分成功能、材料、形态结构等三条信息标。

(3) 在信息标上注明信息因子，尽可能地将每一条信息标上的信息因子罗列清楚。因为信息标是一个有方向的矢量，可以将信息因子按照一定的顺序(重要性、等级、时空等)有序地排列在信息标上。

可以继续将信息标上的信息点细化，产生更多的信息，以便产生更多的信息交合。如将形态结构这条信息标上的信息进行细化。

(4) 若干信息标及信息标上的信息点形成信息反应场，信息在信息反应场中交合，引出新信息。比如，将杯把和储存两个信息交合在一起，可以产生开发一种杯把中放置茶包、汤匙等物件的杯子的想法，把纸和观赏交合在一起，可以联想到能否在杯子上加一些有用的信息，比如地图或数学公式，又或者直接将杯子和便笺结合在一起，做一个有记录功能的杯子。可以两个信息交合，也可多个信息交合，比如将玻璃、携带、杯体交合在一起，可以联想到能否开发一种具有玻璃内壁、塑料外壁的既透明、便携又安全、环保的杯子。信息之间可以随意交合，通过交合可以产生大量的信息。交合的结果有时是因人而异的，同一组信息交合产生的结果可以是多样的，其关键就在于通过信息交合使思路连续畅通，不致枯竭。

信息交合可以产生在一个系统内部，也可以将外部信息引入，以便有更多新颖信息的产生。比如将温度引入功能信息标，可以将杯子设计成带有自动测试水温功能的；将方向引入功能信息标，能够联想到带有指南针功能的杯子等。

通过以上四步，人们可以将某些看来似乎是孤立、零散的信息，通过相似、接近、因果、对比等联想手段整合在一起。信息的引入和变换会引出系统的信息组合。只有这种新的组合，才能打破旧习惯，改变旧结构，创造新结构。这是不同信息之间相互渗透、相互制约、互为因果的反应过程，也是对人的潜意识能力的开发。

信息交合法是在系统分解研究对象或问题的基础上将分解所形成的信息因子进行网络式的排列组合，以求创造新事物的一种方法。这种方法有其深刻的认识论基础——联想主义。洛克是联想主义的开拓者，提出了“观念联想”的概念，认为新知识的产生来自于“观念联想”。洛克在其著作《人类理智论》一书中说道：“知识无外是对于任何两个观念之间的联系与符合，或不符合与冲突的知觉。有这种知觉的地方，就有知识；没有这种知觉的地方，就没有知识。”在联想主义的影响下，哈特莱建立了联想主义心理学，他也认为新思想源自不同观念之间的联想。他认为联想有两种：同时性联想和相继性联想。这两种联想对观念的融合非常重要，它既可以组合为复合观念，也可以集结为具有新性质的复杂观念。信息交合法正是希望通过与观念之间的联合创造新事物的一种方法。

与二维的形态分析法相比，多维的信息交合法对非逻辑思维要求更高，是逻辑思维与非逻辑思维共同作用的一种创新方法。列出标线及标注每条标线上的信息因子运用的是逻辑思维，而在信息反应场中运用信息交合产生新事物则需借助一定的非逻辑思维，尤其是要借助想象、联想等方式产生新信息。

【思考练习题】

1. 头脑风暴法训练

头脑风暴法的所有参加者都应具备较高的思维联想积极性。在进行“头脑风暴”(也称思维共振)时，应尽可能提供一个有助于把注意力高度集中于所讨论问题的环境。有时某个人提出的设想，可能正是其他准备发言的人已经思维过的设想。其中一些最有价值的设想，往往是在已提出设想的基础之上，经过“思维共振”的“头脑风暴”，迅速发展起来的设想，以及对两个或多个设想的综合设想。因此，头脑风暴法产生的结果，应当认为是所有参与成员集体创造的成果，是成员组这个宏观智能结构互相感染的总体效应。

(1) 假设您是市政府信息处的工作人员。信息处的重要职责是将关于本市政治、经济、生活等方面的重要信息每日摘要向市领导呈报。下面有两条信息：

信息一，某居民小区原有一个菜市场，在前一阶段的全市拆除违章建筑人行动中被拆除了。市政府一直没有重新给菜市场安排场地。这样，该小区的居民就要到距离小区很远的其他菜市场买菜，给居民尤其是家中仅有老人的居民生活带来极大的不便。居民呼吁市政府尽快解决该问题。

信息二，本市有一家国有企业，常年亏损，开不出工资。本年初新厂长及领导班子上任后，通过完善内部管理，改变经营思路，半年多时间使企业扭亏为盈，成为本市纳税大户。现在这家企业在银行贷款方面遇到了困难，该企业向市政府请求帮助，这笔贷款关系到这家企业的新项目是否能够投产。

由于各种原因，上述两条信息只能报一条给领导。

① 请问，您认为应该将哪一条信息报给市领导？理由是什么？

② 各小组成员发表自己的意见，对于不同的观点进行辩论后得出一个统一的意见。

③ 然后选举一位代表，汇报你们小组的意见，并阐述你们做出这种选择的原因。

(2) 现在发生海难，一艘游艇上有八名游客等待救援，但是现在直升机每次只能够救一个人。游艇已坏，不停漏水。寒冷的冬天，刺骨的海水。游客情况：

① 将军，男，69 岁，身经百战；

② 外科医生，女，41 岁，医术高明，医德高尚；

③ 大学生，男，19 岁，家境贫寒，参加国际奥数比赛获奖；

④ 大学教授，50 岁，正主持一个科学领域的项目研究；

⑤ 运动员，女，23 岁，奥运金牌获得者；

⑥ 经理人，35 岁，擅长管理，曾将一大型企业扭亏为盈；

⑦ 小学校长，53 岁，男，劳动模范，五一奖章获得者；

⑧ 中学教师，女，47 岁，桃李满天下，教学经验丰富。

请将这八名游客按照营救的先后顺序排序。

(2 分钟的阅题时间，16 分钟的小组讨论，2 分钟的总结陈词)

2. 组合型创新方法训练

(1) 请尽可能多地说出你所知道的组合产品和食物。

(2) 如果把办公室里的物品分为两类，写成两栏，每栏各有 6 种物品，请采用掷骰子的方法来确定组合方式，以激发新的创想。

第一栏	第二栏
1. 公文柜	1. 书架
2. 桌子	2. 太阳镜
3. 咖啡杯	3. 电灯
4. 电话	4. 闹钟
5. 地毯	5. 椅子
6. 订书器	6. 电灯开关

(3) 请用任意画线的方法随意组合下列物品。

激光技术	a. 炼钢技术
纳米技术	b. 选矿技术
计算机技术	c. 机械加工技术
通信技术	d. 土木工程技术
基因技术	e. 纺纱技术
太阳能技术	f. 饮食技术

(4) 请用信息交合法设计一款新式的皮包。

(5) 尝试用信息交合法创新咖啡的口味。

(6) 如今，在特定的时间段里，总有些新的概念、新的词汇在社会上变得流行。大约在过去一段时间里，“纳米”就是这样一个几乎无人不在谈论的新名词。以纳米添加剂为附加物，把它填到别的产品里会产生什么效应呢？

(7) 请将手帕与系列词组组合，进行产品设计。

(8) 将皮带分解会有什么意想不到的收获呢？在分解的基础上又可以产生哪些新组合？

(9) 寻找一个熟悉的物品，将其分解看看会发生什么？

3. 联想类比法训练

(1) 请对以下几组词进行联想，尽量想出多种联系来。

A 老鹰——橘子　　B 天山——电话　　C 书架——星星

D 劳动——拖鞋　　E 小刀——键盘　　F 资料——路灯
G 电影——水龙头　　H 苹果——手机　　I 北极熊——太空
J 月球——饮料

(2) 就餐时使用餐巾可以避免洒落的食物污染衣裤，但不能防止污染地面(地毯)。因此，有人曾发明一种胸部装有像手风琴一样折叠式的围嘴。这种围嘴设计新颖，对儿童十分适用，但给大人使用却不美观，看来传统的餐巾不能丢。你能设法改进吗？

4. 缺点列举法训练

请用缺点列举法来设计一种新型的体温计。

提示：

(1) 列出水银体温计的缺点；

(2) 针对所列缺点进行分析，按照功能、安全性、使用、造型四个方面将缺点进行分类，并按照对产品的影响程度进行排序；

(3) 分析水银体温计产生所列缺点的主要原因；

(4) 运用材料替代等方法提出新型体温计的设计思路。

5. 检核表法训练

应用检核表法对现有的普通摄像机进行检核。

提示：

检核表法的第一个检核项目：有无其他用途。

检核表法的第二个检核项目：能否借用。

检核表法的第三个检核项目：能否改变。

检核表法的第四个检核项目：能否扩大。

检核表法的第五个检核项目：能否简化。

检核表法的第六个检核项目：能否替代。

检核表法的第七个检核项目：能否调整。

检核表法的第八个检核项目：能否颠倒。

检核表法的第九个检核项目：能否组合。

第4章 创新产品产业化

异想天开给生活增加了一分不平凡的色彩，这是每一个青年和善感的人所必需的。

——巴乌斯托夫斯基

既然像螃蟹这样的东西，人们都很爱吃，那么蜘蛛也一定有人吃过，只不过后来知道不好吃才不吃了，但是第一个吃螃蟹的人一定是个勇士。

——鲁迅

科学也需要创造，需要幻想，有幻想才能打破传统的束缚，才能发展科学。

——郭沫若

作出重大发明创造的年轻人，大多是敢于向千年不变的戒规、定律挑战的人，他们做出了大师们认为不可能的事情来，让世人大吃一惊。

——费尔马

【本章要点】

- 何为创意产业化？如何突破？
- 何为迈克尔·波特提出的“价值链分析方法”？
- 如何看待知识产权问题？保护途径有哪些？

4.1 创意产业化

案例分享：台北故宫博物院——朕知道了胶带

2013 年，台北故宫博物院一款“朕知道了”纸胶带以其霸气、幽默、集文物知识与时尚趣味于一身的独特气质风靡海峡两岸，引发网友热烈讨论，余热至今不衰。

“朕知道了”是台北故宫首次推出的皇帝朱批纸胶带，为康熙帝御笔朱批真迹印刷而成，共有黄、白、红三款颜色。其点子源于 2006 年时，现任的冯明珠院长曾策划过一个朱批奏折展，其中有康熙朱批的“知道了”三个字，后来又截取康熙在其他朱批中的“朕”字，联合运用到胶带纸上(见图 4-1)。借《甄嬛传》风行的契机，至 2014 年 3 月已售出 139 000 组、共计 2660 万元的惊人成绩。现在到台湾观光的大陆旅客，这款胶带几乎是必买的纪念品。

这款纸胶带在网络的走红，使大众真正开始重视博物馆的文化创意工作，可以说是引领了国内博物馆文创产品的潮流。

图 4-1　朕知道了胶带

台北故宫将康熙的霸气字迹与纸胶带有机地结合在一起，不仅普及了文物知识，而且带来了可观的经济效益。他们的网络商城表示，纸胶带目前有五款，一组 200 元内有三卷，其中以“朕知道了”楷书纸胶带询问度最高。未来还会陆续推出多款纸胶带；而 2013 年 5 月初最先推出的“乾隆御览之宝纸胶带”也很受欢迎，不到月底 1000 多份就销售一空。

当今世界，创意产业已经由理念逐渐演变成具有自主知识产权的高附加值产业，隐藏着巨大的经济效益。近年来，我国也逐渐认识到文化创意产业发展的重要性，并将创意产业发展提升到区域快速发展的战略层面。但是，我国创意产业仍处于市场尚不成熟、需求尚不稳定、产业链尚不完整的时期，文化创意产业价值链仍处于割裂状态，主要环节增值能力不足，各环节联动协作能力不够，相关配套产业体系不完善，需构建产业链各环节的衔接机制，整合优化产业价值链。

4.1.1　创意产业化

1. 创意产业化概述

1998 年英国创意产业特别工作小组在《英国产业专题报告》中首次对创意产业进行了定义，定义为：“源于个人创造性、技能与才干，通过开发和运用知识产权，具有创造财富和增加就业潜力的产业。”厉无畏在《创意产业导论》中，提出“文化产业的内涵的关键是强调创意和创新，从广义上讲，凡是由创意推动的产业均属于创意产业，通常我们把以创意为核心增长要素的产业或缺少创意就无法生存的相关产业称为创意产业”。

纵观国内外学者对创意产业的定义，均强调创意产业的创新性、文化性及高科技性等。基于价值链理论，将创意产业定义为：以内容为核心，人才为依托，产品为载体，各节点企业、关联环节围绕原创企业相互协作完成创意价值创造、传递及增值的过程，从而形成网状产业价值链的有机结合体。因此，创意产业价值链分析对创意产业发展尤为重要。

2. 创意产业价值链分析

迈克尔•波特提出的“价值链分析方法”中指出：“每一个企业都是用来进行设计、生产、营销、交货等过程对产品起辅助作用的各种相互分离的活动的集合”，即单个企业由特定方式的五种基本活动和四种辅助活动构成，基本活动包括内部活动、生产经营、外部后勤、市场和销售；辅助活动包括采购、技术开发、人力资源管理、企业基础设施。波特的价值链分析同样适用于文化创意产业，文化创意产业价值链管理主要研究的是各创意主体围绕原创知识对价值链各环节的运作，使得相关价值活动环节无缝整合，进而实现价值增值的目标。

1) 创意产业价值链主要环节

创意价值链是产业发展的生产经营链，即通过创意的开发、生产制造，以产品及服务为载体，利用市场营销和渠道销售进入消费环节，消费者直接进行消费体验，或者进入衍生创意产品市场进行消费交易。创意产品由内容创意—生产制造—营销推广—传播分销—消费交换的路径形成过程中，完成了创意产品价值创造—价值开发—价值捕捉—价值挖掘—价值实现—价值增值整个价值传递过程。

2) 创意产业价值链运作支持条件

(1) 文化支持

内容创意强调创意产业文化性，即创意产业以一定的文化为产业支撑。2009 年《文化产业振兴规划》中将“文化创意”作为文化产业发展重点之一，首次明确“文化创意”归属于文化产业，因此创意产业具有文化产业最基本的文化特征。

创意产品是文化内容的载体，不仅具有商业价值，还具有知识、观念价值，即为产品和服务注入新的文化要素，为消费者提供与众不同的新体验，提高产品与服务的观念价值。

(2) 技术支持

创意产业是以高科技手段为支撑条件的产业，是创意、人才与技术相互融合的产物。目前对创意产业开发主要表现在技术内容的创新，体现在信息技术及网络技术在制造环节及分销环节的渗透带动作用，将高科技融入消费体验过程，增加创意产品科技含量及服务水平，从而吸引消费者。

(3) 资金支持

资金是支持创意产业发展的基础条件，同时也成为创意产业发展的制约性因素。创意产业处在发展初期，投资收益不确定性较强，创意企业中小企业居多，抗风险能力较弱，融资渠道狭窄，难度较大，亟须完善创意产业投融资机制。

(4) 产业支持

创意产业与相关产业具有较强的多向关联性，即创意产业与前向产业及后向产业间投入和产出联系密切。创意产业是对同类别行业运作过程中产生的知识、技能及经验等的运用，同时，作为处在价值链高端的产业，为下游产品制造行业及产业等提供中间创意元素的投入，而制造产业正是创意思想得以物化的经济载体。因此，创意产业的发展需要相关产业的支持。

3) 创意产业价值链运作模式

创意产业价值链运作模式是在基本价值链条的构建基础上，对价值增值核心环节的挖掘，进而对价值链进行延伸及整合，完善价值链衔接机制，优化价值实现路径，形成产业良性循环。

4) 创意产业价值核心增值环节

创意产业不是自给自足的生产系统，而是与其他经济及文化领域互动融合的，其作用结果就是以创意价值链系统为中心，使创意价值不断向系统外围拓展，对经济及社会带来有形和无形的价值。创意价值链价值拓展是创意在产业化的进程中，不断向实体产业和城市发展进行拓展的过程，包括创意产业化、产业创意化和城市创意化三个方面。

(1) 创意产业化

创意产业化，即以创意价值链为基础，通过市场机制促进文化、技术、经济三大系统的融合，在创意产业生产系统中产生直接经济价值。显然，创意产业化是以创意价值链为基础的产业自我拓展。厉无畏等(2007)认为，商品价值由功能价值和观念价值两个部分组成。功能价值由科技创造而成，是商品的物质基础；观念价值因创意渗透而生，是附加的文化观念。随着经济发展和收入水平的不断提高，促进商品价值增值的基本趋势是沿着功能价值到观念价值的路径展开，从而推进创意的产业化过程。

(2) 产业创意化

产业创意化，即在实体产业的产品和服务中融入创意元素，使创意产业成为各种企业附加价值的一环(王志成等，2007)。胡晓鹏(2006)认为，创意资本可以划分为消费型创意资本和生产型创意资本。消费型创意资本通过服务内容提供消费创意，生产型创意资本主要通过产品设计、盈利模式的创新进行工艺创意和商业创意。创意产业通过产业关联对实体产业产生改造和提升作用，促进生产要素的重新组合，这体现为创意价值链在产业层面拓展。

(3) 城市创意化

城市创意化，即城市以创意产业为主导来促进城市的全面繁荣和可持续发展。事实上，创意产业与城市发展是一种互动耦合关系，创意产业通过重塑城市产业结构、提升城市形象，从而拉动城市就业和引致城市治理结构全面创新等，促进城市发展(刘友金等，2009)。因此，在创意经济时代，一些具备条件的城市，以推进创意产业发展为目标，构建创意城市或实施城市创意化战略，成为城市发展的一个重要的新思路，这也是创意价值链系统向空间拓展的重要价值增值方式。

总的来说，创意产业化是以创意价值链为基础的产业自我拓展，它是创意价值链价值拓展的核心；产业创意化是创意价值链在产业层面拓展，它反映创意产业对其他实体产业的渗透与对整个经济系统的影响；城市创意化是创意价值链的空间拓展，它反映的是创意产业对区域经济乃至整个经济社会的全方位拉动作用。创意产业化、产业创意化及城市创意化三者是相互联系、层层深化、梯度推进的。

核心增值环节包括：

(1) 内容创意

内容创意处在价值链前端，是整个产业的关键环节，同时是整个产业运作的核心环节。创意产业强调“内容为王”，利用个人智慧和创造力对文化、信息进行深度挖掘，形成创意理念，进而对理念内容的独创性进行开发，形成知识运作机制，保证创意产品的原创性，满足消费者的个性需求。

(2) 创意人才

创意产业以创新和创造力为核心，而创新和创造力很大程度上取决于人才，因此创意人才是创意开发、创意活动的关键生产因素。以产业链为依据，创意人才主要包括产业前端的文化创意提供者，如设计师、艺术家等；生产环节的技术开发、营销推广人才以及产业推广环节经营管理人才等。

(3) 渠道营销

传播推广是创意产业价值链关键环节，是促成消费交换，实现创意价值的重要环节。应利用网络技术及通信技术，综合市场推广渠道，托媒体中介丰富创意产品及服务形式，形成产品多元化经营，实现创意产品价值向消费者延伸。

(4) 版权贸易

创意实质就是知识，创意产业是具有自主知识产权的高附加值产业，版权构成了文化创意产业的核心部分。版权贸易处于文化创意产业价值链的末端环节，是构成文化创意产业价值链的关键环节。版权贸易的前提在于对知识产权的保护，要发展版权贸易，就要加强版权保护，建设版权登记、认定的平台以及要营造版权机构进行展示、交流和交易的环境。

5) 创意价值链与企业价值链的区别

波特指出，每一个企业的价值链都是由独特方式连接在一起的九种创造价值的基本活动构成，各种价值活动集成的程度对竞争优势起着关键作用。任何企业的价值链都存在于价值系统中，这个系统由供应商、制造商、分销商和消费者的价值活动连接而成。自波特提出企业价值链概念之后，国内外许多学者对企业价值链管理理论进行了深入研究，价值链分析方法在企业管理实践中得到了广泛应用，尤其是在成本管理、供应链管理以及价值工程等方面，进而提出了供应链、生产链、商品链、全球价值链、价值链网络等概念。

将波特的企业价值链管理思想拓展应用于从创意源到创意成果产业化的全过程，着眼于创意如何转化增值，涉及大学、研发机构、文化机构、投资机构、设计中心及企业等一系列创意主体的价值增值活动。创意价值链与企业价值链概念有着共同的理论基础——价值链管理理论。

创意价值链(CVC)与波特的企业价值链又有着重要的区别：

(1) 研究的范围不同

前者是指从创意源到创意成果大规模产业化的全过程，包括企业、研发机构、大学、政府、投资机构、推广机构、中介机构等若干创意主体，涉及创意产品的上、中、下游全过程；后者是指企业产品的设计、生产和营销全过程，是以中、下游企业生产营销运作管理为主要研究范围。

(2) 研究的重点不同

前者研究的重点是创意如何在不同创意主体之间转移、流动、转化、增值，并最终实现产业化，关注的是创意如何在流动与转化中增值，使创意成果尽快进入市场，获取超额利润；后者研究的重点是如何有效地组织和利用中、下游企业内外部资源，降低成本，提高效率。

(3) 创造价值的来源指向不同

前者创造价值的来源，专指创意成果的生成、转移与开发利用；后者创造价值的来源，指如何组织好中、下游企业的各种价值活动，更有效率地生产和销售现有的产品。

3. 创意产业的特征

创意产业具有五大特征：一是创意产业人员主要是知识型劳动者，强调个人参与和才智发展，拥有能激发出创意灵感的设计高手和特殊专才；二是创意产业是低消耗、高附加价值产业，主要依靠创意人才的智慧，获得较多的经济效益；三是创意产品是文化与技术相互交融、集成创新的产物，呈现出智能化、特色化、个性化、艺术化的特点；四是强调信息技术的应用与创新，传统文化业的发展缺少信息服务技术的强力支持，致使其创新发展受阻，而文化创意产业则把与文化有关的设计和软件业等纳入其范畴，突出了信息服务技术在文化创意产业中的地位和作用；五是产业组织呈现集群化、网络化，企业组织呈现小型化、扁平化、个体化、灵活化的特点。

4. 基于创意价值链的创意产业组织模式

产业组织是产业内企业间关系构成的统称，产业组织模式是产业内企业间关系构成的具体方式。对于创意产业来说，企业与企业间主要存在两方面的关系：一是企业间的市场关系，包括企业间的竞争关系、垄断关系、博弈关系等；二是企业间在生产经营方面的分工与合作关系。在创意产业内众多企业的生产经营活动中，这两方面的关系是同时存在的，而且就某方面的关系来说，不同企业群体间关系的构成方式也不同。因此，在一个特定的时期内，产业组织模式是多元化的。下面，将沿着创意价值链，从创意企业间的分工与合作关系入手分析创意产业组织模式。

产业组织形式是一个复杂和动态的经济现象，从本质上说，都是基于价值链上分工的结果。最早的产业组织形式产生于原始社会的部落中，人类基于生存的需要产生了社会分工，随着生产范围的不断扩大，生产种类不断增加，继而出现了三次社会大分工，其价值链得到了不断地扩张，人类生存状态和质量得到了不断提高。“创意”作为人类的特有活动，自从人类诞生开始就已经存在，从历史的角度来考察创意价值链，创意产业的组织形式可以归纳为分散的个体生产、简单的集体生产和集中的社会生产。

1) 分散的个体生产

它是指以个人为单位从事创作和生产。例如画家、作家、雕塑家等，他们通常在个人工作室里进行创作，一般不从属于某个固定的经济实体，而大多数是自由职业者身份。在这种组织形式中，基本上不存在分工，生产的主体是单个的人。在分散的个体生产中，技术的作用不甚明显，而更多地依靠艺术家的文化沉淀和天才构思。同时，创意和生产常常是融为一体的。也就是说，创意的过程就是生产的过程，而生产的过程也就是创意的过程。需要强调的是，这里所说的“分散”并不是指地理意义上的分散，画家的工作室可以彼此相邻，但是他们创作的内容却是彼此独立的。“分散”更多指的是这种组织方式在整个创意价值链中处于松散、孤立的状态。分散的个体生产所创造出来的产品，只是完成了创意和生产过程，与流通和销售环节的联系往往不是很紧密，这从一个侧面也说明了创意产业的个体生产与传统生产的一个本质区别：艺术家不一定是追求利益最大化，而是追求艺术至上。

2) 简单的集体生产

它是指设计、音乐制作、舞蹈、广告等创作生产是以小团体为单位进行的。在这种组织形式中，存在简单的内部分工，对技术也有一定的要求。从创意的产生到创意产品的生产需要团体内部的多方协作共同完成，创意活动的市场针对性也明显强于分散的个体生产。从这种组织形式中生产出来的最终产品是集体智慧的结晶，它包含了不同个人的许多专业领域。正如阿伦•斯科特所说的那样，哪怕是在创意产业中占据工作阶梯最高一级的明星，也在相当程度上是创意产业集体协作的内在表达。值得指出的是，每一个创意产业的创作团体都代表了一种独特而复杂的情况，其中，一方面是创意的独特性，另一方面是惯例或制度约束。只有在创意的迸发与惯例制度约束的共同作用下，创意价值链系统内部各组织节点之间才能形成既泾渭分明又融会贯通的局面。

3) 集中的社会生产

指影视制作、戏剧、广播、新闻出版、网络游戏等以大型集团公司出现的组织形式。在集中的社会生产组织形式中，创意价值链上的分工进一步深化、细化，对技术和文化的要求也越来越高，需要艺术家、创意设计家和企业家等众多专业人士的共同协作。这种大型企业集团包括整个创意价值链系统，具有强烈的市场嗅觉，以利益最大化为首要目标。在这一组织形式中，集团内部的员工几乎总是组成复杂的网络，这种严密的、精心设计的企业内部网络把各类创意主体连接在一起，创意产品的生产正是在这种网络中完成的(厉无畏，2006)。创意产业之所以采用集中的社会生产组织形式，最根本目的就是通过提高创意活动的效率来获取最大的经济效益，或是试图通过大规模生产来获取规模经济，或是通过不断的产品细分与专业化分工来摆脱竞争的威胁。

上述三种创意产业的产业组织形式只是基于创意价值链分工上的粗略归纳，事实上，不同的产业组织形式之间的界限是很模糊的，介于彼此之间的中间产业组织形式也是多种多样的，然而，在实践中，各种形式的产业组织在与社会经济系统耦合演进中会形成具有典型特征的组织模式。

在全球价值链分工的背景下，现代经济竞争越来越表现为价值链高端的竞争，谁能占据价值链的高端，谁就会取得竞争中的主动权。而创意产业正是处于价值链高端的产业，因此，下一轮经济竞争的焦点将是创意产业的竞争，创意产业化、产业创意化、城市创意化将成为一种新型的竞争策略。以创意价值链为基础的创意产业组织模式分析，为指导各地区创意产业的发展提供了重要启示：从创意价值链系统的扩张与价值增值角度看，应该以创意产业化为核心，以产业创意化为手段，以城市创意化为目标来构建区域创新系统。对于我国来讲，创意产业发展还刚刚起步，而且各地区发展不平衡，这就要求我们对于一些中等城市，工作的重点是创意产业化和产业创意化，而对于一些大城市，如北京、上海等，则重点是实施城市创意化战略。

4.1.2 创意性产品的孵化

1. 创意性产品的生产机制

1) 创意性产品的特点

创意性产品的特点包括创意的创新性、创意构想、文化艺术的形态。创新性是创意性产品的立身之本；创意构想是创意性产品的价值；文化艺术的形态在于内容的生产和文化的赋予，创意性产品是文化与技术相互交融、集成创新的产物，呈现出特色化、个性化、艺术化的特点。

2) 企业创新机制

企业创新机制包括：制度创新、技术创新、组织创新。

制度创新，就是指随着生产力的发展，要不断对企业制度进行变革，因而通常也可以称之为企业制度再造。制度创新是把技术创新和组织创新活动制度化、规范化，同时又具有引导思维创新、技术创新和组织创新的功效；组织创新是通过调整优化管理要素人、财、物、时间、信息等资源的配置结构，提高现有管理要素的效能来实现的。比如新的产权制、新的用工制、新的管理机制，公司兼并和战略重组，对公司重要人员实行聘任制和选举制，企业人员的调整与分流等等。技术创新，指生产技术的创新，包括开发新技术，或者将已有的技术进行应用创新。

3) 制度机制

制度机制包括：投入保障机制、人才机制、创新监督机制。

(1) 投入保障机制着重于对员工进行资金和实物奖励，以鼓励创新行为的产生。

(2) 人才机制着重于人才的培训机制、人才引进机制、员工晋升机制、员工参与机制等。通过对公司内外部人力资源的激励，来激发内部创新行为的产生和外部创新行为的介入。

(3) 公司创新监督机制着重于建立公司整体的创新监督体系，为创新行为的实施设立监督指标，具体表现为创新作品的数量和质量，以及不能够完成创新行为的惩罚机制。从而可实现公司人力资本的进化，优化公司的资源配置。

4) 组织机制

(1) 通过高效的培训体制，对公司内部人员进行专业和创新能力方面的训练。

(2) 通过合理的、具有竞争力的酬薪与福利体系，来吸引公司外部的优秀创新人才加盟。

(3) 人力资本的创新能力有赖于公司制度机制的创新。

(4) 对于人力资本的培养和引进主要依赖于公司的制度建设，而激励制度的核心落脚点就在于补偿机制的建设，补偿机制包括了对于员工的培训体制和员工的薪酬福利体系。

这一切都有赖于对公司制度建设的创新，只有通过创新思维，合理安排和妥善处理员工之间、员工与公司之间的关系，建立起一套能够激励人、吸引人的公司制度，才能吸引许多高素质的人才加盟公司，从而提高公司员工的创新素质和能力。

5) 技术机制

技术机制就是在创意性产品生产的各个环节进行创新广告创意与制作。以每个环节为单位，分层分部设立创新保障机制，同时建立跨部门的创新保障机制，以达到部门之间相互配合和监督的作用。以广告公司为例，其广告创意与制作环节可以仿效公司整体的制度机制。

(1) 设立人才创新生产机制，定期举行公司部门培训，保障人员自身结构的合理更新。

(2) 设立部门奖惩制度，保证对创新行为的奖励，以及对不能完成创新的员工进行惩罚。

(3) 设立监督指标机制，对创新行为的实践进行量化的衡量，并与奖惩制度相联系，保障创新行为的质和量。

(4) 设立作品的审核制度，对作品的创新程度进行评估，并结合奖惩制度，保证广告作品的创新性等。

2. 创业新手如何将创意变成产品

准备要将创意变成真实世界中的产品，首先是制造原型。在与制造商进行合作中的技巧是非常关键的。

1) 创业新手的沟通准备

在你拿起电话之前，你要确保自己知道，并且能够尽可能详尽地向对方解释你到底想要什么。你还要在整个沟通的过程中对自己进行教育，确保你能够理解电话那一头的人在说些什么。虚拟产品原型与实体产品原型并不相同，但是有些制造商却试图让你相信虚拟原型与实体原型没有区别。你需要了解制造商所说的各种术语，这样才能够得到你想要的。

2) 创业新手的谈判

让制造商展示自己过往的产品，确定他们以前生产过什么以及为哪些企业负责过生产，确保他们的经验和能力能够满足你的要求。例如，起火报警器虽然不是什么复杂的产品，但是其内部也有着一些复杂的结构。很多模型店都能够轻易做出起火报警器的外壳，但是他们却无法生产内部的电子元件或是不知道内部元件如何与外壳相适应。另外，你还要找到一个与你有着相同风格的设计人员。假如你要生产一个仿古风格的品牌，一个现代风格的设计师将很难让你感到满意。

3) 确认制造商能力

你可以先看看他们的介绍，然后给他们以前的客户拨打电话，询问该制造商的制造水平以及他们是否能够按时交付工作。还可以在网络上对制造商进行查询，看看他们从事这个工作多长时间了，看看他们最近是否被新闻曝光过，以及其他人对这家制造商的口碑如何。但是有一点需要注意的是，网络信息只能作为参考，因为你无法确定这些信息的来源。最后，你要听从你的直觉：

当我们与他人进行互动的时候，我们内心都会有一个感受，你内心感觉如何，是好还是坏，这也是一个重要的变量。

4) 在原型制造时间和成本方面的预期

与制造商交易的具体进程很难确定，因为它受到多种因素的影响，你的准备程度也会影响到产品原型的制造时间和成本。产品原型制造商通常会根据工作时间或是项目设定收费标准。越复杂的产品所需要的时间越长，其生产费用也越高。不断与生产商进行沟通，告诉他们你的需要有助于节省时间和预算，因为你为他们提供了所有进行设计和生产的信息。另外，你的准备程度也会极大地影响到产品原型的设计和生产速度。

4.1.3 创意产业的具体运用

1. 创意性在产品中的应用

(1) 即可吃又可玩的瓶子

这款由玩具设计师 SKET-ONE 设计的瓶子(见图 4-2)，外形的可爱程度绝对“秒杀”小孩子，既能吃又能玩，还能摆在桌上做装饰，一举多得！

图 4-2　即可吃又可玩的瓶子

(2) 猪鼻子插座

喜欢吃鸡腿的人一定都幻想过要是小鸡们浑身都长满腿该有多好啊……这一梦想不知道在未来是否可以实现，不过 Art. Lebedev Studio 公司设计了一只布满猪鼻子的小猪插座，三维空间的利用使得充电器再也不会拥挤不堪，造型也相当时尚呢(见图 4-3)。

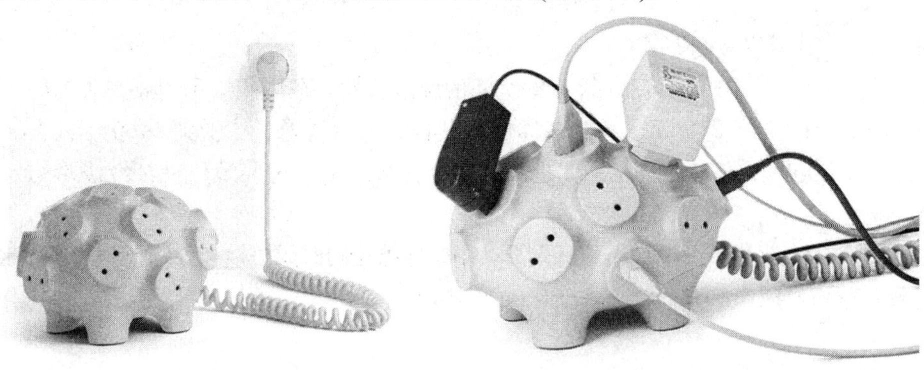

图 4-3　即可吃又可玩的瓶子

(3) 猪鼻子存钱罐：Pyggy Bank

我们知道存钱罐往往都喜欢用小猪做造型，原因不得而知，也许因为猪的吞吐量比较大？设计师仅仅是在瓶体上多挖出一条投币口，瞧瞧这造型像什么(见图 4-4)。

图 4-4　猪鼻子存钱罐：Pyggy Bank

(4) 内置紫外线杀菌的水瓶：Pure water bottle

这是一名英国学生设计的高科技玩意，有了它，外出时再也不用自带饮用水了，只需带着这个名叫 Pure 的水瓶，在湖泊、池塘，甚至下水沟里盛上一杯，便可以饮用。

我们来看看 Pure 的原理(见图 4-5)，构造上类似我们平时用的气筒，分为内外两个容器，先用外面那个装水，然后插入内容器，以潇洒打气状向下做活塞运动，由于内壁采用了孔径只有 4 微米的微膜技术，那些污垢杂质什么的大分子被过滤掉，接着摇动顶部的手柄，会启动紫外线灭菌，大约 90 秒后一杯清澈甘甜的水便呈现在你眼前，据说可以杀灭 99.9%的细菌。

此项发明在 James Dyson Award 上获奖，并且很有可能量产。

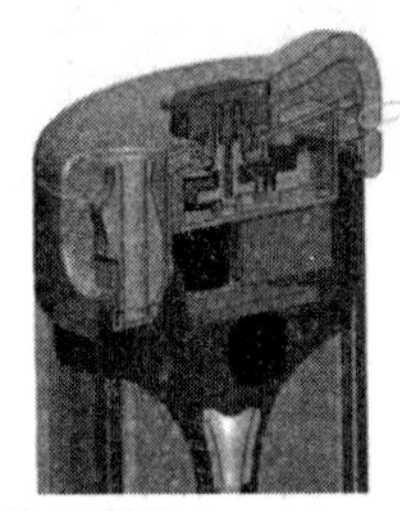

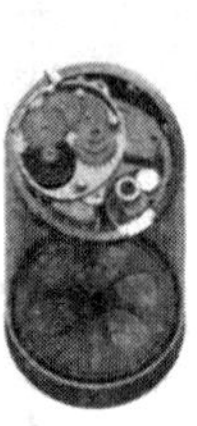

图 4-5　Pure 水瓶结构图

(5) Curv 一物两用多变家具

Curv 是 21 世纪环境应用友好的节省空间的解决方案，在现代居所价格昂贵，居所面积日益减少的情况下，对节省空间、功能多样性家具的需求日益增长。受到 1960 年太空时代家具设计的启发，Curv 系列家具的设计就是满足当今社会需求，适应现代社会经济形势发展的家具类型。

Curv 系列家具提供一套两用的设计理念，当横向放置的时候可以当作桌子使用；如果需要凳子的时候，就可以纵向放置，一物两变化(见图 4-6)。

图 4-6 Curv 系列家具

2. 创意性营销策划

《喜羊羊与灰太狼》从电视动画片的热播到年度贺岁“电影动画大片”，成了中国原创动画片探索市场成功之路的“领头羊”，也为从受众的角度重视传播者的传播策略，树立“受众为本”的传播理念，探索动画产业真正从“以产定销”走向“以销定产”的道路，提供了一个很好的参考例子。

1) 受众定位策略与传播范围的最大化

(1) 受众定位

《喜羊羊与灰太狼》针对低幼观众，将受众定位为 3～6 岁的儿童。该片摒弃了纷繁的故事逻辑和人物关系，以羊和狼的争斗为主线，主题十分单纯，就是正义战胜邪恶。

《喜羊羊与灰太狼》以内容带动营销，努力把影视作品以及作品中的卡通形象、服装、道具乃至影视的名字，都转化为商品的品牌。《喜羊羊与灰太狼》陆续在全国 40 多个城市电视台热播，最高收视率曾达到 17.3%，大大超过了同时段播出的境外动画片，成为家喻户晓的动漫品牌。

(2) 开发利用潜在受众群，力争传播范围的最大化

潜在受众群是一个巨大的经济资源，开发利用这个资源的程度，在物质生产层面决定着影视动画产业的兴衰与发展。

2) 整合营销传播策略

整合营销传播策略强调企业从受众的角度策划全部营销过程，综合协调地使用各种形式的传播方式，为受众和企业带来最大利益。

《喜羊羊与灰太狼》厂商运用了整合营销传播策略，电视版或电影版都只是整个动漫产业链中的一个环节，是产品终端之一。其最终目的是以影视为依托，最终衍生出一个庞大的企业王国。

(1) 厂商资源的整合

北京优扬传媒是电影《喜羊羊与灰太狼之牛气冲天》的第三家出品方，它买断了全国几乎所有少儿动画频道的广告代理权，使得电影《喜羊羊与灰太狼之牛气冲天》预告广告得以在全国少儿动画频道大面积投放；电影《喜羊羊与灰太狼之牛气冲天》的发行史无前例地交由三家发行公司进行，三家公司的发行“竞赛”使得各地区票房竞相攀升，这都是整合营销的效应。

(2) 媒介资源的整合

首先是以市场为导向，走“以销定产”的道路，生产销售与影视形象相关的衍生产品。在角色、剧本、故事的构思之初，就引入营销和市场概念，刻意将所有角色的线条都做得非常简单，色彩鲜艳，使他们的形象可爱，令人一眼能分辨出不同角色，以便于生产各种衍生产品。接着利用电视的高收视率吸引众多衍生品生产商，扩大衍生产品授权所占的利润比例，带动周边产业，并推动动画作品的可持续发展和二次传播。

(3) 多元化的资源补偿方式

《喜羊羊与灰太狼》的成功有赖于出品方各个环节的营销策划，在明星邀请、广告投放、活动开展、市场布局等方面都力求精细。

要让中国原创动画片真正走出失语状态，需要内容和营销的双赢。但从另外一个角度看，也预示着在资源日益丰富、市场日益细分化、竞争日趋激烈的背景下，动画片的传播策略将从内容为王的时代向营销制胜的时代转型。

4.2 知识产权保护

创意产业的核心是灵感、创意。当创意被盗版、抄袭，企业就可能瞬间被扼杀，譬如目前国内音乐产业凋零的主因就是互联网版权保护制度缺失。不解决知识产权问题，创意设计产业不可能发展壮大。

1. 知识产权概述

知识产权，指“权利人对其所创作的智力劳动成果所享有的专有权利”，一般只在有限时间内有效。各种智力创造比如发明、文学和艺术作品，以及在商业中使用的标志、名称、图像以及外观设计，都可被认为是某一个人或组织所拥有的知识产权。创意产业知识产权是指对文化创意的智力劳动成果所享有的占有、使用、处分和收益的权利，是获得法律保护的知识资产。

创意产业的产品创造成本高、投入大，但易复制、复制成本低，在网络传播技术飞速发展条件下，这个特征就更加显著。这一特性使得创意产业成为很容易受到侵权伤害的产业，没有知识产权保护，创意主体的合法权益就得不到保障。没有收益，创意主体也就不会有创意动力，没有创意，也就不会有文化创意产业。

总体而言，我国创意产业急需加强知识产权保护，完善知识产权相关法律，提高知识产权保护水平，减少知识产权侵权事件的发生。

如何减少知识产权市场交易过程中的各类纠纷，特别是强化对新创作的创意产品和服务的有效保护，保障高质量、高层次的创意产品和服务进入市场流通，是最为关键的。

创业产业知识产权根据自身的产品特点，分别以著作权、商标专用权、专利权或商业秘密及全面知识产权管理的方式进行有效的知识产权保护。具体包括并不限于：打造自身品牌并申报商标注册，基于品牌创新的创意企业尤其要有企业商标战略策划与管理。开发符合市场需要的创意产品，积极申请专利，实施适合自己企业特点的专利战略。实用艺术礼品的外观设计专利保护、动漫产品、工艺礼品也可以主动进行著作权登记。增加知识产权管理的意识，建立知识产权管理部门。与创新型人才签订合理的劳动合同，尤其要避免企业员工离职后泄露文化企业核心商业秘密，给企业造成致命损害。

2. 创意产业的知识产权战略决策分析

1) 知识产权投资战略

知识产权投资战略的目标是在更大程度、更广层面上实现知识产权的间接价值、主动价值和动态价值，从而最终实现企业价值最大化。

2) 企业主动管理战略

创意产业的知识产权投资战略首先需要企业管理层的有效沟通和合作。一般情况下，知识产权管理部门对于知识产权的科技文化属性相对更为了解，但对于其经济属性和市场层面的了解不够，这在一定程度上阻碍了实现知识产权价值的空间。因此，知识产权管理部门需要长期有效地同企业 CEO 以及财务管理、产品营销等部门进行沟通，从知识产权的开发、投入生产、产品营销，到衍生交易以及知识产权的对外投资进行配合，平衡畅通的管理有助于实现知识产权的可持续价值。

3) 知识产权许可战略

在诸多知识产权战略中，知识产权许可战略是至关重要的一项，它包括对外许可知识产权使用和获取其他企业的知识产权许可使用权两个不同的方向。

(1) 对外许可知识产权使用

企业的知识产权战略包括输赢战略和双赢战略。前者是知识产权所有者在一定时间内控制知识产权的使用，垄断知识产权的市场收益，独自获取相关价值；后者则是企业主动将知识产权许可其他企业使用，甚至提供相关技术和人员帮助其他企业使用知识产权，从中获取价值。从表面上看，双赢战略是知识产权的所有者将知识产权的价值转移给了其他企业，但是从长远来看，它实际上是视野更为广阔的公司战略：公司最有价值的知识产权资产得到了更充分有效的利用，因为竞争者即使没有获得该项知识产权的许可，同样也会在一段时间后发现或发明相关的知识产权，找到类似的解决方案，这样，该知识产权的价值就会毫无疑问地大打折扣。IBM、微软等众多文化创意企业正是从知识产权双赢战略中谋取巨额利润的。因此，知识产权作为文化创意产业最有价值的资产，应当采取双赢战略，互惠互利，从长远的视角和更为广阔的视野实现企业价值的创造。

(2) 获取知识产权许可使用权

和对外许可使用知识产权的方向相反，获取其他企业的知识产权许可使用权，是企业依靠知识产权创造价值的捷径，通过“借鸡生蛋”，企业需要支付相关的许可费用，通过估算知识产权的未来收益和支付的许可费用，企业可以决策是采取外来知识产权许可策略，还是自行研发知识产权。很多时候，前者更为快捷有效。

4) 知识产权衍生交易战略

创意产业的知识产权具有的文化特征，使得产品的市场辐射力较强，产品中包含的文化艺术、价值观念使得知识产权在相关的消费领域和消费层次里辐射和增值。同时，由于文化创意产业的产业关联度较广，渗透性较强，发展文化创意产业可以形成多层次的多元赢利模式，知识产权的价值也能在衍生交易中获得较大提升。迪士尼公司是衍生交易领域的典范，据统计，其营业收入主要包括动画制作、主题公园和衍生交易。其中，衍生交易的收入大致占其总营业收入的40%，主要包括各种卡通形象的知识产权交易，涉及图书、杂志、玩具、礼品、家具、文具等，迪士尼公司从批发和零售商品的销售定价中提取固定比例的使用费。可见，成功的知识产权衍生交易可以给文化创意企业带来丰富的价值。

5) 知识产权融资战略

在文化创意产业目前的发展中，对于企业而言，一个重要的瓶颈是融资难。文化创意企业中很多企业都处于初创期，资金问题限制了企业的发展，在向金融机构融资的过程中，涉及资产的抵押问题，而这些企业通常没有太多的有形资产可以抵押，如银行所青睐的不动产。因此，针对这些企业，金融机构也逐渐拓展了无形资产如知识产权的质押融资业务，如著作权质押，可以让金融和文化创意产业进行对接。

但是，基于文化创意产业的高风险性、知识产权价值的不确定性和变现能力弱的特征，金融机构在知识产权质押融资业务中相对比较谨慎和保守，在知识产权质押融资战略中需要提出一些应对策略。

(1) 发掘知识产权质押融资优势

文化创意企业首先需要正确认识知识产权的价值现状和价值潜力，发掘知识产权在质押融资中的优势，如定位具有法律状况良好、市场需求充分、预期现金流稳定、市场风险较低、变现能力较强等特征的知识产权，委托相关资产评估机构对知识产权的价值进行客观估算，增强金融机构对知识产权质押融资的信心。

金融机构发放贷款时，一方面关注抵押资产的价值；另一方面，更为关注的是企业的还款能力。因此，对于知识产权的价值评估，应当是结合文化创意企业本身价值的判断，对知识产权的质押价值提供辅助参考。

(2) 组合知识产权质押融资策略

由于企业单项知识产权存在一定的风险不可预知性，通过知识产权的组合融资，将文化创意企业所拥有的多项知识产权进行组合，打包成一个质押资产包，相对来说，风险会得到控制和减弱。如图书出版企业，可以将企业所持有的多项图书著作权组合质押，在此基础上整体预测著作权组合的未来收益前景，判断其融资价值。组合质押贷款有效地降低了融资风险，无论从企业角度，还是从金融机构角度，都是双赢的选择。

在准入和退出机制方面，要建立和完善质量认证体系，完善相关登记和年检制度，最大限度地减少不合格的创意产品和服务进入市场，同时建立和完善文化市场综合执法机构，理顺和健全互联网管理体制。

知识产权行政部门应当尽快完善行政执法体制，加强知识产权日常管理工作，建立健全知识产权监控系统，联合专门知识产权机构和广大的社会力量打击知识产权侵权行为。

目前，我国创意产业的大部分企业，还未建立自己的知识产权管理部门或者知识产权岗位，知识产权的管理水平还有待提高。文化创意企业应结合文化创意产业集聚区的区域优势，结成知识产权同盟，联合加强知识产权的利用和防御。

此外，社会公众的知识产权保护意识还较弱，侵权行为很普遍。因此，还应该加大对知识产权的宣传和教育，在社会上营造良好的知识产权氛围。同时，加强知识产权人才的培养，提高全社会的知识产权利用与服务水平。

企业对于知识产权的管理应该突破传统的被动管理方式，延伸到知识产权的积极主动管理，首先，拓展知识产权的价值内涵，关注并实现知识产权的间接价值、主动价值以及动态价值。其次，在对创意产业的知识产权价值管理中，需要建立以知识产权价值评估为基础的价值管理体系，包括价值判断、价值维护和价值创造。在对知识产权的价值评估方法中，可以结合传统的现金流折现思路和期权定价思路，以真实体现知识产权的主动管理的动态价值。最后，在价值管理思路的基础上，企业应当积极运用知识产权实现投融资价值，通过知识产权主动管理战略、知识产权许可战略以及衍生交易战略，积极为企业创造投资价值；通过挖掘知识产权融资优势，实施组合知识产权质押融资策略，为企业创造融资价值。通过知识产权价值管理和战略决策，从根本上实现长远推动文化创意企业增值和文化创意产业发展的战略目标。

案例分享：“米老鼠”与美国版权产业

1928 年，美国人华特•迪士尼创作出了“米老鼠”这一经典的卡通形象，一举将迪士尼公司带出濒临破产的困境。90 年来，迪士尼公司成功实施了演绎作品战略，对“米老鼠”系列作品改编、翻译、汇编以求推陈出新，在版权产业领域赚取了数以亿计的利润。其具体做法包括：

1. 拥有版权

沃尔特接受了卓别林的告诫，使得迪士尼公司对于“米老鼠”系列作品都拥有原始版权或买断版权，进而建立了自己的作品库，从而保证了有权将作品进行演绎，不断组合各种素材来综合利用。可以说，正是对版权的绝对占有，才使得迪士尼公司规避了繁杂的版权纠纷，进而缔造了这一当今全球传媒集团中的巨擘。当然，迪士尼公司演绎战略的根基还在于美国版权法对版权产业者而非雇员或委托者的庇护传统，这一过分保护版权产业者的制度安排也受到非议，它使得迪士尼公司的雇员参与或独立创作活动的版权都归属于迪士尼公司所有。

迪士尼一般分五步提取最大赢利：

(1) 票房收入；

(2) 发行录像带、DVD；

(3) 迪士尼主题公园的推广；

(4) 特许经营和品牌专卖；

(5) 电视媒体。据统计，在迪士尼的全部收入中，电影发行加上后续的电影和电视收入只占 30%，主题公园的收入占 20%，其余的 50%则全部来自品牌销售。

2. 横向演绎

迪士尼公司对“米老鼠”主要采取了“业内演绎”和“开拓渠道”两大横向策略。

业内演绎的主要手段有：

(1) 无声变有声、卡通变电视、给米奇搭配女朋友等；

(2) 注册“米奇”“米老鼠”等商标以求得商标法的无限保护；

(3) 将“米老鼠”等产品及其制作方法申请专利以求得专利法的保护。

开拓渠道的主要手段有：

(1) 从影院到杂志、从唱片到网络、从制片到传媒；

(2) 特许授权与特许加盟；

(3) 业界合作联合、兼并收购。

3. 纵向演绎

首先，创作演绎作品是纵向演绎的基础，“米老鼠”诞生至今，不同版本与汇编满足了消费者不同的需求，另外，迪士尼公司也不断更新变化自身巨大的作品库，形成新的组合型作品。其次，紧跟新技术是纵向演绎的发展方向，例如将《威利汽船》《疯狂飞机》等“米老鼠”无声电影果断改为有声电影上映发行，而今则利用先进的数字技术将作品不断演绎发展。

演绎作品是原作的发展，同时也是原作的替代，通过这种创新活动，一方面形成了版权产业的基础，另一方面也为衍生产品和其他市场运作提供了广阔的施展空间。案例中，迪士尼“米老鼠”的成功就是创新的结果，而演绎正是创新的重要途径。在这种充分利用游戏规则的美国版权产业氛围中，一大批企业和思想得以茁壮成长，造就了美国版权产业辉煌的成绩——《美国经济中的版权产业：2006 年报告》是过去 16 年中发布的第 11 个系列报告，由 IIPA 委托完成。该报告再次确认，在实际增长率和对经济发展的贡献方面，2005 年美国版权产业超过了美国经济的其余部分，占据着美国国内生产总值的很大比重，版权产业就业充分，薪酬水平远高于平均水平。同时，版权产业在美国的出口增长方面继续扮演着重要角色。增值、就业水平和海外销售三个方面持续的积极发展，巩固了版权产业的关键地位。

【思考练习题】

1. 创意产业化训练

四川省自贡市，现已有三大独家特色：盐井为古代人工奇观、恐龙为史前自然奇观、恐龙国际灯会为现代文化奇观。恐龙国际灯会略感不足之处的是缺乏超精度的开掘、组合性的开发、大手笔的创新和高科技的运用。

龙，在中国是一个威力无穷、魅力无穷的字，中国人自称为龙的传人，龙是中华民族综合性创造思维方式的最初结晶，是中华民族生动的想象力、强大的创作力的最初展示……只要有中华民族存在，龙的形象就将存在。这个龙字，应该紧紧抓住，深深开掘，全息开发。闻名中外的自贡国际恐龙灯会，不过是自贡人创造力大演出的一场小小序幕而已。

战略目标：自贡将借中华龙园的创办重塑形象：世界龙文化之城。

核心理念：深掘自然之龙，开发文化之龙，两龙交相辉映，特色旅游兴市。

创意背景：每一个旅游名城都需要有自己的独家特色，方能笑傲天下。这特色不在于多而在于精、在于绝，如大连的草坪与服装节、青岛的啤酒节、香港的海洋公园、纽约的自由女神像、巴黎的埃菲尔铁塔、悉尼的歌剧院、维也纳的森林和新年音乐会，等等。

请为自贡市恐龙国际灯会进行创意筹划，形式不限。

2. 创意产品设计训练

(1) 便携式健身车

设计灵感源自公园晨练的健身车，当下的上班族因为工作的限制，根本没有时间和精力去锻炼身体，体质下滑严重，一天大部分的时间都坐在办公室里，显得枯燥无味，除了左手键盘就是右手鼠标，两条腿一直闲着，坐的时间久了总想出去走走，但又离不开岗位，这时候特制的便携式健身车就是一个完美的选择，放置在办公桌下，不管是工作还是休息随时随地可以运动健身，既不会影响工作，又能增添一份乐趣与充实。

(2) 自带警笛的灭火器

将警笛和标准的灭火器结合起来，目的是向救援人员和被困的受害者通知方位，并形成一条便捷的疏散路线。实现简单却非常实际和实用的创新。

(3) 载人飞行

飞翔一直是人类不断靠近的梦想。载人飞行器要求能够带人垂直上升，在空中停留五分钟，再降落。飞行员可以控制它的俯仰、滚动和转弯。

请根据以上这些产品的提示发挥想象，进行创意产品设计训练。

第5章 创业、创业精神和创业者

这个世界并不在乎你的自尊，只在乎你做出来的成绩，然后再去强调你的感受。

——微软公司董事长　比尔·盖茨

生活是公平的，哪怕吃了很多苦，只要你坚持下去，一定会有收获，即使最后失败了，你也获得了别人不具备的经历。

——阿里巴巴　马云

我认为做企业要有这些素质，特别在中国市场上，那就是：诗人的想象力、科学家的敏锐、哲学家的头脑、战略家的本领。

——娃哈哈集团有限公司董事长　宗庆后

企业发展就是要发展一批狼。狼有三大特性：一是敏锐的嗅觉；二是不屈不挠、奋不顾身的进攻精神；三是群体奋斗的意识。

——华为技术有限公司创始人、总裁　任正非

【本章知识点】

- 创业经济和知识经济的内涵分别是什么？
- 创业对大学生具有怎样的意义？
- 创业精神的本质和来源是什么？
- 怎样培养大学生的创业能力？
- 组建和管理创业团队的基本方法是什么？

5.1 创业型经济与知识经济的发展

案例分享：知识经济时代的创业领袖——埃隆·马斯克

埃隆·马斯克是PayPal贝宝(最大的网上支付公司)、SpaceX太空探索技术公司、环保电动汽车公司特斯拉(Tesla)以及Solar City四家公司的CEO，兼Space X太空探索技术公司首席技术官，环保电动汽车公司特斯拉产品设计师。

2011年6月28日，马斯克度过了他40岁的生日，在40年里，他成功地设计并卖出一款视频游戏(在他12岁时)；获得两个学士学位；参与设计并卖出网络时代第一个内容发布平台；担任美国最大的私人太阳能供应商Solar City的董事长；参与创立和投资PayPal，世界最大的网络支付平台；参与设计能把飞行器送上空间站的新型火箭，在全世界价格最低、研发时间最短；投资

创立生产世界上第一辆能在3秒内从0加速到60英里的电动跑车的公司，并成功量产。

2013年11月21日，美国著名财经杂志《财富》揭晓了“2013年度商业人物”，特斯拉汽车CEO马斯克荣登榜首。2016年9月22日，彭博全球50大最具影响力人物排行榜，埃隆•马斯克名列第十一名。

成长学习

1971年6月28日，埃隆•马斯克在南非的比勒陀利亚出生，他的父亲是一名南非机电工程师，母亲是加拿大人，从事营养师兼模特。1981年，10岁的马斯克就拥有了自己的第一台电脑，并且学会了软件编程。1983年，12岁的他成功设计出一个名叫“Blastar”的游戏，并为这款商业软件开出了500美元的价格。1988年，17岁的他去了加拿大，而他的最终梦想地则是美国。1992年，他靠奖学金进入了宾夕法尼亚大学。

投资创业

2001年，他策划了一个叫“火星绿洲”的项目，计划将这个小型实验温室降落在火星上，里面有在火星土壤里生长的农作物。不过当他发现发射成本比这个项目的研发和工程成本都高很多的时候，他暂缓了这个项目。

2002年10月，eBay用15亿的股票收购PayPal，马斯克拥有其中11.7%的股份，约合3.28亿美元。在那之前的四个月，他成立了SpaceX，研究如何降低火箭发射成本。他立即在SpaceX里投了1亿美元，雄心壮志是将发射费用降低到商业航天发射市场的1/10，并计划在未来研制世界最大的火箭用于星际移民。

2004年，马斯克向马丁•埃伯哈德创立的特斯拉公司投资630万美元，而他则担任该公司的董事长。特斯拉公司是一家制造高端电动跑车的公司，马斯克对它投资显然是基于对电动汽车的热爱以及看好这个市场。因为管理问题以及第一款跑车出产过程的磕磕绊绊，马斯克把所有的钱都投入了研发。

2005年，34岁的马斯克身价超过了3亿美元，他不满40岁时，互联网、清洁能源和太空这三个理想就已经实现。

2008年，金融危机爆发，马斯克也迎来了人生低谷。他的火箭三次发射都失败了，数千万美元的投入化成爆炸后的大火球，因为研发成本过高，特斯拉也濒临破产。

2010年6月，特斯拉在纳斯达克上市，成功完成IPO，净募集资金约1.84亿美元。在上市前几天，纽约时报爆出马斯克已经濒临破产。上市后，马斯克在账面上赚了6亿3千万美元。Tesla成为自1956年福特汽车IPO以来第一家上市的美国汽车制造商，也是唯一一家在美国上市的纯电动汽车独立制造商。SpaceX从2007年开始就盈利了，特斯拉获得美国国家能源部4.65亿美元的低息贷款，并以每辆10万美元卖出了不少电动跑车，并成为奔驰Smart车的电池供应商。

2010年12月8日，马斯克的SpaceX太空探索技术公司研发的猎鹰9号火箭成功将“龙飞船”发射到地球轨道，这是全球有史以来首次由私人企业发射到太空，并能顺利折返的飞船。整个宇航界为之震动。根据NASA的计划，当美国所有航天飞机2011年退役以后，将依赖像SpaceX公司这样的私营公司将物资补给送入国际空间站。

2011年，埃隆•马斯克坦诚，将所有的未来赌在火箭和电动车上很冒险。但他话锋一转表示，不这么投入才是最大的冒险，因为成功的希望为零。

带着自己的资金积累，马斯克创建了SpaceX和Solar City两家公司，并担任它们的CEO。

2012 年 5 月 31 日，SpaceX 公司的“龙”太空舱成功与国际空间站对接后返回地球，开启了太空运载的私人运营时代。如今世界上掌握了航天器发射回收技术的只有：美国、俄罗斯、中国，还有埃隆•马斯克。

截至 2016 年 2 月，马斯克的身家高达 131 亿美元，他多次在公开场合对外界表示，自己希望在火星上退休。

5.1.1 创业型经济的概念及内涵

1. 创业型经济的概念

创业型经济，是由现代管理学之父彼得•德鲁克于 1985 年提出的。他认为，创业型经济主要是指以大量新创的成长型中小企业为支撑的经济形态。自 20 世纪 90 年代以来，美国经济实现了一个相当长的高速发展阶段，创造了三十年持续增长的记录。德鲁克认为，实现经济体系从“管理型经济”向“创业型经济”的转型是保障美国经济持续发展的关键。美国是世界上最大的创业型经济强国，“硅谷模式”是其创业型经济典型的代表。

目前，对于创业型经济学术界还没有形成完全一致的认识。概括说，创业型经济是以创新和创业为基础的一种经济形态，它的重要优势是拥有某项知识的个人通过创业活动能够实现知识外溢，从而促进经济发展。

2. 创业型经济的内涵

创业型经济是建立在创新与创业基础上的一种经济形态，它是一种全新的经济形态。创业型经济可以从制度结构、政策导向和发展战略上支持并保证经济领域的创新，它不仅能够促进经济持续稳定的增长，而且具有引领产业发展方向、推动社会技术进步、创造新的就业机会、活跃经济生活等方面的作用。

(1) 发展创业型经济能缓解就业压力。创业是创业型经济的核心，而创业又是一种积极的就业。创业者可以通过“自谋职位”或“自我雇佣”来实现就业，这是对传统的通过“存在职位”和“他人雇佣”而实现就业的一种突破。同时，创业者常常可以带动其他人就业。因此，发展创业型经济能够极大地缓解就业压力。

(2) 发展创业型经济能够调整经济结构。创业就是对不同资源加以整合、开发、利用并创造价值的过程，也是配置社会资源、调整经济结构的一种手段。在市场经济条件下，创业者通过创业活动直接参与到资源的配置活动中，从而调整经济结构。如果新创企业能够生存和发展，说明其提供的产品或服务适应了市场需求，其对资源的整合与配置就是合理的。

(3) 发展创业型经济能够推动科技进步。21 世纪是创新与创业的时代，世界各国的竞争都聚焦在创新与创业的能力上。创业是高新技术转化为现实生产力的桥梁，也是现代经济发展的引擎及日益重要的推动力，反过来，经济的发展又会在更高层次上需要知识与技术的支撑，这种循环推动过程促进了科技的进步。

总之，创业型经济是以创新和创业为基础的，通过大量中小企业的创立，创造了更多的市场机会，同时造就了大量的就业岗位；通过创业者对创业要素自发的调整，促进社会资源优化配置，进而调整了社会经济结构；另外，由于驱动创业型经济向前发展的主要动力是知识和技术创新，因而此过程同时可以加速科技成果向现实生产力的转化。

5.1.2 知识经济时代创业的重要意义

1. 知识经济的概念

知识经济是指把知识的运营作为经济增长方式、知识产业成为龙头产业、知识经济成为新的经济形态的人类社会经济增长方式及经济发展模式。

知识经济，也叫智能经济，是指建立在知识和信息的生产、分配及使用基础上的经济。它是和农业经济、工业经济相对应的一个概念。

这里所说的以知识为基础，是相对于现行的“以物质为基础的经济”而言的。现行的工业经济和农业经济，虽然也离不开知识，但总的说来，经济的增长取决于能源、原材料和劳动力，是以物质为基础的。

所谓知识经济，是由人类的知识，特别是科学技术方面的知识积累到一定程度，以及知识对经济发展所起到的作用增加到一定程度的历史产物。同时，知识经济又是新的信息革命所导致的知识共享，以高效率产生新知识的时代产物。

2. 知识经济时代的定义

我国著名学者陈世清先生在其所著的《经济领域的哥白尼革命》和《对称经济学丛书》中第一次提出了知识经济的概念并加以系统的阐述：知识经济时代是指把知识的运营作为经济增长方式、知识产业成为龙头产业、知识经济成为新的经济形态的时代。

3. 人类社会发展与知识经济的关系

(1) 人类第一次突破式发展是以石器为代表的农耕时代。当时人类虽然有知识，但这些知识还相当贫乏，当时需要80%的劳动力从事农业劳动来解决人类的吃、穿问题，这个时代称为农业经济时代。

(2) 人类第二次突破式发展是以蒸汽机为代表的工业时代。随着科学技术的进步，后来人类把80%的劳动力转向工业生产来解决人类的用、住、行等问题，而只需要20%的劳动力就能够解决人类的吃饭问题，我们把这个时期称为人类的工业经济时代。

(3) 人类第三次突破式发展是以创意为代表的知识时代(亦称智脑时代)。随着科学技术的进一步发展，当人类把80%的劳动力转移到以知识为核心的服务业，而只需要20%的劳动力就能够生产出人类所需的工业和农业等物质产品的时候，我们说人类进入了知识经济时代。

可见，知识经济不仅仅是指一个新兴的产业，更是一个经济时代的标志，知识经济是工业经济高度发达时代的产物。而所谓的智脑时代，是以创意产业和高科技为代表的。

【拓展阅读】

知识经济是信息革命导致知识共享以高效率产生新知识的时代产物。正如种植和养殖技术革命推动人类进入农业经济时代，蒸汽机和电气技术革命推动人类进入工业经济时代，信息技术革命推动人类进入知识经济时代。

新的信息革命——数字化、网络化、信息化，为人类信息共享、高效率地产生新的知识或者说提高知识生产率，提供了坚实的技术条件，并最终推动人类社会进入知识经济时代。

知识经济与信息经济有着密切的联系，也有一定的区别。知识经济的基础是信息技术。知识经济的关键是知识生产率，即创新能力。只有信息共享，并与人的认知能力——智能相结合，才能高效率地产生新的知识。所以，知识经济的概念，更突出人的大脑、人的智能。反过来，人的智能，只有在信息共享的条件下才能有效地产生新的知识。所以，信息革命为信息共享、高效率地产生新的知识打下了坚实的技术基础。这就是说，信息革命、信息化与知识经济有着密不可分的关系。甚至直到目前，在国际上，知识经济、信息经济、智能经济往往还同时使用。

在知识经济时代，不是不要"物质"，而是获得"物质"的方式发生了根本的变化，变得更容易、更方便、更便宜、更好。发展知识经济，更不是轻视或削弱工业和农业经济。知识经济一方面是继工业、农业之后的新兴的主产业，另一方面又深刻地影响着传统的工业和农业，促进工业和农业进一步现代化、知识化。

在知识经济时代，创办企业成为经济发展的重要基础，创业在经济发展中的地位和作用更加突出，日益成为经济发展的主要动力。创意产业正是在知识、经济时代新崛起的产业，创意和创新从来都是跟创业分不开的。创意一般都具有创新的特征，而任何创新都需要经过创业来实现。一个新企业的诞生，无疑都会带来新的就业岗位和创造新的价值。

在最近十年的企业排名中，创意产业、互联网等高科技产业带来的经济效益一直名列前茅。从迪士尼王国的产业链，到少林禅宗的创意旅游；从丰庄新型农业，到宜家的创意营销，不论是在欧盟，还是在中国，创意产业带来的巨大财富和经济增长，让世人有目共睹。

在企业管理领域，著名的创业学家拉里•法拉尔曾经在《创业时代》一书中指出："无数企业的兴衰告诉我们，现行的管理经验并非是企业早年得以增长的要素，而恰恰是导致他们衰败的原因，企业成功的真正基础正是所谓的创业精神。""是创业精神，而非管理技术，驱动着所有公司的成功和高增长。"

因此，创业具有增加就业、促进创新、创造价值等功能，同时也是解决社会问题的有效途径之一。

5.1.3 我国知识经济发展对创业的推动

通过对知识经济发展的分析，可以让我们了解创业热潮形成的深层次原因，认识经济转型与创业热潮的内在联系，清楚创业活动对经济与社会发展的贡献。

当今，全球创业活动比以往任何时刻都更加活跃，国家和地区之间的竞争越来越聚焦于他们的创业水平与创业成果上，创新、创业扮演了科学技术转化为现实生产力桥梁的角色，成为经济发展、社会进步日益重要的推动力。

创业不是天才的特质，也不是普通人的妄想，而是每个社会成员改变自己命运、追求卓越的途径，是每个创业者不断成长的方式，是一个国家获取核心竞争力的关键。

当今时代的一个显著特征是知识成为比土地、劳动、资金具有更重要意义的关键性生产要素，与此同时，物质资本地位相对下降，人力资本地位相对上升，而创业者则是稀缺的知识和人力资本的拥有者与开拓者。因此，经济转型是创业热潮兴起的根本原因。中国的经济发展，需要更多的创业者，需要更多的创业型组织，需要营造创业型经济的环境。大学生应该了解创业，至少可以将其看作一种职业或生活方式的选择。

从 1984 年算起，中国至少掀起了四次创业大潮，每一次都是一个从上而下的过程，离不开政府与政策的引导，更与中国经济结构的调整紧密相关，早年的创业潮是中国从计划经济向市场经济转型的结果。

1. 1984 年邓小平南巡

1984 年春，邓小平南巡视察深圳、珠海等特区，以及《中共中央关于经济体制改革的决定》政策的出台，是这股创业浪潮的催化剂。

案例分享：新中国第一波创业者

从 1984 年开始的这轮创业潮流的代表人物有张瑞敏、步鑫生、王石、柳传志等，这些当年挺立在创业和经济改革大潮潮头的弄潮儿，如今有的已经退出商海，有的已经成为业界大亨，在自己所在的领域拥有举足轻重的地位。

1984年的新闻人物步鑫生，是以对浙江海盐县衬衫总厂做的“三新(款式新、衣型新、装潢新)”“一快(周转快)”以及对员工薪酬的“按劳分配”而闻名全国的。

张瑞敏对中国商界的贡献主要是在管理上。“不准在车间随地大小便”和“将 76 台不合格冰箱砸成废铁”这些广为流传的案例正是那时中国企业管理改革的写照，后来也成为“中国制造”的缩影。

年届四十下海的柳传志是以代理进口计算机业务起家的，在中关村摸索出了一条“贸工技”的发展道路。另外，其他从中科院下海的科技工作者当时在中关村创立了名噪一时的“两通两海(信通、四通、京海、科海)”，在当时名气比联想还大。

王石最初也是以贸易发家，后来他创立了万科地产。在当时，“外汇”和“进口商品”让许多活跃在香港、北京两地的商人在中国对外开放初期淘到了他们的第一桶金。

2. 1992 年邓小平二次南巡

1992 年的中国创业氛围，同样是由中国改革开放总设计师邓小平一手缔造的。1992 年春，邓小平再次南巡，与 1984 年的低调慎言不同，这次邓小平发表了著名的南巡讲话。同年 2 月 28 日，中共中央将此次讲话以中央二号文件的形式向全国公布。国务院修改和废止了 400 多份对商业活动进行约束的文件，《人民日报》甚至发表题为《要发财，忙起来》的文章鼓励百姓下海经商。

案例分享：新中国第二波创业者

20 世纪 90 年代的创业者在当时被称作“下海”。不过，他们在市场经济中下海经商的过程比前辈幸运，他们可以选择非体制下的创业。1992 年 5 月，《有限责任公司暂行条例》《股份有限公司暂行条例》等法规相继出台。在这个大气候下，全国兴起创办公司热。1992 年 8 月，北京市工商局的库存营业执照发放完毕，不得不从其他地区紧急调运。根据有关报道，深圳国际贸易中心大厦里，“每层 25 个房间，最多的挤着 20 多家公司，有的一张写字台就是一家公司”。当时在复旦大学做老师的郭广昌也在这一年注册了一家上海的公司。

1992 年，中国房地产开发投资达 732 亿元，比 1991 年增长 117%。“92 派”代表人物包括冯仑、潘石屹等现在的房地产大佬。还有人在金融服务领域大展拳脚，例如陈东升(嘉德拍卖公司创始人、泰康人寿董事长兼 CEO)、田源(创办国内第一家期货公司)、毛振华(创办中诚信，成为中国信用评估第一人)等。此外，“92 派”中也包括一些体育文化界精英，如李宁、那英、王朔等。

3. 1997 年“春晖计划”

1997 年，中共十五大报告提出鼓励留学人员归国工作或以其他适当方式为祖国服务。同年，国家教委全面启动鼓励留学生短期回国服务的“春晖计划”。在 1999 年国庆，“春晖计划”支持 25 名留学生参加建国 50 周年阅兵仪式，这 25 人中就包括李彦宏、邓中翰，后来他们回国创建了百度和中星微。

案例分享：新中国第三波创业的“海龟”们

这些回国创业的海归，在国外多数学的是工科专业，在欧美获得了博士学位，目睹或亲历过美国硅谷等高科技产业发展的奇迹。他们的回归，带回来的不仅仅是创业项目，还有欧美的风投资本。模仿硅谷的创业项目加上来自硅谷的创业资本支持成为这一轮海归创业潮的鲜明特征。他们迅速成为中国新经济的代表，开创了中国企业赴纳斯达克 IPO 时代。他们在纳斯达克的成功上市反过来又激励了更多“海归+风投”的组合式创业。在创富的效应下，潜藏在人们内心深处的创业激情迸发出来。2000 年左右，汪潮涌、王冉这些跨国投资银行高管也加入到创业大潮中，创立了精品投行，主要面向创业者。2005 年左右，加入创业大潮的风投越来越多，甚至有一些硅谷的实业家转身成为风投，包括邓锋、朱敏等。

1999 年，当 Google、Yahoo! 在网络世界里如日中天的时候，李彦宏回国创立了百度。2000 年互联网寒冬期间，百度第二轮成功融资 100 万美元。

2005 年，百度成功在纳斯达克上市。在 1999—2015 年的 16 年间，百度以超过 80%的市场份额牢牢占据中文搜索引擎市场的头把交椅，并成长为仅次于 Google 的全球第二大搜索引擎。李彦宏与百度的创业故事是中国商界的传奇，也是中国互联网界的神话。

4. 2008 年全球经济危机

2008 年全球经济危机使新一轮海归创业潮与全民创业潮出现了叠加。新一轮海归创业潮以中共中央组织部提出的“千人计划”为标志，全国各级政府开展了引进海外高层次人才回国创业的工作。创业范围不再局限于互联网，而是涵盖新能源、生物医药、新材料、文化创意、汽车制造等各个领域。此次全民创业潮的推动者包括各级地方政府，他们鼓励“回乡创业”“大学生创业”等，相继出台了一系列扶持政策。

随着国内风投资本的壮大和创业板的开通，创业者获得资本、整合各项资源变得更加容易。有中外风投助推的创业潮从海归创业者向本土创业者扩展，创业领域也从互联网向清洁技术、生物医药、教育、太阳能、消费等诸多领域扩张，形成了全民创业潮。

5.2 创业对大学生的意义及创业活动在大学中的发展

5.2.1 创业与大学生职业发展的关系

1. 职业生涯规划

职业生涯规划是指一个人对其一生中所有与职业相关的活动与任务的计划或预期性安排，它涉及两个方面的内容：第一，个人对于人生理想、职业价值观、兴趣爱好、个性特征、能力状况等方面的认识；第二，个人对其一生中职业发展、职位变迁及工作理想实现过程的设计。

职业生涯规划是基于对决定或影响个人职业选择的主观和客观因素、主体和环境条件进行分析和衡量，从而确定个人的努力目标并选择实现这一目标的职业及其道路。职业生涯规划要求一个人根据自身的兴趣、专长，同时也考虑外在条件的支持与制约，最后将自我定位在一个最能发挥自身优势的职业位置上，选择最符合自身综合因素的事业去追求。从这个意义上说，一个人一生当中最初的专业选择和最初的职业定位具有非同寻常的意义。

2. 创业能力对个人职业发展的意义

对于个人而言，职业选择是否适当将影响其未来事业的成败以及一生的幸福；对社会而言，个人择业是否适当，决定着社会整体人力供需的平衡。如果每个人都能够选择一个适合的职业，那么不仅个人有发展前途，而且社会也会稳定发展。因此，职业选择与个人和社会都有极大的关系。

如今，创业已经成为大学生职业选择的一种重要方式。但是，创业是一项实践性很强的过程，要求创业者不仅要拥有创业精神、创新意识，同时还要具备足够的创业能力。创业能力强，则创业成功率高，反之亦然。

当大学生选择了创业这个职业之后，就成为一名创业者，就需要自我管理、自我决策、自我规划，提高自我创业能力。原则上说，应该把握三个主要内容：自己能够做什么，社会需要什么，自己拥有什么资源。

首先，自己能够做什么。作为一个创业者来说，只知道自己想干什么，这是不够的，更重要的是，应该知道自己能够做什么、做到什么。当然，这也是相对而言的，因为一个人的潜能发挥是一个逐渐展现的过程。但是，一个人对自己的兴趣、潜能有一个基本的认识，仍然是一项具有前瞻性的工作。

其次，社会需要什么。一个人在明确自己想做什么、能做什么的同时，还应考虑社会的需求是什么。如果一个人所选择的创业领域既符合自己的兴趣又与自己的能力相一致，但却不符合社会的需求，那么这种创业的前景无疑是暗淡的。

最后，自己拥有什么资源。要创业，就必然依赖各种各样的资源。创业者应该清楚地审视自己所拥有或能够使用的一切资源，是否足以支持创业的启动和创业成功之后可持续地发展。这里所说的资源，不仅指资金，还包括社会关系，即通过人际关系所带来的各种具有支持性的东西。

任何一个职场上的成功人士，在成功之前都是普通人，但与一般人不同的是，他们拥有创业能力。创业能力是可以在实践中提升和培养的，而提升创业能力的途径就是学习和实践。

5.2.2 创业与大学生专业、就业的关系

1. 创业结合专业

(1) 专业是创业的依托

高等教育是以专业教育为主的教育，在校期间大学生所学的专业往往是他们最擅长的，大学生创业如果能够结合所学专业，将有利于创业实践。大学生创业最好还是从熟悉的行业做起，创业者把自己在大学期间接受的专业教育直接应用于自己的创业实践当中，可以提高成功的概率。

对于任何一个专业的大学生来说，充分利用自身在学校期间所积累的能力优势、人脉资源等在一些资金需求不大、项目周期不长、人手配备要求不多的项目上开展自己的事业是非常重要的，大学生在选择创业项目时应考查自身特点，尽可能地结合专业谨慎地选择创业项目。

案例分享：大学生创业典范——《三国杀》

风靡全国，中国最成功的桌游《三国杀》，其创始人黄恺正是一位标准的大学生创业者。黄恺 2004 年考上中国传媒大学动画学院游戏设计专业，他在大学时期就开始“不务正业”，模仿国外桌游设计出了具有中国特色，符合国人娱乐风格的桌游《三国杀》。2006 年 10 月，大二的黄恺开始在淘宝网上贩卖《三国杀》，没想到大受欢迎，而毕业后的黄恺并没有任何找工作的打算，而是借了 5 万元注册了一家公司，开始做起《三国杀》的生意，2009 年 6 月底《三国杀》成为中国被移植至网游平台的一款桌上游戏，2010 年《三国杀》正版桌游售出 200 多万套。

粗略估计，《三国杀》迄今至少给黄恺带来了几千万的收益，并且随着《三国杀》品牌的发展，收益还将会继续增加。

(2) 机遇比专业更重要

创业的成功取决于主、客观诸多方面的因素，创业者所学的专业仅仅是诸多因素中的一个。一个人创业的最佳状况就是自己的眼光、胆略、专业等主观因素和天时、地利、人和等客观因素的完美结合。

创业实践中，机遇和环境因素的作用一点不亚于专业因素，一味地强调专业，很可能会让自己失去机遇或者让自己陷入作茧自缚的困境。

创业与专业的关系应该理解为：创业根植于专业，专业服务于创业，二者相互融合。因此，不能一味地要求大学生创业必须结合所学的专业，而是要为大学生创业者的创业活动提供适合的专业支撑。

诚然，众多创业成功者的创业活动与他们所学的专业无直接的联系，但“百度”的成功是得益于李彦宏在大学所学的信息管理专业；“股神”巴菲特的成功同样离不开他大学时所学的经济与投资专业。

2. 创业带动就业

近年来，国家从财政、税收、金融、就业服务等多方面加大支持力度，鼓励高校毕业生自主创业。创业促进就业的作用是必然的，也是客观的。正确认识创业与就业的关系，能够真正强化创业教育的作用。

(1) 创业带动就业，实现岗位倍增效应

党的十七大报告明确提出，要促进以创业带动就业，把鼓励创业、就业摆到更加突出的位置。今后一段时期，我国每年就业岗位有1300万到1400万缺口。而高校毕业生人数，每年大约都要增加五六十万人，2013年高校毕业生已经达到699万人，创历史新高，未来一段时期内就业形势依然十分严峻。

解决就业问题的关键之一就是创造更多的就处岗位，而创业是促进就业机会不断增加的动力。在我国，85%的就业岗位来自非公有制企业，大多数非公有制企业都是由创业者自主创业产生的。大学生作为整个就业大军中的知识群体，应发挥自身优势，创办自己的企业，这样不仅实现了自身就业，获取丰厚的回报，同时，也创造出更多的工作岗位，实现更多人的就业。

(2) 创业带动就业，实现经济发展

近年来，党和国家把加快产业结构升级、增强科技成果转化能力作为一项重要的经济发展战略，鼓励和支持更多的优秀大学生创业，并以自己所学的高新技术知识和创新潜能，通过创办中小企业和研发新产品等途径，促进和加快科技成果直接转化，加快产业结构升级，实现我国经济的高速发展。如果把我国目前只有6%～8%的科技成果转化率提高一倍，甚至达到现在北京中关村20%的水平，我国的产业结构调整和升级将达到一个空前水平，经济发展方式转变的目标也将提前实现。

(3) 创业带动就业，实现社会进步

通过创业实现更多人的就业，既保障了人们的基本生活，又丰富了人们的生活内涵，提高人们的生活品质。创业过程中创业者个人可以获得丰厚的财富回报，同时也扩大了就业岗位，使更多人获得共同富裕的机会，降低了社会的失业率。所以，创业还可以促进社会的和谐稳定，可以推动社会的进步。

5.2.3 当代大学生创业概况

国内外大学生创业虽然存在许多不同，但是由于大学生群体的相似性，在创业发展的道路上仍有许多的共同点。为了便于与我国的大学生创业作比较，以起源较早且大学生创业已经取得良好效果的美国作为比较对象，可以加深了解大学生的创业状况。

1. 美国的创业活动与大学生创业情况

(1) 美国的创业活动

在美国，近30年来，全国每年平均有110多万人成立新公司。创业为美国经济增添了活力，创造了大量的就业机会，支撑了美国经济几十年持续强劲发展。未来学家约翰•莱斯比特认为，创业是美国经济持续发展繁荣的基础。世界著名管理大师彼得•德鲁克认为：创业型就业是美国经济发展的主要的动力之一，是美国就业政策成功的核心。

曾经有位经济学家因为证明了“世界上任何一家不超过百人的企业都不会影响经济及政策的制定”而获得了诺贝尔经济学奖。但是，20世纪70年代末，美国麻省理工学院(MIT)的研究者David Birch发表的研究成果推翻了之前认为大型企业是经济支柱和新就业机会提供者的说法。他的结论是，从1969年到1976年，新的小型成长型企业创造了美国经济中81.5%的新的就业机会。因此，新就业机会的创造来自于新公司的诞生和成长。根据美国最近的有关统计数据显示，近20

年来，规模在 100 人以下的公司创造了美国经济中绝大部分新的就业机会。可以说，新公司的诞生和成长是创造就业机会的发动机。

今天，美国的年轻人对创业表现出比他们的上一代更加浓厚的兴趣和热情，创业观念已经深深地植根于美国的文化。一项对美国高中生的随机抽样调查显示，70%的学生希望将来拥有自己的企业，他们的家长中有一半希望拥有自己的企业。在过去的 30 年中，20 来岁的年轻创业者们在构思、开办并迅速发展新公司方面的作为充分体现出新一代的希望，他们的努力孕育产生了各种全新的企业，也产生了许许多多年轻的创业企业家。

有抱负的创业者们和那些成功的创业企业对美国的意义深远。比如，微软是 20 世纪 70 年代后期创建的，1980 年，微软的年收入只有 800 万美元，员工 38 人；截至 2008 年年底，微软的全球员工总数为 95 664 人，整个 2008 财年微软总营业收入 604.2 亿元，营业利润达 224.9 亿美元。2008 年 8 月，微软股票市值达 2491.7 亿美元，在全球 IT 市值千亿美元俱乐部的成员中居于首位。这就是美国创业产生的结果。

(2) 美国大学生创业现状

美国的大学生创业热情始于 1983 年，大学生创业大赛为美国的经济发展做出了重大贡献。据统计，美国表现最优秀的 50 家高新技术公司有 46%出自麻省理工学院的创业计划大赛，从某种意义上讲，高校的创业计划大赛已成为美国经济的直接驱动力之一。美国大学生创业成功的案例也屡见不鲜，而且在这些成功者之中也不乏一些对当今世界经济影响举足轻重的人物，如微软公司比尔 • 盖茨、Dell 计算机公司的戴尔、Yahoo 的创始人杨致远。在美国仅麻省理工学院的教师和学生创办的大企业就超过了千家，控制着 3300 亿美元的资产。他们不仅为美国的经济发展做出了巨大贡献，甚至对全球的经济也有着巨大的影响，同时他们也是全球大学生创业者心中的英雄和楷模。

2. 我国大学生创业现状

(1) 创业模式

大学生创业有三种模式：兼职型创业、休学创业和大学毕业后创业。从对创业者个人发展的有利性、对社会经济发展的有利性和可行性评价，我国目前大学生创业最普遍的模式是大学毕业后创业。

(2) 创业形式

我国大学生选择的创业形式主要有三种：

① 自雇型创业。所谓自雇型创业是指大学毕业生创办一个自雇型企业，成为自雇型企业主。该企业的业务与大学生所学专业没有必然的联系。自雇型企业主要特点是微型性，一般是以个人或家庭为经营主体。

② 专业型创业。专业型创业主要包括两种形式：一是大学毕业生创办一个与所学专业相关的公司，进行供、产、销和服务性的商务活动，主要服务对象是专业内相关企业或个体生产者，即为企业服务型公司。二是面对最终消费者提供专业性较强的服务性业务，如医科学生开办为医院提供医疗器械、敷料、药品等的医疗物品供应公司；工科学生开办为工业企业提供机械设备、原料、辅料、助剂、器材、器具、备件等工业用品供应公司；艺术专业学生开办为艺术团体或工作者、学生提供美术用品、音乐器材的供应公司。

③ 产品或营销创新型创业。产品创新型创业是指大学生拥有某一产品、技术或工艺的独立知

识产权、专利，创办生产和销售该产品的企业。产品或营销创新型创业有两种主要类型：一是用创新的技术或工艺开发和生产新一代产品；二是以创新的营销模式，创办营销公司，如集成化电脑营销模式。

3. 我国大学生创业特点

(1) 参与规模小。我国大学生人数多，但参与创业的学生比例很低。全国创业大学生人数约为大学生总人数的 15%，清华大学也仅有 2%。

(2) 创业集中于技术含量低的行业，如从事家教、零售、服务业等，即使一些涉及网络的创业者也都集中于无须产品设计、开发、生产和维护的网站。

(3) 创业社会文化基础薄弱，目前在我国社会中，对于大学生创业还存在很多疑惑和反对，还未形成完全统一的支持意见。

4. 我国大学生创业的有利因素

我国社会主义市场经济体制的建立和完善，给大学生创业提供了很多机遇，大学生创业者迎来了越来越好的创业环境。

(1) 有利的舆论环境。社会逐渐开始形成有利于大学生创业的公众舆论环境，形成有利于创业的良好氛围，为大学生创业奠定了良好的环境基础。

(2) 有利的政策支撑。近年来，政府各部门颁布了一系列针对大学生创业的优惠政策。1999 年底教育部出台《教育部关于贯彻落实中共中央、国务院<关于加强技术创新，发展高科技，实现产业化的决定>的若干意见》，文件规定“大学生、研究生可以休学保留学籍创办高新技术企业。大学生创业没有资金，允许以其技术成果和其他智力资本折股参与创业。”许多省市也制订了相应的政策措施，支持和鼓励大学生自主创业，欢迎出国留学生回国创业。

(3) 有利的时代条件。21 世纪是知识经济时代，知识成为一种新的社会生产的资源，大学生或将是主要知识资本的拥有者和营运者，虽然在创业时货币资本等有形资本不足，但是他们可以凭借知识资本来实现创业，如将知识资本折合成相当比例的有形资本，以股权占有形式参与投入，创力、实业。又如通过吸引风险投资等途径募集创业资金。再者，网络经济、低碳经济等经济形态的出现，为大学生自主创办小型知识型企业创造了条件。

(4) 从自身层面看，很多大学生在校期间注意积累实践经验，他们积极投入课余实践活动，这为大学生创业奠定了初步基础。各种创业计划大赛如火如荼地开展起来，许多学生从中脱颖而出，大学生创业拥有了更多机遇和条件。

5.3 创业与创业精神

哈佛大学商学院对创业精神给出定义：“创业精神就是一个人不以当前有限的资源为基础而追求商机的精神。”从这个角度上来理解，创业精神是一种突破资源限制，通过创新来把握机会、创造价值的行为，而不是简单地体现在创造新企业上。因此，可以将创业精神概括为：“没有资源创造资源，没有条件创造条件，用有限资源去创造更大资源。”

5.3.1 近年来国内大学生创业成功案例

创业有风险，入行需谨慎，一个创业者必备的素质是能清楚判断形势做出决策，究竟你是否要直接创业，还得自己说了算。

1. 杨明平

超级课堂的联合创始人杨明平是典型的大学生创业者，并且是一位连续创业者。杨明平毕业于中欧国际工商学院。2005 年，大三的他接手了学校边上的一家川菜馆，发展到拥有 400 多平方米、一年 200 多万营业额规模的火锅店，大学的创业经历为他赢得第一桶金。而后杨明平决定朝着更大的方向发展，进入在线教育领域，创建超级课堂(Super Class)。

超级课堂成立于 2010 年 10 月，由杨明平创立的超级课堂将线下教育搬到线上，为中小学学生提供好莱坞大片式的网络互动学习课程。

创业成功指数：★★

2. 舒义

舒义 19 岁就开始创业，读大一时就是国内最早的 Web2.0 创业者之一，创办过国内第一批博客网站 Blogku、Bolgmedia，还创建了一个高校 SNS 和一家校园电子商务公司。

2006 年舒义第三次创业，创办了成都力美广告有限公司，后发展为中西部最大的专业网络广告公司之一。2009 年舒义成立北京力美广告有限公司，两年内发展为国内领先的移动营销解决方案公司，并于 2011 年获得 IDG 资本投资。目前舒义开始尝试天使投资，投资创办过多家移动互联网公司。

创业成功指数：★★☆

3. 王学集

王学集出生于浙江温州，毕业于浙江理工大学。大学时他与两位同学一起创业，大三时正式发布 phpwind 论坛程序，2004 年大学毕业的王学集成立公司，公司亦命名为 phpwind，中文名“杭州德天信息技术有限公司”，专门提供大型社区建站的解决方案。目前，phpwind 已成为国内领先的社区软件与方案供应商，PW6.3.2 版本的推出更在社区软件领域树立起一个极高的技术壁垒，phpwind8.0 系列版本则推动了社区门户化。

phpwind 于 2008 年 5 月被阿里巴巴以约 5000 万人民币的价格收购，现在隶属于阿里云计算有限公司，为阿里云计划提供了强有力的支持。

创业成功指数：★★☆

4. 黄一孟

电驴(VeryCD)之父黄一孟是一名中途离开大学的创业者。2003 年，verycd.com 只是爱好计算机的大学新生黄一孟陆续注册的众多个人网站中的一个。当时，因为不满于网络上质量不高且需收费的电影资源，VeryCD 很快聚集起了一批和黄一孟有着类似热情的用户，他们在下载的同时也愿意上传自己的资源。这让黄一孟意识到，这个所谓的个人网站不再只对他一个人具有价值。

2004 年，黄一孟离开学校专心创业，成立了一个工作室。

黄一孟除了是 VeryCD 的创始人，也是心动游戏的创始人。2012 年，心动游戏的收入达到了 10 亿元人民币，从入不敷出的 VeryCD 到年收入 10 亿元的网页游戏公司。黄一孟依靠自己的感觉和摸索实现了创业的成功。

创业成功指数：★★★

5. 蒋磊

铁血网创始人蒋磊——典型的大学生创业者，16 岁保送清华，创办铁血军事网，20 岁保送硕博连读，中途退学创业。如今，铁血网稳居中国十大独立军事类网站榜首，铁血军品行也成为中国最大的军品类电子商务网站，年营业收入破亿，利润破千万。

倒回 2001 年，16 岁的蒋磊初入清华园，当时电脑还没有在这个普通宿舍出现，他只能去机房捣鼓他的网页，他想把自己喜欢的军事小说整合到自己的网页上，他的“虚拟军事”的网页一经发布，就吸引了大量用户，第二天就达到了上百的浏览量。蒋磊很兴奋。他把“虚拟军事”更名为“铁血军事网”。

2004 年 4 月，蒋磊凑了十多万元，注册了铁血科技公司。期间蒋磊还被保送清华硕博连读学习了一阵。2006 年 1 月 1 日，蒋磊最终顶住了家庭以及学校的压力毅然决定辍学创业，以 CEO 的身份正式出现在铁血科技公司的办公室里。经过 12 年的努力，目前蒋磊的公司拥有员工 200 余人，他创办的网站已成为能够提供社区、电子商务、在线阅读、游戏等产品的综合平台。据透露，截至 2012 年 12 月，网站已有 1000 万注册会员，月度覆盖超 3300 万用户，正处于稳步且高速的增长中。

创业成功指数：★★★

6. 陈欧

聚美优品的 CEO 陈鸥也是一名标准的大学生创业者，他的大学生创业经历要追溯到他的上一个创业项目 GG 游戏平台。陈鸥 16 岁的时候考上了新加坡南洋理工大学，作为一个资深游戏爱好者，在大四的时候陈鸥决定在游戏领域创业，凭着有限的资源做出了后来影响力巨大的 GG 游戏平台。作为当时没有任何资源的大学生创业者，那时的创业经历是非常艰苦的，据陈鸥回忆，那时候他为了节省成本，不得不每天都吃最便宜的鱼丸面，最后吃得都有些“脑残”了。

后来，陈鸥出售 GG 平台，获得了千万级别的收益，也为自己后来的创业道路做了极好的铺垫。而他创造的 GG 游戏平台，仍然是现在东亚地区最受欢迎的游戏平台之一，全球拥有超过 2400 万用户。

创业成功指数：★★★

7. 戴志康

康盛创想创始人戴志康是无数互联网人的偶像，他创建的“Discuz!”开源模板与“Wordpress”并称为世界上最伟大的两个开源网站模板，被数以百万级的站长使用，深刻的改变了中国互联网，而戴志康也是一位大学生创业者。

戴志康出生于一个知识分子家庭，父亲是大学教授，亲属中也有很多人是老师。据说，因为这种家庭背景，戴志康小时候开始就一直接触电脑。在计算机性能不断升级的过程中，他的编程技术也日益提高。戴志康从小学刚毕业后的1995年开始初步尝试编制软件。初中、高中时期，他参加了各类计算机大赛。戴志康2000年考上哈尔滨工程大学，2001年便在校外创业，他在外面找到一间月租300块钱的房子，一天差不多15个小时都泡在电脑前面，最终他创造的“Discuz!”成为中国最成功的建站开源模板，“Discuz!”于2010年被腾讯以6000万美元的价格收购。

创业成功指数：★★★★

8. 王兴

一提到王兴，很多人脑海里第一个想到的词汇就是连环创业者，因为他是校内网、饭否网、美团网这三个中国大名鼎鼎的网站的联合创始人，除此之外，他还有另外一层身份，大学生创业者，在毕业之后，没有丰富的职业履历就开始创业的人。

他是一名人们口中的天才少年，高中没有参加高考就被保送到中国名牌学府清华大学，毕业后拿到全额奖学金去了美国特拉华大学，师从第一位获得麻省理工学院计算机科学博士学位的中国学者高光荣，随后归国创业，在经历前一两次不算成功的创业项目之后，王兴创立了中国版 facebook 校内网，并很快风靡于大学校园之中。校内网于 2006 年 10 月被千橡以 200 万美元收购。2007 年 5 月 12 日，王兴创办饭否网，这也是中国第一个类 twitter 项目，但就在饭否网发展势头一片良好之际却被强制关闭，让王兴事业受到挫折。之后连环创业客王兴于 2010 年 3 月上线新项目美团网，并在千团大战之中脱颖而出，稳居行业前三，并先后获得红杉和阿里的两轮数千万美金的融资，这个连环创业客的事业正逐渐走上正轨。2015 年 5 月份，美团单月流水已经突破 10 亿元人民币。

创业成功指数：★★★★

9. 郭敬明

郭敬明，这个伴随着 80 后成长的名字，如今他的小说也影响着 90 后，并开始被 00 后所喜爱，以一个创业者的身份来看，他是极其成功的。

郭敬明大学时期便开始创业，虽然他常年霸占着中国作家收入排行榜榜首，但是他在商业上的成功甚至让他的作家身份也黯然失色。如果你觉得这个瘦弱的男人只会玩弄一些小女生喜欢的华而不实的文字，那么你就太小看他了，郭敬明绝对有着惊人的商业嗅觉。郭敬明在大学时便成立“岛”工作室，出版一系列针对自己小说受众的杂志与期刊，而后成立柯艾文化传播有限公司，逐渐建立起自己的商业版图。

而且，以今天各个杂志纷纷转型产业链服务来看，郭敬明早在 2005 年就察觉了这一点，从那时起他就为刊物读者提供“立体服务”，例如推出音乐小说《迷藏》，推出小说主题的写真集，拍摄《梦里花落知多少》偶像剧，在青春读物的基础上打造了一条属于自己受众的文化消费产业链，开始深耕产业布局。而今，郭敬明已经用自己的小说《小时代》拍出了电影，第一部便直奔 5 亿人民币的票房…

知乎上有人这么描述郭敬明：“其实中国的年轻人并没有什么本质的变化。对于大学和社会的幻想，对于爱情和成功的畅想，对于华服美食的渴望，是每一代中学生的必由之路。真正重要的其实仍是郭敬明本人。他或许是中国这二十年来唯一一个认真去满足上述需求的作者”。——真正伟大的创业者是干什么的？满足大众的需求。

创业成功指数：★★★★★

5.3.2 创业的定义、要素和类型

1. 创业的定义与内涵

"创业"，在《新华词典》里定义为开创事业。"创"，篆文从刀，仓声，是形声字。"业"，篆文像古代乐器架子横木上的大板，上面刻有锯齿，以便悬挂钟、鼓等乐器。后引申为所从事的学业、事业、职业、行业、就业、产业、创业、工作等。由此可见，创业是创字当头，业为基础。这就意味着任何一项事业都是一个由无到有、由小到大、由简到繁、由旧到新的创造过程。

创业是一种创新性活动，它的本质是独立地开创并经营一种事业，使该事业得以稳健发展、快速成长的思维和行为的活动。走上创业之路，是人生的一个大转折，它是成就自己事业的过程，是自我价值和能力的体现。创业，要直接面向社会，直接对顾客负责，个人的收入直接与经营利润连在一起。其实，创业的过程就是解决一个接一个矛盾的过程。正如一位作者指出："创业最大的好处，就是可以当自己的主人。"

创业被学者们从不同的方面进行定义，例如：创业是新颖的、创新的、灵活的、有活力的、有创造性的，以及能承担风险的过程，许多学者说，发现并把握机会是创业的一个重要部分。创业是包括创造价值、创建并经营一家新的营利型企业的过程，通过个人或一个群体投资组建公司，提供新产品或服务，以及有意识地创造价值的过程。创业是创造不同的价值的过程，这种价值的创造需要投入必要的时间和付出一定的努力，承担相应的金融、心理和社会风险，并能在金钱和个人成就感方面得到回报。

国际管理科学学会的教授协会对创业也有自己广义上的定义：对新企业、小型企业和家庭企业的创建和经营。

综上所述，可以将创业的定义归结为：创业是这样的一种过程，在这个过程中，某一个人或一个团队，使用组织力量去寻求机会，去创造价值和谋求发展，并通过创新和特立独行来满足愿望和需求，而不管创业者手中此时有什么样的资源。

2. 创业的要素

(1) 商机

著名经济学家威廉 • 史密斯对商机做出的定义是：find the "yes" from "nos"，即从 NO 中找到 YES，从否定中找到肯定，这就是商机。从经验中找到知识，从经验的否定中找到知识的肯定，这就是商机。

通过以上的定义，我们应该注意到商机具有以下几个特点：创业过程的核心是商机问题，新企业得以成功创建的起始点是商机，而不是其他任何要素；商机的最重要特征是设想中的产品或服务具备潜在的市场需求；一个好的思路未必是一个好的商机；商机的评价标准可以应用到对商机的寻找和评价中。

(2) 资源

创业资源是创业过程中的各种投入，包括人、财、物、技术和信息。创业资源不仅包括有形资产，如厂房、机器设备，也包括无形资产，如技术、专利；不仅包括个人资源，如个人技能、经营才能，也包括社会资源，如信息传递、权力影响、情感支持。其中，技术、人力和资金是创业资源要素中最为关键的三个方面。

(3) 团队

创业团队是由创业带头人与创业成员组成的。创业团队是协调创业活动的系统，是资源整合的平台，是创业实践的载体。创业者在创业过程中，要努力构建创业型团队，形成以创业者为核心的组织架构及相关的社会关系网络。

在社会关系网络中，不仅包括新创企业或组织内的人，也包括新创企业或组织之外的人，既有顾客、供应商、经销商、投资者、合作伙伴，也有政府官员、社区工作人员等。

创业团队是企业成功的关键因素。优秀的团队总是由一位非常有能力的创业带头人建立和领导。团队的业绩记录不仅向人们展示了成就，也展示了一个团队拥有的高贵品质。

(4) 创业精神

创业精神，也称之为企业家精神，是指创业者的思想、观念、个性、意志、 作风和品质等。创业精神的本质特征就是将创业意识、创业思维与创业实践结合起来，通过追求商业机会，借助创新来满足社会需求，并产生结果和价值。

创业需要创业精神，没有创业精神的创业缺乏动力，没有支撑，更不会成功，也不能称之为创业。

(5) 商机、资源、团队、创业精神之间的关系

创业过程中商机的形式、大小、深度决定了资源与团队所需的形式、大小、深度。创业过程本身是动态的，商机、资源、团队这三个因素是循环的，并且它们之间的平衡是动态的。而将这三者紧密连接在一起，并推动创业过程持续向更高层次发展的关键因素则是创业者与创业团队所具有的创业精神。

由于外界环境的不确定性、机会模糊性、创业活动的动态性、风险性等因素对创业活动的冲击，原有的机会、资源和创业团队三者的平衡被破坏，出现产生失衡现象。这时候，在创业精神的激励下，创业者通过创业团队来调整机会和资源，努力实现这三个方面的再次平衡。由此可见，这一模型中的创业过程是 “平衡—失衡—平衡” 的动态过程，创业团队是保持三者平衡的关键决策因素，而创业精神是引领创业团队前行的灵魂。

案例分享：俞敏洪：创业必须具备的几点条件

现在创业者越来越年轻化了，跟时代接轨，尤其是在互联网方面。可以说创业跟国家的经济繁荣有着很大的关系。李克强总理也在前两年提出了“大众创业、万众创新”的口号，这样创业就进入了一个全新的时代。

创业的成功几率只有 5%，剩下的基本都是炮灰。如何让自己成为那 5%里面的人呢？创业是要有所准备的，不是拍拍脑袋就行，脑子一热把家里所有积蓄都拿出来去创业的做法是非常危险的。俞敏洪认为，创业要具备以下几点条件：

1. 创业要积累好行业经验。俞敏洪创业成功跟他之前的行业经验积累有着密切的关系。在北大教书的时候有教学方面的经验，并且那时兼职做了培训班的老师，在培训这块又积累了些经验。

在一个行业至少要有三到四年的经验，这样你去创业就比较容易成功。创业要打有准备的仗，你可以去冒险，但不要没有一点把握，就把自己的身家给压上去了。

2. 创业产品和团队。现在都是团队作战的时候了，创业最基本的条件是产品和团队，没有产品就没有创业的基础，看看自己是否有产品？

有了产品后，还需要解决一个问题，就是把产品卖给客户，无论是线上线下，未来一定是团

队作战，靠个人的时代已经结束了，如果没有团队，靠自己如何把产品销售出去？

3. 行业的切入时机。看自己要做的项目是否是行业的大趋势，俞敏洪当时做培训，正是出国留学的高潮时期，那时的培训机构又非常的少，只要能开出来，都赚钱，也就是行业的红利期。

比如之前的淘宝创业，只要用心去做都能赚到钱，现在再进入就比较难了，需要资金、需要团队、需要技术、需要产品等等，还不一定能成功。

最后送大家一句话：你是什么人不重要，你处在什么环境，你就会变成什么人。你是什么人不重要，你与什么人交往，你就会成为你交往对象的那种人。你是什么人不重要，你经历了什么，你就会成为什么人。

3. 创业的类型

按照不同的标准，可以从动机、项目、风险等不同的角度对创业进行分类。

1) 机动型创业和生存型创业

按照创业的动机，可以将创业分为机会型创业和生存型创业。

(1) 机会型创业是指创业者把创业作为其职业生涯的一种选择，看到有比目前工作机会更好的创业机会而选择创业。例如，哈佛大学数学系学生比尔·盖茨辍学创办了微软，杨致远感受到互联网的机会，也放弃了博士学业，创办了雅虎公司。国内典型的机会型创业案例有如张朝阳创办搜狐、李彦宏创办百度、江南春创办分众传媒等。

这类创业活动是以市场机会为目标，创造出新的市场需要或满足潜在的市场需求。机会型创业是一种主动型创业，创业者有较高的产品或服务的科技含量，创建的新企业往往属于成长型企业，发展潜力较大。

(2) 生存型创业是指创业者把创业作为其不得不做出的选择，因为其他选择不是没有就是不满意，创业者必须依靠创业为自己的生存和发展谋求出路。例如，一些下岗工人创业，一些因找不到工作的大学毕业生创业等。

这类创业活动是在现有市场上寻找创业机会，没有创造新的市场需求，反而加剧现有的市场竞争。

2) 独立型创业和合伙型创业

按照创业者的数量，创业可以分为独立型创业和合伙型创业。

(1) 独立型创业是指创业者独自创办企业或组织，表现为独立决策、产权清晰、利润独享、自担风险。如个体工商户，或创办个人独资企业等，就属于独立型创业。

这类创业活动的特点在于企业或组织由创业者自主掌控，按自己的思路经营管理。由于创业资源准备相对比较困难，也受创业者个人能力的制约，独立型创业的风险很大。

(2) 合伙型创业是指创业者与他人合作，或由团队共同创办企业或组织，表现为集体决策、共同出资、共享收益、共担风险。如同学或朋友之间合作创办一个有限责任公司，就属于合伙型创业。

这类创业活动的特点就是形成了团队合力，降低了创业风险。但由于合作者在经营管理过程中容易产生分歧，也极易发生利益冲突，导致内部管理成本提高。

3) 传统技能型创业、高新技术型创业和知识服务型创业

按照创业的项目，创业可以分为传统技能型创业、高新技术型创业和知识服务型创业。

(1) 传统技能型创业是指采用传统的技术和工艺进行的创业。如在酿酒、饮食、工艺美术、服装等与人们日常生活紧密相关的行业中，传统技能项目就表现了很强的实力，许多现代技术都无法与之竞争。

这类创业活动由于具有独特的技术、工艺或配方，拥有一定的市场优势。至今,许多的传统手工生产方式在国内外仍然保留着。

(2) 高新技术型创业是指借助于带有前沿性、研发性的新技术、新产品进行的创业。如创办软件公司、生物制药企业等就属于高新技术型创业。

这类创业活动具有知识密集、技术密集、拥有自主的知识产权等特点，产品或服务具有很强的市场潜力和利润空间。

(3) 知识服务型创业是指创业者为社会提供知识、信息服务的创业活动。如律师事务所、会计事务所、管理咨询公司等。

这类创业具有投资少、见效快、易于转型等特点。当今社会，信息量越来越大，知识更新越来越快，为了满足人们节省精力、提高效率的需求，各类知识性咨询服务机构不断细化并增加。

4) 依附型创业和独创型创业

按照创业的风险，创业可以分为依附型创业和独创型创业。

(1) 依附型创业可以分为两种情况：一是依附于大企业或产业链而生存。主要是创办小企业，为大企业提供配套服务或在产业链中专门为某个或某类企业生产零配件、包装材料等；二是加盟连锁，使用特许经营权，充分利用品牌优势和成熟的经营模式，以减少创业企业的经营风险，如利用麦当劳、肯德基等品牌效应和成熟的经营管理模式，减少经营风险。

(2) 独创型创业是指创业者通过提供有创造性的产品或服务，来填补市场需求的空白。

这类创业活动的特点是独创性，这种独创性既有内容，也有形式，大到商品整体，小到某种技术，也可以是某类服务等。由于消费者对新事物(新产品、新技术或新服务)都有一个接受的过程，所以独创型创业具有一定的风险性。

5) 自主型创业和岗位型创业

按创业者身份，划分为自主型创业和岗位型创业。

(1) 自主型创业是指创业者是企业的创始人或事业的发起者，创业者从策划到实施、从企业或组织的组建到运行管理都担负起主要或领导责任。

自主型创业者一般都是企业或组织的法人代表，是直接创造劳动岗位的人。自主创业者是创业大军中的中坚力量，是促进经济社会发展的先锋。

(2) 岗位型创业是指在本职岗位上进行工作创新、管理创新、技术创新或新产品开发。

岗位型创业与自主型创业的区别在于它不创造劳动岗位，但能使已有劳动岗位变得更有价值。岗位型创业者构成了创业大军的主体，是人数最多的创业队伍。

5.3.3 创业的过程及各阶段分析

创业是创建一个新企业的过程，作为一个创业者，要创建一个新的企业或者发展一个新的经

营方向，通常要经历四个阶段：发现和评估市场机会、准备和撰写创业计划、确定并获取创业所需要的各种资源、管理新创事业。这四个阶段有着明确的次序，但各个阶段相互之间并不是完全隔绝的，并不是一定要在前一阶段全部完成之后才进入下一个阶段。

1. 发现和评估市场机会

识别与评估市场机会是创业过程的起点，也是创业过程中具有关键意义的一个阶段。许多很好的商业机会并不是突然出现的，而是对于“一个有准备的头脑”的一种回报，或是当一个识别市场机会的机制建立起来之后才会出现。例如，一个创业者可以在每一个公众活动场合都询问与会者，是否在使用某种产品的时候发现有什么不够令人满意之处；另一个创业者则可能时时关注着孩子们正在玩什么玩具，他们是否对玩具感到满意。

虽然大多情况下并不存在正式的识别市场机会的机制，但通过某些来源往往可以有意外的收获，这些来源包括消费者、营销人员、专业协会成员或技术人员等。无论市场机会的设想来源于何处，都需要经过认真细致的评估，对于市场机会的评估或许是整个创业过程的关键步骤。

创业者初创企业的动力往往是发现了一个新的市场需求或者发现市场需求能力大于市场的供给能力，或者认为新产品能够开启新的市场需求。但是，这样的市场机会并非只有创业者认识到了，其他的竞争者也许同样准备加入这个行列。因此，并不是每个市场机会都需要付出行动去满足它，而是要评估这个机会所能带来的回报和风险，评估这个市场机会所创造的服务周期或产品生命周期，它能否支持企业长期获利，或者能够在适当的时候及时退出。

对于一位目光敏锐的创业者来说，市场机会每时每刻都在出现。但是，并不是所有的市场机会都是通向成功与财富的康庄大道，相反，一个看似前景远大的市场机会背后，往往隐藏着危险的陷阱。毫无经验的创业者，如果仅凭激情行事，匆忙做出决定，就很容易误入歧途，掉进失败的泥沼中无法自拔。因此，在发现市场机会后，对市场机会进行客观的评估，以理性的方式来决定下一步的行动，是一名优秀的创业者所必须具备的能力。一般来说，市场机会评估有如下步骤：

1) 对市场的了解与把握

企业要生存，要在市场中占据一定的地位，要保持一定的市场优势，就必须把握市场的消费形态、市场特征等。特别是在产品研究方面，不管新旧产品，及时了解消费者和市场的反应，需要经常进行与产品有关的各种调查研究来为产品技术与销售服务注入新的元素。

对市场的了解与把握分为六个层次：

(1) 市场定位；

(2) 市场结构；

(3) 市场规模；

(4) 市场渗透力；

(5) 市场占有率；

(6) 产品的成本结构。

2) 对竞争者的了解与分析

许多创业者都会犯这样的错误，认为自己的创意或者技术是独一无二的，因此就不存在竞争，进而忽略了竞争分析的重要性。事实上，除了极少数的垄断性行业之外，世界上不存在没有竞争的生意。竞争者暂时没有出现，不代表以后也不会出现。对来自于竞争者的威胁做出客观、准确的评估是非常重要的一件事。

谁是你的竞争对手？那些已经出现在市场上，正在开展业务的竞争者当然是你的竞争对手；另外，也要考虑到那些潜在的竞争对手，即在未来有可能与你竞争的人。只有掌握相关资源、与目标市场有一定的联系的企业才是最重要的潜在竞争对手，要分析在相关领域中，有哪些企业有可能把触角伸展到自己的领域中来。

对竞争对手的了解及应对策略分为六个层次：

(1) 能够找出谁是竞争对手；

(2) 描述竞争对手的状况；

(3) 分析竞争对手的状况；

(4) 掌握竞争对手的方向；

(5) 洞悉竞争对手的战略意图；

(6) 引导竞争对手的行动和战略。

2. 准备和撰写创业计划

如何写创业计划书呢？要视目的即看计划书的对象的不同而有所不同，是要写给投资者看，还是要拿去申请银行贷款，目的不同，计划书的重点也会有所不同。就像盖房子之前要画一个蓝图，才知道第一步要做什么，第二步要做什么，或是同步要做些什么，别人也才知道想要做什么。而且大环境和创业的条件都会变动，事业经营也不只二三年，有这份计划书在手上，当环境条件变动时，就可以逐项修改，不断地更新。撰写创业计划书的内容包括：

(1) 概念。在计划书里，要写得让别人可以很快地知道要销售什么产品。

(2) 顾客。有了明确的目标产品以后，接下来是要明确顾客。明确顾客的范围在哪里，例如认为所有的女人都是顾客，那五十岁以上的女人呢？五岁以下的女童也是客户吗？适合的年龄层一定要界定清楚。

(3) 竞争者。目标产品有没有人卖过？如果有人卖过是在哪里？有没有其他的产品可以取代？跟这些竞争者的关系是直接的还是间接的？

(4) 能力。要卖的东西自己会不会、懂不懂？例如开餐馆，如果厨师突然辞职，暂时又找不到合适的人，自己会不会炒菜？如果没有这个能力，至少合伙人要会做，再不然也要有鉴赏的能力，不然最好不要做。

(5) 资本。资本可以是现金也可以是资产，是可以换成现金的东西。那么资本在哪里、有多少，自有的部分有多少，可以借贷的有多少，要很清楚。

(6) 持续经营。当事业做得不错时，将来的计划是什么？

任何时候只要掌握这 6 个 C，就可以随时检查，随时做更正，不怕遗漏。

创业计划是说服自己，更是说服投资者的重要文件。不仅如此，创业计划书也将使创业者深入地分析目标市场的各种影响因素，并能够得到基本客观的认识和评价。使创业者在创业之前，能够对整个创业过程进行有效的把握，对市场机会的变化有所预警，从而降低进入新领域所面临的各种风险，提高创业成功的可能性。

3. 确定并获取创业所需的各种资源

创业企业需要对创业资源区别对待，对于创业十分关键的资源要严格地控制使用，使其发挥最大价值。而且对于创业企业来说，掌握尽可能多的资源有益无害。当然还有一个问题，那就是如何在适当的时机获得适当的所需资源。创业者应有效地组织交易，以最低的成本和最少的控制来获取所需的资源。

4. 管理新创事业

从企业发展的生命周期来说，新创企业需要经过初创期、早期成长期、快速成长期和成熟期。在不同的阶段，企业的工作重心有所不同。因此创业者需要根据企业成长时期的不同来采取不同的管理方式和方法，以有效地控制企业成长，保持企业的健康发展。例如，在初创时期和早期成长期，创业者直接影响着创业企业的命运，在这一时期，集权的管理方式灵活而富有效率，而到快速成长期和成熟期，分权的管理方式才能使企业获得稳步的发展。

5.3.4 创业精神的本质与来源

1. 创业精神的本质

创业精神是创业者的本质。创业者是参与企业的组织和管理的具有创业精神的人。创业精神主要包括冒险精神、诚信守法、创新精神、实干精神以及社会责任感。

(1) 冒险精神

创业者是风险承担者。将近 300 年前，法国经济学家罗伯特•坎狄龙最早提出这一观点。他认为创业者在经济的运行中起重要作用，他们实际上是在管理风险。工人向工厂出卖劳动，企业主把产品拿到市场上去卖。市场上的产品价格是浮动的，而工人领取固定的工资，企业主替工人承担了产品价格浮动的风险。当产品价格跌落时，企业主有可能蒙受损失。而企业的盈利，正是企业主承担风险所获得的回报。

(2) 诚信守法

诚信守法是创业者应具备的基本精神素质。诚信是市场经济的基本信条，只有诚信守法，注重声誉的企业，才能在激烈的市场竞争中获得最大的利益。

(3) 创新精神

什么是创新呢？新产品，新的生产方式，新的市场，新的供货渠道，以及建立或打破垄断地位。创业精神的本质就是创新，创新是企业持续发展的根本。创新概念最早是由著名经济学家约瑟夫•熊彼特提出来的，他认为创新是“创业者对生产要素的重新组合”，也就是“建立一种新的生产函数”。具体来说，创新精神主要指创造新的生产经营手段和方法，新的资源配置方式，以及新的符合消费者需求的产品和劳务。在这种创新概念下，创新首先能使企业开辟一个更广阔的生存发展空间，不断地领先，不断地发展，使企业在发展中不断对旧的扬弃，以非常规的方式配置企业的有效资源，推动企业的运行，从而获得巨大的成功。事实上，任何企业，不论其效益如何显著，或在行业中如何成绩斐然，都需要不断创新、变革，这样才能使企业在市场竞争中立于不败之地。苹果电脑公司的发起人是创业者，因为他们推出了新产品；亨利•福特是创业者，因为他最早采用汽车生产线；亚马逊网上书店的老板是创业者，因为他开辟了网上销售渠道；比尔•盖茨也是创业者，因为他建立了微软公司。因此，具有锐意进取、推出新产品或改进生产方式等创新精神的人，才是真正意义上的创业者。

只有创新才是竞争制胜的第一要素。“没有饱和的市场，只有饱和的思想”。敢想、敢干、敢于抓住机会，这是创业成功的第一资本。想到别人想不到的商机，就容易取得“抢滩”的胜利，掘到第一桶金。一个企业可以暂时没有核心技术、核心人才，可以没有雄厚的资本，但必须具备勇往直前、披荆斩棘的探索精神，见人所未见、做人所不做的创造精神。

(4) 实干精神

创业者需要决断力、信心、说服力以及坚定不移的品质。既然创业者行为是冒险性的、充满不确定性，它的最终结果必然是无法准确估算的，所以时时需要主观判断。而一旦作出某种判断，创业者就必须像信仰上帝的存在那样相信自己的判断。否则一遇挫折就打退堂鼓，最终什么事也做不成。光创业者自己有信心还不够，他还必须有能力说服别人相信他的判断，这样才能引来投资或他人的支持。

(5) 社会责任感

一般认为企业社会责任就是企业要创造利润，企业在对股东利益负责的同时，还要承担对员工、对消费者、对社区和环境的社会责任，包括遵守商业道德、保障生产安全和职业健康、保护劳动者的合法权益、保护环境、支持慈善事业、捐助社会公益事业和保护弱势群体等。

2. 创业精神的来源

创业精神是在每个人身上都具备的一种成功的潜在品质，只是有些人的这种潜能没有被发现或没有被激发。影响创业精神的因素很多，包括主观和客观两个方面。主观上表现为个人自身的特质因素，客观上则表现为外部的环境因素。

影响创业精神形成与发展的主要外部环境因素包括：文化环境、产业环境和生存环境等。

(1) 文化环境

创业者是生活在现实文化环境中的学习者。作为学习者，其生活所在区域的文化价值观是其学习的重要内容之一，因此在一个商业文化氛围浓厚的地方，潜在的创业者容易培养创业精神。独特的区域文化传统孕育了创业者的创业精神，如浙商、徽商、闽商等。

(2) 产业环境

不同的产业环境会对创业精神产生影响。对于垄断行业而言，企业缺少竞争，就容易抑制创业精神的产生。而在一个完全竞争的市场结构中，由于企业间的优胜劣汰，竞争激烈，往往能够激发创业精神。

(3) 生存环境

在资源匮乏的地方，人们为了改善生存状况而寻求发展机会，整合外界资源，更需要激发和形成创业精神。如我国历史上晋商的形成，最初就是源于生存环境的艰难，导致“走西口”寻求生存与发展。

3. 创业精神的作用

创业精神能够激发人们创业的欲望，是一种内在的动力机制。它在很大程度上决定着一个人是否敢于投身创业实践活动，支配着人们对创业实践的态度和行为，并影响着态度和行为的方向及强度。

创业精神能够渗透到三个层面上产生作用：第一，个人成就的取得，即个人如何创建自己的企业；第二，组织的成长，也就是一个组织如何重新焕发创业精神，创造更高速的成长，从而具有更强的竞争力；第三，国家的发展，也就是如何实施创新驱动发展战略，全面建成小康社会，使国家更富强，人民更幸福，社会更和谐。

创业精神的力量能够帮助个人、组织乃至整个国家或地区，在面对错综复杂的竞争环境时走向成功和繁荣。当前，世界产业结构正经历转变，培养创业精神有利于我国加快转变经济发展方式，促进经济持续健康发展。

尽管创业者在创业过程中所面临的环境、条件、机遇及自身的能力等千差万别，但成功的创业者都有一个共同的特点，那就是拥有创业精神。

创业精神是时代精神的反映，是对创新创业型人才素质的要求。对创业者而言，需要树立自信、自主、自立、自强的创业精神。对于每个创业者来说，创业精神是进行创业活动的灵魂和支柱，是开创新生活、追求幸福明天的精神信念。创业者必须拥有创业精神，才会有创业的要求和动机，才会有创业的意识和观念，才会有创业的动力和行为，也才会有创业的成果和收获。

4. 创业精神的培养

良好的精神品质是创业成功的前提和条件，一个人对于创业的理解和追求是在后天的生活实践中陶冶训练出来的，只要通过正确的途径，创建良好的培养环境氛围，对于大学生创业精神的培养就会起到很好的促进作用。

(1) 开展创业思想教育课程

通过理想教育端正创业目标，有目标才有动力，有理想才有追求，可以说创业目标就是人生目标的浓缩，也是人生理想的现实体现。应通过广泛深入地开展创业教育，使大学生树立创业理想，增强大学生的创业意识，使他们愿意创业、乐于创业。学校可以通过创业思想教育帮助大学生端正创业态度，树立正确的人生观、价值观；可以通过创业理论教育使学生明确创业的目的和意义，从而将创业理想化为自己自觉的行动，积极主动地投身于创业实践；可以通过创业典型教育激发大学生的创业欲望，让他们创业有动力，学习有典型，追赶有目标。

(2) 建设有利于创业的环境

学校要广泛利用广播、电视、校刊、校报、板报等宣传工具，大力宣传创业的重要意义，宣传创业的经验，宣传成功创业的典型，树立勇于创业的榜样，弘扬创业精神，在校园形成讲创业、想创业、崇尚创业，以创业为荣的校园舆论氛围，引导形成鼓励创新、开拓进取、宽容失败、团结合作、乐于奉献的校园创业文化氛围。

(3) 树立创业榜样进行引导

榜样的力量是无穷的，他人的创业行为和成就是一笔宝贵的财富，古往今来，创业成功者具有一些共同的精神品质：自信，心态积极，喜欢独立思考，具有寻根究底的好奇心和探索精神，敢于创新，敢于竞争和冒风险，热情，专注，意志坚定，不怕挫折，情绪稳定等。

① 借鉴历史上的创业榜样，编选他们创业成功的案例，通过他们明确创业目标，激发创业热情，树立创业志向；

② 要学习现实生活中的创业榜样，各行各业的创业典型是大学生学习的活教材，通过“请进来、走出去”的方式，让大学生们耳濡目染，受到熏陶；

③ 教师应成为创业的榜样，教师具有创业的成功经历，不但对学生起到示范作用，而且还可以迁移到教学之中，这会给大学生创业者以莫大的启示和感染。

(4) 提供创业实践锻炼的机会

良好创业精神品质的形成重在实践训练，积极的实践能带来及时的反馈和成就感，也能带来节节成功的喜悦；切切实实地投入创业实践中去，定能磨炼出坚强的创业心理品质。

① 学校要构建创业实践基地为学生提供创业实践的便利，如创业见习基地、创业实习基地和创业园等，实现产、学、研一体化；

② 社会要为大学生提供更多的创业岗位供学生选择，如勤工俭学岗位、社区服务岗位等，使其经受创业实践熔炉的考验；

③ 大学生自己课余主动参与创业实践，从小商品推销到饭店洗盘子，从为人打工到自己开店，熟悉各种职业特点和自己的能力特点，积累创业经验，增长创业才干，减少将来创业的盲目性。

只有经受创业实践的锻炼，创业目标才会更加明晰，创业信念才会更加强烈，才会形成良好的创业习惯和人格。

(5) 创业心理指导

心理指导是在专门人员的指导下，参与者自己练习、实践、锻炼的方法，实质上是一种特殊的教育过程。

① 应开设心理课程，如《心理与情商教育》《心理训练》《大学生创业心理品质的陶冶》等，传授心理知识，将心理知识内化为大学生的心理品质。

② 开展心理咨询活动，帮助大学生分析创业过程中出现的心理问题，进行咨询指导。

③ 进行自我修养指导。如何挖掘和开发自己的心理潜能？如何培养自己的创业心理品质？最关键的还是要通过自我修养才能达到。古人曾强调要“吾日三省吾身”，就是要对照标准，经常看看自己的心理品质是否符合要求，就是要有一面镜子，时时端正自己，这样持之以恒地坚持下去，终会形成良好的创业心理品质。

5.4 创业者与创业能力

案例分享：创业者汪滔——7 年时间做到无人机销量占全球一半

汪滔，大疆创新公司创始人兼 CEO，2003年到香港科技大学攻读电子与计算机工程学。如今，汪滔研发的小型无人机，销量占全球总销量的一半，令“中国制造”在高科技领域崭露头角，他的身价也到了279亿元。

汪滔对天空的痴迷始于小学，在读了一本讲述红色直升机探险故事的漫画书之后，他开始对天空充满了想象。汪滔上小学时，将大部分课外时间花在与航模有关的读物上面——相比中等的学习成绩，这种业余爱好给他带来了更多的慰藉。

汪滔梦想着拥有自己的“小精灵”——一种搭载摄像机跟在他身后飞行的设备。在汪滔 16 岁的时候，他在一次考试中得了高分，父母为此奖励了他一架梦寐以求的遥控直升机。然而，他不久便将这个复杂的东西弄坏了，几个月后才收到从香港发来的用于更换的零部件。

由于成绩不是那么的出类拔萃，汪滔考取美国一流大学的梦想也破灭了。当时，汪滔最想上的大学是麻省理工学院和斯坦福大学，但在申请遭到拒绝后，他只好退而求其次，选择了香港科技大学，在那里学习电子工程专业。在上大学的头三年，汪滔一直没找到自己的人生目标，但在大四的时候他开发了一套直升机飞行控制系统，他的人生由此改变。

为了这最后一个小组项目，汪滔可谓付出了一切，甚至不惜逃课，还熬夜到凌晨5点。虽然他开发的这个机载计算机的悬停功能在班级展示前一晚出了问题，但他付出的心血并没有白费。香港科技大学机器人技术系教授李泽湘慧眼识珠，发现了汪滔的领导才能以及对技术的理解能力。于是，在他的引荐下，这个性格倔强的学生上了研究生。“汪滔是否比别人更聪明，这我倒是不清楚。”李泽湘说，“但是，学习成绩优异的人不见得在工作中就表现得非常突出。”

汪滔最初在大学宿舍中制造飞行控制器的原型，2006年他和自己的两位同学来到了中国制造业中心——深圳。他们在一套三居室的公寓中办公，汪滔将他在大学获得的奖学金的剩余部分全部拿出来搞研究。大疆科技向中国高校和国有电力公司等客户售出了价值6000美元的零部件，这些零部件被焊接在他们的DIY无人机支架上。

这些产品的销售让汪滔可以养活一个小团队，而他和香港科技大学的几个同学则依靠他们剩余的大学奖学金生活。汪滔回忆说：“我当时也不知道市场规模究竟会有多大。我们的想法也很简单：开发一款产品，能养活一个10～20人的团队就行了。”

由于缺乏早期愿景，加之汪滔个性很强，最终导致大疆科技内部纷争不断。大疆科技开始不断流失员工，有些人觉得老板很苛刻，在股权分配上很小气。在创立两年后，大疆科技创始团队的所有成员几乎全部离开了。汪滔坦言，他可能是一个“不招人待见的完美主义者”“当时也让员工们伤透了心”。

虽然一路走来很艰辛，最初每个月只能销售大约20台飞行控制系统，但由于汪滔家族的世交陆迪的慷慨解囊，大疆科技最终还是渡过了难关。2006年晚些时候，陆迪向大疆科技投了大约90 000美元——汪滔说，这是大疆科技历史上唯一一次需要外部资金的时刻。

在拿到融资之后，汪滔继续开发产品，并开始向国外业余爱好者销售，这些人从德国和新西兰等国家给他发来电子邮件。到2011年，飞行控制器的制造成本已从2006年的2000美元降到不足400美元。

到2012年晚些时候，大疆科技已经拥有了一款完整无人机所需要的一切元素：软件、螺旋桨、支架、平衡环以及遥控器。最终，该公司在2013年1月份发布“幻影”，这是第一款随时可以起飞的预装四旋翼飞行器：它在开箱一小时内就能飞行，而且第一次坠落不会造成解体。得益于简洁和易用的特性，“幻影”撬动了非专业无人机市场。“幻影”无人机不久即成为大疆科技最畅销的产品，令公司的收入增长了4倍，而且这一成绩还是在几乎没有任何市场投入的情况下取得的。

更为重要的是，这款产品还被销往全世界——这种趋势还延续到今天：在大疆科技的总营收当中，美国、欧洲和亚洲等三个地区各占30%，剩余10%则由拉美和非洲地区贡献。

无人机正在向农业、建筑业和地图等商业应用领域扩展，但汪滔并不想与他人分享天空，他下定决心要保持大疆科技的市场主导地位，他说：“我们当前面临的主要发展瓶颈是如何快速解决各类技术难题，不能满足于眼前的成绩！”

现如今，大疆科技已经发展成为一家年营收5亿美元、净利润1.4亿美元的创新科技公司，占据全球无人机市场70%的份额，被誉为中国科技行业的骄傲。其最新一轮融资的估值也达到了100亿美元，而随着大疆的成功，持有公司约45%股份的汪滔，身家也达到了45亿美金(279亿人民币)，进入福布斯2015年全球科技富豪榜前100名。

5.4.1 创业者

所谓创业者，就是善于发现和把握机会并由此创造出新颖的产品或服务以满足社会需要和实现其潜在价值的人。创业者是一种主导劳动方式的领导者，是一种需要具有使命、荣誉、责任能力的人，是一种组织、运用服务、技术、器物作业的人，是一种具有思考、推理、判断的人，是一种能使人追随并在追随的过程中获得利益的人，是一种具有完全权利能力和行为能力的人。在创业过程中，创业者必须付出努力、时间、精力和金钱，承担物质上、精神上的风险，当然也能够获得物质上的回报、心理上的享受和自我价值的实现。创业者可以开创新的职业，提供新的社会服务，创造新的就业岗位，实现个人价值。比如，电子商务、网站运营等新兴行业、职业的兴起，便为信息化社会人们的社会经济生活提供了新的选择和更多便利，由此也成就了一批新兴行业的成功创业人士。

1. 创业者的含义

创业者英文为 entrepreneur，和企业家为同一词，是指在没有拥有多少资源的情况下，锐意创新，发掘并实现潜在机会的价值的个体。创业者是指“将经济资源从生产力和产业较低的领域转移到较高领域”的人，不仅包括那些已经成功创业或正在创业的一般意义上的创业者，而且还包括那些具有创新精神的潜在的创业者。

创业的主体是创业者，创业者可以是个体，也可以是团队。经济发展依赖于企业发展，而企业发展的关键在于有一大批具有创业精神的创业者。创业者对生产要素的重新组合是经济增长的基本动力，是经济增长的内在因素，所以现代经济在某种意义上说就是创业经济。

创业者可以分为传统创业者和技术创业者。传统创业者是指那些对传统的行业，如餐饮、房地产、服装等筹集资金投资，建立工厂，生产产品，为顾客提供产品或服务的创业者。而技术创业者以突出技术为主，创办的企业一般比较小，产品的技术含量高，附加值比较高，利润空间比较大。

2. 创业者的类型

随着经济的发展，投身创业的人越来越多，据我国《科学投资》杂志对国内上千例创业者案例的研究，发现国内创业者基本可以分成以下几种类型。

(1) 生存型创业者

生存型创业者大多为下岗工人、失去土地或因为种种原因不愿困守乡村的农民，以及刚刚毕业找不到工作的大学生。这是中国数量最大的创业人群。清华大学的调查报告说，这一类型的创业者占中国创业者总数的 90%。其中许多人是被逼上梁山，为了谋生混口饭吃。一般创业范围均局限于商业贸易，少量从事实业，也基本是小型的加工业。当然也有因为机遇成长为大中型企业的，但数量极少，因为现在国内市场已经不像二十多年前，如刘永好兄弟、鲁冠球、南存辉他们那个创业时代，经济短缺，机制混乱，机遇遍地。如今这个时代，用句俗话来说就是狼多肉少，仅想依靠机遇成就大业，早已是不切实际的幻想了。

(2) 主动型创业者

主动型创业者又可以分为两种：一种是盲动型创业者；一种是冷静型创业者。前一种创业者大多极为自信，做事冲动。这种类型的创业者，大多是博彩爱好者，喜欢买彩票、喜欢赌，而不太喜欢检讨成功概率。这样的创业者很容易失败，但一旦成功，往往就是一番大事业。冷静型创业者是创业者中的精华，其特点是谋定而后动，不打无准备之仗，或是掌握资源，或是拥有技术，一旦行动，成功概率通常很高。

(3) 赚钱型创业者

赚钱型创业者除了赚钱，没有什么明确的目标。他们就是喜欢创业，喜欢做老板的感觉。他们不计较自己能做什么，会做什么。可能今天在做着这样一件事，明天又在做着那样一件事，他们做的事情之间可以完全不相干。甚至其中有一些人，连对赚钱都没有明显的兴趣，也从来不考虑自己创业的成败得失。奇怪的是，这一类创业者中赚钱的并不少，创业失败的概率也并不比那些兢兢业业、勤勤恳恳的创业者高。而且，这一类创业者大多过得很快乐。

5.4.2 创业能力及创业能力的培养

素质是人们为达到某一目标，实现某一目的所必须具备的最基本、最一般的区别性特征和品质。创业素质，即是创业者所具有的独特品质。对于成功的创业者应具备的品质，可谓仁者见仁，智者见智。总体来看，成功创业者所具有的创业素质及特征可以从以下几个方面来概括分析。

1. 创业能力的心理品质方面

健康的体魄是个体生存和发展的基础，同时，良好的心理品质更是实践创业活动的重要保障。对于创业者而言，其心理品质是在创业实践活动中对创业者心理和行为起调节作用的个性意识特征，是先天和后天相结合的产物。它包括个体在认知、情感和意志过程中表现出来的动机、态度、性格及意志品质。

(1) 强烈、积极的创业动机

创业动机也称创业内驱力，是直接推动人们实施一定创业目标的内部动力，是激励人们创业行动的主观因素和推动人们产生创业行为的直接原因。其表现形式有创业愿望、创业信念、创业理想等。心理学研究表明，动机是行为背后的原因，动机强弱与行为效果呈正相关关系，即良好的动机会产生积极的效果，不良的动机会产生消极的效果。创业动机，作为一股强烈而积极的心理动力，使创业者进入了一种十分关注，十分投入的动机状态之中，这对创业活动的深入具有十分积极的作用。但是，在实际社会生活中，由于动机和行为还受到多种因素的影响，动机和效果间也会出现不一致的情况。从创业的角度来看，影响创业动机的因素通常来自两个方面：一是内在条件，即需要；二是外在条件，即刺激。外在刺激是通过个体内在需要而起作用的。一定的创业动机是一定时期社会的政治、经济、文化和个体生活环境的综合反映，是内部需要和外部条件共同作用的结果。

当前，我国社会生产力的迅猛发展，改革开放，以经济建设为中心的指导思想和基本国策，社会主义市场经济的广阔空间为创业构建了极其良好的外部环境，也激发了广大有志青年的创业行为动机。同时，也有一些大学生无所追求、安于现状、骄傲自满、停滞不前，对外部环境视而不见。没有创业需要，因而也不会产生创业行为动机。对于当代大学生来说，创业要从实际出发、志存高远，在脚踏实地的前提下，不断激发实现自身价值的成长动力，不断培养开拓创新的成长激情，树立积极远大的创业目标，通过不断奋斗实现创业理想。

(2) 果敢、执着的创业意志

意志是有意识地确立目标，调节和支配行动，并通过克服困难和挫折，实现预定目的的心理过程。受意志支配的行动称为意志行动。人的行动丰富多样，有的行动是习惯性的，不受意识支配，如习惯性眨眼、有节奏地颤动自己的腿等，有些行动虽有意识，但在一般情况下可以自然完成，无须克服困难，如喝水、散步等。而意志行动是受意志力支配，具有一定目的，需要通过克服困难和挫折的行动过程。创业的路途并非一帆风顺，往往需要面对很多困难和挑战。成功的创业者往往是坚定执着的强者。他们努力地工作，被强烈的责任感驱动，有果断的决策、有坚定的毅力。面对竞争、风险，他们能够保持独立理性、不随波逐流。

他们不惧挫折、勇担风险。许多成功的创业者都会经历或多或少的创业风险，会面临困难，经历挫折，甚至陷入严重的困境和失败。在面对逆境和失败时，每个创业者的反应会有所不同，弱者在逆境来临时会一蹶不振，放弃当前的一切，沉浸在自己的不幸之中，为自己遗憾，把责任推给他人，甚至充满恐惧，丧失信心。强者面对逆境，则毫不气馁，能冷静判断当前所处的形势，理性分析当前的不足，重新制定目标，做出有效的行动计划并果断践行。

他们善于协作、乐于竞争。成功创业者深谙竞争与合作之道。他们积极建立创业团队、拓展合作空间，勇于接受挑战、乐于竞争。作为团队的领导，在创业过程中发生问题时，他们不推卸责任，不把责任转嫁他人，即使是团队其他成员的原因，也主动承担自己在管理方面的责任，从而能够赢得团队成员对其的尊敬与信赖，以及对其团队的归属感和责任感。竞争在创业中无处不在，从经济学上讲，所谓竞争是经济主体在市场上为实现自身的经济利益和既定目标而不断进行的角逐过程。创业者进入创业市场并与竞争对手的角逐是必然的，但众多创业成功事例表明，创业者的成功往往是在与竞争对手进行竞争的情况下，激发出强烈的斗志，奋力拼搏而获得的。对于当代大学生创业，需要的是百折不挠的勇气和迎接挑战的信心，积极协作、参与竞争，勇敢地去搏击、去挑战，直至走出逆境。

(3) 自律、开放的创业情感

情感是人们对客观事物态度的体验。成功的创业者懂得如何运用积极的情感体验来克服创业中的困难挫折、适应环境，促进创业事业的达成。通常人们说，成就一项事业需要经得住诱惑、耐得了寂寞。可以说创业尤其如此。自律是创业者须具备的最基本的品质之一，它包括对自我情绪和情感的有效控制，对社会道德、法律等社会规则的自觉遵守。具有强大的自律性，才能甘于平淡枯燥的创业过程，才能将激情豪迈的创业梦想通过踏实艰苦的奋斗和付出，转化成最终的事业。成功的创业者具有积极开放的心态，他们能够在创业的过程中包容异己、正视缺陷，在他人的质疑中发现成长的空间，能够从失败中发现成功的希望。

2. 创业能力的知识技能方面

创业是一项需要大量投入的艰辛而复杂的过程，必要的创业知识和技能为成功创业提供了智力支持和实践准备。创业的行业选择多种多样，创业所涉及的事务纷繁复杂，这都对创业者的知识结构和能力素质提出了很高的要求。

(1) 创业知识结构方面

创业基础知识是指在创业实践活动过程中个体应具有的知识系统及其构成，是个体创业素质的基础要素。创业知识范围十分广泛，可以将创业的基本知识结构从产品、组织、市场、融资、企业管理等相对具体的角度进行归纳。①产品相关的知识，创业者必须学习技术知识、生产知识及与服务相关的知识。②市场相关的知识，包括销售、促销、一般市场知识等。③组织相关的知识，包括人力资本知识、社会资本知识、公司结构与系统知识、管理知识等。④融资相关的知识，包括资金资助、内部金融管理、纳税计划等。⑤创办企业相关的知识，包括识别机会、评估机会、开办新企业及其法律框架；为新企业筹措资金，获得企业的关键资源、新企业的营销；新企业的管理与稳定、创造与创新等知识。⑥新企业扩张与成长相关的知识，为成长中的企业注入资金，企业联合、成长管理、推销策略，发展预算控制系统与信息控制系统，人力资源管理，组织文化，组织中的角色，组织结构与员工安排，吸收与采购，运作管理与技术管理，企业的国际化层面，供给连锁管理，企业模式与规范，纳税问题等。也可以将创业的基本知识结构从经济学、社会学、管理学及行业专业知识等相对宏观的角度进行概括。归纳起来，成功的创业者不但应具有某个行业必要的专业知识，还需要掌握现代自然科学、人文社会科学、社会管理科学等方面的基本常识，并且具有不盲目崇拜、不唯书唯上，实事求是、与时俱进、敢于质疑、敢于挑战传统的科学精神。

(2) 技术能力结构方面

创业者除了需要具备创业基本知识外，还需要具有一定的创业技能；创业技能是创业者所具有的创业素质的能力表现。国际劳工组织对创业技能作了如下界定：“创业和自我谋职技能……包括培养工作中的创业态度，培养创造性和革新能力，把握机遇与创造机遇的能力，对承担风险进行计算，懂得一些公司的经营理念，比如生产力、成本以及自我谋职的技能等。”通常可将技术能力分为：硬件能力和软件能力两大类。硬件能力主要包括人力、财力和物力，软件能力主要是指个人能力。这里主要是指个人的创业技能。包括创新能力、沟通能力、理财能力、资源整合能力等。创新能力是改变旧事物、创造新事物的能力，包括发现问题、分析问题、解决问题以及在解决问题过程中进一步发现新问题从而不断推动新事物发展变化的能力。创新能力是创业技能结构中最为重要的部分，创新能力的强弱是衡量创业素质高低的重要指标，也是学校培养学生创业素质的重要内容。沟通能力又称人际沟通能力。创业者要能够通过有效的沟通凝聚企业力量，促进企业团队协作，实现企业价值，同时还要懂得妥善处理与客户、公众、政府部门之间的关系，为创业企业的和谐发展打下坚实的基础。理财能力是指能够合理地运用和调配已有资金的能力，这是对一个创业者的才干与智慧的考验。资源整合能力包括合理管理产品质量，有效管理人员分配，稳步推进企业整合，妥善管理并使用顾客资源等。

创业过程既是一个勇于创新、迎接挑战的过程，也是一个追求新知、不断学习的过程，创业知识、技能结构的完善和丰富需要创业者在创业实践中善于学习思考，善于总结提炼，并通过创业实践过程不断提高知识和技能水平。当代大学生面临经济全球化的发展趋势，企业竞争更加激烈，其创业实践中更要有意识并积极主动地积累创业经验和创业理论，了解并掌握经营管理、法律、工商、税收、保险等知识以及其他社会综合知识，锻炼和培养自身在企业经营、行业竞争等过程中的实践能力。

3. 培养大学生创业能力的路径

(1) 以项目和社团为载体，增强创新意识和创业精神

要教育和引导大学生增强创新意识和创业精神，凭借知识、智慧和胆识去开创能发挥个人所长的事业。鼓励学生创造性地投身于各种社会实践活动和社会公益活动中，通过开展创业教育讲座，以及各种竞赛、活动等方式，形成以专业为依托，以项目和社团为组织形式的“创业教育”实践群体来激发大学生的创新意识和创业精神。以社团为载体充分发挥大学生的主体作用，组织

开展创业沙龙、创业技能技巧大赛等活动。发挥学生自我服务、自我教育功能的形式，培养学生的创业能力。

(2) 加强创业教育师资队伍建设，培养创新创业品质

创业品质有着丰富的内涵，包括敢于竞争、敢于冒险的精神；脚踏实地、勤奋求实的务实态度；锲而不舍、坚定执着的顽强意志；不畏艰难、艰苦创业的心理准备；良好的心态自控能力、团队精神与协作意识等多方面的品质。

(3) 构建创业教育课程体系，培养学生创业能力

① 建立渗透创业教育内容的教育课程。高校必须改革传统的教学模式，增设创业教育课程，将其列为必选科目，采取多种形式的教学方式，丰富学生的创业学识，让他们了解和熟悉有关创办及管理小企业的知识和技能。

② 开设根据创业教育的具体目标专门设计的教育活动课程。在课外开展创业计划大赛、创业交流，开设创业教育课讲座等丰富多彩的形式实施创业教育课程，包括“网络教学”“实地考察”“企业家论坛”“创业计划(设计)”等环节，以拓宽学生学习的范围和视野，使课程更具启发性和实践性。定期举办对话交流论坛，请创业成功人士直接与学生进行面对面的对话，解答其在课堂学习中和实际创业中的疑难问题。

③ 创设环境类课程。创业环境建设分为硬环境和软环境两方面，硬环境如校园创业园区、小企业孵化器等。在校园内设立“创业园区”，学生可以提出项目申请，方案获通过后的学生根据自己的能力开办一些校内公司或在校内经商等。软环境如职业指导等，院系应成立由创业经验丰富的教师、企业管理人员和风险投资专家组成的创业指导小组，为学生在创业过程中提供适当的建议，从而避免学生盲目创业。

(4) 构建合理的知识结构，提高创业能力

① 大学课堂、图书馆与社团。创业者通过课堂学习能拥有一门过硬的专业知识，在创业过程中将受益无穷；图书馆通常能找到创业指导方面的报刊和图书，广泛阅读能增加对创业市场的认识；社团活动能锻炼各种综合能力，这是创业者积累经验必不可少的实践过程。

② 媒体资讯。一是纸质媒体，人才类、经济类媒体是首要选择。例如，比较出名的《21 世纪人才报》《21 世纪经济报道》《IT 经理人世界》等。二是网络媒体，管理类、人才类、专业创业类网站是必要选择。

③ 与商界人士广泛交流。不定期地邀请校内专家学者为学生开设更多的人文科学、自然科学讲座，邀请社会各界知名人士、校外专家学者来校举办讲座和报告，开阔学生的视野，完善学生的知识结构。

(5) 加强创业实践活动环节，培养学生的创业能力

① 组织学生参加科研和各种专业竞赛活动。大学生通过参加各种专业竞赛和科研活动，如“挑战杯”中国大学生课外科技作品竞赛和创业计划大赛，对于增强创新意识，锻炼和提高观察力、思维力、想象力和动手操作能力都是十分有益的。

② 以校内外创业基地为载体，组织学生参加创业实践。创业教育的落脚点在社会实践。学校要建立多种形式的校内外创业基地，以此为载体组织学生参加创业实践。一方面通过实习环节开展创业实践。另一方面，创业基地与社会建立广泛的外部联系网络，包括各种孵化器和科技园、风险投资机构、创业培训机构、创业资质评定机构、小企业开发中心、创业者校友联合会、创业者协会等，形成了一个高校、社区、企业良性互动式发展的创业教育生态系统，有效地开发和整

合社会各类创业资源。

总之，创业素质是创业者开始创业实践前所经历的物质与精神力量的聚集过程。它不仅有助于创业者明确创业目标，积极把握创业机遇，进行有效的创业决策和将创业计划付诸实施，而且有助于创业者在创业过程中克服各种困难、战胜各种挫折、解决各种问题、增强心理素质。因此，创业素质对创业者的成败起着决定作用，对大学生进行创业教育，切实加强对大学生创业素质的培养势在必行。

5.5 创业团队的组建与管理

案例分享：俞敏洪与他的创业团队

俞敏洪，1962 年 10 月出生于江苏江阴，1980 年考入北京大学西语系，毕业后留校担任北京大学外语系教师，1991 年 9 月，俞敏洪从北京大学辞职，开始自己的创业生涯。

1993 年，俞敏洪创办了新东方培训学校，创业伊始，俞敏洪单枪匹马，仅有一个不足十平方米的漏风的办公室里，零下十几度的天气，自己拎着浆糊桶到大街上张贴广告，招揽学员。

1994 年，俞敏洪已经投入 20 多万元，新东方已经有几千名学员，在北京也已经是一个响亮的牌子，他看到了一个巨大而诱人的教育市场。俞敏洪喜欢教书，他曾经说过：我这辈子什么都可以离开，就是不可以离开讲台。对教师职业的热爱和新东方的发展壮大，让他决定他不仅要做一个教师，一个校长，还要做一个教育家。

1. 聚集人才

就当时的大环境而言，随着出国热，以及人们在工作、学习、晋升等方面对英语的多样化要求，国内掀起了学习英语的热潮，越来越多的优秀教师加入到英语培训这个行业，如何先人一步，取得自己的竞争优势，把新东方做大做强，俞敏洪认识到英语培训行业必须要具备一流的师资。

俞敏洪需要找到更多的合作伙伴，帮他控制住英语培训各个环节的质量。而这样的人，不仅要有过硬的专业知识和能力，更要和俞敏洪有共同的办学理念。他首先想到的是远在美国的王强、加拿大的徐小平等人，这些人不仅符合业务扩展的要求，更重要的是这些人作为自己在北大时期的同学、好友，在思维上有着一定的共性，肯定比其他人能更好地理解并认同自己的办学理念，合作也会更坚固和长久。

经过俞敏洪的四处网罗，从 1994 年到 2000 年，杜子华、徐小平、王强、胡敏、包凡一、何庆权、钱永强、江博、周成刚等人陆续被俞敏洪网罗到了新东方的门下。

2. 构建团队

作为教育行业，师资构成了新东方的核心竞争力，但是如何让这支高精尖的队伍最大程度地发挥作用，俞敏洪从学员需求出发，秉持着一种“比别人多做一点，比别人做得好一点”的朴素的创新思维，合理架构自己的团队，寻找和抓住英语培训市场上别人不能提供或者忽略的服务，使新东方的业务体系得以不断完善。

1995 年，俞敏洪逐渐意识到，学生们对于英语培训的需求已经不只限于出国考试。比如，1995 年加入新东方的胡敏就应这种需求，开发出了雅思英语考试培训，大受欢迎，胡敏本人也因此被称为“胡雅思”。

徐小平、王强、包凡一、钱永强等人分别在出国咨询、基础英语、出版、网络等领域各尽所能，为新东方搭起了一条顺畅的产品链。徐小平开设的“美国签证哲学”课，把出国留学过程中一个大家关心的重要程序问题上升到一种人生哲学的高度，让学员在会心大笑中思路大开；王强开创的“美语思维”训练法，突破了一对一的口语训练模式；杜子华的“电影视听培训法”已经成为国内外语教学培训极有影响力的教学方法，新东方的老师很多都根据自己教学中的经验和心得著书立说，并形成了自身独有的特色，让新东方成为一个有思想、有创造力的地方。

俞敏洪的成功之处是为新东方组建了一支年轻而又充满激情和智慧的团队，俞敏洪的温厚，王强的爽直，徐小平的激情，杜子华的洒脱，包凡一的稳重，五个人的鲜明个性让新东方总是处在一种不甘平庸的氛围当中。

俞敏洪敢于选择这帮牛人作为创业伙伴，并且真的在一起做成了大事，成就了一个新东方传奇，从这一点来说，他是一个成功的创业团队领导者。他知道新东方人多是性情中人，从来不掩饰自己的情绪，也不愿迎合他人的想法，打交道都是直来直去，有话直说。因此，新东方形成了一种批判和宽容相结合的文化氛围，批判使新东方人敢于互相指责，纠正错误；宽容使新东方人在批判之后能够互相谅解，互相合作。这就是新东方人的特点：大家互相之间不记仇，不记恨，只计较到底谁对谁错谁公正。

这种源自北大精神的自由文化，是俞敏洪敢用“孙悟空”，而且是多个“孙悟空”的前提条件，这是新东方成功的关键因素之一。而另一个关键因素就是俞敏洪本人所具备的包容性，帮助他带领着一帮比他厉害的“牛人”，不仅将新东方从小做大，还完成了让局外人都为之捏了一把汗的股权改制。最令人意料不到的是，俞敏洪居然还将新东方带到了美国的资本市场，成为中国第一个在海外成功上市的民营教育机构。

5.5.1 创业团队及其重要性

在信息化高速发展的今天，创业英雄层出不穷。随着人们对创业成功者的深入分析，越来越能看到创业团队的重要性。每一个创业英雄背后一定有着创业团队的支撑。马云有今天的成绩，跟当年号称十八罗汉的创业伙伴的支持密不可分。Google、Facebook、Apple 这些享誉世界的创业公司无不在创业历程中经历着创业团队的组建、成长、更新。创业团队对于公司的创业成功来说是至关重要的。

1. 创业团队的内涵

创业团队是指在创业初期(包括企业成立前和成立早期)，由一群才能互补、责任共担、愿为共同的创业目标而奋斗的人所组成的特殊群体。

(1) 创业团队的特征

乔•卡岑巴赫在 1997 年发表文章认为团队应具有如下特征：

① 团队拥有一个共同的任务和目标；

② 成员同舟共济，共同承构风险与责任；

③ 成员间知识技能具有互补性；

④ 成员之间信息共享，彼此尊重、诚信；

⑤ 对团队的事务尽心竭力，全方位奉献。

(2) 创业团队的类型

按照创业团队的组建形式及团队成员的角色，可以将其分为以下两种类型：

① 核心主导创业团队。核心主导创业团队一般是有一个核心主导人物想到了一个商业创意或有了一个商业机会，然后自己充当领军角色，去物色和招募创业伙伴，组成所需的创业团队。

② 群体性创业团队。群体性创业团队的建立主要来自于因为经验、友谊和共同兴趣的关系而结缘的伙伴。在交往过程中，一起发现某一商机，共同认可某一创业想法，并就创业达成共识后，开始共同进行创业。

(3) 创业团队的要素

一般而言，创业团队由四大要素组成：

① 目标。目标是将人们的努力凝聚起来的要素，从本质上来说创业团队的根本目标都在于创造新价值。

② 人员。任何计划的实施最终还是要落实到人的身上去。人作为知识的载体，所拥有的知识对创业团队的贡献程度将决定企业在市场中的命运。

③ 团队成员的角色分配。即明确每个人在新创企业中担任的职务和承担的责任。

④ 创业计划。即制定成员在不同阶段分别要做哪些工作以及怎样做的指导计划。

2. 创业团队的作用

现代企业，需要的是少走从前的弯路，而从一开始就走规范化管理道路，因此，创业者在注册公司时就应该组建创业团队。一个好的创业团队对新创科技型企业的成功起着举足轻重的作用。新型风险企业的发展潜力(以及其打破创始人的自有资源限制，从私人投资者和风险资本支持手中吸引资本的能力)与企业管理团队的素质之间有着十分紧密的联系。一个喜欢独立奋斗的创业者固然可以谋生，然而一个团队的营造者却能够创建出一个组织或一个公司，而且是一个能够创造重要价值并有收益选择权的公司。创业团队的凝聚力、合作精神、立足长远目标的敬业精神会帮助新创企业渡过危难时刻，加快成长步伐。另外，团队成员之间的互补、协调以及与创业者之间的补充和平衡，对新创科技型企业起到了降低管理风险、提高管理水平的作用。

在一项针对 104 家高科技企业的研究报告中指出，在年销售额达到 500 万美元以上的高成长企业中，有 83.3%是以团队形式建立的；而在另外 73 家停止经营的企业中，仅有 53.8%有数位创始人。这一模式在一项关于“128 公路一百强”的研究中表现得更为明显：100 家创立时间较短、销售额高于平均数几倍的企业中 70%有多位创始人。

Arild Aspelund 对新创技术型公司的创业团队研究表明，创业是一个包含众多人的组织形成过程，特别是这个过程更为复杂的技术型公司要求输入更多的能力。Arild Aspelund 还研究了团队成员在创业过程的不同阶段个人经历、能力和资源控制水平对新企业死亡率的影响。认为，创业团队的素质能提高新创企业的生存状况；创业团队对技术型公司企业的生存影响最大的并不是团队本身的大小，而是团队成员的经历。另外，广泛的经验问题比团队的异质性影响更大。

(1) 能力互补

每个人的能力都有欠缺和不足的地方，但是可以通过团队的组建达到团队能力的完备。比如一个软件公司的创业团队，往往有人负责前台页面开发，有人负责后台技术实现，有人负责财务，有人负责销售。一个人具备方方面面的能力是不现实的，但是通过团队的组建，整个团队具备这样的能力是可能的。创业者需要从创业整体规划出发，明确哪些方面的技能和资源是自己所欠缺的。再以此来寻找相关具备此类技能和资源的合作者，整合每个人的资源和技能，共同发展。

(2) 工作分担

一辆汽车如果想要前进，必然有轮子、发动机、传送带等功能的部件互相协作。创、业是一个系统工程，有大量的工作需要完成，分担工作成为团队协作的一个基本功能。公司运营涉及人力资源、财务、行政、产品控制、市场推广等不同的角色，需要多岗位协同工作，共同参与、共同推进、相互配合，借助团队的力量来完成工作。

(3) 科学决策

通过团队决策可以保证最小的决策偏差，换句话说就是最大程度保证决策的正确性。大型企业为什么决策失败的概率很小，一个很要的原因就是科学的决策流程。决策不能是一个人拍拍脑门，重大事项的决策流程是需要先提出一个初步可行的方案，再经过头脑风暴、集体讨论进而确定决策结果。

(4) 资源整合

创业组建团队还有一个很重要的原因是可以资源互补。一个人所能协调的资源是有限的，而通过拥有不同资源的人组成团队可以更好地解决创业过程中遇到的困难。在组建创业团队时，除了要考虑资金，更需要考虑市场资源、客户资源、公共关系、行业经验、渠道等隐性的资源。

高绩效创业团队往往具备以下几个显著的特征：①明确可行的目标；②致力于企业价值的创造；③对企业的长期承诺；④互补的技能；⑤良好的沟通；⑥高度的凝聚力；⑦公平合理的股权分配机制；⑧合理分享经营成果。

5.5.2 创业团队的组建与管理

1. 创业团队组建的基本原则

(1) 目标明确合理原则

目标必须明确，这样才能使团队成员清楚地认识到共同的奋斗方向是什么。与此同时，目标也必须是合理的、切实可行的，这样才能真正达到激励的目的。

(2) 互补原则

创业者之所以寻求团队合作，其目的就在于弥补创业目标与自身能力间的差距。只有当团队成员相互间在知识、技能、经验等方面实现互补时，才有可能通过相互协作发挥出“1+1>2”的协同效应。

(3) 精简高效原则

为了减少创业期的运作成本、最大比例地分享成果，创业团队人员构成应在保证企业能高效运作的前提下尽量精简。

(4) 动态开放原则

创业过程是一个充满了不确定性的过程，团队中可能因为能力、观念等多种原因不断有人在离开，同时也有人在要求加入。因此，在组建创业团队时，应注意保持团队的动态性和开放性，使真正完美匹配的人员能被吸纳到创业团队中来。

2. 创业团队组建的主要影响因素

创业团队的组建受多种因素的影响，这些因素相互作用，共同影响着组建过程并进一步影响着团队建成后的运行效率。

(1) 创业者

创业者的能力和思想意识从根本上决定了是否要组建创业团队，以及团队组建的时间表和由哪些人组成团队。创业者只有在意识到组建团队可以弥补自身能力与创业目标之间存在的差距，才有可能考虑是否需要组建创业团队，以及对什么时候需要引进什么样的人员才能和自己形成互补做出准确判断。

(2) 商机

不同类型的商机需要不同类型的创业团队。创业者应根据创业者与商机间的匹配程度，决定是否要组建团队以及何时、如何组建团队。

(3) 团队目标与价值观

共同的价值观、统一的目标是组建创业团队的前提，团队成员若不认可团队目标，就不可能全心全意为此目标的实现而与其他团队成员相互合作、共同奋斗。而不同的价值观将直接导致团队成员在创业过程中脱离团队，进而削弱创业团队作用的发挥。没有一致的目标和共同的价值观，创业团队即使组建起来，也无法有效发挥协同作用，缺乏战斗力。

(4) 团队成员

团队成员的能力的总和决定了创业团队整体能力和发展潜力。创业团队成员的才能互补是组建创业团队的必要条件，而团队成员间的互信是形成团队的基础。互信的缺乏，将直接导致团队成员间协作障碍的出现。

(5) 外部环境

创业团队的生存和发展直接受到了制度性环境、基础设施服务、经济环境、社会环境、市场环境、资源环境等多种外部要素的影响，这些外部环境要素从宏观上间接地影响着对创业团队组建类型的需求。

3. 创业团队组建的程序及主要工作

创业团队的组建是一个相当复杂的过程，不同类型的创业项目所需的团队不一样，创建步骤也不完全相同。概括来讲，大致的组建程序及主要工作如下。

(1) 明确创业目标。创业团队的总目标就是要通过完成创业阶段的技术、市场、规划、组织、管理等各项工作实现企业从无到有、从起步到成熟。总目标确定之后，为了推动团队最终实现创业目标，再将总目标加以分解，设定若干可行的、阶段性的子目标。

(2) 制定创业计划。在确定了一个个阶段性子目标以及总目标之后，紧接着就要研究如何实现这些目标，这就需要制定周密的创业计划。创业计划是在对创业目标进行具体分解的基础上，以团队为整体来考虑的计划，创业计划确定了在不同的创业阶段需要完成的阶段性任务，通过逐步实现这些阶段性目标来最终实现创业目标。

(3) 招募合适的人员。招募合适的人员也是创业团队组建最关键的一步。关于创业团队成员的招募，主要应考虑两个方面：一是考虑互补性，即考虑其能否与其他成员在能力或技术上形成互补。这种互补性的形成既有助于强化团队成员间彼此的合作，又能保证整个团队的战斗力，更好地发挥团队的作用。一般而言，创业团队至少需要管理、技术和营销三个方面的人才，只有这三个方面的人才形成良好的沟通协作关系后，创业团队才可能实现稳定高效；二是考虑适度规模，适度的团队规模是保证团队高效运转的重要条件，团队成员太少则无法实现团队的功能和优势，而过多又可能会产生交流的障碍，团队很可能会分裂成许多较小的团体，进而大大削弱团队的凝聚力。一般认为，创业团队的规模控制在 2～12 人之间最佳。

(4) 职权划分。为了保证团队成员执行创业计划、顺利开展各项工作，必须预先在团队内部进行职权的划分。创业团队的职权划分就是根据执行创业计划的需要，具体确定每个团队成员所要担负的职责以及相应所享有的权限。团队成员间职权的划分必须明确，既要避免职权的重叠和交叉，也要避免无人承担造成工作上的疏漏。此外，由于还处于创业过程中，面临的创业环境又是动态复杂的，不断会出现新的问题，团队成员可能不断出现更换，因此创业团队成员的职权也应根据需要不断地进行调整。

(5) 构建创业团队制度体系。创业团队制度体系体现了创业团队对成员的控制和激励能力，主要包括了团队的各种约束制度和各种激励制度。一方面，创业团队通过各种约束制度(主要包括纪律条例、组织条例、财务条例、保密条例等)指导其成员避免做出不利于团队发展的行为，实现对其行为进行有效的约束、保证团队的稳定秩序。另一方面，创业团队要实现高效运作要具备有效的激励机制(主要包括利益分配方案、奖惩制度、考核标准、激励措施等)，使团队成员看到随着创业目标的实现，其自身利益将会得到怎样的改变，从而达到充分调动成员的积极性、最大限度发挥团队成员作用的目的。要实现有效的激励首先就必须把成员的收益模式界定清楚，尤其是关于股权、奖惩等与团队成员利益密切相关的事宜。需要注意的是，创业团队的制度体系应以规范化的书面形式确定下来，以免带来不必要的混乱。

(6) 团队的调整融合。完美组合的创业团队并非创业一开始就能建立起来的，很多时候是在企业创立一定时间以后随着企业的发展逐步形成的。随着团队的运作，团队组建时在人员匹配、制度设计、职权划分等方面的不合理之处会逐渐暴露出来，这时就需要对团队进行调整融合。由于问题的暴露需要一个过程，因此团队调整融合也应是一个动态持续的过程。在完成了前面的工作步骤之后，团队调整融合工作专门针对运行中出现的问题不断对前面的步骤进行调整直至满足实践需要为止。在进行团队调整融合的过程中，最为重要的是要保证团队成员间经常进行有效的沟通与协调，培养强化团队精神，提升团队士气。

4. 创业团队的管理

(1) 团队冲突分裂的原因分析

①过分追求民主，没有形成创业领袖人物；②创业团队盲目自信；③团队成员中个别成员有畏惧心理；④创业团队成员搭配不尽合理；⑤因为性格、个性、兴趣不合，导致磨合出现问题；⑥团队成员之间缺乏共同的创业目标、利益、思路、纲领、规则等；⑦团队成员中有些能力不适应企业发展的需要；⑧没有明确的利润分配方案。

(2) 加强团队建设的主要方面

①明确努力目标；②坚持公平原则；③理性角色定位；④积极有效沟通；⑤建章立制；⑥扩充团队。

5.5.3 创业团队的风险与风险控制

1. 创业团队构建的风险

(1) 盲目照搬成功的组建模式

创业团队的组建基本可以分成三种模式：关系驱动、要素驱动和价值驱动。关系驱动是指以创业领导者为核心的人际关系圈内成员构成团队。他们因为经验、友谊和共同兴趣结成合作伙伴，彼此发现商业机会后共同创业。要素驱动是指创业团队成员分别贡献创业所需的创意、资源和操作技能等要素。由于这些要素完全互补，团队成员之间处于相对平等的地位。价值驱动是指创业成员将创业视为一种实现自我价值的手段，他们的使命感很强，成功的冲动也很强。不同的组建模式适用的条件不尽相同。如果盲目照搬照套某种组建模式，会给企业带来巨大的风险。现在应用最广泛的是关系驱动模式，它比较适用中国文化的特点，其团队的稳定性相对较高。但是，关系的远近亲疏经常会成为制约团队发展的瓶颈。要素驱动模式比较符合西方文化的特点，现在的互联网创业团队大多属于这种模式，如果成员之间磨合顺利，可以缩短企业成功所需的时间，但是如果磨合不顺利，就很容易发生解散风险。价值驱动模式中的团队成员虽然是为了追求自我实现组合在一起的，但是一旦产生分歧，就是路线斗争，没有妥协的余地。

(2) 团队成员选择具有随意性和偶然性

创业团队是要将个体的力量整合为集聚的攻击力，并保持这种攻击力的持久性。英国学者贝尔宾曾经考察了 1000 多支团队，研究理想创业团队的构成，最后提出了“九种角色”论，即成功的团队必须包含九种不同角色的人。这九种角色分别是：提出创新观点并做出决策的创新者；将思想语言转化为行动的实干者；将目标分类，进行角色职责与义务分配的协调者；促进决策实施的推进者；引进信息与外部谈判的信息者；分析问题与看法并评估别人贡献的监督者；给予个人支持并帮助他人的凝聚者；强调任务的时效性并完成任务的完美主义者；具有专业技能和知识的专家。

但是，在组建初期由于规模和人数的限制，创业团队在成员选择方面考虑不够全面，过于随意和偶然，甚至只是因为碰巧谈到创业问题而一拍即合，所以不可能具备所有这九种角色，之后又没有进行及时的补充，或是在团队中承担某种角色的人才过多，团队成员之间角色和优势重复，这些都会引发各种矛盾，最终导致整个创业团队的散伙。

(3) 缺乏明确和一致的团队目标

心理学家马斯洛指出：杰出团队的显著特征是具有共同的愿景与目标。凝聚人心的愿景与经营理念是团队合作的基础。目标则是共同愿景在客观环境中的具体化，能够为团队成员指明方向，是团队运行的核心动力。

事实上，在创业初期，创业团队的目标一般并不十分清晰和明确，可能只是一个朦胧的发展方向，有些人甚至不明白自己为什么会走上创业的道路。而且即使创业领导者的目标明确，也不能保证其他成员都能够准确理解团队目标的含义。随着创业进程的推进以及外界环境的变化，团队成员可能会发现原先确定的目标和现实之间存在差距，必须对目标进行适当调整，此时如果团队成员之间意见难以调和，或是个人目标与组织目标出现较大的不一致，那么团队就会面临着解散的风险。

(4) 激励机制尤其是利润分配方式不完善

有效激励是企业长期保持团队士气的关键。如果缺乏有效的激励，团队或者组织的生命都难以长久，有效激励的重点是给予团队成员合理的“利益补偿”。根据 2004 年 6 月对 200 多位在职工商管理研修班的学员进行的《创业管理调查》结果得知，影响中国现阶段创业团队散伙的前两个主要原因是团队矛盾(26%)和利益分配(15%)。团队矛盾的背后或多或少存在利益的影响，因此可以看出，利益分配对于创业团队的持续长期发展有着重要的意义。

实际上，在团队组建初期，由于企业前途未卜，各成员在创业企业中的作用和贡献无法准确衡量，因此团队无法给出一个明确的利润分配方案，可能只是简单地采取平均主义的做法，这样，随着企业的发展和利润的增加，团队成员在利润分配时就会出现争议，从而导致创业团队解散。

2. 创业团队的风险控制

(1) 选择合理的团队成员

建立优势互补的创业团队是保持创业团队稳定性的关键，也是规避和降低团队组建模式风险的有效手段。在团队创建初期，人数不宜过多，能满足基本的要求即可。在成员选择上，要综合考虑成员在能力和技术上的互补性，基本保证具备理想团队所需的九种角色。而且，成员的能力和技术应该处于同一等级，不宜差异过大。如果团队成员在对项目的理解能力、表达能力、执行能力、社会资源能力、思维创新能力等方面存在较大的差异性，就会产生严重的沟通和执行障碍。

此外，在选择成员时还要考虑创业激情的影响。在企业初创期，所有成员每天都需要超负荷工作，如果缺乏创业激情和对事业的信心，不管其专业水平多高，都可能成为团队中的消极因素，对其他成员产生致命的负面影响。

(2) 确定清晰的创业目标

创业团队在实践中要不断总结和吸取教训，形成一致的创业思路，勾画出共同的目标，以此作为团队努力的目标和方向，鼓励团队成员积极掌握工作内容和职责，竭诚与他人合作交流，贡献个人能力。

创业团队的目标必须清晰明确，能够集中体现出团队成员的利益与团队成员的价值取向一致，并保证所有团队成员都能正确理解，这样才能发挥鼓励和激励团队成员的作用。此外，创业团队的目标还必须切实可行，既不应太高，也不应太低，而且能够跟着环境和组织的变化及时更新和调整。

(3) 制定有效的激励机制

正确判断团队成员的“利益需求”是有效激励的前提。实际上，不同类型的人员对于利益的需求并不完全一样，有些成员将物质追求放在第一位，而有些成员则是希望能够获得荣誉、发展机会、能力提高等其他利益。因此，创业团队的领导者必须加强与团队成员的交流，针对各成员的情况采取合理的激励措施。

创业团队的利润分配体系必须体现出个人贡献价值的差异，而且要以团队成员在整个创业过程中的表现为依据，而不仅是某一阶段的业绩。其具体分配方式要具有灵活性，既包括诸如股权、工资、奖金等物质利益，也包括个人成长机会和相关技能培训等内容，并且能够根据团队成员的期望进行适时调整。

【拓展阅读】2016 年全国大学生创业优惠政策汇总

为支持大学生创业，国家和各级政府出台了许多优惠政策，涉及融资、开业、税收、创业培训、创业指导等诸多方面。

2016 年两会上，李克强总理在政府工作报告中指出要把“大众创业、万众创新”打造成推动中国经济继续前行的“双引擎”之一。在首届中国“互联网+”大学生创新创业大赛总决赛举行时，李克强总理曾批示：“大学生是实施创新驱动发展战略和推进大众创业、万众创新的生力军”。2016年4月21日和6月10日，有关扶持大学生创业的内容也两次被列为国务院常务会议议题。

国务院关于大学生创业的优惠政策如下。

资金支持：对符合条件的大学生自主创业的，可在创业地按规定申请创业担保贷款，贷款额度为10万元；毕业2年以内的普通高校学生从事个体经营(除国家限制的行业外)的，自其在工商部门首次注册登记之日起3年内，免收管理类、登记类和证照类等有关行政事业性收费；还有相关的税收优惠和贴息。

提供免费服务：有创业意愿的大学生，可免费获得公共就业和人才服务机构提供的创业指导服务，包括政策咨询、信息服务、项目开发、风险评估、开业指导、融资服务、跟踪扶持等“一条龙”创业服务；自主创业大学生可享受各地各高校对自主创业学生实行的持续帮扶、全程指导、一站式服务，同时开设创新创业教育课程强化创新创业实践。

不仅如此，各省市对大学生自主创业也非常重视，根据本地需求提供了更具体的支持和鼓励优惠政策。综合来看，到目前为止，国家鼓励高校毕业生就业创业的新政策主要包括以下内容:

(1) 民办企业“三证合一”。深化商事制度改革，进一步落实注册资本登记制度改革，坚决推行工商营业执照、组织机构代码证、税务登记证“三证合一”，年内出台推进“三证合一”登记制度改革意见和统一社会信用代码方案，实现“一照一码”。

(2) 注册企业场所可“一址多照”。放宽新注册企业场所登记条件限制，推动“一址多照”、集群注册等住所登记改革。

(3) 推进创客空间等孵化模式。总结推广创客空间、创业咖啡、创新工场等新型孵化模式，加快发展市场化、专业化、集成化、网络化的众创空间，实现创新与创业、线上与线下、孵化与投资相结合，为创业者提供低成本、便利化、全要素、开放式的综合服务平台和发展空间。

(4) 众创空间税收优惠。落实科技企业孵化器、大学科技园的税收优惠政策，对符合条件的众创空间等新型孵化机构适用科技企业孵化器税收优惠政策。有条件的地方可对众创空间的房租、宽带网络、公共软件等给予适当补贴。

(5) 创业担保贷款提高额度。将小额担保贷款调整为创业担保贷款，针对有创业要求、具备一定创业条件但缺乏创业资金的就业重点群体和困难人员，提高其金融服务可获得性，明确支持对象、标准和条件，贷款最高额度由针对不同群体的5万元、8万元、10万元不等统一调整为10万元。鼓励金融机构参照贷款基础利率，结合风险分担情况，合理确定贷款利率水平，对个人发放的创业担保贷款，在贷款基础利率基础上上浮3个百分点以内的，由财政给予贴息。

(6) 整合发展就业创业基金。整合发展高校毕业生就业创业基金，完善管理体制和市场化运行机制，实现基金滚动使用，为高校毕业生就业创业提供支持。

(7) 税收减免。高校毕业生等重点群体创办个体工商户、个人独资企业的，可依法享受税收减免政策。毕业年度内高校毕业生从事个体经营，在3年内以每户每年8000元为限额依次扣减当年应缴纳的营业税、城市维护建设税、教育费附加、地方教育附加和个人所得税，限额标准最高可上浮20%。

(8) 优先转移科技成果。鼓励利用财政性资金设立的科研机构、普通高校、职业院校，通过合作实施、转让、许可和投资等方式，向高校毕业生创设的小微企业优先转移科技成果。

(9) 支持举办创新创业活动。支持举办创业训练营、创业创新大赛、创新成果和创业项目展示推介等活动，搭建创业者交流平台，培育创业文化，营造鼓励创业、宽容失败的良好社会氛围，让大众创业、万众创新蔚然成风。对劳动者创办社会组织、从事网络创业符合条件的，给予相应创业扶持政策。

(10) 大力加强创业教育。把创新创业课程纳入国民教育体系。《国务院办公厅关于深化高等学校创新创业教育改革的实施意见》(国办发〔2015〕36 号)从健全创新创业教育课程体系、创新人才培养机制、改进创业指导服务等 9 个方面促进大学生创新创业。

【思考练习题】

(1) 什么是创业？你想创业吗？列举一下你身边的创业机会。

(2) 试列举成功的创业者应该具备的素质，谈谈你应该怎样去培养自己的这些素质。

(3) 为什么创业需要组建创业团队？谈一谈你有哪些管理创业团队的好办法。

(4) 简述创业型经济的概念与内涵，并列举创业经济能给社会带来的改变。

第 6 章 创业机会

机会不会上门来找；只有人去找机会。

——狄更斯

好花盛开，就该尽先摘，慎莫待美景难再，否则一瞬间，它就要凋零萎谢，落在尘埃。

——莎士比亚

最大是一个结果，不是原因。不是因为你要做最大就会成为最大，而是我要做最好，最后自然发展为最大。

——冯仑

孙正义跟我有同一个观点，一个方案是一流的 Idea 加三流的实施；另外一个方案，一流的实施，三流的 Idea，哪个好?我们俩同时选择一流的实施，三流的 Idea。

——马云

【本章知识点】

- 什么是创业机会？
- 如何分析创业机会？
- 怎样分析创业项目？
- 我国的创业环境及适合大学生创业的项目是怎么样的？

6.1 创业机会概述

案例分享：一张报纸成就了“指甲钳大王”

梁伯强，广东中山圣雅伦公司总经理，中国“隐形冠军”形象代言人。这位被誉为“指甲钳大王”的梁伯强，决定生产指甲钳却是因为一张报纸。1998 年底，梁伯强在看报纸时发现了一条新闻，这篇名为《话说指甲钳》的文章让梁伯强的命运从此改变。文章写道，当时的朱镕基总理在参加一次会议时讲道：“要盯住市场缺口找出路，比如指甲钳子，我没用过一个好的指甲钳子，我们生产的指甲钳子，剪了两天就剪不动指甲了，使大劲也剪不断。”朱镕基总理以小小的指甲钳为例，要求轻工企业努力提高产品质量，开发新产品。梁伯强从这一句话中发现了指甲钳的商机。梁伯强心动了，兴致勃勃地开始对全国市场进行考察。考察完，梁伯强很意外地发现，很多生产指甲钳的工厂都倒闭了。为什么几个大厂会倒闭呢？根据调查，他发现一方面，商场零售都被外国品牌占据，国内老厂不断倒闭；另一方面，批发市场群雄逐鹿，热火朝天。抱着试试看的态度，梁伯强生产出第一批指甲钳，没想到，产品还没正式面世，就有几千万的订单找上门，这更坚定了他把指甲钳做下去的决心。

6.1.1 创业机会的概念及特征

1. 创业机会的概念

创业是建立在机会的基础上。顾名思义，机会即恰好的时候、时机。创业机会，又称商业机会或者市场机会，通常，创业机会有以下几种常见定义：

(1) 创业机会是指可以为购买者或使用者创造或增加价值的产品或服务，它具有吸引力、持久性和适时性。

(2) 创业机会是可以引入新产品、新服务、新原材料和新组织方式，并能以高于成本价出售的情况。

(3) 创业机会是一种新的“目的—手段”关系，它能为经济活动引入新产品、新服务、新原材料、新市场或新组织方式。

(4) 创业机会是指具有较强吸引力的、较为持久的有利于创业的商业机会，创业者据此可以为客户提供有价值的产品或服务，并同时使创业者自身获益。综上所述，对于创业机会我们可以得出较为全面的概念：

创业机会，是指在市场经济条件下，社会的经济活动过程中形成和产生的一种有利于企业经营成功的因素，是一种带有偶然性并能被经营者认识和利用的契机。

大多数创业者都是把握了商业机会从而成功创业，例如，蒙牛的牛根生看到了乳业市场的商机；好利来的罗红看到了蛋糕市场的商机。在现实生活中，这样的例子不胜枚举。但是，仅有少数创业者能够把握创业机会从而成功创业，一旦创业成功，不仅会改变人们的生活和休闲方式，甚至能创造出了新的产业，随着人们对创业机会价值潜力的探索，会逐渐衍生出一系列的商业机会，从而滋生出更多的创业活动，例如互联网创业的例子。

2. 创业机会的特征

创业机会如同沙中的黄金，其稀缺性和难以捕捉性显而易见，需用独特的创业视角和方法才能发现，创业机会具有如下特征：

(1) 模糊性。创业机会永远是“浑水”中的鱼，是隐藏于模糊的环境中尚未清晰显现的市场需求，一旦清晰，商机也就不存在了。商机的模糊性隐藏着商机的风险性，创业机会与创业陷阱只有一步之遥。

(2) 适度风险性。创业机会中的利益与风险永远是对等的。创业者通过承担风险获得剩余价值，而工人通过转嫁风险获得工资，适度挑战风险但不做冒险家，看重结果而不计较损失、善于捕获那些祈求太平的人们称之为“铤而走险”的机会而获得的高价值收入，是创业家的三大人格特征。所有的创业机会均具有风险性。

(3) 适时性。创业机会产生于一个特定时间，同时，在特定的时间才有效用，所以要善于在有效的机会实效内抓住和利用机会。

(4) 普遍性。凡是有市场、有经营的地方，客观上就存在着创业机会。创业机会普遍存在于各种经营活动过程之中。

(5) 较高回报性。商机是一种潜在的高价值回报的市场需求。商机所蕴含的潜在的高价值是令人激动的，对商机高价值的发现和期待是激情创业的主要诱因和原动力。

(6) 潜在增长性。创业机会是外部环境因素中一种尚未明显的，具有足够潜在增长空间的正向市场需求趋势。

(7) 存在于未被发现和未被满足的市场需求中。商业机会是未被发现和未被满足的市场需求，它往往隐藏于市场的夹缝中。创业活动不仅仅是满足市场的需求，更是创造市场的需求。如人们有通信的需求，但 E-mail、微信则是创造的需求。

6.1.2 创业机会的来源及类型

创业机会来源于环境的变化及其他各种各样的因素，其根源在于事物的变化(包括产品、服务、市场等方面)。本小节从理论和我国的创业机会的来源进行了详述。

1. 创业机会的理论来源

对于创业机会的来源，理论界尚未形成权威共识，不同学者有不同的看法。

1) 彼得·德鲁克的研究

(1) 意料之外的事件：意外的成功、意外的外在事件。

(2) 不一致的状况：实际现状和预料中的状况不一致。

(3) 基本程序需要的创新和发明。

(4) 基于产业和市场结构的变化，以出其不意的方式降临到每个人身上。

(5) 人口统计特征(人口变动状况)。

(6) 认知、情绪和意义上的改变。

(7) 新认识：包括科学和非科学。

2) Olm 和 Wddy 的研究

(1) 先前的工作经验，曾经在此获取市场机会、供货商和客户。

(2) 从有创意的他人处获得机会。

(3) 得到某一权力、授权或者特许权，购得一个未完整发展的产品。

(4) 与熟知某一社会、专业或者科技领域的专家接触所引发的。

(5) 研究资料所得：最新研究报告、搜寻最新的公告专利、与特殊领域专家面谈等。

(6) 搜寻研究先前市场失败的案例，在不同情境下可能成功。

(7) 复制别人的成功经验，应用于不同市场。

(8) 把嗜好、兴趣、业余喜好转化成为事业机会。

(9) 在个人的经验基础上，发展出事业化的需求。

(10) 根据个人所需，进行研究发展。

3) 约瑟夫·熊彼特的研究

(1) 创造新产品或者服务。

(2) 对现有产品或服务的品质或者等级引入明显的改善。

(3) 引入生产的新工艺。

(4) 打开新市场：①创造或获取供应的新来源；②产业内组织的新形态。

4) 杰弗里·蒂蒙斯的研究

(1) 法规的改变，如电信法松绑。

(2) 技术的快速变革。

(3) 价值链或者供销渠道的重组。

(4) 技术的创新。

(5) 现有管理或者投资者的不良管理或者没落。

(6) 具有创业精神的领导者。

(7) 市场领导受限于客户需求，忽视下一波客户的需求。

2. 我国创业机会主要来源

1) 资本市场的商机

我国的资本市场开办至今，已经形成主板、中小板、创业板、三板(含新三板)市场。研究表明，股票市场开启15年内，是机会之窗敞开之时。资本市场的高价值回报是惊人的，如华谊兄弟公司2009年创业板首批上市，制造了14名亿万富翁。从商机的高价值特征角度看，公司上市是目前我国最大的商机，如复旦大学新闻学院研究生龚海燕在2003年读研期间创办了婚恋网站“世纪佳缘”。2011年，“世纪佳缘”在美国纳斯达克上市，最高融资为8520万美元。龚海燕的案例告诉我们，为上市而创业，可成为大学生的梦想，上市无国界，有这样梦想的大学生首先要研究海内外都有什么股票市场，对应怎样的上市条件？哪些股票市场适合创业企业上市？并思考自己创业应加入什么行业？主营什么业务？怎样选择公司的法律形式？

2) 政府资源商机

海尔掌门人张瑞敏曾经提出“三只眼”理论，即中国的企业家一只眼盯住内部管理，实现企业利润的最大化；另一只眼要盯住市场，实现市场效益的最大化；第三只眼要盯住市场，实现资源与机会的最大化。各级政府拥有土地、资金、市场准入、司法控制权等巨大的资源和机会，在农业、农村、城建、民生工程、区域经济发展等领域，各级政府不仅是倡导者，有时还直接参与其中。在上述领域创业，就要把政府资源视为环境机会，纳入创业机会的管理范畴。如果创业项目的目标客户是政府，那么创业者将接受与强势客户建立关系网络的挑战。政府顾客购买具有以下特点：

(1) 政府是一个巨大的强势买主。

(2) 政府购买对产品有特殊要求，不仅对产品内在质量和交货期有严格要求，而且在意提供产品的企业的公共形象。

(3) 政府要根据《中华人民共和国政府采购法》进行购买。

能够提供政府急需的产品与服务(特别是带有时效性、政治性和社会性的产品与服务)以及深厚的网络关系和信任，往往成为与政府做生意的关键。以此，大学生创业者要关心时事政治，关心社会热点问题，关注国家宏观经济调控政策，关注政府年度工作计划，建立政府信任。

3) 变化带来的商机

创业机会大都产生于不断变化的市场环境，环境变化了，市场需求、市场结构必然发生变化，就会给各行各业带来商机。变化是创业机会的重要来源，没有变化就没有创业机会，人们通过这些变化，常常就会发现新的创业机会。尤其近年，经济活动的多样化为创业拓展了新途径。一方面，第三产业的发展为中小企业提供了非常多的成长点，现代社会人们对信息情报、咨询、文化教育、金融、服务、修理、运输、娱乐等行业提出了更多更高的需求，从而使社会经济活动中的第三产业日益发展。由于第三产业一般不需要大规模的设备投资，它的发展为中小企业的经营和发展提供了广阔的空间。另一方面，社会需求的易变性、高级化、多样化和个性化，使产品向优质化、多品种、小批量、更新快等方面发展，也有力地刺激了中小企业的发展。另外，产业结构的调整与国企改革为创业提供了新契机。党的十六大报告指出，“要深化国有企业改革，进一步探索公有制特别是国有制的多种有效实现形式，大力推进企业的体制、技术和管理创新。除极少数必须有国家独资经营的企业外，积极推进股份制，发展混合所有制经济。”因此，随着国企改革的推进，民营中小企业除了涉足制造业、商贸餐饮服务业、房地产等传统业务领域外，将逐步介入中介服务、生物医药、大型制造等有更多创业机会的领域。

3. 创业机会的主要类型

当我们发现一个潜在的创业机会后，需要进一步明确这个创业机会的类型。对于同一个问题，因为创业机会的类型不同，需要的资源、知识产权保护方式、产品研发投入、承担的风险都不同。重要的是，了解创业机会的类型，能够帮助人们准确分析这个机会是不是真正的商机，是不是真正值得投资。

1) 复制型创业机会

复制型创业机会(entrepreneurial reproduction) 是在市场和产品都很明确的情况下，复制已有的创业模式。这样的企业都有成功的案例，有机可循。这样的创业机会比较容易识别，属于一种显性的创业机会。看到了这样的问题，也就找到了创业机会。复制型创业机会的特点是进入门槛低，竞争激烈。所以，必须找到供需之间确实存在问题的行业，才能够盈利和持久。主要的复制型创业机会包括：网店、连锁店、加盟店等。

2) 模仿型创业机会

模仿型创业机会(entrepreneurial imitation)是指对一种已经成功的创业模式进行改良，从一个市场移植到新的市场，或者从一个地方移植到另一个地方，所以这样的机会也称移植型机会。比如，QQ 最初模仿了国外的 ICQ，再结合中国人的习惯和市场进行改进和完善。其他类似的例子包括搜索引擎、网上支付、电商平台、电视广告、手机叫车等大都是复制后进行一定的改进。

3) 增值型创业机会

增值型创业机会(entrepreneurial valorization)是通过一种全新的或者大幅度改进的产品来满足已知的用户需求的创业方式。创新的产品会比原有的旧产品提供更高价值或更高性价比。以教学为例，很多初创企业提供全新的教学用品，甚至是突破性或者破坏性的创新产品，来满足教学的要求。例如：白板替代了黑板，PPT 配合投影仪替代了白板，而慕课(大型网络公开课)大有可能替代现有的 PPT 加投影仪的教学模式。增值型创业主要依靠新产品的开发，这样的创业机会有时候是解决现有的问题。出租车行业作为传统行业已经有较长的历史，但似乎只有复制型创业的例子，这个行业已经基本饱和，然而在高峰期仍然有很多人打不到出租车，手机叫车软件发现了这个问题和需求，并提供了方便快捷的打车和支付方式，给传统的出租车行业带来冲击，甚至有可能是一个破坏性的创新创业。增值型创业既需要坚实的专业技术知识和创新能力，也需要敏锐的观察力和发现所在市场的各种问题和需求能力。

4) 风险型创业机会

风险型创业机会(entrepreneurial venture)往往是利用某种技术或社会发展趋势带来的创业机遇而创造出全新的产品、全新的市场甚至全新的行业。风险型创业机会属于典型的机遇型创业的一种。准确地说，是借助新趋势而开拓的新的创业机会。这样的趋势包括技术变革、政治和制度变革、社会变革、人口结构变化和产业结构变革等。风险型创业机会的市场、产品都是不确定和高度创新的，所以风险高，失败机会大。风险型创业必须借助一个大的趋势，不然很难达到一定的规模。所以关注某个领域的重大进步，深入学习和参与某个行业的技术发展，关注新闻和时事报道，有利于发现潜在的创业机会。风险型创业属于隐形创业机会，不是发现机会，而是创造机会。例如中国新城镇发展、老龄化、纳米技术、航天技术、新能源技术等都可能带来新的创业机会。

四种创业机会的比较如表 6-1 所示。

表 6-1　四种创业机会的比较

项目机会类型	复制型创业机会	模仿型创业机会	增值型创业机会	风险型创业机会
机会特征	高度显性	中度显性	中度隐性	高度隐性
识别难度	低	比较低	比较高	很高
创业风险	低	比较低	比较高	很高
自主创新程度	很低	比较低	比较高	比较高

6.1.3 创业机会的意义

我们之所以关注创业机会，是因为创业活动的本质是发现和把握商机，创业机会的意义主要体现在以下几个方面：

1. 获得商机中的潜在价值

商道的本质是利用机会获得价值，无论是阿里巴巴的创始人马云，腾讯的创始人马化腾，还是京东商城的创始人刘强东，无一不是被商机中所蕴含的高价值所吸引、驱动，并牢牢地把握住环境机会而成功创业。高价值商机是大学生创业者的首要资源，从资源角度看，大学生是创业的弱势群体，他们缺少创业的人、财、物、经验、社会关系等资源，但当代大学生并不缺少对价值商机的发现能力和把握商机的设计能力。对于一无所有的大学生来说，高价值商机(特别是专业领域内的高价值商机)是社会给予他们的独特资源，只要发现和把握了这一关键资源，就能以股份制方式，组织到创业所需要的资金、人员等其他资源。

2. 学会用第一桶金支付企业的费用

企业一旦建立，首先产生的是费用，而不是利润。如果创业者在开办企业之前，没能发现一个利润远远大于费用的商机，并能够把握它，迅速获得第一桶金，那么企业一旦开张，创业者就会陷入生存的困境中。因此，创业的本质不是筹笔款子注册公司，企业活动的本质是发现商机、把握商机、获得高价值的长期盈利。商机是一个活动的靶子。在多变的市场环境下，企业若要获得长期的商业利润，就要不断地发现环境机会，把握创新的时机，不断创造价值和谋求成长。在商机管理时代，创业是科学，也是艺术，但更是实践。有志创业的大学生，首先，要建立起没有商机不创业的原则；其次，要学专业、想创业，学习发现商机的创新方法，作发现商机的有心人；最后，要积极参与大学生创新训练项目、创业训练项目，从中发现商机，体悟创业精神，积累创业资源，等待时机！

6.2 创业机会分析

案例分享：牛仔裤的诞生

大家都知道牛仔裤的发明人是美国的李维斯。当初他跟着一大批人去西部淘金，途中一条大河拦住了去路，许多人感到愤怒，但李维斯却说“棒极了！”他设法租了一条船给想过河的人摆渡，结果赚了不少钱。不久摆渡的生意被人抢走了，李维斯又说“棒极了！”因为采矿出汗很多饮用水很紧张，于是别人采矿他卖水，又赚了不少钱。后来卖水的生意又被抢走了，李维斯又说“棒极了！”因为采矿时工人跪在地上，裤子的膝盖部分特别容易磨破，而矿区里却有许多被人抛弃的帆布帐篷，李维斯就把这些旧帐篷收集起来洗干净，做成裤子销量很好，“牛仔裤”就是这样诞生的。李维斯将问题当作机会，最终实现了致富梦想，得益于他有一种乐观、开朗的积极心态。

6.2.1 创业机会识别

创业机会识别是创业领域的关键问题之一。从创业过程角度来说，它是创业的起点。创业过程就是围绕着机会进行识别、开发、利用的过程。识别正确的创业机会是创业者应当具备的重要技能。创业机会以不同形式出现。在机会识别阶段，创业者需要弄清楚机会在哪里和怎样去寻找。对创业者来说，在现有的市场中发现创业机会，是很自然和较经济的选择。一方面，它与我们的生活息息相关，能真实地感觉到市场机会的存在；另一方面，由于总有尚未全部满足的需求，在现有市场中创业，能减少机会的搜寻成本，降低创业风险，有利于成功创业。现有的创业机会存在于：不完全竞争下的市场空隙、规模经济下的市场空间、企业集群下的市场空缺等。

1. 有价值的创业机会的基本特征

一般而言，有价值的创业机会有以下特征：

(1) 在前景市场中，前五年中的市场需求会稳步增长。

(2) 创业者能够获得利用该机会所需的关键资源。

(3) 创业者不会被锁定在“刚性的创业路径”上，而是可以从中途调整创业的“技术路径”。

(4) 创业者有可能创造新的市场需求。

(5) 特定机会的商业风险是明朗的，且至少有部分创业者能够承受相应风险。

2. 创业机会的识别过程

创业者从复杂和梦幻般的创意中选择了她心目中的创业机会，接下来是组织资源着力开发这一机会，直至最终收获成功。这一过程中，机会的潜在预期价值以及创业者的自身能力得到反复的权衡，创业者对创业机会的战略定位也越来越明确，这一过程称为机会的识别过程。创业机会的识别是创业领域的关键问题之一。从创业者的角度讲，它是创业的起点，创业机会识别过程是一个不断调整、反复均衡的过程。他分为三个阶段：机会搜寻阶段、机会识别阶段、机会评价阶段(见图 6-1)。

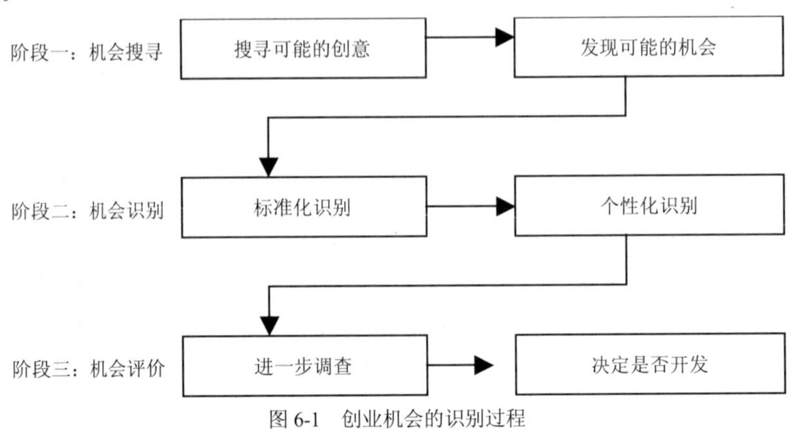

图 6-1　创业机会的识别过程

1) 机会搜寻阶段

这一阶段创业者对整个经济系统中可能的创意展开搜索，如果创业者意识到某一创意可能是潜在的商业机会，具有潜在的发展价值，就将进入机会识别的下一阶段。

(1) 根据创意，明确研究的目的或目标。例如，创业者可能会认为他们的产品或服务存在一个市场，但他们不能确信：产品或服务如果以某种形式出现，谁将是顾客。这样，一个目标便是向人们询问他们如何看待该产品或服务，是否愿意购买，并了解有关人口统计的背景资料和消费者个人的态度。当然，还有其他目标，如了解有多少潜在顾客愿意购买该产品或服务，潜在的顾客愿意在哪里购买，以及预期会在哪里听说或了解该产品或服务等。

(2) 从已有数据或第二手资料中收集信息。这些信息主要来自于商贸杂志、图书馆、政府机构、大学或专门的咨询机构以及互联网等。

2) 机会的识别阶段

识别创业机会是思考和探索互动反复，并将创意进行转变的过程。这里的机会识别是指从创意中选择合适的机会。

这一过程包括两个步骤：首先是通过对整体的市场环境以及一般的行业分析来判断该机会是否在广泛意义上属于有利的商业机会；第二步是考察对于特定的创业者和投资者来说，这一机会是否有价值，也就是个性化的机会识别阶段。

3) 机会的评价阶段

评价是仔细审查创意并分析其是否可行的阶段，考查的内容主要是各项财务指标的预测分析、技术方案评价、市场潜力评价、创业团队和资源的酝酿等，通过机会的评价，创业者决定是否正式组建企业和吸引投资。

6.2.2 创业机会的评价

所有的创业行为都来自绝佳的创业机会，创业团队与投资者均对创业前景有极高的期待，创业家更是对创业机会在未来所能带来的丰厚利润满怀信心。不过我们都知道，几乎九成以上的创业梦想最后都落空。事实上，新创业获得成功的概率大约不到 1%。成功与失败之间，除了不可控制的因素之外，显然有很多创业机会在刚开始的时候就可能已经注定失败的命运。创业本身是一种高风险行为，即使失败也可能成为下一次创业成功的基础。不过，一些先天条件不好，市场进入时机不对，或者具有致命瑕疵的创业构想，创业者如果能先以较客观的方式进行评估，那么许多悲剧式的结局就不至于一再发生，创业成功的概率也可以大幅度提升。因此创业者需要借助“机会选择漏斗”，经过一层又一层的筛选，在众多机会中筛选出真正适合自己的创业机会。所以创业机会评价是创业的重要环节。

1. 创业机会评价的内容

(1) 行业和市场。一个关键的问题就是创业想法是否有市场。这个市场是否由有购买力及愿意并能够购买你的产品或者服务的消费者组成。因此，满足消费者的需求还要考虑合适的价格、地点和时间。想要成为创业者需要搜集这些信息。可以获取一些公开发表的信息来源，包括图书馆、政府部门、大学、互联网、报纸等。

(2) 机会窗的大小。机会经常被称为一扇窗户。也就是说，他是真实存在的，但他不是永远都敞开的。随着时间的推移，市场以不同的速度在增长，市场变得更大，确定市场的难度就更大，因此时机的选择很重要。另外一个问题是要了解窗户打开的时间长度，能否在窗户关闭之前把握和抓住机会。

(3) 创业者的个人目标和能力。对于任何投资创业的人，是否愿意承担风险是一个重要的问题。个人的动机是成功创业者的本质特征。因此，除非一个人真的想要创办一个企业，否则他是不愿意承担风险的。相关的另一个问题就是潜在的创业者是否具备创业必需的能力(包括知识、技能和特质)。如不具备，他们是否能够学习并提高这些能力。这对于创业成功非常重要。

(4) 团队管理。在许多风险投资尤其是涉及大量资金、高风险、成熟的市场、激烈的竞争等特点的投资中，管理团队是一个衡量投资吸引力的重要指标。该团队在相同或者相关行业和市场中的技能和经验通常决定了企业的成败。

(5) 竞争。一个吸引人的机会必需具备某些竞争优势。例如，在与市场中同类产品相比成本更低或者质量更好。另外，进入市场的壁垒问题，如需要大量的资金投入、保护(专利权)、合同优势等，是决定投资或者投资与否的重要因素。

(6) 资源。掌握可用的资金、技术和其他必须的资源将决定是否可以利用某个机会。一般规则是，如果某个想法、产品或服务在某个地区有一定的市场，条件越难满足，企业越有吸引力。

(7) 环境。企业的外部环境对于机会的吸引力有着深远的影响。我们谈及的环境不仅仅包括自然环境，而且还包括政治、经济、地理、法律等社会环境。

(8) 可行性研究和创业计划。投资者和贷款人都要考虑到以上相关问题并以创业计划书的形式展现出来。一个市场论证严格、文字表述清晰、内容简洁有效的创业计划书也在评估范围内。

2. 创业机会的评价准则

针对创业机会的市场与效益，评估准则有如下两种：

1) 市场评估准则

市场评估准则包括六个方面：

(1) 市场定位。包括市场定位是否明确、顾客需求分析是否清晰、顾客接触通道是否流畅、产品是否持续衍生等，来判断创业机会可能创造的市场价值。

(2) 市场结构。对创业机会的市场结构进行六项分析：进入障碍、供货商、顾客、经销商的谈判力量、替代产品的威胁和市场内部竞争对手的反击程度。

(3) 市场规模。市场规模大，进入障碍相对较低，市场竞争激烈程度也会略微下降。若要进入的是一个十分成熟的市场，那么利润空间会很小，不值得进入；若是一个成长中的市场，只要时机正确，必然会有获利空间。

(4) 市场渗透力。对于一个具有巨大市场潜力的创业机会，市场渗透力评估将是非常重要的。应该选择在最佳的时机进入市场，也就是市场需求正要大幅增长之际。

(5) 市场占有率。一般而言，要成为市场的领导者，至少需要拥有 20%以上的市场占有率，若低于 5%的市场占有率，则这个企业市场竞争力不高，不具有投资价值。

(6) 产品的成本结构。从物料与人工成本所占比重之高低、变动成本与固定成本的比重以及经营规模的大小，可以判断企业创造附加价值的幅度以及未来可能的获利空间。

2) 效益评估准则

效益评估准则包括如下四个方面：

(1) 合理的税后净利。一般而言，具有吸引力的创业机会，至少需要能够创造15%以上的税后净利。如果创业预期的税后净利是在5%以下，那么这就不是个很好的投资机会。

(2) 达到损益平衡所需时间。合理的损益平衡时间应该在两年之内达到，如果三年还达不到盈亏平衡，通常评价为不值得投资项目。

(3) 投资回报率。考虑到创业面临的各种风险，合理地投资回报率应该在 25%以上，而 15%以下的投资回报率通常评价为不值得投资项目。

(4) 资本需求。资本需求量较低的创业机会，投资者一般会比较欢迎，通常，知识越密集的创业机会，对资金的需求量越低，投资回报反而越高。

3. 创业机会的评价方法

如果创业机会难以衡量或评价，那么创业机会的研究就会停留在概念层面，难以真正深入研究机会与创业过程中其他因素的关系与作用机制。在机会开发过程的各阶段，创业者会对潜在的市场或资源进行非正式的研究，对机会做出多次评价，这些评价会使创业者识别出其他的新机会或调整其最初的看法。通过循环反复的“识别—评价—开发—识别”步骤，一个最初的商业概念或创意就会逐步完善起来。创业机会的主要评价方法如下所述。

1) 定量分析方法

(1) 蒂蒙斯的机会评估法

著名的创业学家蒂蒙斯总结概括了一个评价创业机会的框架体系，如表 6-2 所示。其中涉及八大类分项指标的创业机会评价模型，该模型是目前包含评价指标比较完全的一个体系。通过一种量化的方式，创业者可以利用这个体系模型对行业和市场问题、竞争优势、经济结构和收获、管理团队、致命缺陷问题作出判断，以及这些要素加起来是否可以组成一个有足够吸引力的商机。一些风险投资商和创业大赛都是借用该模型对创业项目进行评价的。

表 6-2 蒂蒙斯机会评估标准表

评价要素	评价指标
经济因素	1. 达到盈亏平衡点所需要的时间在 1.5～2 年以下 2. 盈亏平衡点不会逐渐提高 3. 投资回报率在 25 %以上 4. 项目对资金的要求不是很大，能够获得融资 5. 销售额的年增长率高于 15 % 6. 有良好的现金流量，能占到销售额的 20%～30 %以上 7. 能获得持久的毛利，毛利率要达到 40 %以上 8. 能获得持久的税后利润，税后利润率要超过 10 % 9. 资产集中程度低 10. 运营资金不多，需求量是逐渐增加的 11. 研究开发工作对资金的要求不高
收获条件	1. 项目带来的附加价值具有较高的战略意义 2. 存在现有的或可预料的退出方式 3. 资本市场环境有利，可以实现资本的流动
竞争优势	1. 固定成本和可变成本低 2. 对成本、价格和销售的控制较高 3. 已经获得或可以获得对专利所有权的保护 4. 竞争对手尚未觉醒，竞争较弱 5. 拥有专利或具有某种独占性 6. 拥有发展良好的网络关系，容易获得合同 7. 拥有杰出的关键人员和管理团队
管理团队	1. 创业者团队是一个优秀管理者的组合 2. 行业和技术经验达到了本行业内的最高水平 3. 管理团队的正直廉洁程度能达到最高水准 4. 管理团队知道自己缺乏哪方面的知识
致命缺陷	不存在任何致命缺陷问题
个人标准	1. 个人目标与创业活动相符合 2. 创业家可以做到在有限的风险下实现成功 3. 创业家能接受薪水减少等损失 4. 创业家渴望进行创业这种生活方式，而不只是为了赚大钱 5. 创业家可以承受适当的风险 6. 创业家在压力下状态依然良好
市场行业结构	1. 理想与现实情况相吻合 2. 管理团队已经是最好的 3. 在客户服务管理方面有很好的服务理念 4. 所创办的事业顺应时代潮流 5. 所采取的技术具有突破性，不存在许多替代品或竞争对手 6. 具备灵活的适应能力，能快速地进行取舍

(续表)

评价要素	评价指标
市场行业结构	7. 始终在寻找新的机会 8. 定价与市场领先者几乎持平 9. 能够获得销售渠道，或已经拥有现成的网络 10. 能够允许失败

指标评述：

① 创业企业行业与市场表现评价指标。从竞争者角度来看，包括以下评价指标：行业是新兴行业，竞争不完善；竞争者生产能力几乎饱和；在5年内能占据市场领导地位，达到20%以上；技术优势，成本优势或者销售网络优势；供应商角度，包括同竞争者比，拥有低成本供应商；供应商的议价能力强；产品角度，包含产品的利润空间高；产品的不可替代性高，市场影响力大；产品的生命周期长；产品的技术要求高，进入门槛严格；针对消费者角度，包括市场是否容易识别；顾客对企业提供的服务的满意度是否高；市场规模大小；市场成长率在30%或者更高。

② 对于企业所面临的经济因素，蒂蒙斯模型考察了以下几个方面：创业企业达到盈亏平衡点的时间，企业的投资回报率，项目的融资能力，年销售额的增长率，良好的现金流能力，企业的毛利润等。

③ 对于企业的收获条件，包括项目附加值的战略意义和企业现有的或可预料的退出方式。

④ 企业的竞争优势包括成本优势，专利权的优势，关系网络，杰出的管理团队。

⑤ 创业企业的管理团队指标，包括创业团队是一个优秀管理者的组合，管理者的行业和技术经验达到了行业内的最高水平，管理者的正直廉洁程度达到了很高的水平，创业团队知道自己还缺少哪方面的经验和知识。

⑥ 创业企业不存在任何致命缺陷。

⑦ 对于创业者的个人标准要求：个人目标同创业活动相符合，可以承担一定的风险，面对压力仍然保持良好的管理状态等。

⑧ 创业企业理想与现实的战略性差异：所创办的企业适应时代潮流，采用的技术具备突破性，时刻寻找新的机会，定价与市场领先者几乎持平，能够允许失败，在客户服务管理方面有很好的服务理念，企业具备灵活的适应能力。

以上评价因素，应根据具体的创业机会特性进行选用，在评价运用时都设有机会的最高和最低吸引力，通常大多创业机会都是处于最高与最低之间，运用者根据具体情况对所运用的每一项进行打分，然后根据得分高低来判断该创业机会的潜在价值。

(2) 温斯丁豪斯法

该方法是通过技术成功概率、商业成功概率、单位产品毛收入和投资生命周期收入的乘积与总成本相除，得出该创业机会的优先级别。公式如下：

机会优先级=(技术成功概率×商业成功概率×(价格-成本)×投资生命周期收入)/总成本

在该公式中，技术和商业成功的概率是以百分比表示(0～100%)，成本是以单位产品成本计算，投资生命周期是指可以预期的所有收入，总成本是指预期的所有投入，包括研究、设计、制造和营销费用。对于不同的创业机会将具体数值带入计算，特定机会的优先级越高，该机会越有可能成功。例如：假设一个创业机会的技术成功概率为 500，市场上的商业成功概率为 50%，净销售价格为 18 元，每个产品的全部成本为 8 元，在 5 年的投资生命周期中总收入为 100 000 元，总成本为 50 000 元，把这些数字代人公式之中，可以计算得出机会优先级约等于 5。

(3) 贝蒂的选择因素法

在这种方法中，通过对 11 个选择因素的设定来对创业机会进行判断(见表 6-3)。如果某个创业机会只符合其中的六个或更少的因素，这个创业机会就很可能不可取；相反，如果某个创业机会符合其中的七个或者七个以上的因素，那么这个创业机会将大有希望。

表 6-3 贝蒂的选择因素法判断表

选择因素	是	否
1. 这个创业机会在现阶段是否只有你一个人发现了		
2. 初始的产品生产成本是否可以接受		
3. 初始的市场开发成本是否可以接受		
4. 产品是否具有高利润回报的潜力		
5. 是否可以预期产品投放市场和达到盈亏平衡点的时间		
6. 潜在的市场是否巨大		
7. 你的产品是否是一个高速成长的产品家族中的第一个成员		
8. 你是否拥有一些现存的初始用户		
9. 你是否可以预期产品的开发成本和开发周期		
10. 你是否处于一个成长中的行业		
11. 金融界是否能够理解你的产品和顾客对它的需求		
总　分		

2) 定性分析方法

(1) 霍华德 • 史蒂文森等人认为对创业机会的充分评价需要考虑以下几个重要问题：

① 机会的大小、存在的时间跨度和随时间成长的速度怎样；

② 潜在的利润是否足够弥补资本、时间和机会成本的投资而带来令人满意的收益；

③ 机会是否开辟了额外的扩张、多样化或综合的商业机会选择；

④ 在可能的障碍面前，收益是否会持久；

⑤ 产品或服务是否真正满足了真实的需求。

(2) 隆杰内克指出了评价创业机会的五项基本标准：

① 对产品有明确界定的市场需求，推出的时机也是恰当的；

② 投资的项目必须能够维持持久的竞争优势；

③ 投资必须具有一定程度的高回报，从而允许一些投资中的失误；

④ 创业者和机会之间必须相互合适；

⑤ 机会中不存在致命的缺陷。

(3) 我国学者雷家俊等也提出了具有五个特征的机会评价方法：

① 机会的原始市场规模。市场越大越好，但大市场可能会吸引强大有力的竞争对手，因此小市场可能会更友善。

② 机会将存在的时间跨度。一切机会都只存在于一段有限的时间之内，这段时间的长短差别很大，由商业性质决定。

③ 一个机会可能带来的市场规模将随时间变化，一个机会可能带来的风险和利润也会随时间

变化，机会存在的某些时期可能比其他时期更有商业潜力。

④ 好机会的 5 个特点：前景市场可明确界定；前景市场中前 5～7 年中销售额稳步且快速增长；创业者能够获得利用机会所需的关键资源：创业者不被锁定在刚性的技术路线上；创业者可以用不同的方式创造额外的机会和利润。

⑤ 特定机会对特定创业者的可行性。创业者是否拥有利用某个创业机会所需的资源；是否能架桥跨越缺口；对于可能遇到的竞争力量，至少要可以与之抗衡；存在可以占有的前景市场份额，甚至创造市场。

4. 个人特质与创业机会的匹配理论

创业活动是创业者与创业机会的结合，影响创业机会识别既有主观因素，也有客观因素。由于创业者个性特质的差异，更由于各个创业者所面临的创业环境和资源约束条件的不同，创业者尽管发现了创业机会，但这并不意味着要创业，更不意味着成功就在眼前，因为并非所有机会都适合每个人。学者们普遍认同，一方面，创业者识别并开发创业机会；另一方面，创业机会也在选择创业者。只有当创业者和创业机会之间存在着恰当的匹配关系时，创业活动才最有可能发生，也最有可能取得成功。因此在创业活动中我们应该认真审视自己，了解创业过程中必须要经历的几个阶段，然后衡量自己的性格、爱好、特点，看是否适合创业，是否适合做这个项目。

1) 是否为创业做好了心理准备

创业开始的最初三年，也称为创业的初创期，这一时期不仅要有实现创业梦想的强烈愿望，还要能忍受创业初期的寂寞。要知道不论多么好的项目，都要经历一个潜伏期才能盈利，所以必须做好忍耐的心理准备。创业时期的自由和自我决策，是与寂寞紧密相连的。要有危机意识，时刻准备承受困难和坎坷，要有坚忍的心理素质，保持平和心态。因为一旦踏上创业的征程，就好比创业的帆船已经起航，必须用坚强的毅力坚持下去。

2) 是否为创业做好了能力准备

创业是一个漫长的实践过程，创业之初的创业者一定是一个多面手。创业者要明确自己是否具有团队协调能力，是否会识人、用人？是否善于了解和发现市场。

3) 是否为创业做好了不断学习的准备

创业也是分阶段的，不同时期对经营者有不同的要求。因此企业的盈利模式需要不断调整，这就要求创业者要不断学习，不断提高自己的知识水平。

6.3 创业项目分析

案例分享：海尔在美国成功的奥妙

1999 年 4 月 30 日，在美国南卡罗来纳州一个人口为 8000 人的小镇坎姆登，举行了海尔投资 3000 万美元的海尔生产中心的奠基仪式。一年多以后，第一台带有“美国制造”标签的海尔冰箱从漂亮的生产线走下来，海尔从此开始了在美国制造冰箱的历史。海尔成为中国第一家在美国制造和销售产品的公司。

内容：

1. 下棋找高手

在海尔首席执行官张瑞敏眼中，海尔国际化就像一盘棋，而要提高棋艺，最好的办法就是找高手下棋，张瑞敏找的高手是欧洲和美国。海尔决定用自己的品牌进军欧美市场，其榜样是日本的索尼。20 世纪 60 年代，索尼在国际市场上默默无闻，他们每一个新生产品上市时，都首先投放到欧美地区，打出影响后再到日本和其他国家销售，索尼由此成为世界性名牌。美国家电市场名牌荟萃，竞争激烈，几乎是所有世界名牌的竞技场。而且在美国本土，家用电器也早已是处于成熟期的产品。通用(GE)、惠而浦(Whirlpool)和 Maytag 这三大美国电器生产商虎视眈眈，自然不会坐视不管，一场商业激战在所难免。那么，海尔靠什么来同这些美国著名企业叫板呢?

2. 美国市场调研

(1) 需求能力

1998 年、1999 年中国出口美国的冰箱价值分别为 4718 万美元、6081 万美元，其中海尔冰箱分别占 1700 多万美元、3100 多万美元。据统计，在美国建一个冰箱厂的盈亏平衡点是 28 万台，海尔现在的冰箱出口已经远远超过这个数字。据统计，目前在美国 180L 以上小冰箱市场中，海尔已占到超过 30%的市场份额，2002 年有望达到 50%；但海尔大规格冰箱长期因远隔重洋而无法批量进军美国市场。项目见效后，海尔公司在美国市场的产品结构将更加合理，市场占有率将进一步提高。

(2) 消费者的需求结构

目前，在美国 200L 以上的大型冰箱被 GE、惠尔浦等企业所垄断；160L 以下的冰箱销量较少，GE 厂商认为这是一个需求量不大的产品市场，没有投入多少精力去开发市场，然而海尔发现美国的家庭人口正在变少，小型冰箱将会越来越受欢迎，独身者和留学生就很喜欢小型冰箱。美国营销专家科特勒说：海尔战略的另一个部分是对消费者群体的定位，它很正确，它针对的是年轻人。老一代习惯于像 GE 这样的老品牌，年轻人对家店还没有形成任何习惯性的购买行为，因为他们刚有自己的公寓或者正在建立自己的第一个家，买自己的第一台电冰箱。所以，我认为定位于年轻人是明智的决策。根据以上调查分析，海尔决定在美国市场开发从 60L 到 160L 的各种类型的小型冰箱，这些冰箱的需求潜力很大。

成果：

从海尔最初向美国出口冰箱到现在的短短几年时间里，海尔冰箱已成功在美国市场建立了自己的品牌。2003年海尔的零售巨人沃尔玛连锁店开始销售海尔的两种小型电冰箱和两种小型冷柜，并同海尔签订了购买100 000台冰箱的协议。海尔在美国最受欢迎的产品是学生宿舍和办公场所使用的小型电冰箱。目前，这类产品的市场占有率是该型号冰箱的25%，在赢得新的连锁店客户之后可望增至40%。海尔在卧室冷柜方面也取得了成功。该产品在美国同类型号中的市场占有率为三分之一。海尔的窗式空调机也有广阔的市场前景，该产品已占美国市场的3%，2004年的销售量有望翻番。

分析：

营销大师菲利普•科特勒曾说过“要管理好一个企业，必须管理它的未来，而管理未来就是管理信息”。在现代市场营销观念的指引下，企业要想在市场中获得竞争优势，取得合理的利润，发现企业产品的不足及营销中的缺点，便于企业及时加以纠正，修改企业的经营策略，使企业在竞争中保持清醒的头脑，永远立于不败之地，就必须从研究市场出发，掌握及时、准确、可靠的市场信息，要得到可靠的市场信息就必须进行全方位、多侧面的市场调研。

根据以上案例总结以下几点海尔在美国成功的奥妙：

(1) 海尔公司在调研过程中有明确的目标消费群，充分了解该地区的人口结构和消费习惯，具有较高的针对性。

(2) 有明确的市场定位，充分考虑竞争者的优劣点，并以索尼为榜样，不断自我提高，采用以优制胜的方式将产品成功推向市场，在电器行业站稳脚跟。

(3) 通过市场的调研发现新的机会和新的需求并开发新的产品去满足这些需求。如小型冰箱的开发。

6.3.1 创业环境分析

创业环境是指那些与创业活动相关联的因素集合，即对创业者创业思想的形成和创业活动的开展能够产生影响和发生作用的各种因素和条件的综合。创业环境对创业活动的决定性作用在于它能够为人们的创业活动提供各种精神或者物质的条件，从各个方面影响着活动的进程，决定着创业活动的成效。

1. 创业环境的内容

1) 政治环境

政治环境包含一个国家的社会制度，执政党的性质，政府的方针、政策、法令等。由于不同的国家有着不同的社会性质，不同的社会制度对组织有着不同的限制和要求。即使社会制度不变的同一国家，在不同时期，由于执政党的不同，其政府的方针特点、政策倾向对组织活动的态度和影响也是不断变化的。

主要政治变量包括：政治体制、经济体制、专利数量、环境保护法、产业政策、投资政策、政府补贴水平、反垄断法规等。

2) 经济环境

经济环境主要包括宏观和微观两个方面的内容：宏观经济环境主要指一个国家的人口数量及其增长趋势，国民收入、国民生产总值及其变化情况，以及通过这些指标能够反映的国民经济发展水平和发展速度；而微观经济环境主要指企业所在地区或所服务地区的消费者的收入水平、消费偏好、储蓄情况、就业程度等因素。这些因素直接决定着企业的市场大小。

主要的经济变量包括：GDP 及其增长率、贷款可能性、利率、通货膨胀率、消费模式、失业趋势、汇率、进出口因素、货币及财政政策等。

3) 社会文化环境

社会文化环境包括一个国家或地区的居民教育程度和文化水平、宗教信仰、风俗习惯、审美观点、价值观念等。

关键的社会文化因素包括：人口结构比例、社会保障计划、平均可支配收入、购买习惯、储蓄倾向、城市和农村人口的变化、宗教信仰状况等。

4) 技术环境

技术环境除了要考虑与企业所处领域的活动直接相关的技术手段的发展变化外，还应及时了解：国家对于科技开发的投资和支持重点；该领域技术发展动态和研究开发费用总额；技术转移和技术商品化速度等。

2. 创业环境的分析方法

1) SWOT 分析法

SWOT分析法是将企业内外部的各种条件进行综合概括，从而分析组织的优劣势以及面临的机会和威胁，它关注企业自身情况及其与竞争对手的比较，如图6-2所示。其中，S表示优势(strength)、W表示劣势(weakness)、O表示机会(opportunity)、T表示威胁(threats)。

优势：主要指组织的内部因素，可以是有利的竞争地位，充足的资金来源，技术实力雄厚，经济规模较大，较好的产品质量，市场份额领先，成本优势等。

劣势：组织的内部因素，可以是设备陈旧，经营管理不善，没有关键技术，技术研发落后，资金缺乏等。

机会：主要指组织的外部因素，可以是更有竞争力的新产品、新兴市场、新需求以及竞争对手的错误等。

威胁：指组织机构的外部因素，可以是新进入的竞争者，产业政策变化、财政紧缩、客户流失等。

内部环境 ←

优势(strength)	劣势(weakness)
机会(opportunity)	威胁(threat)

外部环境 →

图 6-2　SWOT 分析

SWOT 模型可分为两部分，第一部分为 SW，主要用来分析内部条件，第二部分为 OT，主要用来分析外部条件。利用 SWOT 模型分析方法可以从中找出对自己有利的、值得发扬的因素，以及对自己不利的、要避开的东西，发现存在的问题，找出解决方法，并明确以后的发展方向。根据分析结果，可以将问题按轻重缓急分类，明确哪些是急需解决的问题，哪些属于可以稍微拖后一点的事情，哪些属于战略目标上的障碍，哪些属于战术上的问题，把各种因素相互匹配起来加以分析，从而得出一系列结论，有利于领导者和管理者做出较正确的决策和规划。

2) GEM 分析法

GEM 全称 Global Entrepreneurship Monitor，是全球创业观察的英文简称。全球创业观察是由国际上著名的英国伦敦商学院和在创业教育上全美排名第一的美国百森学院共同发起成立的国际创业研究项目。该项目在国际的创业研究和教育上享有盛誉。2008 年，参加 GEM 项目的国家和地区有 43 个。中国加入 GEM 后，参加 GEM 的国家和地区人口总数已经占世界人口总数的 62%，GDP 占世界总数的 92%。GEM 研究报告受到了广泛的关注，已成为世界各国人士认识创业活动、环境、政策等创业问题的重要信息来源。“全球创业观察”研究的“创业”是指创业者投资兴办实业及相关的经济活动，研究的对象是影响创业活动的各种环境因素以及创业与经济增长的关系。其研究的目的是回答以下广受关注的问题：创业活动率在不同的国家和地区存在什么差别？创业活动与国民经济增长有什么联系？为什么有些国家的创业活动率比其他国家高？采取哪些措施可以提高创业活动率？ GEM 分析模型从社会、文化、政治三个方面进行分析，将促进国家经济增长的条件分为一般条件和创业条件两类。如图 6-3 所示，GEM 的研究方法是通过三类主要数据来对地区创业活动进行分析，这三类数据是电话抽样调查、专家访谈、第三者收集的标准经济数据。

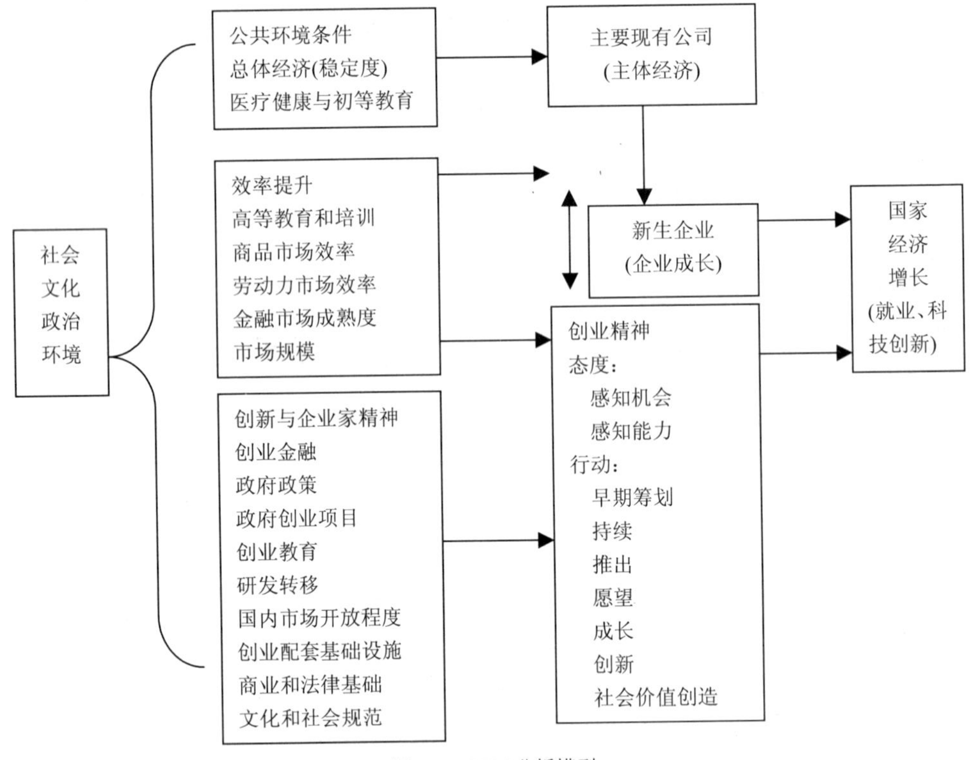

图 6-3　GEM 分析模型

3) PEST 分析法

PEST 分析法是战略外部环境分析的基本工具，它是对政治、经济、社会和技术四个方面的因素进行分析，简单而言是指对宏观环境的分析，即一切影响行业和企业的宏观因素。利用这个模型能有效了解市场的成长或者衰退，以及企业所处的环境、潜力与运营方向。

(1) P：政治(political system)，是指对组织经营活动具有实际与潜在影响的政治力量和有关的法律、法规等因素。

(2) E：经济(economic)，是指一个国家的经济制度、经济结构、产业布局、资源状况、经济发展水平以及未来的经济走势等。

(3) S：社会(social)，是指组织所在社会中成员的民族特征、文化传统、价值观念、宗教信仰、教育水平以及风俗习惯等因素。

(4) T：技术(technological)，不仅仅包括那些引起革命性变化的发明，还包括与企业生产有关的新技术、新工艺、新材料的出现和发展趋势以及应用前景。

6.3.2 创业市场调研

1. 创业市场调研的内容

1) 市场环境调研

市场环境调研包括政治与法律环境的变化调研、经济和科技的发展调研、人口状况调研、社会时尚变化和竞争状况调研，以及最重要的行业现状与需求调研。在行业分析中，应该正确评价所选行业的基本特点、竞争状况以及未来的发展趋势等内容。具体包括：

(1) 该行业的发展程度如何，现在的发展动态如何；

(2) 经济发展对该行业的影响程度如何，政府是如何影响该行业的；

(3) 是什么因素决定该行业的发展，过去十年的价格趋势如何；

(4) 该行业竞争的本质是什么；

(5) 进入该行业的障碍是什么，你将如何克服。

2) 市场需求调研

市场需求调研包括市场需求总量及构成的调研、各细分市场及目标市场的需求调研、市场份额及变化情况构成的调研。需求调研就是通过调研搞清楚创业者所选择项目的产品及服务在多大程度上可以解决顾客现实生活中的问题和困难；或者产品、服务可以为顾客节省多少开支、增加多少收入。具体包括：

(1) 顾客希望企业的产品能解决什么问题，顾客能从企业产品中获得什么好处；

(2) 企业的产品或者服务与竞争对手相比有哪些优缺点，顾客为什么选择本企业的产品或者服务。

3) 商业模式调研

商业模式，就是企业通过怎样的模式和渠道来盈利，商业模式是企业生存的根本。因此，在企业启动之前，需要去了解成功企业的盈利模式是怎样的，使自己的企业有所借鉴。

4) 营销组合调研

营销组合调研包括产品状况调研、产品价格调研、销售渠道调研、广告和促销状况调研等。具体包括：

(1) 市场上同类或者类似产品的技术水平和受欢迎程度如何；

(2) 同类产品或者类似产品的价格如何，判断未来的价格走向；

(3) 竞争对手的销售渠道和网络如何；

(4) 本企业产品可否进行电子商务，怎么进行网络或者微博营销；

(5) 选择怎样的宣传渠道和广告形式；

(6) 企业为自己的产品采用了何种保护措施。

2. 创业市场调研的方法

1) 调查问卷法

调查问卷法又称调查表或询问表，它是市场调查的一种重要工具，用以记载和反映调查内容和调查项目的表格。通过设计调查问卷，让被调查者填写调查表的方式获得所调查对象的信息。在调查中将调查的内容设计成问卷后，让被调查者将自己的意见或者答案填入问卷中。在一般进行的实地调查中，以问答卷采用最广，同时问卷调查法在网络市场调查中运用得较为普遍。

2) 实验法

由调查人员根据调查的需求，用实验的方式，将调查的对象控制在特定的环境条件下，对其进行观察以获得相应的信息。控制对象可以是产品的价格、品质、包装等，在可控制的条件下观察市场现象，揭示在自然条件下不易发生的市场规律，这种方法主要用于市场销售实验和消费者使用实验。

3) 观察法

观察法是社会调查和市场调查研究的最基本方法，它是由调查人员根据调查研究的对象，利用眼睛、耳朵等感官以直接观察的方式对其进行观察并搜集资料。例如市场调查人员到被访问者的销售场所去观察商品的品牌及包装情况。

4) 面谈访问法

如果要进入一个行业，可以先找到一位在此行业工作 10 年以上的专家进行访谈。可以和他了解一下过去十年里这个行业的发展状况，并听他叙述对未来十年此行业的发展看法。如果要进入的是一个新兴的行业或者以新产品替代原有产品，可以访问一下原来产品的使用者，有哪些不方便？对新产品有什么要求？以此获得新产品试用的感受。

6.4 市场调研方法的应用——以问卷调查法为例

6.4.1 问卷调查的基本流程

1. 问卷调查的设计

1) 问卷设计的基本程序

问卷设计是由一系列相关工作过程所构成的，为使问卷具有科学性和可行性，需要按照一定的程序进行，问卷设计大致有如下几个步骤。

(1) 准备阶段

准备阶段是根据调查问卷需要确定调查主题的范围和调查项目，将所需问卷资料一一列出，分析哪些是主要资料，哪些是次要资料，哪些是调查的必备资料，哪些是可要可不要的资料，并分析哪些资料需要通过问卷来取得，需要向谁调查等，对必要资料加以收集。同时要分析调查对象的各种特征，即分析了解各被调查对象的社会阶层、行为规范、社会环境等社会特征；文化程度、知识水平、理解能力等文化特征；需求动机、行为等心理特征；以此作为拟定问卷的基础。在此阶段，应充分征求有关各类人员的意见，以了解问卷中可能出现的问题，力求使问卷切合实际，能够充分满足各方面分析研究的需要。可以说，问卷设计的准备阶段是整个问卷设计的基础，是问卷调查能否成功的前提条件。

(2) 初步设计

在准备工作基础上，设计者就可以根据收集到的资料，按照设计原则设计问卷初稿。主要是确定问卷结构，拟定并编排问题，在初步设计中，首先要标明每项资料需要采用何种方式提问，并尽量详尽地列出各种问题，然后对问题进行检查、筛选、编排，设计每个项目。对提出的每个问题都要充分考虑是否有必要，能否得到答案。同时，要考虑问卷是否需要编码，或需要向被调查者说明调查目的、要求、基本注意事项等。这些都是设计调查问卷时十分重要的工作，必须精心研究，反复推敲。

(3) 试答和修改

一般说来，所有设计出来的问卷都存在着一些问题，因此，需要将初步设计出来的问卷，在小范围内进行试验性调查，以便弄清问卷在初稿中存在的问题，了解被调查者是否乐意回答和能够回答所有的问题，哪些语句不清、多余或遗漏，问题的顺序是否符合逻辑，回答的时间是否过长等。如果发现问题，应做必要的修改，使问卷更加完善。试调查与正式调查的目的是不一样的，它并非要获得完整的问卷，而是要求回答者对问卷各方面提出意见，以便于修改。

(4) 付印

付印就是将最后定稿的问卷，按照调查工作的需要打印复制，制成正式问卷。

2) 问卷的基本结构

一份正式的调查问卷一般包括以下三个组成部分：前言、正文和附录。

(1) 前言主要包括如下内容。

① 自我介绍(让调查对象明白你的身份或调查主办的单位)。

② 调查的主题、调查的目的、调查的意义，以及向被调查者表示感谢。

③ 回收问卷的时间、方式及其他事项(如告诉对方本次调查的匿名性和保密性原则，调查不会对被调查者产生不利的影响，真诚地感谢受调查者的合作，答卷的注意事项等。

(2) 正文，这是调查问卷的主体部分，一般设计若干问题要求被调查者回答(通常有开放式和封闭式两种)。

① 开放式问题就是调查者不提供任何可供选择的答案，由被调查者自由答题，这类问题能自然地充分反映调查对象的观点、态度，因而所获得的材料比较丰富、生动，但统计和处理所获得的信息的难度较大。可分为填空式和回答式。

② 封闭式问题的后面同时提供调查者设计的几种不同的答案，这些答案既可能相互排斥，也可能彼此共存，让调查对象根据自己的实际情况在答案中选择。它是一种快速有效的调查问卷，便于统计分析，但提供选择答案本身限制了问题回答的范围和方式，这类问卷所获得的信息的价值很大程度上取决于问卷设计自身的科学性、全面性的程度。

封闭式问题又可分为：

- 是否式(把问题的可能性答案列出两种相矛盾的情况，请被调查人从中选择其一，“是”或“否”以及“同意”或“不同意)。

- 选择式(每个问题后列出多个答案，请被调查人从答案中选择自己认为最合适的一个或几个答案并做上记号)。
- 评判式(后面列有许多个答案，请被调查人依据其重要性评判等级，又称为排列式，是数字表示排列的顺序)。

(3) 附录。这部分可以将被调查者的有关情况加以登记，为进一步的统计分析收集资料。

3) 问卷设计注意事项

为了提高问卷的信度和效度，问卷设计时需要注意以下问题：

(1) 问卷中所提的问题应围绕研究目的来编制，力求简单、明了，含义准确。不要出现双关语，避免片面和暗示性的语言。如“太阳底下最光辉的职业是教师，你喜欢教师这个职业吗?”

(2) 问题不要超过被调查者的知识、能力范围。如对小学生的问卷中不要出现“你认为哪家商场的营销比较疲软？”的问题。

(3) 问题排列要有一定的逻辑次序，层次分明。问卷的目的、内容、数据、卷面安排、标准答案等都要认真地推敲和设计。

(4) 调查表上应有留给供人填写答案的足够空间，并编有填写调查单位的名称、填表人的姓名和填表年月日的栏目。

(5) 问卷形式可以为封闭式和开放式相结合，问题数量要适度，一般应控制在 30 个问题以内，最好在 20 分钟内能答完。

(6) 为使调查结果更为客观、真实，问卷最好采用匿名回答的方式。

(7) 设计问卷的内容要符合实际情况。一般来说，问卷设计前要摸底，对组内全体成员进行使用问卷调查的培训，并在小范围内进行测试，反复修改设计的问卷，以期与实际情况相符合，并便于对结果进行处理。

2. 问卷调查的发放

1) 入户访问

入户访问指访问员按照研究项目规定的抽样原则到被调查者的家中或工作单位，找到符合条件的受访者，直接与受访者进行面对面的交流，获取受访者对于特定事物、现象的意愿或行为等多方面的一手资料与信息的调查方式。

2) E-mail 问卷调查

通过 E-mail 方式将问卷发送给被调查者，被调查者完成后将结果通过 E-mail 返回。这种方式的好处是，可以有选择性地控制被调查者，缺点是容易遭到被访问者的反感，有侵犯个人隐私之嫌。直接向你的潜在客户发送调查问卷，这种方式比较简单直接，而且费用非常低廉。但要求企业必须积累有效的客户 E-mail 地址，而且顾客的反馈率一般不会太高。

3) 定性小组座谈会

座谈会是市场调研中非常实用和有效的定性调研方法。它从所要研究的目标市场中慎重选择 8～12 人组成一个焦点小组，由一名经验丰富、训练有素的主持人以一种无结构的自然的形式与小组中被调查者进行交谈，从而获取被调查者对产品、服务、广告、品牌的感知及其看法，这种方法的价值在于常常可以从自由进行的小组讨论中得到一些意想不到的发现。焦点小组座谈会是帮助企业和咨询公司深入了解消费者内心想法的最有效的工具，在这方面是一般的问卷调查等方法所无法比拟的。如今，小组座谈会在产品概念、产品测试、产品包装测试、广告概念、顾客满意度、用户购买行为等研究中得到广泛应用。

4) 电话辅助访问

电话访问就是选取一定的受访者样本，通过拨打电话的方式，访问问卷上所列出的一系列问题，在访问过程中记录下答案。访问员集中在某个场所或专门的电话访问间，在固定的时间内开始数据收集工作，现场有督导员对访问员进行访问监督和抽样控制。

5) 网上调查

问卷调查系统是基于界面的跨平台应用系统，能向 Internet 用户提供交互式、个性化的问卷调查服务，是开展互联网问卷调查服务，提高自身网站内容及访问量的一个软件平台。通过开展各行各业的问卷调查，可以迅速了解社会不同层次、不同行业的人员需求，客观地收集需求信息，调整产品营销策略，满足不同的需求，促进公司产品销售，同时也吸引了更多的长期用户群。

3. 问卷的回收

对回收的问卷，在剔除废卷的同时要统计有效问卷的回收率。保持一个较高的问卷回答率(即有效问卷率)，也是我们获得真实可靠资料的保证。一般来说，调查一类专业人群，最低回答率被认为是 70%。当调查一般民众时，因为不回答的原因可能是缺乏兴趣，所以允许出现更高的不回答率。比如，一项关于学校工作的调查研究，对教师进行调查的回答率在 70～90%之间，学生父母的回答率为 60%以下，毕业生的回答率为 60%～70%之间。如果回答率过低，则需要补充调查和追踪调查。一般来说，回收率如果仅有 30%左右，资料只能做参考；50%以上，可以采纳建议；当回收率达到 70%～75%以上时，方可作为研究结论的依据。因此，问卷的回收率一般不应少于 70%。如果有效问卷的回收率低于 70%，要再发一封信及问卷进行补充调查。另外，如有可能，可以做小范围内的跟踪调查或访谈调查，了解未回答问题那部分被试者的真实看法，以防止问卷结果分析的片面性。

4. 数据的处理与分析

1) 数据处理的程序

数据处理的程序如图 6-4 所示。

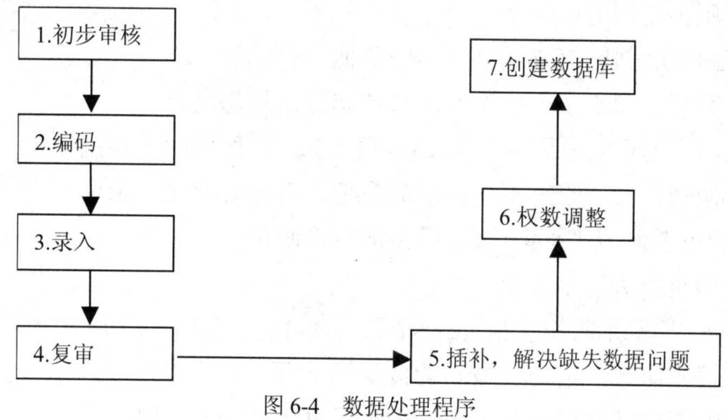

图 6-4 数据处理程序

2) 常用的统计分析方法

(1) 多元统计分析。主要包括判别分析、因子分析、聚类分析等。

(2) 参数估计。用样本数据对总体参数进行推断。

(3) 列联分析。对多个变量相互关系进行分析的方法。

(4) 相关和回归分析。包括计算相关系数，建立回归模型，揭示变量之间的相互影响。

5. 拟写调查报告

1) 调查报告的类型

(1) 数据型报告。只是提供调查结果的数据，对数据呈现进行简单说明。

(2) 分析型报告。在数据型报告基础上进行深入分析，是调研报告的常见形式。

(3) 咨询型报告。更深入和细致的调研，报告内容更为丰富，提供咨询建议。

2) 调查报告的内容

调查报告的内容包括：标题、目录、表格和插图清单、概要、引言、主报告、参考文献、附录、其他文档等。其中，报告的概要(摘要)和主报告是调查报告的核心。

6. 调查问卷实例

1) 问卷样本

隐形眼镜在大学生中的市场前景调查书

首先感谢各位同学的协助。本调查的目的在于了解隐形眼镜在大学生中的使用情况，以此对这一市场的发展前景做出初步预测。耽误您宝贵的时间，再次向您致谢！

请您就以下问题在您认为合适的选项前打“√”。

1. 请问您现在戴哪一种眼镜？

□ 框架眼镜 □隐形眼镜 □未配眼镜 □视力好，不需配

2. 假若您已经近视尚未配眼镜，您准备；

□配框架眼镜 □配隐形眼镜 □不配镜

3. 您选择框架眼镜是因为：

□价格适中 □方便 □一般近视者都戴 □其他

4. 您未配隐形眼镜是因为：

□价格过高 □怕伤眼睛 □未听说过 □其他

5. 戴眼镜给体育运动带来了一些不便，对此您持何种态度？

□无所谓 □无可奈何，不戴不行 □运动时少戴 □换成隐形眼镜

6. 长期戴框架眼镜，会使眼睛不同程度的变形，对此您持何种态度？

□无所谓 □无可奈何 □尽量少戴 □换成隐形眼镜

7. 您现有的眼镜价格大约是多少？

□框架眼镜价格 □隐形眼镜价格 □未配 □价格________

8. 如果您想买隐形眼镜，请问您最高能接受以下哪一种价格？

□100元左右(普通形) □200元左右(精品形) □300元左右(订做)

9. 您购买眼镜的经济需求，家里是否会予以满足？

□是 □否 □其他

10. 请您将所知道的隐形眼镜的品牌写下来：

(1)_______ (2)_______ (3)_______

(4)_______ (5)_______ (6)_______

2) 调查样本的选择

调查样本是××市重点大学的大学生。

3) 调查方法

以校为单位发放问卷，然后统一收回。

4) 调查结果分析

(1) 隐形眼镜目前的市场占有率仍然很低，有很大的市场发展潜力。二年级的大学生，经过14年的苦读，大多与眼镜结下不解之缘。所调查的对象中，近视率为66.7%，其中有一个班的近视率高达86.7%。在近视患者中，配框架眼镜的占80.6%；配隐形眼镜的占9.7%；尚未配眼镜的占9.7%。隐形眼镜目前的市场占有率低，主要有三个原因：一是怕伤眼睛，50%以上的调查者都持这种态度；二是价格过高，有35%的人持这种看法。框架眼镜平均在80元左右，也有少数人的框架眼镜在200美元左右，而隐形眼镜的价格在100元以上，还需要眼镜清洗液、药片、隐形眼镜片盒等长期消费；三是怕麻烦。有12.9%的人认为隐形眼镜每天至少得取下来清洗一次，比较麻烦。从以上原因来看，拓展在大学生中的隐形眼镜市场是有潜力的，关键在于厂家的宣传促销活动。因为在50%以上的怕伤眼睛的人中，大部分只是听亲戚、好友和医生说戴隐形眼镜会伤眼睛，就信以为真，并不知道为什么会伤眼睛以及如何预防。所以，只要厂家科学地宣传戴隐形眼镜的优点及注意事项、消除人们对隐形眼镜的误解，就可以争取这一部分人的市场。

(2) 大学生有购买隐形眼的需求和经济能力。由于大学生受教育程度高，对个人形象的要求也相对较高。对于“长期戴框架眼镜，会使眼睛不同程度的变形，对此您持何种态度？”这一问题，有 58.8%的人选择“尽量少戴”的答案，16.1%的人选择了“无可奈何”的答案。这说明大学生也意识到了框架眼镜的弊端，而隐形眼镜正好能弥补框架眼镜的这一弊端。因此，只要宣传及时，隐形眼镜可以满足大学生们注重个人形象的需求。大学生们虽没有独立经济收入，但现在一家出一个大学生也是不容易的，尤其是一些进入名牌大学的学生，家里更是引以为豪，因而对大学生的需求，家长都尽量满足。在“你购买眼镜的经济需求，家里是否会予以满足？”的问题中，回答“是”的占 93.5%。由于有家里作“经济后盾”，74.2%的人表示能承受 200 元左右的隐形眼镜价格，22.6%的人表示能够承受 100～200 元的价格，极少数人愿意承受 300 元左右的价格。这说明，只要隐形眼镜的价格能保持在中等偏下的水平，市场潜力就会十分巨大。

6.4.2 问卷调查法的具体应用

1. 判别分析法

1) 分析的基本步骤

判别分析一般都是通过现成的统计软件进行分析。一般而言，利用统计软件的判别分析具体包括以下步骤：

(1) 确定研究的问题；

(2) 获取判别分析的数据；

(3) 进行判别分析；

(4) 评价和解释分析结果。

2) 实例分析

某公司生产一款新产品，该公司在新产品未大量上市以前，进行了一次市场调查。公司将新产品寄给15个代理商，并附意见调查表，要求对该产品给予评估并说明是否愿意购买。评估的因素有：式样、包装及耐久性。评分采用10分制，高分表示特性良好，低分则较差。其中有三位代理商没有表明自己的购买意愿。那么这些代理商是属于“非购买组”还是“购买组”？

以下是问卷调查的部分输出结果(见表6-4)：

表6-4　部分调查结果

	函数
	1
式样	0.910
包装	0.083
耐久性	0.254

表中，式样、包装和耐用性的标准化系数分别为0.910、0.083、0.254。因而，式样是最重要的判别变量，其次是耐用性，最后是包装。

根据调查得出的结果如下(见表6-5)：

表6-5　问卷调查结果

<table>
<tr><th rowspan="3">产品编号</th><th rowspan="3">分组</th><th colspan="5">最大概率购买组</th><th colspan="3">普通概率购买组</th><th>较低概率购买组</th></tr>
<tr><th rowspan="2">预测组</th><th colspan="2">P(D>d|G=g)</th><th rowspan="2">P(G=g|D=d)</th><th rowspan="2">概率</th><th rowspan="2">组</th><th rowspan="2">P(G=g|D=d)</th><th rowspan="2">概率</th><th rowspan="2">函数</th></tr>
<tr><th>p</th><th>df</th></tr>
<tr><td>1</td><td>1</td><td>1</td><td>0.500</td><td>1</td><td>1.000</td><td>0.454</td><td>2</td><td>0.000</td><td>17.877</td><td>2.155</td></tr>
<tr><td>2</td><td>1</td><td>1</td><td>0.420</td><td>1</td><td>0.969</td><td>0.651</td><td>2</td><td>0.031</td><td>7.548</td><td>0.674</td></tr>
<tr><td>3</td><td>1</td><td>1</td><td>0.164</td><td>1</td><td>1.000</td><td>1.935</td><td>2</td><td>0.000</td><td>24.452</td><td>2.872</td></tr>
<tr><td>4</td><td>1</td><td>1</td><td>0.648</td><td>1</td><td>0.991</td><td>0.208</td><td>2</td><td>0.009</td><td>9.595</td><td>1.024</td></tr>
<tr><td>5</td><td>1</td><td>1</td><td>0.925</td><td>1</td><td>0.999</td><td>0.009</td><td>2</td><td>0.001</td><td>13.313</td><td>1.575</td></tr>
<tr><td>6</td><td>1</td><td>1</td><td>0.969</td><td>1</td><td>0.998</td><td>0.001</td><td>2</td><td>0.002</td><td>12.358</td><td>1.442</td></tr>
<tr><td>7</td><td>1</td><td>1</td><td>0.391</td><td>1</td><td>0.963</td><td>0.736</td><td>2</td><td>0.037</td><td>7.269</td><td>0.623</td></tr>
<tr><td>8</td><td>2</td><td>2</td><td>0.618</td><td>1</td><td>0.989</td><td>0.249</td><td>1</td><td>0.011</td><td>9.336</td><td>-1.575</td></tr>
<tr><td>9</td><td>2</td><td>2</td><td>0.760</td><td>1</td><td>0.995</td><td>0.094</td><td>1</td><td>0.005</td><td>10.550</td><td>-1.767</td></tr>
<tr><td>10</td><td>2</td><td>2</td><td>0.131</td><td>1</td><td>0.721</td><td>2.281</td><td>1</td><td>0.279</td><td>4.177</td><td>-0.563</td></tr>
<tr><td>11</td><td>2</td><td>2</td><td>0.572</td><td>1</td><td>1.000</td><td>0.319</td><td>1</td><td>0.000</td><td>16.962</td><td>-2.638</td></tr>
<tr><td>12</td><td>2</td><td>2</td><td>0.080</td><td>1</td><td>1.000</td><td>3.064</td><td>1</td><td>0.000</td><td>28.136</td><td>-3.823</td></tr>
<tr><td>13</td><td>未分组</td><td>2</td><td>0.387</td><td>1</td><td>0.962</td><td>0.748</td><td>1</td><td>0.038</td><td>7.230</td><td>-1.208</td></tr>
<tr><td>14</td><td>未分组</td><td>1</td><td>0.648</td><td>1</td><td>0.991</td><td>0.208</td><td>2</td><td>0.009</td><td>9.595</td><td>1.024</td></tr>
<tr><td>15</td><td>未分组</td><td>2</td><td>0.799</td><td>1</td><td>0.996</td><td>0.065</td><td>1</td><td>0.004</td><td>10.885</td><td>-11.8118</td></tr>
</table>

表中最大概率组一栏是判别分析得出的组别。13、15 号代理商属于“非购买组”，14 号代理商属于“购买组”。

2. 因子分析

1) 因子分析的基本思想

因子分析是一项多元统计分析技术，其主要目的就是简化数据。它通过研究众多变量之间的内部依赖关系，探求观测数据中的基本结构，并用少数几个假想变量来表示基本的数据结果。这些假设变量是不可观测的，通常称为因子。它们反映了原来众多的观测变量所代表的主要信息，并能解释这些观测变量之间的相互依存关系。

2) 因子分析的基本步骤

(1) 确定研究变量；
(2) 计算所有变量的相关矩阵；
(3) 构造因子变量；
(4) 因子旋转；
(5) 计算因子得分。

3) 实例分析

某公司为了了解消费者对牛肉、鱼肉、羊肉、猪肉及鸡肉等五种肉类食物的偏好倾向，进行了一次市场调查。请 10 位消费者对这五种肉类进行评分。评分采用 10 分制，分数越高表示越喜欢。调查结果如下(见表 6-6)。试用因子分析方法研究影响消费者选择食物的因素。

表 6-6　因子分析调查表

食物	公共因子	
	1	2
鸡肉	0.791	
鱼肉	0.736	-0.393
牛肉	-0.649	-0.211
猪肉	-0.184	0.761
羊肉	0.127	0.751

上表是问卷调查输出的旋转后的因子载荷矩阵。我们可以依此推断两个公共因子的含义。从表中的数据来看，鸡、鱼、牛肉在第一公共因子的因子载荷值较高，而在第二公共因子的因子载荷值较低，故第一公共因子反映鸡、鱼、牛肉的公共特性。第一公共因子可能代表脂肪少。而羊肉、猪肉在第二公共因子的因子载荷值较高，在第一公共因子的因子载荷值较低，这说明第二公共因子反映羊肉、猪肉的公共特性，第二公共因子可能代表价格。因而我们可以认为脂肪和价格是决定消费者肉类消费的主要因素。

6.5 我国大学生创业环境分析及适合大学生创业的项目

案例分享：聚美优品

聚美优品的CEO陈欧是一名标准的大学生创业者，其一手创办的化妆品B2C网站聚美优品在短短一年的时间内注册用户超300万人，总营业额突破4亿元，书写了80后的创业传奇。聚美优品的成功因素：

1. 错开同行发展之间的冲突

众所周知，在国内除了聚美优品还有很多化妆品电商平台，像一格电、乐蜂网、药妆网等，这其中乐蜂网算是最有影响力的一位，作为起步比聚美优品早，资源比聚美多，名人效应(李静)比聚美强的一家公司，对于任何一个涉足化妆品行业的企业来说都是一个巨大的屏障，而聚美优品却能在它的影响力下发展甚好，这就要归功于聚美优品的经营哲学，以己之长克敌之短。乐峰重视的是自有品牌的研发，是社会化导购+达人经济+自有与代理品牌相结合的集成性模式，而聚美优品是以代理品牌为主的B2C；面对的群体也不尽相同，乐蜂网定位高端知性女性，而聚美优品则是靠价格占据了年轻女性的市场。双方虽同在美妆行业，但是冲突并不多。

2. 在合适的时间选择了一个合适的市场

聚美优品的成功除了自身价位优势以外，更多的是对于市场的研究与分析，与2010年左右大部分商家入驻综合团购领域不一样的是，聚美优品从一开始就着手打造一个垂直化妆品电商的平台，而在聚美优品开始涉足的时候，像京东、苏宁以及淘宝都还没有对这个领域进行探索发现，这使得聚美优品可以在长达2年的时间中积累和挖掘自己，并实现较好的发展。而且美妆牵动女性与时尚，是一个千亿级的市场，因此，一个好的创业项目并不是将某些事做得更完美，而是选择一个有潜力而且竞争力不大的行业经营，避其锋芒，才是一个新兴企业的发展之道。

3. 不守业

年轻的聚美优品的确充满活力，在取得现有成绩的时候并没有盲目扩张此领域的地盘，而是理性地看待周围的竞争和自身的成长，并合理地处理好继续垂直还是拓展品类这个关乎未来的大事。虽然聚美优品目前账面上有十几亿的流水，但是对于烧钱的电商行业来说，这点钱根本花不了多长时间，当然陈鸥也知道这一点，所以就目前的情况来看，聚美优品除了在美妆行业的拓展领域上开始涉足，还做起了旗舰店的打算，希望将网络这种品牌优势带到线下，并且利用渠道优势打价格战，这算是一个聪明的运营之道。

4. 用户体验好

产品运营做得好，比较注重用户在线上购买过程中的体验，产品品类齐全，价钱相较于其他网站都略低。而且在移动互联网来势汹汹的今天，聚美早早就在手机客户端发力，实现了购物车、结算、查看物流等功能，完善了用户体验，抢占了移动端口的流量和转化率。

5. 善于运用营销策略

作为80后的代表，陈鸥本身在热门媒体的运用上就相当熟络，不仅如此，陈鸥还结合聚美优品的品牌特征，发布了一系列陈欧体，一时间让聚美优品的名字红遍大江南北，尤其是聚美优品的主要受众——大学生等年轻女性群体，这带给聚美优品的潜在消费是巨大的。尤为值得一提的是，陈鸥不仅能够利用传统宣传渠道推广聚美，还能亲身上电视节目，例如《非你莫属》，在曝光率更大的电视台上继续推广聚美的品牌文化和价值，再加上从上线 1 周年开始的大规模宣传，采取双代言人形式和我为自己代言体，聚美优品现在的品牌影响力已经相当大。

6.5.1 我国大学生创业环境的分析

1. 大学生创业环境的现状

1) 法律环境进一步规范

(1) 私营经济得到法律保护

1999 年，修改后的宪法中规定：国家保护个体经济、私营经济的合法权益，为私营经济的存在和发展从法律上提供了保障。随着社会主义法治建设的推进，私营经济已经进入了一个良性发展的轨道。

(2) 创业准入门槛不断降低

随着社会主义市场经济体制的建立与完善，国家对私营经济在市场进入方面的限制逐步取消，更多的行业、领域允许民营资本介入。大学生创业有多种选择形式，办理企业登记手续的程序得到简化，企业自主经营范围更为宽泛和自由。可以建立一人有限责任公司，对于有限责任公司没有最低资本限额要求，出资形式更为宽泛。

2) 经济和社会环境得到优化

(1) 资本市场日趋健全和活跃

在融资方面，银行贷款、融资担保、风险投资、产权交易等更多的业务不断推出。为解决中小企业创业过程中融资难的问题，有关机构还启动了为大学生创业者提供贷款担保和贴息的业务。

(2) 企业载体和创业服务机构发展加快

各类企业孵化器、高新科技园区、企业服务中心、创业指导机构等载体不断建立与完善，风险投资机构、担保服务机构、信用评价机构、顾问咨询等服务机构得到快速发展，这些都有利于大学生创业的启动与发展。

(3) 传统观念正在逐步改变

改革开放 30 多年，人们对私营经济的看法和态度已经发生了根本性的改变，创业改变人生已经成为社会的共识，一种鼓励企业的社会观念，尤其是对大学生创业的关注与支持的社会环境正在形成。

3) 创业的扶持政策不断完善

为了鼓励和支持大学生自主创业，中央和地方各级政府纷纷出台相关优惠政策，给予创业者更多支持。通过开展免费创业培训、强化创业指导、优化创业环境、培育创业文化、进行创业激励等途径，重点扶持大学生创办的企业。2010 年，人力资源和社会保障部、教育部、财政部、国家税务总局下发《关于支持和促进就业有关税收政策的通知》，明确指出，到 2013 年 12 月 31 日仍然执行扶持高校毕业生自主创业的税收优惠政策。

各地人民政府也创造性地开展工作，积极推动大学生创业工作。如辽宁省制定地方规章，明确其法律地位，大学生创业可享受减免税费等一系列扶持政策，建立大学生创业资金超过13亿元，为大学生创业提供资金扶持。全省高校普遍开展创业教育，评选创业示范校，开展师资培训和创业带头人培训。建立面积1.1万平方米的省级大学生创业教育培训基地，沈阳、大连等市建立大学生创业孵化基地等。

4) 创业的空间更加广阔

时代需要大学生创业，为大学生创业者提供了前所未有的机遇和展示的舞台。知识经济时代最重大、最根本的变化无疑是资金让位于知识，知识成为最宝贵的资源、最重要的资本，为一切富有知识与智慧的人提供了前所未有的机遇。随着高科技的发展，大量的新兴行业不断涌现，这为受过良好教育并具有一定专业知识的人才提供了无穷的机会。当代许多大学生创业明星就是在网络技术和服务领域创业成功的。随着知识更新速度加快，“继续教育”成为人们的终身行为，文化教育、信息传播也由此成为大学生创业者大有前途的创业领域。

随着我国社会经济的发展，第三产业将成为一个极具魅力的投资领域。由于第三产业尤其是服务业需要的投资少、见效快，十分适合大学毕业生创业，将为大学生创业者提供广泛的空间。

5) 创业教育纳入教育体系

随着政府、学校和社会对创业型经济的不断认同，创业教育的开展将会成为一种必然选择。国家已经出台相关政策，明确要求在高等学校中开展创新创业教育，将创新创业教育纳入到高等教育体系中。一些高校还成立了创新创业学院，专门培养创新创业人才，为大学生创业营造了良好的学习氛围。

2. 大学生创业存在的问题

1) 创业政策扶持力度尚显不足

目前，大学生创业者对国家的创业扶持政策知晓率和受益率不高，政策扶持力度尚显不足。据数据统计：2011届创业者对创业扶持政策的知晓率仍然不高，对创业扶持政策“不了解”和“不太了解”的占63.8%，超过60%以上的大学生创业者认为没有享受到各类扶持政策。其中，放宽市场准入政策的受益率为37.8%，税收扶持政策的受益率为33.3%，金融扶持政策的受益率为29%。由此可见，政策需要与政策供应的差距仍然很大。

2) 外部资源的支持力度有限

目前，大学生创业主要还是依靠内部资源的支持，外部资源的支持力度有限。尤其是在创业资金方面，亲友投资和个人积蓄是大学生首次创业最主要的两大资金来源。民间借贷、银行贷款、信用卡透支、政府创业基金支持、风险投资等对大学生创业的支持有限。在创业载体方面，选择在产业园区、大学生创业园、创业孵化器、大学科技园等各类园区创业的人员比例不高，超过80%以上的大学生创业者还是在各类园区以外进行创业。

3) 大学生创业能力有待加强

大学生创业者自身素质能力不足是创业面临的重要困难之一，创业素质能力不适应创业需求的情况十分明显。创业教育覆盖面小，质量有待提升。大学生创业知识主要还是来源于创业实践、实习与兼职，或来源于家庭成员、同学或者朋友。尽管近年来国家出台了一系列政策推进大学生创新创业教育，但从认识程度、课程设置、师资建设、实践活动等方面，尤其是创业文化建设方面还是存在问题，没有发挥出教育的传承、引领作用。

3. 大学生创业环境的优化

1) 增强大学生创业政策的回应性

明确促进大学生创业的政策定位，将促进大学生创业提升到国家发展高度。调整政策关注点，扩大政策收益率，加大政策扶持力度。将鼓励生存型企业逐步转向自主型创业与生存型创业并重，扩大政策受益面，逐步建立普惠性的大学生创业扶持政策体系。

2) 构建全方位大学生创业服务

加强宣传，提高大学生对创业政策的知晓率。充分发挥公共就业服务机构的作用，逐步建立并完善创业信息发布服务机制，建立创业项目征集与开发机制；加强创业教育，逐步完善大学生创业的价值评估、实践模拟、政策与管理咨询等方面的创业指导服务体系；加强大学生孵化基地建设。培育大学生创业中介服务市场，鼓励有关市场组织开展大学生创业信息咨询、创业培训与指导活动。

3) 提高大学生创业工作质量

加强宏观管理，强化大学生创业工作领导机制和部门协调机制，将大学生创业工作绩效纳入就业工作绩效考核范围，并适当提高大学生创业工作在绩效考核中的权重。设立大学生创业专项资金，加大政府投入，为大学生创业者提供融资、贴息、补贴等方面的支持，形成大学生创业投入引导效应。同时，发挥市场机制作用，加大大学生创业投入补偿政策力度，通过强化政策性间接投入，建立并不断完善大学生创业扶持资金投入补偿机制，调动各类主体对大学生创业资金投入的积极性。

4) 大学生创业教育是一项培养高素质人才的系统工程

学校应该把普及创业知识、提高综合实践能力作为人才培养的目标，培养学生树立“大创业”观念。教育理念应从专业教育、就业教育转向创新创业教育，努力实现创新创业教育与专业教育、自我教育相结合。学校应将创业教育纳入学校人才培养体系之中，构建科学合理的创业教育教学体系，通过教学主渠道对学生进行创业理论与知识的教育，借助实训、实践环节使学生进行创业的体验，并形成专职教师、指导教师和专家队伍相结合的师资队伍。学校也可充分利用校内资源建设创业实践基地、组织学生进行创业体验，也可以建立校外创业实践基地，形成多元化模式的实践平台体系。同时，学校应发挥学科优势，充分调动学生参与专业型创新创业的热情，培养大学生创新意识、创业精神和创业能力。学校应该充分利用校内宣传阵地，广泛宣传各级政府出台的一系列创业政策，宣传大学生创新明星和自主创业的典型，营造一个良好的创业文化氛围。

6.5.2 适合大学生创业的项目

中国人口多，贫富差距大，众多产业还处在初级发展阶段或者在寻求转型发展，人们多方面的基本需求远未得到满足，而且需求越来越呈现出多样化等，这些为创业者提供了无限可能。

对于想创业的大学生来说，最好是依托自身的优势，以此起步，进而逐渐提高创业活动的层次。大学生创业者了解年轻人市场，有较强的信息搜集能力和丰富的创意等，这些都能帮助大学生创业者找到适合自己的创业机会。这里总结出大学生创业的七种典型的商业机会。

1. 满足大学生学习和生活需求的产品和服务

大学生创业者对于学生市场的需求是最为了解的，这是多数大学生开始创业的时候首先考虑到的方向。创业者可以通过回顾自己在大学生活中遇到的问题或不满的地方，也可以通过访谈在校大学生，了解大学生的各种重要需求，然后从中挑选出最适合自身资源的创业机会。做校园代理是大学生常见的创业方式，如考研、考证、旅游、手机卡等大学生常用的产品，这些业务的成本和风险都比较低。

2. 特色零售店或服务项目

零售和服务行业的进入门槛不高，对资金、技术和团队的要求较低，服务的对象又非常的广泛，随着消费需求的持续变化，商业机会层出不穷，每年都会有新的模式和新的企业迅速崛起，这一行业适合于多数大学生进行创业。零售和服务行业最需要的就是商业模式和服务的创新，创业者把自己的独特创意融入其中，就有可能开创出新的零售模式或特色服务项目。

3. 网上开店或网络服务

80、90后的大学生对于互联网非常熟悉，互联网上的创业机会也异常丰富。最普通的网上创业就是开网店，在淘宝网上注册账户卖自有产品或代销，浙江省的义乌工商学院就非常鼓励甚至要求学生开网店进行网上创业。网上开店的秘诀在于通过理解网上购物行为、合理规划产品的品类、高水平地展示产品、积极管理客户评价等方面来提高网店的利润。大学生还可以创造出特色的网络服务，以低成本实现客户价值。

4. 处于同质商品阶段的小产品的品牌化经营

成熟行业给大学生的创业机会比较少，毕竟行业格局已经形成，只有一些零散型的产业才有创业的机会，例如那些处于商品化阶段的日常用品或农产品。这些小产品的行业内竞争层次很低，同质化的产品相同的价格很难做大企业和打造品牌，企业的利润也很微薄。创业者需要转换经营思路，进行品牌化运作，将产品的档次提升，甚至加入一些创意元素。创业者可以从杯子、镜子、梳子、玩具等日用品以及农产品中选择创业项目，将小产品打造出特色品牌。这类创业的进入门槛比较低，风险也不高，需要大学生以高端化或回归自然的品牌运作来从小产品中开发出大市场。

5. 提供个性化的产品或服务

现代消费者对于产品或服务的个性化程度要求越来越高，收入水平的提高和市场需求的多样化为个性产品或服务的需求提供了坚实的购买基础。80、90后一代消费者对个性化产品或服务的需求更高、更敏感，而这类产品创业成功的关键在于准确和快速掌握市场需求的能力，这为大学生开展个性化产品或服务的创业提供了天然的优势。创业者需要把握的除了基于个性化需求的定位，还需要从商业模式上进行创新，在提供个性化服务的同时寻求规模化经营，并保持较低的成本。个性化的创新机会有可能通过将其他行业的特点引入新行业中，满足客户的多重需求，甚至开发出全新的市场，形成新的商业模式。

6. 开发具有技术含量的新产品

大学生创业者(尤其是理工科专业的研究生和博士生)可以开发出新产品，以创新技术作为创业的关键资源，组建公司来生产和销售创新产品(或提供技术服务)。新产品的开发是很难靠某个人就能成功的，它需要一个团队来协作开发，一般以导师为核心的研究团队有可能开发出更高技术含量的新产品。创业者如果自身无法开发新产品，那么就要寻找可以合作创业的新产品开发者，这需要创业者与研发人员的能力互补。这种创业可以获得政府相关机构的大力支持，尤其是与政府产业扶持政策相关的战略性新兴产业和其他重点产业更是有可能成为政府关注与扶持的典型创业项目。

【思考练习题】

1. 案例分析题

1) 丰田汽车进入美国的市场商机

提起丰田汽车人们很容易想起“皇冠”牌小汽车和“车到山前必有路，有路就有丰田车”的广告用语。这些都是因为丰田公司如今已享有很高的知名度。然而，谁能想到 30 年前，当丰田首次向美国出口小汽车时，仅销售出 228 辆。丰田首次向美国推出的产品名叫“丰田宝贝”它的外形像个方盒子，整个产品存在着严重缺陷，发动机开起来像卡车一样响，内部装饰既粗造又不舒服，灯光也非常暗。“丰田宝贝”失败后，丰田对美国市场进行大量的调查和研究，主要研究了美国经销商和消费者需要什么、不需要什么等问题。

丰田发现美国人把汽车作为地位和性别象征的传统倾向在减弱，其态度正变得实用化，汽车在很大程度上被看作是一种交通工具。美国人喜欢腿部活动空间大，容易驾驶且行驶平稳的美国车，但又希望能大幅度地减少拥有汽车的花费。例如，最初的购置费少、耗油少、耐用和维修方便等。丰田还发现消费者也认识到交通拥挤状况的日益恶化，因此希望能有停靠方便和转弯灵活的小型车。丰田还发现大众的成功在很大程度上是由于该公司建立了一套卓越的服务系统，例如，提供维修服务，就成功地打消了顾客担心外国车买得起，用不起，需要时很难弄到零部件等顾虑。

通过研究分析，丰田制定了一整套打入美国市场的营销战略。其中丰田的产品战略是生产小型的、经过改装的“底特律式”小汽车。这种美国化的做法在于增加产品的可接受性，新推出的“皇冠”牌小汽车满足了各方面的要求，比其他主要竞争对手大众公司的甲壳虫在发动机功率和性能上都提高了一倍，并且容易操纵、省油，且具备了小型车的各种便利。此种车外部造型优美，内部装备了所有美国人都渴望的装修，如柔软舒适的座椅、柔色的玻璃，侧壁有白圈的轮胎等，这种车仅仅作为一种交通工具出口，从这个意义上说，它几乎完美无缺，就连扶手的长度和腿部活动空间的大小都是按美国人的身材设计的。丰田公司甚至对一些不大引人注目的细节也给予充分的重视，质量、可靠性和可维护性等，无论是在打入美国市场之前还是之后，丰田都在不断进行市场调查和研究，力图使各种问题在没有变得十分严重之前就妥善解决。这样丰田的“皇冠”很快就建立了质量信誉，每销售100辆，顾客不满意的车数从1969年的4.5辆，下降到1973年的1.3辆。

丰田车在美国市场站稳脚以后，就转而采取市场扩张战略。其中，用不断改进产品以满足顾客需要作为其产品策略。1970 年和 1974 年，丰田对皇冠产品系列分别做了两次大的修改，扩大车身，加宽踏板，同时稳定性能也提高了，所有这些都是为了满足美国消费者的偏好。丰田将质量理解为“适合顾客需要”，产品改革从顾客的角度出发而不是将其看作是产品自身的要求。在广泛的调查研究和收集顾客反馈意见的基础上，丰田综合顾客的要求，尽可能提供与之相适应的产品。丰田将提高产品质量的努力集中在对生产过程质量的控制上，采取了各种质量控制方法。如通过“无缺陷”概念来寻找不合格产品的原因，通过“QC”小组鼓励雇员为改进产品和生产过程献计献策，等等。此外丰田还在高度的相互信任和尊敬的基础上，培养了与其零部件供应商之间强有力的协作关系，从而把住了协作公司零部件质量关。由产品策略牵头，再配合其他定价、分销、促销策略，丰田占领美国市场的策略取得巨大成功。时至今日，丰田汽车在美国的年销售量已愈50万辆，超过了它的竞争对手大众汽车公司，在美国进口商中居领先地位，成为当今世界上最大的汽车制造商之一。

问题：分析丰田汽车公司是从几方面识别市场机会的？

2) 亏损的内衣加盟店

陈晓燕是某纺织大学的本科毕业生，大学毕业后在一家台资企业打工，该企业从事纺织服装出口贸易，所以陈晓燕对纺织服装类的产品比较熟悉。2004年，一次偶然的机会陈晓燕到开发区的大学城看望表妹，发现离市区约有20公里远的大学城服装店较少，内衣店却一家都没有，她随后马上上网搜索有关大学城的情况，了解大学城内有二十多所大学，还有一所中学等，现有学生人数约12万，今后几年还将增加，加上大学的教职员工3万多人，大学城旁边有很多的企业，员工人数接近10万，于是陈晓燕认为这是一个巨大的市场。结合她熟悉的纺织服装，陈晓燕酝酿在大学城开设一家内衣店。2005年，陈晓燕经过各方面的考察，选择一家不是很有名、刚刚起步的内衣品牌加盟，当然陈晓燕曾经与该内衣品牌有过接触，知道该品牌内衣质量不错，生产的内衣主要用于出口。为了节省费用，陈晓燕将店址选择在大学城东区某一学院的生活区，东区离市区较远，而且是后建的，商业气氛不太浓厚，店铺租金便宜。考虑到新生和学院开学等方面的因素后，陈晓燕选择在9月1日开业。开业前几天，内衣店的广告已经散发到各临近学院的每一个角落，开业一个月内满200元赠100元券，实付满300另赠 VIP 卡，凭 VIP 卡购内衣可以打8折等优惠措施。

开业当天和随后几天，光顾内衣店的学生和老师都很少。陈晓燕有点急了，但她很快找到了原因：首先，她认为可能优惠让利幅度不够，一般的大商场优惠让利的幅度更大；其次，新生还没有到校，新生对内衣需求量可能更大，还有，该市的9月还相当热，绝大部分的学生和老师都穿夏装，还没有穿贴身内衣，现在需求量没有释放出来。陈晓燕耐心地等待着，同时，她也积极地搜集附近各个大学新生入学的日子，在各大学新生入学的当天到新生报到处散发广告单，同时优惠让利幅度更大，从9月15日到国庆节止，满200元减100元，其他优惠措施照旧。但遗憾的是，一直到国庆节到来，内衣销售额还是没有多少。10月1日到10月7日，由于学生和老师都回家了，大学城人数寥寥，内衣店干脆关门不营业。10月8日开门重新营业，天气渐渐变冷，到了该穿贴身内衣的季节，内衣店每天的顾客人数还是寥寥无几，大多数学生和老师经常散步进来看看，但买内衣的顾客还是很少。

问题：

1. 陈晓燕在创业时缺少哪些环节？
2. 陈晓燕作为一个创业者在创业过程中应该怎么做？
3. 讨论在校园内开设内衣店是否可行？你作为一个消费者，你的内衣消费观念和购买习惯是怎样的？

4. 分析陈晓燕销售失败的原因是什么？应该如何调整经营的思路？

2. 创业思维练习

(1) 将班级同学分成 4～6 组，和小组的其他成员设计一份简单的调查问卷。将调查问卷用于访问一个创业者。调查的主要问题包括：

① 创业者如何产生他的创业想法？

② 创业者如何识别和认识创业机会？

③ 创业者如何筛选和评估创业机会？

④ 创业者如何把想法变成一个企业？

要求：调查问卷不超过两页，在访问创业者之后，分析他们的回答，提交一个简短的报告。

(2) 将班级同学分成 4～6 组，每个小组成员列出 4 个兴趣爱好。根据列出的爱好或者兴趣，每个小组必须选择一个希望能发展成企业的想法。小组成员对这个想法进行讨论，包括这个创业想法能够产生的产品和服务，以及谁有可能成为企业的客户。

要求：每个小组从报纸或者杂志的商业部分中确定 7 个创业想法。商业部分包括产品或者服务的广告、销售信息、关于流行趋势或者消费需求变化的报道等内容。然后，说明对这些想法感兴趣的原因。

3. 问卷调查设计

(1) 某同学想在高校校园内代理快递业务，根据校内学生市场实际情况设计调查问卷。

(2) 某同学想在校园内开一家咖啡厅，关于选址、环境、价格等设计调查问卷。

第 7 章 创业中的商业模式构建与资源获取

当今企业之间的竞争，不是产品之间的竞争，而是商业模式之间的竞争，所谓的商业模式主要是指顾客价值的定义、传递、获取的整个过程。

——管理学大师　彼得·德鲁克

我不懂互联网，思考的只是商业模式！

——阿里巴巴集团创始人　马云

任何一个企业的商业模式都不可能一成不变，如果一成不变就会从榜单(富豪榜)消失。

——大连万达集团董事长　王健林

【本章知识点】

- 何为商业模式？其构成要素是什么？
- 商业模式的样式有哪些？如何设计？
- 如何评估和识别关键资源？
- 作为商业模式模块中的重要组成部分——关键资源该如何获取？

7.1 商业模式构建

案例分享：苹果 iPod/iTunes 商业模式

2001 年，苹果发布了其标志性的便携式媒体播放器 iPod，这款播放器需要与 iTunes 软件结合，这样用户可以将音乐和其他内容从 iPod 同步到电脑中。同时，iTunes 软件还提供了与苹果在线商店的无缝连接，用户可以从这个商店里购买和下载所需要的内容。这种设备、软件和在线商店的完美有效结合，很快颠覆了音乐产业，并给苹果带来了市场的主导地位。然而苹果不是第一家推出便携式媒体播放器的公司。竞争对手如帝盟多媒体公司的 Rio 品牌便携式媒体播放器曾经在市场上同样成功，直到它们被苹果超越。

苹果公司是如何实现这种优势的呢？因为它完美地构建了一个更优秀的商业模式。一方面，苹果通过其特殊设计的 iPod 设备、iTunes 软件和 iTunes 在线商店的结合，为用户提供了无缝的音乐体验。苹果的价值主张就是让用户轻松地搜索、购买和享受数字音乐。另一方面，为了使这种价值主张成为可能，苹果公司不得不与所有大型唱片公司谈判，来建立世界上最大的在线音乐库。苹果通过销售 iPod 赚取了大量与其音乐相关的收入，同时利用 iPod 设备与在线商店的整合，有效地把竞争对手挡在了门外。

7.1.1 商业模式的定义

早在 20 世纪 50 年代，有人就提出了“商业模式”的概念，但直到 40 年后(90 年代)这个概念才流行开来。商业模式是一种包含了一系列要素及其关系的概念性工具，用以阐明某个特定实体的商业逻辑。它描述了公司所能为客户提供的价值以及公司的内部结构、合作伙伴网络和关系资本等用以实现(创造、推销和交付)这一价值并产生可持续赢利收入的要素。

泰莫斯定义商业模式：是指一个完整的产品、服务和信息流体系，包括每一个参与者和其在其中起到的作用，以及每一个参与者的潜在利益、相应的收益和来源方式。在分析商业模式过程中，主要关注一类企业在市场中与用户、供应商、其他合作方的关系，尤其是彼此间的物流、信息流和资金流。

管理学大师彼得•德鲁克认为：所谓的商业模式主要是指顾客价值的定义、传递、获取的整个过程。这个全新的商业模式和我们以往所熟悉的商业模式最大的不同在于，它不再是关于成本和规模的讨论，而是关于重新定义顾客价值的讨论，关注顾客价值及其持有成本。

为了实现客户价值最大化，把能使企业运行的内外各要素整合起来，形成高效率的、具有独特核心竞争力的运行系统，并通过提供产品和服务，达成持续赢利目标而组织设计的整体解决方案。其中“整合”“高效率”“系统”是基础或先决条件，“核心竞争力”是手段，“客户价值最大化”是主观目的，“持续赢利”是客观结果，也是检验一个商业模式是否成功的唯一的外在标准。

本书采用的定义是：商业模式描述了企业如何创造价值、传递价值和获取价值的基本原理。商业模式的创新贯穿企业经营整个过程，贯穿企业资源开发、研发模式、制造方式、营销体系、流通体系等各个环节。每个环节的创新都可能塑造一种崭新的、成功的商业模式。

7.1.2 商业模式画布

商业模式画布由 9 个商业模式模块组成：客户细分、价值主张、渠道通路、客户关系、收入来源、核心资源、关键业务、重要合作和成本结构。这 9 个商业模式模块组成了构建商业模式便捷工具的基础。这个工具类似于画家的画布，其中预设了 9 个空格，你可以在上面画上相关模块，来描绘现有的商业模式或设计新的商业模式。

商业模式画布最好的用法是在大的背景上投影出来，这样一群人便可以便利贴或马克笔共同绘制、讨论商业模式的不同组成部分。这是一种可以促进理解、讨论、创意和分析的实操工具，如图 7-1 所示。

<table>
<tr><td rowspan="2">重要合作</td><td>关键业务</td><td rowspan="2">价值主张</td><td>客户关系</td><td rowspan="2">客户细分</td></tr>
<tr><td>核心资源</td><td>渠道通路</td></tr>
<tr><td colspan="3">成本结构</td><td colspan="2">收入来源</td></tr>
</table>

图 7-1　商业模式画布

1. 客户细分(customer segments)

1) 客户细分的概念

客户细分是指企业或机构所服务的一个或多个客户分类群体。客户构成了任何商业模式的核心。没有(可获益的)客户，就没有企业的长治久安。为了更好地满足客户，企业可能把客户分成不同的细分市场，每个细分市场中的客户具有共同的需求、共同的行为和其他共同的属性。企业必须决定服务哪些细分市场、忽略掉哪些细分市场，一旦决定了所要服务的客户群，企业就可以凭借对特定客户群体需求的深刻理解，仔细设计相应的商业模式。客户群可以按照不同的标准来划分，例如可以按照不同的提供物(产品或服务)、不同的分销渠道、不同类型的关系、不同的盈利能力(收益性)和客户愿意为产品和服务不同方面的付费等来进行分类。

2) 客户细分的类型

(1) 大众市场(mass market)

聚焦于大众市场的商业模式在不同客户细分之间没有多大区别。价值主张、渠道通路和客户关系全都聚焦于一个大范围的客户群组，在这个群组中，客户具有大致相同的需求和问题，这类商业模式经常能在消费类电子行业中找到。

(2) 利基市场(niche market)

以利基市场为目标的商业模式迎合特定的客户细分群体。价值主张、渠道通路和客户关系都针对某一利基市场的特定需求定制。这样的商业模式常常可以在供应商—采购商的关系中找到。例如，很多汽车零部件厂商严重依赖来自主要汽车生产工厂的采购。

(3) 区隔化市场(segmented market)

有些商业模式在略有不同的客户需求及困扰的市场细分群体间会有所区别。例如，瑞士信贷的银行零售业务，在拥有超过 10 万美元资产的大客户群体与拥有超过 50 万美元资产的更为富有的群体之间的市场区隔就有所不同。这些客户细分有很多相似之处，但又有不同的需求和困扰。这样的客户细分群体影响了瑞士信贷商业模式的其他构造块，诸如价值主账、渠道通路、客户关系和收入来源。瑞士微型精密系统公司，其专门提供外包微型机械设计和生产解决方案业务，服务于三个不同的客户细分群体——钟表行业、医疗行业和工业自动化行业，而为这些行业所提供的价值主张略有不同。

(4) 多元化市场(diversified market)

具有多元化客户商业模式的企业可以服务于两个具有不同需求和困扰的客户细分群体。例如，2006 年亚马逊决定通过销售云计算服务而使其零售业务多样化，即在线存储空间业务与按需服务器使用业务。因此亚马逊开始以完全不同的价值主张迎合完全不同的客户细分群体——网站公司。这个策略可以实施的根本原因是亚马逊强大的 IT 基础设施经营的多样化，其基础设施能被零售业务运营和新的云计算服务所共享。

(5) 多边平台或多边市场(multi-sided platforms/multi-sided markets)

有些企业服务于两个或更多的相互依存的客户细分群体。例如，信用卡公司需要大范围的信用卡持有者，同时也需要大范围可以受理那些信用卡的商家。同样，企业提供的免费报纸需要大范围的读者以便吸引广告。另一方面，它还需要广告商为其产品及分销提供资金。这需要双边细分群体才能让这个商业模式运转起来。

2. 价值主张(value Propositions)

1) 价值主张的概念

价值主张模块用来描绘为特定客户细分创造价值的系列产品和服务。价值主张是客户转向一个公司而非另一个公司的原因，它解决了客户困扰或者满足了客户需求。每个价值主张都包含可选系列产品或服务，以迎合特定客户细分群体的需求。在这个意义上，价值主张是公司提供给客户的受益集合或受益系列。有些价值主张可能是创新的，并表现为一个全新的或破坏性的提供物(产品或服务)，而另一些可能与现存市场提供物(产品或服务)类似，只是增加了功能和特性。

2) 价值主张的内容

价值主张通过迎合细分群体需求的独特组合来创造价值。价值可以是定量的(如价格、服务速度)或定性的(如设计、客户体验)。下面这些简要要素有助于为客户创造价值。

(1) 新颖(newness)

有些价值主张满足客户从未感受和体验过的全新需求，因为以前从来没有类似的产品或服务。这通常但不总是与技术有关，举例来说，移动电话围绕移动通信开创了一个全新的行业。

(2) 性能(performance)

改善产品和服务性能是一个传统意义上创造价值的普遍方法。个人计算机行业有依赖于这个因素的传统，向市场推出更强劲的机型，但性能的改善似乎也有它的局限。例如，近几年更快速的计算机、更大的磁盘存储空间和更好的图形显示都未能在用户需求方面促成对应的增长。

(3) 定制化(customization)

定制产品和服务以满足个别客户或客户细分群体的特定需求来创造价值。近几年来，大规模定制和客户参与制作的概念显得尤为重要。这个方法允许定制化产品和服务，同时还可以利用规模经济优势。

(4) 设计(design)

设计是一个重要但又很难衡量的要素。产品可以因为优秀的设计脱颖而出，在时尚和消费电子产品工业，设计是价值主张中一个特别重要的部分。

(5) 品牌/身份地位(brand/status)

客户可以通过使用和显示某一特定品牌而发现价值。例如，佩戴一块劳力士手表象征着财富。

(6) 价格(price)

以更低的价格提供同质化的价值是满足价格敏感客户细分群体的通常做法，但是低价价值主张对于商业模式的其余部分有更重要的含义。经济航空公司，诸如西南航空公司、易捷航空公司、瑞安航空公司都设计了全新的商业模式，以便使低价航空旅行成为可能。另一个基于价格的价值主张的例子可以在印度塔塔集团设计和制造的 Nano 新型汽车中找到。它以令人惊叹的低价使印度全民都买得起汽车。免费产品和服务正开始越来越多地渗透到各行各业。免费提供产品和服务的范围很广，从免费报纸到免费电子邮件、免费移动电话服务无所不包。

(7) 成本削减(cost reduction)

帮助客户削减成本是创造价值的重要方法。例如，Salesforce. com 公司销售在线的客户关系管理系统(CRM)的应用，这项服务减少了购买者的开销并免除了用户自行购买、安装和管理 CRM 软件的麻烦。

(8) 风险抑制(risk reduction)

当客户购买产品和服务的时候，帮助客户抑制风险也可以创造客户价值。对于二手汽车买家来说，为期一年的服务担保规避了在购买后发生故障和修理的风险。而服务品质级别担保书部分抑制了由买方承担外包 IT 服务所要承担的风险。

(9) 可达性(accessibility)

把产品和服务提供给以前接触不到的客户是另一个创造价值的方法。这既可能是商业模式创新的结果，也可能是新技术的结果，或者兼而有之。例如，奈特捷航空公司以普及私人飞机拥有权概念而著称。通过应用创新的商业模式，奈特捷航空提供私人及企业拥有私人飞机的权限，在此之前这项服务对于绝大部分客户来说都很难支付得起。同样，共同基金是通过提升可达性未创造价值的另一个例子。这种创新的金融产品使那些小康微富的人建立多元化的投资组合成为可能。

(10) 便利性/可用性(convenience/usability)

使事情史方使或易于使用可以创造可观的价值。苹果公司的 iPod 和 iTunes 为用户提供了在搜索、购买、下载和收听数字音乐方面前所未有的便捷体验。现在，苹果已经主导了市场。

3. 渠道通路(channels)

1) 渠道通路的定义

渠道通路构造块用来描绘公司是如何沟通、接触其客户细分而传递其价值主张，沟通、分销和销售这些渠道构成了公司相对客户的接口界面。渠道通路是客户接触点，它在客户体验中扮演着重要角色。

2) 渠道通路的功能

(1) 提升公司产品和服务在客户中的认知；

(2) 帮助客户评估公司价值主张；

(3) 协助客户购买特定产品和服务；

(4) 向客户传递价值主张；

(5) 提供售后客户支持。

渠道依次具有认知、评估、购买、传递、售后5个不同的阶段，每个渠道都能经历部分或全部阶段。我们可以区分直销渠道与非直销渠道，也可以区分自有渠道和合作伙伴渠道。

在把价值主张推向市场期间，发现如何接触客户的正确渠道组合是至关重要的。企业组织可以选择通过其自有渠道、合作伙伴渠道或两者混合来接触客户。自有渠道可以是直销的，例如内部销售团队或网站。渠道也可以是间接的，例如团体组织拥有或运营的零售商店渠道。合作伙伴渠道是间接的，同时在很大范围上可供选择，例如分销批发、零售或者合作伙伴的网站。

虽然合作伙伴渠道导致更低的利润，但允许企业凭借合作伙伴的强项，扩展企业接触客户的范围和收益。自有渠道和部分直销渠道有更高的利润，但是其建立和运营成本都很高。渠道管理的诀窍是在不同类型渠道之间找到适当的平衡，并整合它们来创造令人满意的客户体验，同时使收入最大化。

4. 客户关系(customer relationships)

1) 客户关系的概念

客户关系模块用来描绘公司与特定客户细分群体建立的关系类型。企业应该弄清楚希望和每个客户细分群体建立的关系类型。客户关系范围可以从个人到自动化。客户关系可以被以下几个动机所驱动：客户获取、客户维系、提升销售额(追加销售)。

例如，早期移动网络运营商的客户关系由积极的客户获取策略所驱动，包括免费移动电话。当市场饱和后，运营商转而聚焦客户保留以及提升单客户的平均收入。

商业模式所要求的客户关系深刻地影响着全面的客户体验。

2) 客户关系的类型

(1) 个人助理(personal assistance)

这种关系类型基于人与人之间的互动。在销售过程中或者售后阶段，客户可以与客户代表交流并获取帮助。在销售地点，可以通过呼叫中心、电子邮件或其他销售方式等个人助理手段来进行。

(2) 专用个人助理(dedicated personal assistance)

这种关系类型包含了为单一客户安排的专门的客户代表。它是层次最深、最亲密的关系类型，通常需要较长时间来建立。例如，私人银行服务会指派银行经理向高净值个人客户提供服务。在其他商业领域也能看到类似的关系类型，关键客户经理与重要客户保持着私人联系。

(3) 自助服务(self-service)

在这种关系类型中，一家公司与客户之间不存在直接的关系，而是为客户提供自助服务所需要的所有条件。

(4) 自动化服务(automated services)

这种关系类型整合了更加精细的自动化过程，用于实现客户自助服务。例如，客户可以通过在线档案来定制个性化服务。自动化服务可以识别不同客户及其特点，并提供与客户订单或交易相关的信息。最佳情况下，良好的自动化服务可以模拟个人助理服务的体验(例如提供图书或电影推荐)。

(5) 社区(communities)

目前各公司正越来越多地利用用户社区与客户/潜在客户建立更为深入的联系，并促进社区成员之间的互动。许多公司都建立了在线社区，让其用户交流知识和经验，解决彼此的问题。社区还可以帮助公司更好地理解客户需求。

(6) 共同创作(co-creation)

许多公司超越了与客户之间传统的客户—供应商关系，而倾向于和客户共同创造价值。亚马逊书店就邀请顾客来撰写书评，从而为其他图书爱好者提供价值。有的公司还鼓励客户参与到全新和创新产品的设计过程中来。还有一些公司，例如 YouTube，请用户来创作视频供其他用户观看。

5. 收入来源(revenue streams)

1) 收入来源的概念

收入来源模块用来描绘公司从每个客户群体中获取的现金收入(需要从创收中扣除成本)。如果客户是商业模式的心脏，那么收入来源就是动脉。

企业必须问自己，什么样的价值能够让各客户细分群体真正愿意付款？只有回答了这个问题，企业才能在各客户细分群体上发掘一个或多个收入来源。每个收入来源的定价机制可能不同，例如固定标价、谈判议价、拍卖定价、市场定价、数量定价或收益管理定价等。

一个商业模式可以包含两种不同类型的收入来源：

(1) 通过客户一次性支付获得的交易收入。

(2) 经常性收入来自客户为获得价值主张与售后服务而持续支付的费用。

2) 收入来源的方式

(1) 资产销售(asset sale)

最为人熟知的收入来源方式是销售实体产品的所有权。如亚马逊在线销售图书、音乐、消费类电子产品和其他产品。菲亚特销售汽车，客户购买之后可以任意驾驶、转售甚至破坏。

(2) 使用收费(usage fee)

这种收入来源于通过特定的服务收费。客户使用的服务越多，付费越多。电信运营商可以按照客户通话时长来计费。旅馆可以按照客户入住天数来计费。快递公司可以按照运送地点的距离来计费。

(3) 订阅收费(subscription fees)

这种收入来自销售重复使用的服务。一家健身房可以按月或按年以会员制订阅方式来销售健身设备的使用权。魔兽世界——一款大型多人在线角色扮演游戏，允许用户使用按月订阅的付费方式。诺基亚的音乐服务也可以让用户通过按月订阅付费的方式来收听音乐。

(4) 租赁收费(lending/renting/leasing)

这种收入来源于针对某个特定资产在固定时间内的暂时性排他使用权的授权。对于出借方而言，租赁收费可以带来经常性收入的优势。另一方面，租用方或承租方可以仅支付限时租期内的费用，而无须承担购买所有权的全部费用。如 Zipcar. com 提供了一个很好的例证。该公司可以让客户在北美各大城市按小时租车。Zipcar. com 的服务导致许多消费者决定租赁汽车而不再购买汽车。

(5) 授权收费(licensing)

这种收入来自将受保护的知识产权授权给客户使用，并换取授权费用。授权方式可以让版权持有者不必将产品制造出来或者将服务商业化，仅靠知识产权本身即可产生收入。授权方式在媒体行业非常普遍，内容所有者保留版权，但是可以将使用权销售给第三方。同样，在技术行业，专利持有人授权其他公司使用专利技术，并收取授权费作为回报。

(6) 经纪收费(brokerage fees)

这种收入来自为了双方或多方之间的利益所提供的中介服务而收取的佣金。例如，信用卡提供商作为信用卡商户和顾客的中间人，从每笔销售交易中抽取一定比例的金额作为佣金。同样，股票经纪人和房地产经纪人通过成功匹配卖家和买家来赚取佣金。

(7) 广告收费(advertising)

这种收入来源于为特定的产品、服务或品牌提供广告宣传服务。传统上，媒体行业和会展行业均以此作为主要收入来源。近几年，在其他行业包括软件和服务行业，也开始逐渐向广告收入倾斜。

每种收入来源都可能有不同的定价机制，定价机制类型的选择就产生收入而言会有很大的差异。定价机制有两种主要的形式：固定定价和动态定价，如表 7-1 所示。

表 7-1 不同收入来源的定价机制

固定定价		动态定价	
根据静态变量而预设价格的定价		根据市场情况变化而调整的定价	
标价	单独产品、服务或其他价值主张的固定价格	协商定价(谈判定价)	双方或多方商定价格，最终的价格取决于谈判能力或谈判技巧
基于产品特性的定价	基于价值主张特性的数量或质量的定价	收益管理定价	基于库存量和购买时间的定价(通常用于易损资源，例如旅馆的房间或飞机的座位)
基于客户细分的定价	基于客户细分群体的类型和特点定价	实时市场定价	价格基于市场供求的动态关系决定
数量定价	基于客户购买的数量定价	拍卖定价	价格根据竞拍结果决定

6. 核心资源(key resources)

1) 核心资源的概念

核心资源用来描绘让商业模式有效运转所必需的最重要因素。每个商业模式都需要核心资源，这些资源使得企业组织能够创造和提供价值主张、接触市场、与客户细分群体建立关系并赚取收入。不同的商业模式所需要的核心资源也有所不同。微芯片制造商需要资本集约型的生产设施，而芯片设计商则需要更加关注人力资源。

核心资源可以是实体资产、金融资产、知识资产或人力资源。核心资源既可以是自有的，也可以是公司租借的或从重要伙伴那里获得的。

2) 核心资源的分类

(1) 实体资产(physical)

实体资产包括实体的资产，诸如生产设施、不动产、汽车、机器、系统、销售网点和分销网络等。沃尔玛和亚马逊等零售企业的核心资产就是实体资产，且均为资本集约型资产。沃尔玛拥有庞大的全球店面网络和与之配套的物流基础设施。亚马逊拥有大规模的 IT 系统、仓库和物流体系。

(2) 知识资产(intellectual)

知识资产包括品牌、专有知识、专利和版权、合作关系和客户数据库，这类资产日益成为强健商业模式中的重要组成部分。知识资产的开发很难，但成功建立后可以带来巨大价值。

快速消费品企业例如耐克和索尼主要依靠品牌为其核心资源。微软和 SAP 依赖通过多年开发所获得的软件和相关的知识产权。宽带移动设备芯片设计商和供应商高通是围绕芯片设计专利来构建其商业模式的，这些核心资源为该公司带来了大量的授权收入。

(3) 人力资源(human)

任何一家企业都需要人力资源，但是在某些商业模式中，人力资源更加重要。例如，在知识密集产业和创意产业中人力资源是至关重要的，制药企业，例如诺华公司，在很大程度上依赖于人力资源，其商业模式基于一批经验丰富的科学家和一支强大娴熟的销售队伍。

(4) 金融资产(financial)

有些商业模式需要金融资源抑或财务担保，例如现金、信贷额度或用来雇用关键雇员的股票期权池。电信设备制造商爱立信提供了一个在商业模式中利用金融资产的案例。爱立信可以选择从银行和资本市场筹资，然后使用其中的一部分为其设备客户提供卖方融资服务，以确保是爱立信而不是竞争对手赢得订单。

7. 关键业务(key activities)

1) 关键业务的概念

关键业务模块用来描绘为了确保其商业模式可行，企业必须做的最重要的事情。任何商业模式都需要多种关键业务活动。这些业务是企业得以成功运营所必须实施的最重要的动作。正如核心资源一样，关键业务也是创造和提供价值主张、接触市场、维系客户关系并获取收入的基础。而关键业务也会因商业模式的不同而有所区别。例如对于微软等软件制造商而言，其关键业务包括软件开发。对于戴尔等电脑制造商来说，其关键业务包括供应链管理。

2) 关键业务的内容

(1) 制造产品(production)

这类业务活动涉及生产一定数量或满足一定质量的产品，与设计、制造及发送产品有关。制造产品这一业务活动是企业商业模式的核心。

(2) 问题解决(problem solving)

这类业务指的是为个别客户的问题提供新的解决方案。咨询公司、医院和其他服务机构的关键业务使问题解决。它们的商业模式需要知识管理和持续培训等业务。

(3) 平台/网络(platform/network)

以平台为核心资源的商业模式，其关键业务都是与平台或网络相关的。网络服务、交易平台、软件甚至品牌都可以看成是平台。eBay的商业模式决定了公司需要持续地发展和维护其平台eBay.com网站。而维萨(Visa)的商业模式需要为商业客户、消费者和银行服务的Visa信用卡交易平台提供相关的业务活动。微软的商业模式则是要求管理其他厂商软件与其Windows操作系统平台之间的接口。此类商业模式的关键业务与平台管理、服务提供和平台推广相关。

8. 重要合作(key partnerships)

1) 重要合作的概念

重要合作模块用来描述让商业模式有效运作所需的供应商与合作伙伴的网络。企业会基于多种原因打造合作关系，合作关系正日益成为许多商业模式的基石。很多公司创建联盟来优化其商业模式、降低风险或获取资源。

2) 重要合作的类型

我们可以把合作关系分为以下四种类型：

(1) 在非竞争者之间的战略联盟关系；

(2) 在竞争者之间的战略合作关系；

(3) 为开发新业务而构建的合资关系；

(4) 为确保可靠供应的购买方—供应商关系。

3) 重要合作的动机

(1) 商业模式的优化和规模经济的运用

伙伴关系或购买方—供应商关系的最基本的形式，是设计用来优化资源和业务的配置。公司拥有所有资源或自己执行每项业务活动是不合逻辑的。优化的伙伴关系和规模经济的伙伴关系通常会降低成本，而且往往涉及外包或基础设施共享。

(2) 风险和不确定性的降低

伙伴关系可以帮助减少以不确定性为特征的竞争环境的风险。竞争对手在某一领域形成了战略联盟而在另一个领域展开竞争的现象很常见。例如，蓝光——一种光盘格式，由一个世界领先的消费类电子、个人电脑和媒体生产商所构成的团体联合开发。该团体合作把蓝光技术推向市场，但个体成员之间又在竞争销售自己的蓝光产品。

(3) 特定资源和业务的获取

很少有企业拥有所有的资源或执行所有商业模式所要求的业务活动。相反，它们依靠其他企业提供特定资源或执行某些业务活动来扩展自身能力。这种伙伴关系可以根据需要，主动地获取知识、许可或接触客户。例如，移动电话制造商可以为它的手机获得一套操作系统授权而不用自己开发。保险公司可以选择依靠独立经纪人销售其保险，而不是发展自己的销售队伍。

9. 成本结构(cost structure)

1) 成本结构的概念

成本结构模块用来描绘运营一个商业模式所引发的所有成本。这个模块用来描绘在特定的商业模式运作下所引发的最重要的成本。创建价值和提供价值、维系客户关系以及产生收入都会引发成本。这些成本在确定关键资源、关键业务与重要合作后可以相对容易地计算出来。然而，有些商业模式，相比其他商业模式更多的是由成本驱动的。例如，那些号称“不提供非必要服务”的航空公司，是完全围绕低成本结构来构建其商业模式的。

2) 成本结构的类型

(1) 成本驱动(cost-driven)

成本驱动的商业模式侧重于在每个地方尽可能地降低成本。这种做法的目的是创造和维持最经济的成本结构，采用低价的价值主张、最大程度自动化和广泛外包。廉价航空公司，如西南航空、易捷航空和瑞安航空公司就是以成本驱动商业模式为特征的。

(2) 价值驱动(value-driven)

有些公司不太关注特定商业模式设计对成本的影响，而是专注于创造价值。增值型的价值主张和高度个性化服务通常是以价值驱动型商业模式为特征的。豪华酒店的设施及其独到的服务都属于这一类。

3) 成本结构的特点

(1) 固定成本(fixed costs)

不受产品或服务的产出业务量变动影响而能保持不变的成本，例如薪金、租金、实体制造设施。有些企业，比如那些制造业的公司，是以高比例固定成本为特征的。

(2) 可变成本(variable costs)

伴随商品或服务产出业务量而按比例变化的成本。有些业务，如音乐节，是以高比例可变成本为特征的。

(3) 规模经济(economies of scale)

企业享有产量扩充所带来的成本优势。例如，规模较大的公司从更低的大宗购买费用中受益。随着产量的提升，这个因素和其他因素一起，可以引发平均单位成本下降。

(4) 范围经济(economies of scope)

企业由于享有较大经营范围而具有的成本优势。例如，在大型企业，同样的营销活动或渠道通路可支持多种产品。

7.1.3 商业模式的基本式样

1. 非绑定式商业模式

案例分享：瑞士私人银行：三种业务合一

瑞士的私人银行为非常富有的人群提供银行服务，私人银行业一直以来被认为是一个保守、缺乏活力的行业。然而过去十年间，瑞士的私人银行业却发生了翻天覆地的变化。从传统上来讲，私人银行机构都是垂直整合的，且工作范围涵盖资产管理、投资和金融产品设计等。选择紧密垂直整合的方式是有充足理由的，因为外包的成本很高，加上出于保密性考虑，私人银行宁愿将所有的业务都放在自己的体系内部。

但是行业环境正在发生着变化。瑞士私人银行业的运作方式已不再是个秘密，保密已经变得不那么重要了。由于特殊服务提供商的涌现而导致银行价值链的分裂，使得外包变得越来越有吸引力，这些特殊服务提供商包括交易银行和金融产品专营机构。交易银行专注处理银行交易，而金融产品供应商则专注于设计新的金融产品。

总部位于苏黎世的私人银行机构 Maerki Baumann 就是采取非绑定式商业模式的典范。它们将面向交易的平台业务分拆成驻内银行的独立实体，这些实体为其他银行和证券商提供银行服务。现在，Maerki Baumann 本身则专注于建立良好的客户关系，并提供咨询服务。

另一方面，位于日内瓦的 Pictet 银行是瑞士最大的私人银行，它们更喜欢坚持整合的模式。这家有着 200 年历史的金融机构拥有良好的客户关系，处理大量客户的交易，并且自己设计金融产品。虽然该银行以这种模式取得了成功，但是仍然需要小心翼翼地权衡管理着这三类有着根本差异的业务。

私人银行业中的一个“绑定”商业模式引发了很多的冲突和不利的权衡妥协：

(1) 银行用两种不同的逻辑为两个不同的市场服务：咨询业务和销售金融产品。咨询业务是一种长期、基于关系的业务，而销售金融产品是复杂且快速变化的业务。

(2) 该银行的目标是出售其产品给竞争银行增加收入，但是这会产生利益冲突。

(3) 银行的产品部门强迫咨询师向客户销售银行自家产品，这与客户希望有“中立的建议”有所冲突。客户希望购买投资市场上最好的产品，而不管这些产品来自哪家。

(4) 以成本和效率为焦点的交易平台业务和薪酬敏感的咨询与金融产品业务相冲突，后者需要吸引昂贵的人才。

(5) 交易平台业务需要一定的规模来压低成本，单独一家银行很难做到。

(6) 产品创新业务由快速研发和迅速进入市场所驱动，而这与需要长期维持的咨询业务相冲突。

为了解决以上的冲突和问题，可以把私人银行绑定在一起的业务拆分为三种基本业务：关系管理、产品创新和基础设施管理，如图 7-2 所示。

<table>
<tr><td rowspan="2">重要合作
■其他产品供应商</td><td>关键业务
■咨询
○产品研发
■营销
※平台管理</td><td rowspan="2">价值主张
■量身定制的资产管理服务
○金融产品
※交易管理</td><td>客户关系
■亲密的个人关系
※关键客户管理</td><td rowspan="2">客户细分
■富有的个人与家庭
○私人银行
※私人银行
○独立财务咨询师</td></tr>
<tr><td>核心资源
■品牌/信任
○产品专利
※交易平台</td><td>渠道通路
■个人网络
○销售团队
※交易平台</td></tr>
<tr><td colspan="2">成本结构
※平台管理
○研发人力成本
■私人银行经理人力成本</td><td colspan="3">收入来源
■管理与咨询费
○产品与绩效收费
※交易费用</td></tr>
</table>

关系业务■　　产品创新○　　基础设施业务※

图 7-2　私人银行商业模式

1) “非绑定式”商业模式的定义与式样

约翰•哈格尔和马克•辛格提出了“非绑定式公司”的概念，他们认为企业是由具有不同经济驱动因素、竞争驱动因素和文化驱动因素等完全不同类型的业务组成，可分为产品创新型业务、客户关系型业务、基础设施型业务，如表 7-2 所示。与此相似，特里西和威斯玛建议企业应该专注于以下三种价值信条之一：产品领先、亲近客户或卓越运营。

哈格尔和辛格阐述客户关系型业务职责是寻找和获取客户并与他们建立关系。同样，产品创新型业务的职责是开发新的和有吸引力的产品和服务，而基础设施型业务的职责是构建和管理平台，以支持大量重复性的工作。哈格尔和辛格认为企业应该分离这三种业务，并在企业内部聚焦到这三种业务类型之一，因为每一种业务类型都是由不同的因素所驱动，在同一组织中，这些业务类型可能彼此之间冲突，或者可能产生不利的权衡妥协。

表 7-2　三种核心业务类型

	产品创新	客户关系管理	基础设施管理
经济	更早地进入市场可以保证索要溢价价格，并获取巨大的市场份额：速度是关键	获取客户的高昂成本决定了必须获取大规模的客户份额：范围经济是关键	高昂的固定成本决定了通过大规模生产达到单位成本降低的必要性：规模是关键

(续表)

	产品创新	客户关系管理	基础设施管理
竞争	针对人才而竞争；进入门槛低；许多小公司繁荣兴旺	针对范围而竞争；快速巩固；寡头占领市场	针对范围而竞争；快速巩固；寡头占领市场
文化	以员工为中心；鼓励创新人才	高度面向服务；客户至上心态	关注成本；统一标准；可预测和有效性

图 7-3 展示了“非绑定式”商业模式是如何分拆(非绑定)并聚焦新业务核心的。

客户关系业务模块

重要合作	关键业务 / 核心资源	价值主张	客户关系 / 渠道通路	客户细分
从第三方获得产品、服务创新和基础设施	关键业务：获得和保留客户 核心资源：核心资产和核心资源是客户基数以及长时间积累的已获得的客户信任	高度的服务导向	客户关系：亲密的个人关系；客户的获得和保留 渠道通路：强有力的渠道	客户为中心

成本结构	收入来源
客户获取和保有成本占了主要部分，包括品牌和营销开销	大规模的客户份额产生的收入

产品创新模块

重要合作	关键业务 / 核心资源	价值主张	客户关系 / 渠道通路	客户细分
	关键业务：利用研发为市场带来新产品和新服务 核心资源：强有力的人力资本	产品和服务创新	客户关系： 渠道通路：	通过聚焦客户关系的B2B中间商交付

成本结构	收入来源
研发人力成本	高额溢价费

基础设施管理模块

重要合作	关键业务 / 核心资源	价值主张	客户关系 / 渠道通路	客户细分
	关键业务：交付基础设施服务 核心资源：规模经济和范围经济	基础设施服务	客户关系： 渠道通路：	商业客户

成本结构	收入来源
高固定成本	大规模的低边际利润获得

图 7-3 “非绑定式”商业模式分析

2) 案例分享与讨论：移动电信行业的业务分拆

移动通信企业已经将其业务分拆。以前，传统的电信运营商之间的竞争围绕着网络质量，但是现在它们更突出与竞争者共享网络，或将网络运营全部外包给设备制造商。为什么？因为它们意识到自己的核心资产不再是网络，而是品牌及客户关系。

(1) 电信设备制造商

诸如法国电信、荷兰皇家电信、沃达丰等电信运营商已经将它们一部分网络的运营和维护工作外包给像诺基亚西门子网络公司、阿尔卡特-朗讯和爱立信等电信设备制造商。电信设备制造商可以在同一时间服务多家电信运营商，并以此从规模经济中获益，它们可以以更低的成本运营网络。

(2) 业务分拆的电信运营商

在将基础设施业务拆分后，电信运营商可以改进自己对品牌和区隔客户以及服务的关注。客户关系则成为核心资产与核心业务。通过专注客户并提高现有客户的单客户贡献率，电信运营商可以改善多年来花费在获取和维持客户上的投资。而最先采取这种战略分拆的运营商中有一家是巴蒂电信，它现在已经是印度电信行业的领先企业之一了。该公司将网络运营外包给爱立信和诺基亚西门子网络公司，将 IT 基础设施外包给 IBM，使得其可以专注于自身的核心能力：构建客户关系。

(3) 内容供应商

对于产品和服务创新而言，分拆业务的电信运营商可以转变成规模更小、更具创新性的公司。创新需要创意人才，而更活跃的小型公司具有独特的吸引力。电信运营商与大量第三方在创新技术、新服务和媒体内容上合作，诸如地图、游戏、视频和音乐等。

请根据以上案例回答如下问题：

① 请画出移动电信行业的商业模式画布。

② 请画出拆分(“非绑定”)后的商业模式画布。

2. 长尾式商业模式

案例分享：图书出版行业的变革

(1) 传统的模式

我们都听说过有抱负的作家们用心写作并提交手稿给出版商，希望看到他们的作品被出版，但还是经常被拒绝。这种老套的情景出版商和作者都已经习以为常了。传统的图书出版模式建立在选择过程基础上，出版商审查许多作者和稿件，然后选择那些似乎最有可能达到销售目标的作者和稿件。与此相反，希望不大的作者及其作品将会被拒绝，因为编辑、设计、印刷、推广卖得不好的图书可能无利可图。出版商们最感兴趣的是那些印刷后针对广大读者可以热卖的图书。如图 7-4 所示。

重要合作	关键业务 内容购买 出版 销售	价值主张 品牌内容(理想的热点图书)	客户关系	客户细分 广泛的读者
	核心资源 出版知识 内容		渠道通路 零售网络	
成本结构 出版/营销		收入来源 批发收入		

图 7-4　传统图书出版行业商业模式画布

(2) 新的模式

Lulu. com 将传统以畅销书为中心的出版模式转变为提供让每个人都能出版作品的服务。Lulu. com 的商业模式是基于帮助利基和业余作者在市场上推出作品。它通过为作者提供清样、出版和在线商场分销作品的工具消除了传统模式的高进入门槛，这与选择“市场—价值”的传统模式形成了强烈的对比。实际上，Lulu 吸引的作者越多，就越有可能成功，因为这些作者同时也会成为消费者。简单地说，Lulu 是一个多边的平台，通过用户自主生成利基内容所形成的长尾来连接和服务作者与读者。成千上万的作者都在使用 Lulu. com 的自助服务工具出版和销售自己的书籍。这种模式之所以能够发挥作用，是因为只根据实际订单来印刷书籍。特定主题的作品销售失败也与 Lulu.com 无关，因为这样的失败并不会给 Lulu.com 带来任何成本。如图 7-5 所示。

重要合作	关键业务 平台开发物流	价值主张 自助出版服务 利基内容市场	客户关系 兴趣社区 在线资料	客户细分 利基作者 利基读者
	核心资源 平台 按需印刷 基础设施		渠道通路	
成本结构 平台管理与开发		收入来源 销售提成(低) 发行服务收费		

图 7-5　新的图书出版行业商业模式画布

1) 长尾式商业模式的定义与式样

长尾概念由克里斯 • 安德森提出，这个概念描述了媒体行业从面向大量用户销售少数拳头产品，到销售庞大数量的利基产品的转变，而每种利基产品都只产生小额销售量。安德森描述了很多非经常销售所产生的销售总额等于甚至超过由拳头产品所产生的收入。长尾模式需要低库存成本和强大的平台，并使得利基产品对于兴趣买家来说容易获得。图 7-6 展示了长尾式样的商业模式画布。

<table>
<tr>
<td rowspan="2">重要合作
利基内容供应商
(专业的抑或用户自生成的)</td>
<td>关键业务
平台开发和维护
利基内容的获取和生产</td>
<td rowspan="2">价值主张
提供宽泛非拳头产品
这些产品可以和拳头产品共存
促进用户自生成内容</td>
<td>客户关系
互联网</td>
<td rowspan="2">客户细分
利基客户</td>
</tr>
<tr>
<td>核心资源
平台</td>
<td>渠道通路
互联网</td>
</tr>
<tr>
<td colspan="2">成本结构
平台开发与维护</td>
<td colspan="3">收入来源
大量产品带来小额收入的集合
广告、销售或订阅</td>
</tr>
</table>

图 7-6　长尾式样商业模式画布

安德森认为有三个经济触发因素在媒体行业引发了这种现象。

(1) 生产工具的大众化。不断降低的技术成本使得个人可以接触到就在几年前还昂贵得吓人的工具，例如，若有兴趣，任何人现在都可以录制唱片、拍摄小电影或者设计简单的软件。

(2) 分销渠道的大众化。互联网使得数字化的内容分发成为商品且能以极低的库存、沟通成本和交易费用，为利基产品开拓新市场。

(3) 连接供需双方的搜索成本不断下降。销售利基内容真正的挑战是找到感兴趣的潜在买家。现在强大的搜索和推荐引擎、用户评分和兴趣社区，已经让这些容易得多了。

安德森的研究主要集中在媒体行业上，例如，他展示了在线视频租赁公司 Netflix 是如何转向发放大量利基影片授权的。虽然每部利基影片被租赁的次数相对很少，但来自 Netflix 的大量利基影片目录的累计收入却可以与大片电影的租赁收入匹敌。与此同时，安德森也证明了长尾理论在媒体行业以外的其他行业也同样有效。在线拍卖网站 eBay 也是基于数量庞大拍卖者交易小额非热点商品而成功的。

2) 案例分享与讨论：乐高的新长尾

1949 年，丹麦玩具厂商乐高就已经开始生产现在已闻名于世的积木玩具。一代又一代的孩子都在玩它们的产品，而乐高也推出了围绕各种主题的成千上万的玩具套件，例如空间站、海盗、中世纪等。但是随着时间的推移，玩具行业竞争的加剧迫使乐高寻找新的增长路径。乐高开始通过许可使用来自诸如《星球大战》《蝙蝠侠》《夺宝奇兵》等大片角色。虽然这种许可很昂贵，但事实证明这是一种可观的收入来源。

2005 年，乐高开始尝试用户创造内容的模式。它们推出了乐高工厂，让客户组装他们自己的乐高套件并在线订购。使用称为乐高数码设计师的软件，客户可以发明和设计自己的建筑物、汽车、主题和人物，期间可以从数千种组件和颜色中选择搭配。客户甚至可以设计用来包装定制玩具套件的包装盒。通过乐高工厂，公司把被动的客户变成了主动设计者，参与到乐高的设计体验中来。

这种模式要求改造供应链基础设施，因为(客户自己定制的)玩具套件订货量都很低，所以乐高也没有完全改造它的支撑基础设施来适应新的乐高工厂模式，而仅仅调整了现有资源和业务(来适应新的模式)。

就商业模式而言，乐高已经通过进入长尾领域迈出了超越大规模定制的一步。除了帮助用户设计他们自己的乐高(玩具)套件外，现在乐高工厂也在线销售用户设计的(玩具)套件了。有些确实卖得不错，有些卖得很少或者根本没卖出去。对乐高来讲重要的是用户设计(玩具)套件扩展了先前卖得最好而品种数量有限的产品线。现在，乐高业务中的这个部分的收入仅占到乐高总收入的一小部分，这却是乐高实现长尾模式作为补充模式的第一步——甚至还会替换传统大众市场模式。

请根据以上案例回答如下问题：

① 乐高工厂的商业模式属于哪儿一种式样？

② 请画出乐高工厂的商业模式画布。

3. 多边平台式商业模式

案例分享：Google 的商业模式

Google商业模式的核心价值主张，是其在全球网络提供极具针对性的文字广告。通过这个被称为AdWords的服务，广告主可以在Google搜索页面上发布广告和赞助商链接。当人们使用Google的搜索引擎时，这些广告会显示在搜索结果的旁边。

Google 确保仅与搜索关键字相关的广告被显示。该服务对于广告客户非常有吸引力，这允许广告主针对具体的搜索和特定人口统计目标定制在线广告营销活动。但是该模式只有在很多人使用 Google 的搜索引擎时才能运转起来。使用 Google 搜索引擎的人越多，Google 就能显示更多的广告并为广告主创造更大的价值。

Google针对广告主的价值主张很大程度上依赖它吸引到网站的客户数量，所以Google使用了一个强大的搜索引擎来迎合这个消费客户的第二群体(网民)，同时还有越来越多的诸如Gmail(基于Web的电子邮件)、Google地图和Picasa(在线相册)等工具。为了进一步扩大其覆盖面，Google还设计了一款第三方服务，使自己的广告可以显示在其他非Google的网站上。这项被称为AdSense的服务，允许第三方网站通过在自己网站上显示Google广告来赚取部分Google的广告收入。AdSense自动分析参与网站的内容并显示相关文字和图片广告给访问者。对于那些第三方站长，即Google的第三个客户细分群体(内容创作者)而言，Google的价值主张就是能让其从内容(流量)中赚钱。

作为一个多边平台，Google 有非常独特的收入模式。它从广告商客户细分那一边赚钱，而同时免费补贴另外两边的客户群体：网民和内容所有者(站长)。这是合乎逻辑的，因为 Google 显示给网民的广告越多，它从广告主那里赚得就越多。反过来，已增加的广告收入，愈加刺激了更多内容拥有者(站长)成为 AdSense 的合作伙伴。广告主不会直接从 Google 购买广告位，而是竞标与关键字有关的广告关键字，无论关键字与搜索关键字关联还是与第三方网站内容关联。竞标是通过 AdWords 拍卖服务进行的：越受欢迎的关键词，广告客户就要为它付出越高的价格。Google 从 AdWords 赚取的可观收入允许它持续改进自己针对搜索引擎用户和 AdSense 用户提供的免费服务。

Google 的核心资源是搜索平台，这个平台支撑着三种不同的服务：网页搜索(Google.com)、广告投放(AdWords)和第三方内容货币化(AdSense)。这些服务都是建立在由大规模 IT 基础设施支持的高度复杂专有搜索和匹配算法基础上的。Google 的三个关键业务可以定义如下：(1)建设和维护搜索基础设施；(2)管理三个主要客户细分群体：新用户、内容拥有者以及广告主；向新用户、内容拥有者和广告主推广其搜索平台。

1) 多边平台式商业模式的定义与式样

多边平台被经济学家称为多边市场，是一个重要的商业现象。这种现象已经存在了很长时间，但是随着信息技术的发展，这种平台得以迅速兴起。Visa 信用卡、微软 Windows 操作系统、Google、Wii 家用游戏机和 Facebook 都是成功多边平台的一些案例。我们在这里提到它们是因为它们代表了一种日益重要的商业模式式样。

多边平台到底是什么？它们是将两个或者更多有明显区别但又相互依赖的客户群体集合在一起的平台。它们作为连接这些客户群体的中介来创造价值。例如，信用卡连接了商家和持卡人；计算机操作系统连接了硬件生产商、应用开发商和用户；报纸连接了读者和广告主；家用视频游戏机连接了游戏开发商和游戏玩家。这里的关键是多边平台必须能同时吸引和服务所有的客户群体并以此来创造价值。

多边平台对于某个特定用户群体的价值本质上依赖于这个平台“其他边”的用户数量。如果有足够多的游戏，一款家用游戏机平台就能吸引足够多的玩家。另一方面，如果有足够的游戏玩家已经在玩游戏了，游戏开发商也会为新的视频游戏机开发(更多的)游戏。所以，多边平台经常会面临着一个“先有鸡还是先有蛋”左右为难的困境。解决这个问题的方法是针对一个群体。尽管多边平台的运营商最主要的成本是运营费用，但是他们经常会通过为一个群体提供低价甚至免费的服务来吸引他们，并依靠这个群体来吸引与之相对的另一个群体。多边平台的运营商所面临的困难是选择哪个群体，以及以什么价格来吸引他们。

以微软为例，微软免费赠送 Windows 软件开发工具包(SDK)，来鼓励(程序员)为其操作系统开发新应用软件。数量庞大的应用程序把更多的用户吸引到 Windows 平台上来了，同时增加了微软的收入。

多边平台的运营商必须要问自己几个关键问题：我们能否为平台各边吸引到足够数量的客户？哪边(客户)对价格更加敏感？能够通过补贴吸引价格敏感一边的用户吗？平台另一边是否可以产生充足的收入来支付这些补贴？

图 7-7 展示了多边平台式样的商业模式画布。

<table>
<tr><td rowspan="2">重要合作</td><td>关键业务
平台管理
服务提供和平台推广</td><td rowspan="2">价值主张
吸引用户群组
作为客户细分群里的媒介
在平台上通过渠道化的交易降低成本</td><td>客户关系</td><td rowspan="2">客户细分
多个客户细分群体</td></tr>
<tr><td>核心资源
平台</td><td>渠道通路</td></tr>
<tr><td colspan="2">成本结构
平台开发与维护</td><td colspan="3">收入来源
一个或多个客户细分群体会享受免费提供物或通过来自其他客户群体的收入补贴来降低价格。选择哪边来补贴是关键的定价决策</td></tr>
</table>

图 7-7　多边平台式样商业模式画布

2) 案例分享与讨论：苹果的平台运营商演变

苹果从 iPod 到 iPhone 的产品线演进突出了该公司向强大平台商业模式式样的转型。iPod 是一款独立的设备，相反，iPhone 演变成了一个强大的多边平台，通过其应用商店(App Store)，苹果公司可以控制在这个平台上的第三方应用程序。

苹果公司在 2001 年推出了一款独立产品 iPod。用户可以将 CD 中的音乐和互联网上下载的音乐复制到 iPod 中。iPod 成了用于存储不同来源的音乐的技术平台。不过，在这一点上，苹果公司还没有在其商业模式中把 iPod 当作平台来开发。

2003 年，苹果推出了 iTunes 音乐商店，并与 iPod 紧密集成到一起。该音乐商店允许用户以一种非常方便的方式购买和下载数字音乐。它是苹果在开拓平台效应上的第一次尝试。而 iTunes 本质上把“音乐版权商”和听众直接连接在一起。这个战略使苹果公司跃升成为当今全球最大的在线音乐零售商。

2008 年，苹果为十分流行的 iPhone 手机推出了自有应用商店(App Store)，巩固了自己的平台战略。应用商店允许用户直接从 iTunes 商店里浏览、购买和下载应用程序，然后把它们安装到自己的 iPhone 上。所有应用程序开发商的应用程序都必须通过应用商店渠道来销售，苹果公司在每单应用程序的销售上提取 30%的版税。

请根据以上案例回答如下问题：

① 苹果平台运营商商业模式属于哪一种式样？

② 请画出 2008 年苹果平台运营商的商业模式画布。

4. 免费式商业模式

1) 免费式商业模式的定义

免费式商业模式是指至少有一个庞大的客户细分群体可以享受持续的免费服务。免费服务可以来自多种模式。通过该商业模式的其他部分或其他客户细分群体，给非付费客户细分群体提供财务支持。

接受免费的东西总是一个有吸引力的价值主张。任何销售商或经济学家都会证明在零价格点所引发的需求会是一分钱或任何其他价格所引发需求的许多倍。近年来，免费产品或服务呈现爆炸式增长，特别是在互联网上，当然，问题是系统性地供应某种免费产品或服务的时候，如何还能赚取可观的收入？

部分答案是生产某些赠品的成本，例如在线数据存储能力已经大幅度地下降了。然而要产生利润的话，机构团体在提供免费产品或服务的同时，必须以某种形式产生收入。

有一些方式可以将免费产品或服务整合到可接受的商业模式中的式样。有些传统的免费商业模式式样已经广为人知了，例如广告，就是基于我们前面提到的多边平台式样的。有些商业模式式样，如所谓的免费增收式样，提供免费的基础服务，并通过增值服务收费，这种商业模式式样已经与日益增长的通过互联网提供的数字化产品和服务而同步流行开来。

之前讨论的长尾理论概念的提出者克里斯•安德森让免费的概念获得了广泛的认可。安德森表示，新的免费产品或服务发展壮大，与数字产品和服务完全不同的各种经济现象有着密不可分的关系，例如，创作和录制一首歌需要耗费艺术家的时间和金钱，但是数字化复制并通过网络传播歌曲的成本几乎为零。因此，艺术家可以通过互联网向全球听众推广和传播音乐，只要他找到了其他收入来源，如举办音乐会或广告推销来收回成本即可，乐队和艺术家们已经在免费音乐上有过成功的实践了，包括 Nine IncH Nails 乐队、RadioHead 和 Ti-ent Rezno。

2) 免费式商业模式的式样

每种商业模式式样都有不同的潜在经济特征，但是它们都有一个共同的特点：至少有一个客户细分群体持续从免费的产品或服务中受益。本小节我们来看看让免费成为可行商业模式可选项的三种不同商业模式式样。

(1) 基于多边平台(基于广告)的式样

案例分享：新闻报纸——免费还是不免费

Metro，一份在斯德哥尔摩创办的免费报纸，现在在全球许多城市都可以看到同类型的报纸。Metro 的本质就在于它是如何改变传统日报模式的。首先，这份报纸本身是免费的；其次，这份报纸集中在人流量大的通勤区和公共交通网络，通过人工和自助服务架分发。这就需要 Metro 建立自己的分销网络，但也能让该公司快速地实现广泛流通。对于年轻的上班族而言，Metro 把制作报纸的编辑成本削减至刚好能满足那些在短乘期间上下班的年轻乘客。

很快，竞争对手采用相同模式跟进了，但是 Metro 通过一系列聪明的举措使它们陷入了困境。例如，Metro 控制了在火车站和汽车站的大多数新闻报纸货架，迫使竞争对手在一些重要地区只能采用昂贵的手工分发。

通过裁减编辑团队，以最大限度地削减成本的方式制作报纸，品质刚好可以满足通勤阅读。

通过免费供应和集中在人流量大的公共区与交通网络发放来确保高流动性。Metro 的商业模式如图 7-8 所示。

重要合作	关键业务	价值主张	客户关系	客户细分
公共交通场所 分销协议	日报的编写和印刷	高人流的广告位 免费报纸 免费全市通勤报纸	读者获取 读者保有	广告主 通勤乘客
	核心资源		**渠道通路**	
	品牌 分发网络及物流		广告销售队伍 公共交通 公交车站	

成本结构	收入来源
日报的内容、设计及打印	免费报纸 报纸上广告位收费

图 7-8　Metro 的商业模式

新闻报纸出版业在免费商业模式的影响下正变得摇摇欲坠，它受到了来自互联网免费内容和免费报纸的双重夹击，美国有几家传统报纸已经申请了破产。根据Pew研究中心的研究，美国的报纸业在2008年的时候达到了拐点，在线免费获取新闻的人数超过了付费购买报纸或新闻杂志的人数。

传统上，报纸和杂志依赖的收入有三个来源：报摊销售、订阅费和广告。当读者可以在诸如 CNN.com 或者 MSNBCcom 网站上看到类似的免费内容时，就很难再对他们收取费用。只有很少的报纸成功地促成了读者为访问在线收费内容而付费。 而在印刷品方面，传统报纸也受到了来自诸如 Metro 等免费出版物的冲击。尽管 Metro 提供完全不同的格式和新闻质量，并且主要关注那些以前不看报纸的年轻读者，但其对有偿服务的新闻供应商仍造成了越来越大的压力，对新闻收费将越来越难。

前面两个都在快速下降，而第三个增长得却不够快。尽管许多报纸增加了网上在线读者，但没有对应地带来更大的广告收入。同时，确保高质量新闻消息采集和编辑队伍的高昂固定成本却没有发生变化。有几家报纸已经尝试了在线付费订阅，结果好坏参半。

一些传媒企业家正在尝试利用在线空间提供新颖的新闻形式。例如，新闻提供商 True/Slant (trueslant:.com)在一个网站上汇总了超过 60 名作者的文章，每名作者都是特定领域的专家。这些作者的酬劳由 True/Slant 产生的广告和赞助商的收入分成来支付。收取一定费用后，广告主可以在并列新闻内容的网页内发布自己的广告内容。

免费广告：多边平台式样的内涵

有了合适的产品或服务，还有巨大的流量，广告主就会变得对平台感兴趣，反过来，平台允许通过收费补贴免费产品和服务。主要成本涉及开发和维护平台；可能也会出现流量生成和流量保持的成本。免费的产品或服务带来大量平台流量，同时提升了对于广告主的吸引力。具体的商业模式画布如图 7-9 所示。

重要合作	关键业务 平台开发与维护 核心资源 平台	价值主张 广告位 产品或服务 提升访问量	客户关系 渠道通路	客户细分 广告主 客户
成本结构 平台开发与维护		收入来源 广告收入		

图 7-9　基于多边平台的式样

(2) 带有可选收费服务(所谓的“免费增收”模式)的式样

① 免费增收模式的内涵

在免费增收模式中，平台是最关键的资产，因为它允许以很低的边际成本提供免费的基础服务。这种式样的成本结构由三方面构成：通常含有大量的固定成本、极低的针对免费用户提供服务的边际成本和(单独的)针对增值账户的成本。

免费增收的模式是以少量付费用户补贴大量免费服务用户为特征的。用户可以享受免费的基础服务，也可以为提供额外利益的增值服务付费。

客户关系必须实现自动化和低成本，同时，能处理大量免费用户。具体的商业模式如图 7-10 所示。

重要合作	关键业务 平台开发与维护 核心资源 平台	价值主张 基础的免费服务 付费的服务	客户关系 自动化的 大规模定制 渠道通路	客户细分 大规模的基础免费用户 小范围的付费用户
成本结构 固定成本 提供增值服务的成本 提供免费服务的成本		收入来源 免费基础服务带来的增值付费服务的收入		

图 7-10　免费增收式样商业模式画布

② 免费增收模式的类型

在免费增收商业模式中，又包括 3 种商业模式：基础免费，增值收费；变形的免费增收模式；

保险模式，即颠倒的免费增收。

a. 基础免费，增值收费

免费增收(freemium)这一术语是贾里德 • 卢金(Jarid Lukin)所创造的，并被风险投资家弗雷德 • 威尔逊在其博客上广为传播。

免费增收主要代表了基于网络的商业模式，混合了免费的基础服务和收费的增值服务。

免费增收模式中有大量基础用户受益于没有任何附加条件的免费产品或服务。大部分免费用户永远不会变成付费客户；只有一小部分，通常不超过所有用户的10%的用户会订阅收费的增值服务。这一小部分付费用户群体所支付的费用将用来补贴免费用户。只有在服务额外免费用户的边际成本极低的时候这种模式才成为可能。

在免费增收模式中，关键的指标是为单位用户提供免费服务的成本和免费用户变成付费用户的转化率。

案例分享：Flickr 免费商业模式

Flickr 被雅虎(Yahoo!)在 2005 年收购的流行照片共享网站，提供了一个很好的免费增收商业模式的案例。

Flickr 的用户可以免费注册允许他们上传和共享照片的账户。这种免费服务有一定限制，诸如受限的存储空间和每月上传照片的最大数量。而那一小部分年费用户可以购买“高级”(pro)账户并享受无限上传和不限量的存储空间，外加额外功能。Flickr 的商业模式如图 7-11 所示。

重要合作	关键业务 / 核心资源	价值主张	客户关系 / 渠道通路	客户细分
重要合作 雅虎	**关键业务** 平台管理	**价值主张** 免费基本照片共享 额外付费的照片共享	**客户关系** 规模定制 转换成本	**客户细分** 非正式用户 大量用户
	核心资源 Flickr 平台 品牌		**渠道通路** Flickr.com 网站 Yahoo 网站	
成本结构 平台开发费用 存储成本		**收入来源** 免费受限的基本账号 年订阅付费的高级账号		

图 7-11　Flickr 的商业模式

b. 变形的免费增收模式

典型的免费增收商业模式中，公司的主要业务是网络平台的开发与管理，但在变形的免费增收模式中，公司的主要业务则与网络平台无关。有些软件公司通过提供软件支持服务、版本化和测试来为付费用户服务。付费版的用户可以通过每年支付少量的订阅费获得软件的持续升级、无限制的支持服务和合法拥有软件使用权的好处。

案例分享：Red Hat 的开源模式

软件行业内的商业模式通常有三个特点：第一，支撑打造产品的专业软件开发团队的高固定成本；第二，软件专家和产品开发的高固定成本；第三，构建在各种各样用户许可证和定期软件升级收费基础上的收入模型。

Red Hat是一家美国软件公司，把这个商业模式完全颠倒了过来。这家公司没有从零开始开发软件，而是在所谓开源软件之上构建了自己的产品，这些开源软件是由成千上万名世界各地的软件工程师自愿开发的。Red Hat知道，企业对耐用的、免费授权的开源软件感兴趣，但是却不愿意真正部署这些软件，因为没有单一的实体在法律上对这些软件的开发和维护负责。Red Hat填补了这个空白，并为企业用户提供稳定的、经过测试的、服务就绪的开源软件的各种免费版本，尤其是Linux操作系统。

每一个Red Hat的发行版都提供7年的支持。客户从这个方法中受益，因为这个方法让他们享受开源软件低成本和稳定的好处的同时，还能保护他们免受无“官方拥有”某一软件的不确定风险，Red Hat帮助他们减少不确定性。Red Hat也因为开源社区持续不断地免费改进其软件内核而受益，这显著地降低了Red Hat公司的开发成本。

自然，Red Hat也必须得盈利。

同样，Red Hat并没有因为每个主要新版本的发布而向客户收费——传统软件行业的收入模型，它收取订阅费；对于年费而言，每个客户都可以享受持续获得最新Red Hat发行版本、无限制的服务支持并与产品的合法拥有者互动的安全保障。尽管有许多免费的Linux版本和其他开源软件，企业用户还是愿意为这些好处付费。Red Hat的商业模式如图7-12所示。

重要合作	关键业务	价值主张	客户关系	客户细分
(Linux)开源开发社区	软件支持服务 软件版本化和测试	基于(Linux)开源的免费软件 持续升级，服务和有保障的软件	自助服务和直接接触工程师	自助用户 企业客户
	核心资源		**渠道通路**	
	Red Hat(Linux)软件		Red Hat网站 Red Hat全球分支	
成本结构		**收入来源**		
服务类公司的成本结构		专业订阅 免费软件		

图7-12 Red Hat的商业模式

c. 保险模式：颠倒的免费增收

在免费增收模式中，少量为高级服务付费的客户补贴大量非付费客户。而保险模式则正好相反——将免费增收模式完全颠倒过来。在保险模式中，大量用户定期支付小额费用，来保护自己预防那些一旦发生在财务上就是毁灭性的小概率事件。简而言之，大量付费客户补贴有实际需求的少量客户，而且付费客户可以在任何时间成为受益客户群中的一员(即获赔客户)。

案例分享：REGA的商业模式

REGA是瑞士的一家非营利组织，通过直升机和飞机将医疗人员运送到事故现场，特别是瑞士的山区。超过200万名叫作“赞助人”的客户资助了这家机构，作为回报，赞助人在被REGA营救过程中无须支付任何费用。山区救援行动可能非常昂贵，所以REGA的赞助人认为该服务在保障他们免受在滑雪假期、夏季远足或山地驾驶发生事故时的高额花销很有吸引力。REGA的商业模式如图7-13所示。

重要合作	关键业务	价值主张	客户关系	客户细分
保险公司 提供资助的赞助人	救援行动	救援"行动" 救援行动	赞助人会员	提供资助的赞助人 其他需救援的遇难者
	核心资源 直升机和飞机编队		**渠道通路** 网络出版社	
成本结构 直升机和飞机编队救援		**收入来源** 赞助费 来自保险公司的支付费用 免费救援行动		

图 7-13　REGA 的商业模式

(3)"诱钓"模式式样

案例分享："剃刀与刀片"：吉列

美国商人金•吉列是一次性剃须刀片的发明者。我们使用术语"剃刀与刀片"来描述使用最初产品或服务引诱客户而从后续销售中赚取收入的普遍想法。

1904 年，金•吉列将第一款可替换刀片剃须刀推向市场，并决定以极低的折扣销售剃须刀架，甚至作为其他产品的赠品来销售，以此创造一次性刀片的需求。

今天，吉列仍是剃须产品中的杰出品牌。这种模式的关键是找到便宜甚至免费的初始产品和后续重复消费产品之间的紧密联系——通常是一次性的，企业可以基于此赚取高额利润。控制这种"锁定"的关系是这种模式能够成功的关键。

通过专利限制，吉列保证了竞争对手无法为吉列刀架提供更便宜的刀片。事实上，剃须刀是今日世界上专利保护最完善的消费产品，有超过 1000 种专利，覆盖了从润滑条到"刀头"系统的方方面面。

这种式样在商界很流行，并已被应用在许多行业，包括喷墨式打印机行业。诸如惠普、爱普生和佳能等生产商通常都以很低的价格销售打印机，尔后通过墨盒的销售产生良好的利润。吉列的商业模式如图 7-14 所示。

重要合作	关键业务	价值主张	客户关系	客户细分
制造商 零售商	营销 研发 物流	剃须刀架 刀片	内建"锁定"	客户
	核心资源 品牌 专利		**渠道通路** 零售	
成本结构 营销 制造 物流，研发		**收入来源** 刀架购买 频繁更换刀片		

图 7-14　吉列的商业模式

① “诱钓”模式的定义

诱钓指的是通过廉价的、有吸引力的甚至是免费的初始产品或服务，来促进相关产品或服务未来的重复购买的商业模式式样。

这种模式也被称为“亏损特价品”或者“剃刀与刀片”模式。“亏损特价品”指的是最初补贴甚至亏本提供，目的是从客户后续购买的产品或服务中获得利润。

② “诱钓”模式的内涵

“诱钓”模式关注提供后续的产品和服务的交付。该模式通常需要强大的品牌。重要的成本结构元素包括初始产品的补贴和后续产品及服务的生产成本。该模式通过便宜甚至免费的诱饵吸引用户，并与(一次性的)后续产品和服务紧密联系。这种式样以在初始产品和后续产品之间的强连接或“锁定关系”为特征。客户被廉价或免费产品或服务的瞬间愉悦所吸引。起初的一次性消费很少或不产生收入，但通过重复性后续高利润产品或服务的购买可以产生收入。

5. 开放式商业模式

1) 开放式商业模式的定义

开放式创新和开放式商业模式是由亨利·切萨布鲁夫创造的两个术语。二者都是指将公司内部的研究流程开放给外部伙伴。切萨布鲁夫认为在一个知识分散为特征的世界里，组织可以通过对外部知识、智力资产和产品的整合创造更多价值，并能更好地利用自己的研究。

此外，切萨布鲁夫还展示了闲置于企业内部的产品、技术、知识和智力资产，可以通过授权、合资或分拆的方式向外部伙伴开放，并变现。切萨布鲁夫区分了“由外到内”和“由内到外”两种创新模式。当组织将外部的创意、技术和智力资产引入到其开发和商业化流程中时，就是“由外到内”创新。

创新的开放性原则告诉我们：我们需要与企业内部和外部的人才一起工作。外部的研发可以创造巨大的价值，内部的研发需要成为这种价值中的一部分。我们不必从头开始研究，坐享其成即可，如果我们能最好地利用外部和内部的创意，我们就会赢。我们应该从其他组织使用我们的创新中获益，并且，无论何时，只要其他组织的知识产品可以扩大我们的利益时，我们就应该收购过来。在企业授权使用或者出售其智力资产或技术，尤其是闲置资产时，就是“由内到外”创新。

开放式商业模式可以用于那些通过与外部伙伴系统性合作，来创造和捕捉价值的企业。这种模式可以是“由外到内”，将外部的创意引入到公司内部，也可以是“由内到外”，将企业内部闲置的创意和资产提供给外部伙伴。

2) 开放式商业模式的式样

(1)“由外到内”的式样

案例分享：宝洁的连接与发展

2000 年 6 月，宝洁的股价不断下滑，长期担任宝洁高管的雷富礼临危受命，成为这家消费品巨头的新 CEO。为了振兴宝洁，雷富礼再次将“创新”作为公司的核心。但是他没有对研发部门大力投资，而是建立了一种新的创新文化：从关注内部研发到关注开放式研发过程的转变。

一个关键因素就是“连接和发展”战略，这个战略旨在通过外部伙伴关系来促进内部的研发工作。雷富礼制定了一个雄心勃勃的目标：在现有的接近15%的基础上，将公司与外部伙伴的创新工作提高到总研发量的50%。2007年，该公司完成了这个目标。与此同时，研发生产率大幅提升了85%，而研发成本仅比雷富礼接任CEO前有略微的提高。

为了连接企业内部资源和外部世界的研发活动，宝洁在其商业模式中建立了三个“桥梁”：技术创业家、互联网平台和退休专家。技术创业家是来自宝洁内部业务部门的高级科学家，他们与外部的大学和其他公司的研究人员建立了良好的关系。他们还扮演了“猎人”的角色，不断寻找外部世界的解决方案以解决保洁的内部挑战。通过互联网平台，宝洁与世界各地的问题求解专家建立了联系。通过像InnoCentives那样的平台，宝洁把一些自己研究上的难题暴露给了全球各地的宝洁以外的科学家，提出适合的解决方案即可以获得现金奖励。宝洁通过YourEncore.com网站从退休专家那里征求知识，这是一个由宝洁公司专门推出的作为连接外部世界开放创新桥梁的平台。

“由外到内”式样的内涵：有时，来自完全不同行业的外部组织可能会提供有价值的见解、知识、专利，或者对内部开发团队来说现成的产品。要借助外部知识，需要将外部实体和内部业务流程和研发团队联系在一起的专门的业务活动。要借助外部创新的优势，需要能构建与外部网络连接的特定资源。从外部资源获取来的创新需要花费成本，但是通过基于外部已创建的知识和高级研究项目基础上的研发，企业可以缩短产品上市前的时间，并提高内部研发的效率。拥有强势品牌、强大分销渠道和良好客户关系的知名老字号公司，非常适合由外到内的开放式商业模式。这种方式可以让它们通过构建外部资源创新来挖掘现有客户关系的价值。具体的商业模式如图7-15所示。

<table>
<tr><td rowspan="2">重要合作
创新伙伴
研究社区</td><td>关键业务
扫描
管理网络
开发二级市场</td><td rowspan="2">价值主张
购买创新</td><td>客户关系</td><td rowspan="2">客户细分</td></tr>
<tr><td>核心资源
扫描
获得
接入创新网络</td><td>渠道通路</td></tr>
<tr><td colspan="2">成本结构
外部研发成本</td><td colspan="3">收入来源</td></tr>
</table>

图7-15　由外到内式样的商业模式

(2)“由内到外”的商业模式

案例分享：葛兰素史克的专利池

由内到外的开放式创新方法通常专注于将内部闲置资产的变现，主要是专利和技术。就葛兰素史克的专利池而言，动机略有不同。这家企业的目标是让药物在世界上最贫穷的国家更容易获得，并促进疑难病症的研究。为达到此目标，它们采取的方法之一是把开发这些疑难杂症药物相关的知识产权权利放入对外开放的专利池，供外部的其他研究者所用。因为制药公司主要专注于研发畅销药物，所以未被深入研究的疾病相关的知识产权往往被闲置。专利池汇集了来自不同专利持有者的知识产权，并让它更容易获得。这个做法可以帮助防止研发进度被某个专利持有者所阻碍。那些与贫穷国家疾病相关的闲置的内部创意、研发成果和知识产权放入专利池后，产生了更多的价值。

“由内到外”式样的内涵：有些研发成果因为战略或运营层面的原因而变得没有价值，但是可能对于外部其他行业的组织有巨大的价值。在内部投入大量精力进行研发的组织，通常产生许多无法实用化的知识、技术和智力资产。由于明确聚焦在核心业务上，一部分这些本来很有价值的智力资产闲置了下来。这种组织很适合采用由内到外的开放式商业模式。允许其他公司利用闲置的内部创意，企业可以轻松地增加额外的收入来源。具体的商业模式式样如图 7-16 所示。

<table>
<tr><td rowspan="2">重要合作</td><td>关键业务</td><td rowspan="2">价值主张
研究与开发
未使用的智力资产</td><td>客户关系</td><td rowspan="2">客户细分
二级市场
被授权者
创新客户</td></tr>
<tr><td>核心资源</td><td>渠道通路
互联网平台</td></tr>
<tr><td colspan="3">成本结构</td><td colspan="2">收入来源
销售的多样化
授权费用
闲置的内部创意收入</td></tr>
</table>

图 7-16　由内到外式样的商业模式

7.1.4　商业模式设计的流程

在本节中，我们将结合本书中提到的概念和工具来简化设计和执行商业模式设计的工作。我们建立一种通用式的商业模式设计流程，以应对公司的不同需求。

每个商业模式设计项目都是独特的，都会遇到挑战、阻碍，也都有关键的成功因素。在处理类似商业模式这样重要的问题上，每个公司的起点不一样，行业背景和公司目标也不同。一些公司可能正在对危急局势做出响应，一些可能寻找新的增长潜力，一些可能还处在创业期，还有一些可能正计划将新产品和技术推向市场。

我们在这里提供了一个良好的设计流程供参考，不同的公司都可以在该基础上进行改进和创新。我们的流程有五个阶段：动员、理解、设计、实施和管理。

1. 商业模式设计和创新的目标与任务

1) 商业模式的创新有四大目标

(1) 满足市场。满足还未被响应的市场需求，例如塔塔汽车(Tata car)、奈特捷公司(Netjets)、孟加拉乡村银行(GrameenBank)、自助出版网站 LuLu (Lulu. com)。

(2) 投放市场。把新的技术、产品或服务推向市场或利用现有的知识产权，例如施乐 914 打印机(Xerox 914)、斯沃琪(Swatch)、奈斯派索(Nespresso)、红帽(Red Hat)。

(3) 改善市场。改善或颠覆现有市场，例如戴尔(Dell)、EFG 私人银行(EFG Bank)、任天堂Wii(Nintendo Wii)、宜家(IKEA)、巴帝电信(Bharti Airtel)、热布卡(Zipcar)、亚马逊零售(Amazon. com retail)、好地方(Better Place)。

(4) 创造市场。创造一种全新式的业务，例如大来卡(Diners Club)、谷歌(Google)。

2) 商业模式创新的任务

为了实现商业模式创新的目标，需要完成如下的任务：

(1) 找出合适的模式；

(2) 全面上市之前进行测试模式；

(3) 推动市场接受新的模式；

(4) 结合市场反馈，持续不断地调整模式；

(5) 管理不确定因素。

2. 商业模式设计理念

商业模式的创新并非偶然，而且这也从来不是创意商业天才们的专属领域。我们可以管理商业模式创新并固化到流程中，用它来挖掘整个公司的创造潜力。

尽管我们在实施流程化商业模式创新上做出了一定努力，但商业模式创新的复杂性和不可预测性仍是摆在我们面前的秘密战。这需要我们具备处理混乱与不确定性的能力，还需要坚持不懈，直到令人满意的解决方案出现。这是需要投入时间的，参与者必须愿意投入大量的时间和精力去探索各种各样的可能情况，而不是很快就采纳其中一种方案，轻率地得出结论。时间投入所得的回报将很有可能是一个能确保未来增长的强大和全新商业模式。

我们把这种方法称为设计理念，它完全不同于传统商业管理领域流行的“决定理念”。弗雷德•科洛皮(Fred Collopy)和理查德•博兰(Richard Boland)在他们的著书里充分地论述了这种理念。正如他们阐述的那样，“决定理念”假设认为寻找出替代方案是容易的，但是在不同的方案之中做出选择是困难的。与此截然相反，设计理念假设的是设计出一种杰出替代方案是困难的，一旦你设计出来了，选择哪个替代方案就变得次要了。

这种区别特别地适用于商业模式的创新上。你可以做尽可能多的分析，但可能还是无法找到一种满意的全新商业模式。商业世界充满着歧义和不确定性，所以，保持一种探索和设计包含多种可能原型的设计理念就非常有可能带来强大的全新商业模式。这种探索可能需要在市场调查、分析和商业模式原型制作和创意产生之间来回不断地摸索，过程可能会杂乱无章，充满随机性。设计理念远非线性的那么简单，比决定理念还要难以预料，因为决定理念只关注分析、决策和优化。然而有目的性地探求全新的、有竞争力的成长型模式，需要的是设计方法。

Central 设计公司的 Damien Newman 曾经自信地在一幅图像中把“设计理念”称作“设计涂鸦”。“设计涂鸦”形象地展现了设计流程的特点：起初(研究和理解阶段)的不确定，可能充满杂乱无章和随机性，通过商业模式设计原型的确定，直到设计过程聚焦于清晰的单点来实施商业模式，同时设计也就成熟了。

3. 商业模式设计的 5 个阶段

商业模式设计流程可分成 5 个阶段：动员、理解、设计、实施和管理。就如前面提到的那样，这 5 个阶段间的进程很少像图 7-17 上表示的线性方式那样按部就班，尤其是理解和设计阶段往往是同步进行的。通过简单描绘初步的商业模式构想，商业模式原型制作在理解阶段的早期就可以展开。同样，在设计阶段的原型制作可能还会引发新的想法，还需要做额外的研究，所以还要再经历一次理解的阶段。

在最后的管理阶段，要求的是持续不断地管理商业模式。在如今的商业环境里，最好假设大多数商业模式的生命周期都很短，即使是那些成功的模式，也只是昙花一现。考虑到企业在商业模式创新上的大量投入，通过持续地管理和演进商业模式来延长其寿命是非常有必要的事情，直到它需要完整全新思考的时候。管理商业模式的演进需要我们决定哪些构成元素还具有实用价值，哪些已经过时无用了。

在每个阶段，概括性列出目标、焦点和与每个阶段相关的内容，如图 7-17 所示。

	动员	理解	设计	实施	管理
目标	为一个成功的商业模式设计项目做好准备工作	研究和分析商业模式设计所需要的元素	构建和测试可行的商业模式可选方案，并挑选最佳的方案	在实际环境中实施商业模式原型	结合市场反馈来调整和修改商业模式
焦点	搭建舞台	全情投入	调研探索	实际执行	演化发展
描述	为成功的商业模式设计聚集起所有需要的元素。营造出一个亟须新商业模式的环境，说明创新项目的动机，并且建立一套描述、设计和分析讨论商业模式的公共语言	商业模式设计团队需要全情投入到相关信息中：客户、技术和环境。收集信息，访谈专家，研究潜在的客户，发现需求和问题	把前一阶段中获得的信息和想法转化为商业模式原型，并进行不断的探索和测试。在反复密集的商业模式探究后，选出最符合要求的商业模式设计	实施挑选出来的商业模式设计	建立起管理架构来持续不断地监督、评估、调整和改变你的商业模式

图 7-17　商业模式设计的 5 个阶段

1) 动员

第一个阶段的主要活动是确定项目目标、测试初始想法、规划项目计划和组建设计团队。

确定项目的目标要看具体的项目而定，但通常都会包含设立项目的缘由、项目范围和主要目的。初步的计划应该涉及商业模式设计的前几个阶段：动员、理解和设计。实施和管理阶段主要取决于前面这三个阶段的结果——也就是本次商业模式的设计方向，因此只能稍后再来规划。

第一阶段的重要活动包括了组建项目团队和获取符合要求的人员和信息。然而，在团队训练方面，并没有什么固定规则。再者，每个项目都是独一无二的，寻找一个具有宽泛的管理经验和行业阅历、想法新颖、适当人脉并致力于商业模式创新的人员混搭是明智的。在这个动员阶段，你可能想要初步测试一下这些基本商业设想。但是这样说起来容易，做起来却难，因为商业设想的潜力主要取决于正确的商业模式选择。

在任何情况下，都把商业模式画布作为设计过程的共同设计语言，这将帮助你更有效地结构化呈现初步构想。你可能也会想要尝试把你的商业模式融入一些故事里，来进行检验。

动员阶段最可能遇到的问题就是人们往往高估了商业模式设想的潜力，这很可能导致思维的封闭，限制了探索其他想法的可能。可以通过与不同背景的人员合作来不断试验新的想法，尽可能地减小风险。你可能也会考虑组织“战栗杀戮”会议。在这个会议里，所有的参与者都需要参与 20 分钟的头脑风暴来证明某个想法为什么不可行(杀戮环节)，然后再参与 20 分钟的头脑风暴证明某个想法为什么可行(战栗环节)。挑战一个设想的根本价值时，该方法十分有效。

2) 理解

第二个阶段需要做的是，对商业模式所在的环境做一个细致彻底的了解。

研究一个商业模式的环境需要做许多不同的活动，包括了调查市场、研究客户、采访领域专家、了解竞争对手的商业模式。项目团队应该全力地投入到各项活动中，对商业模式的“设计空间”做一个彻底的了解。

环境调查不可避免地会遇到调查过度的危险。项目一开始就要提醒团队，确保每位成员能避免调查过度的问题。尽早设计出商业模式原型，也可以避免“分析瘫物”的问题。这样，你还能更为迅速地获得反馈。前面也提到过，研究、理解和设计都是环环紧扣，很难将它们单个地逐一分开。

在研究期间，特别值得我们注意的是，一定要做到彻底地了解客户。听上去，这似乎理所当然，但真正能这么做的确是少之又少，尤其是在高科技项目里。客户移情有助于你结构性地研究市场。在研究的开始阶段，一个经常会面临的问题就是客户细分群体的不明朗，“有些问题还始终处于研究阶段”的技巧可以应用在几个不同行业里。

在这个阶段，一个关键的成功因素就是要敢于质疑行业假设和成熟的商业模式。当任天堂推出 Wii 时，家用游戏机行业还处在尖端技术之上，以补贴的方式运作，直到任天堂推翻了这种理所当然的思维定式。质疑假设，就像斯科特 • 安东尼在《创新者的转机》(The Silver Lining)一书中指出的那样，需要去研究那些成熟市场的低端部分的潜力。在你研究环境、分析趋势、市场和竞争对手时，要记住商业模式创新的灵感随处可得。

在理解阶段，你也需要不断地从其他途径获得信息，包括从客户那里。通过高业模式画布的绘制来获得反馈，我们可以尽早地开始试验商业模式的初步构想。但要记住，前瞻性、突破性的想法很有可能会遇到强大的阻力。

3) 设计

在设计阶段面临的主要挑战，是要保持设计大胆新颖模式的决心，发散性思维就是其中一个关键的成功因素。为了产生突破性的想法，团队成员必须在构思阶段摒弃现行的模式和形态。保持一种探究性的设计理念是至关重要的。设计团队需要投入时间来探索多种不同的想法，因为最好的构想很有可能产生在这种探索的过程中。

要避免过早地“钟情”于某种想法。在选择最终的执行方案之前，花点时间仔细斟酌一下不同的备选方案。试验不同的合作模式，寻求其他收入来源并探索不同分销渠道的价值。尝试不同的商业模式，不断探索和挖掘新的可能。

与外部专家或潜在的客户一起试验潜在的商业模式，为每一种模式设计故事情节，并通过故事叙述来寻求反馈意见。这并不意味着你需要为每一条评价调整你的商业模式。你可能会听到诸如“这样根本行不通，客户根本就不需要它”“那样行不通，这违背行业逻辑”或是“市场还不成熟”之类的反馈。这些评价指出了前面可能会遇到的障碍，但不是说你的商业模式一无是处，进一步的研究可以帮你有效地改进模式。

4) 实施

一旦确定了最后要实施的商业模式，你就要开始着手如何实施的工作了。这包括了确定所有的相关项目，制定各个阶段的里程碑，制定法规条文，准备预算清单和项目路线图等。实施的阶段经常会出现在商业计划书里，并在项目管理文档中分条列述。例如，当 Skype 刚成功时，每天都有数以万计的用户注册，它不得不立刻建立相应的机制来有效地、低成本地处理用户反馈和投诉。否则，不断攀升的费用和用户投诉将会把公司拖垮。

5) 管理

对于成功的公司，创造一个全新的商业模式或重新思考现行的模式并非一次偶尔的尝试。这是一种凌驾于(超越)实施(环节)之上的活动。管理阶段意味着你需要不断地评估模式、审视环境，来理解这种模式在未来长远阶段会受到外部因素怎样的影响。

如果不是全新的团队，那么至少需要一个来自公司战略小组的员工来负责管理商业模式。可以考虑与跨职能团队组织定期的研讨会，一起评估你的商业模式。这样有助于你判断商业模式是否需要做一些微调还是大调整。

理想情况下，改进和重新思考公司的商业模式应该是每一个成员的义务，而非专属于高层的责任。有了商业模式画布这个强大的工具，你可以把商业模式清晰地呈现在每个员工面前。新商业模式的想法往往诞生在公司最不起眼的地方。

积极地应对于市场变化也变得越来越重要。可以设想一下同时管理多个商业模式的样子。我们生活在商业模式变革的时代。在这个时代，商业模式的“保质期”越来越短。就如同传统的产品生命周期管理一样，我们需要开始考虑用着眼未来市场的增长型模式来代替我们现在以现金流驱动的商业模式。

7.1.5 应用训练：商业模式画布游戏

1. 训练任务描述

模块有特定的顺序，但他们需要思考应该是什么顺序。换句话说，他们需要确定首先应该考虑哪个模块，其次是哪个，以此类推。最重要的是要思考首先从哪个模块开始？最不重要的是哪个？将学生分组，每组最多 5 个人。

给每组一沓卡片，并让他们按照从1～9的顺序进行排列。10分钟后，给每组一长条遮盖胶带，让他们把卡片按照顺序贴到墙上或板子上，这样每个人都能看到不同组之间的排列差异。

2. 汇报总结

(1) 回顾商业模式画布的 9 大模块。

(2) 每组给出的商业模式画布 9 大模块的排列顺序是什么？

(3) 请说明在画布左边和右边中，哪边代表效率，哪边代表价值？

(4) 你觉得商业模式画布的排序应该“从左往右”还是“从右往左”？

7.1.6 典型案例分析——全景图分析：亚马逊公司

1. 案例概况

亚马逊公司开发出了业内一流的IT系统，支持维护着公司的电子商务业务。和其订单处理系统一起，亚马逊强大高效的IT系统和软件开发能力为公司庞大的在线零售业务的成功提供了坚实的基础，公司在线业务也已经从书籍扩展到了家居产品。在2008年一年时间里，亚马逊网站的网站购物者的点击量就超过5亿次。几年来，亚马逊在技术和内容上的累计投入也超过了5亿美元，其中绝大部分用在了电子商务的业务上。

公司业务范围已经远远超出了其传统的零售业务，亚马逊正在发展成为电子商务领域里最为重要的系统提供商之一。通过其简单存储系统(Amazon S3)，亚马逊正在利用它的IT系统为其他公司提供价格极为低廉的在线数据存储服务。也就是说一家在线视频托管服务商可以把客户的视频存放在亚马逊的网络系统上，而不必购买和维护自己的服务器。类似地，亚马逊将其开发的弹性云计算技术(Amazon EC2)提供给外部客户使用。

亚马逊投入大量的时间精力来整合负责公司 IT 系统的网络工程小组和负责公司多个关联网站的程序应用小组。为此，他们决定在这两层结构间，建立一层被叫作程序应用界面(APIs)的中间层，这样可以极大地方便程序应用小组在公司IT系统上的工作。这种界面不仅适用于公司内部，对于外部客户也十分有用。在杰夫•贝索斯的领导下，亚马逊决定开辟出一块能为公司带来巨大收入来源的新业务。随即，亚马逊开放了其程序应用界面，把亚马逊 Web 服务(Web Services)以付费的方式提供给外部客户。由于亚马逊本身业务就需要去设计、建立、实施和维护这些系统，把它们提供给第三方使用自然也就不是外界传闻的“术业不专”了。

2. 亚马逊商业模式的优势、劣势分析

现在让我们分析一下，这些在2006年推出的服务是如何与亚马逊前些年的优势和劣势联系起来的。

通过对亚马逊2005年的商业模式的优缺点分析，就很好地揭示亚马逊商业模式的巨大优势所在和危险弱点所在，如图7-18所示。亚马逊的长处在于它卓越的客户连接和齐全的产品种类。公司的主要成本支出也主要用在它的长处上，即订单处理(投入7.45亿美元，约46.3%的运营成本)、技术和内容(投入达4.51亿美元，合28.1%的运营成本)。亚马逊的商业模式的主要劣势在于利润率过低，因为销售的主要是低价值、低利润的诸如书籍和音像制品这类产品。

亚马逊2005年的销售额是85亿美元，利润率只有4.2%。而Google当年的营业额是61亿美元，但利润率高达23.9%，eBay的营业额是46亿美元，利润率则是23.7%。

着眼未来的公司创始人杰夫•贝佐斯和他的管理团队决定从两方面来改进亚马逊的商业模式。首先，他们要继续专注于客户满意度和订单处理的工作，来进一步发展在线零售业务。其次，他们开始在新的领域寻找增长点。管理团队非常明白，这些新尝试需要：(1)目标服务不足的市场；(2)专攻有巨大增长潜力的领域；(3)利用亚马逊目前的资源，向市场传递差异化的客户服务。

<table>
<tr><td rowspan="2">重要合作
物流合作伙伴
附属公司
+卓越的订单处理</td><td>关键业务
+卓越的 IT 基础设施
订单处理
IT 设施和软件开发与维护</td><td rowspan="2">价值主张
-价值相对较低的商品
在线零售商店
+丰富的商品类别</td><td>客户关系
定制化的在线资料和推荐
+范围效应</td><td rowspan="2">客户细分
全球消费市场
(北美、欧洲、亚洲)
+庞大的客户细分群体</td></tr>
<tr><td>核心资源
IT 基础设施和软件
全球订单处理系统</td><td>渠道通路
亚马逊网站
(海外分支站点)</td></tr>
<tr><td colspan="2">成本结构
营销
技术和内容
订单处理
+成本效益
-相对的资本敏感</td><td colspan="3">收入来源
销售利润
-低利润率</td></tr>
</table>

+表示优势　-表示劣势

图 7-18　亚马逊在 2005 年的主要优势和劣势

在 2006 年，亚马逊专注于两项新的探索，它们满足上述的要求，并且都极有可能有力地扩展现有商业模式。第一个是亚马逊订单代理服务，第二个则是一系列的亚马逊网络服务。两个业务的探索都依托于公司的核心优势——订单处理和网页 IT 技术，都专注于服务不足的市场。更为可喜的是，两项新业务创造的收益率比公司的核心业务还要高，如图 7-19 所示。

<table>
<tr><td rowspan="2">重要合作
物流合作伙伴
附属公司</td><td>关键业务
订单处理
IT 设施和软件开发与维护</td><td rowspan="2">价值主张
在线零售商店
亚马逊订单服务
亚马逊 Web 服务：简单存储服务，弹性云计算，其他 Web 服务</td><td>客户关系
定制化的在线资料和推荐</td><td rowspan="2">客户细分
全球消费市场
(北美、欧洲、亚洲)
软件开发商和公司
需要订单代理服务的个人和公司</td></tr>
<tr><td>核心资源
IT 基础设施和软件
全球订单处理系统</td><td>渠道通路
亚马逊网站
(海外分支站点)
附属公司
应用程序接口</td></tr>
<tr><td colspan="2">成本结构
营销
技术和内容
订单处理</td><td colspan="3">收入来源
销售利润
效用计算费用
订单代理费用</td></tr>
</table>

注：加阴影的部分为亚马逊公司 2006 年探索到的机会。

图 7-19　亚马逊在 2006 年探索到的机会

亚马逊订单代理服务允许个人和公司以付费的方式，享用亚马逊强大的订单管理服务。亚马逊把卖家的库存存放在自己的仓库里，等收到订单，就代表卖家进行选货、拼箱，再装运出去。这样，卖家可以使用亚马逊的平台，或通过自己的渠道，抑或是两者结合。

亚马逊网络服务针对的市场是软件开发商或任何需要高性能服务器的公司，为它们提供定制的存储和计算服务。

亚马逊的简单存储服务(Amazon S3)允许软件开发商使用亚马逊的海量数据系统来满足它们的数据存储需求。同样，亚马逊的弹性云计算技术(EC2)允许软件开发商"租借"服务器来运行它们自己的应用程序。得益于其强大的技术力量和在线销售领域独一无二的经验，亚马逊可以提供非常有竞争力的价格，而且与其在线零售业务相比，利润率还高出了许多。

起初，投资者和分析师对这些新的长期发展战略表示怀疑。由于不理解这个多元化战略的意义，他们甚至开始质疑亚马逊在其IT设施上的加大投入。最终，亚马逊还是打消了他们的疑虑。或许多年过后，对新的商业模式进行了更多投资后，来自这种新的长期战略的真正收益可能就不为人所知了。

7.2 创业资源获取

案例分享：头号奢侈品——钻石的诞生

"钻石恒久远，一颗永留存"这句广告语的内在含义是什么？是让你把钻石存着，永不抛售的吗？这也成就了钻石市场的价格稳定。还记得吴奇隆刘诗诗大婚吗？他们戴的就是De Beers，即钻石神话缔造者，广告语的创造者。

100多年前，钻石仅能在少数几条印度河流和巴西丛林中找到，每年宝石级的钻石产量也就几公斤。那时候钻石也就是宝石的一种而已。然而，1870年南非Orange River发现了巨大的钻石矿，产量可以用吨计。一夜之间，市场上充斥了钻石。南非矿背后的英国投资人害怕了，钻石没有使用价值，高价完全因为其稀有，随着南非新矿的开发，钻石早晚会掉价为一般的宝石。

当时，英国商人Cecil Rhodes得到罗斯柴尔德家族资助，在南非北开普省的金佰利不断收购钻石矿，包括De Beers所拥有的钻石矿，9年后，在1880年他成立了De Beers Mining Company，也就是其后垄断90%钻石供应的De Beers。

在1888年，成立的De Beers Consolidated Mines Ltd.足以控制整个南非的钻石产量，借此稳定价格。其后，他又在英国成立Diamond Syndicate钻石财团，联合所有的商家一起决定钻石的价格和供应数量，并且打击不参与托价的钻石商人。从而令市场不会有太多的钻石，维持高价格。

当Cecil Rhodes于1902年逝世时，De Beers已控制世界上90%的钻石供应。而后被奥本海默家族所控制。

直至"二战"后随着其他钻石矿被发现，加上经济衰退，供应量却有增无减，严重影响De Beers的收益，当时只有美国不被战火波及，成为唯一可以拓展的市场。

他们要想一套方法让消费者购买钻石后不再拿出市场出售，因此，1938年，他们聘请了美国第一家广告公司——N.W. Ayer & Son。将钻石重新定位为贵族，稀有，被誉为爱情的礼物，男士所购买的订婚戒指。导致购买后，绝少像其他贵金属般出售。

借着明星、广告、电影、电视、报章、杂志、媒体等的渲染，将钻石塑造成含有爱情的必须奢侈品，1941年销售量增加了55%。

De Beers不但控制着供应，也控制着需求。到了1947年，更设计了"A Diamond is Forever"即"钻石恒久远，一颗永留存"的广告语。革新了人类对钻石的价值观，众人被灌输钻石不是一种可交易的商品宝石，而是求爱和婚姻生活不可分割的一部分。为了稳定市场，De Beers 赋予了石头神圣的幻觉，是永远的，永远意味着不应该被转售。钻石的头号奢侈品地位从此诞生！

直至近 30 年来新兴国家也参与到钻石矿的开采，并拒绝参与钻石联盟，从而令钻石价格有明显的回落，二手钻石价格也不像从前般坚挺，在缺乏足够利益的状况下，奥本海默家族于 2011 年 11 月，将手上所有 De Beers 的股份出售套现。

反观市场上其他商品的价格，无论黄金、白银、铜、翡翠、玉石还是石油，都会随着经济状况大幅波动，而只有钻石，从 20 世纪 30 年代以来基本都能够稳步上行。其对价格的控制力如此之强，20 世纪 70 年代美国高通胀时期，甚至有人拿钻石保值的。而钻石的“点石成金”案例，已经成为 21 世纪营销学上全球最经典案例之一！

7.2.1 创业资源的内涵与种类

1. 创业资源的内涵

对于创业资源的含义，学术界有不同的定义。巴尼认为：“创业资源就是任意一个主体，在向社会提供产品或服务的过程中，所拥有或者所能够支配的能够实现自己目标的各种要素以及要素组合。”阿尔瓦雷斯和布森尼特斯认为：“创业本身是一种资源的重新整合。”我国国内学者林强及林嵩认为：“创业资源是企业成立以及成长过程中所需要的各种生产要素和支撑条件。”张斌认为：“创业资源是指新创企业在创造价值过程中需要的有形与无形资产，具体包括创业人才、创业资本、创业机会等。”综上所述，创业资源是指新创企业在创造价值的过程中所需要的特定资源的总称。

从广义上看，创业资源可界定为：能够支持创业者进行创业活动的一切东西。它既包括可见的物质资源，如厂房、机器设备、资金等，也包括不可见的无形资源，如创业战略、创业方案、知识、技术、创业团队等；既包括创业者实际拥有的资源，也包括创业者可间接获取的资源，如广泛的社会关系等；既包括体现创业者个性特征的个体资源，也包括组织性、社会性的资源；既包括国内各种资源，也包括国外提供的资源。总而言之，广义上的创业资源是涵盖使创业者创业活动顺利进行的一切支持性资源，包括有形与无形的资产。它是新创企业创立和运营的必要条件，主要表现形式为创业人才、创业资本、创业机会、创业技术和创业管理等。创业的过程实际上是创业者建立、整合和拓展资源的过程。

从狭义上看，创业资源是促使创业者启动创业活动的关键优势资源。关键优势资源是指建立企业赢利模式的业务系统所必需的和重要的资源与能力，如麦当劳的标准化资源与能力、海尔的创新资源与能力、沃尔玛的低成本战略资源与能力。并不是企业现有的所有资源和能力都同等珍贵，也不是企业每一种资源和能力都是企业所必需的，只有和企业定位、赢利模式、整个业务系统流程、现金流结构相契合并且能互相强化的资源和能力才是企业真正需要的。

从资源的角度看，创业者是否具备业务系统所需的关键资源能力是其能否成功创业的核心问题。创业者对关键优势资源和能力识别得越清晰，利用得越充分，在激烈的市场竞争中保持创业后的竞争优势也就越持久。创业者对创业资源管理的原则是：必要资源要齐备适量，关键优势资源要富集并不断追求。

创业者要么根据自己的关键优势资源选择创业项目，要么根据创业项目整合关键优势资源，否则创业必败无疑。

2. 创业资源的类型

不同的创业活动具有不同的创业资源需求。我们把创业资源分为有形资源和无形资源两大类，而其中无形资源往往是撬动有形资源的重要杠杆。

1) 有形资源与无形资源

(1) 有形资源包含金融资源、实物资源和组织资源三大类。

① 金融资源。企业物质要素和非物质要素的货币体现，具体表现为已经发生的能用会计方式记录在账的，能以货币计量的各种经济资源，包括资金、债权和其他。

② 实物资源。企业从事生产经营活动所需要的一切生产资料，其构成状况可按实物资源在生产经营过程的作用划分为劳动对象和劳动手段。

③ 组织资源。为了实现既定的目标，按一定规则和程序而设置的多层次岗位及其相应人员隶属关系的权责角色结构。包括企业的战略规划、员工开发、评价和报酬系统等。

(2) 无形资源包含人力资源、科技资源、品牌资源、市场资源、政策资源、信息资源六大类。

① 人力资源。存在于企业组织系统内部的有经验的、掌握特殊技能的、被激励起来的员工等和可供企业利用的外部人员的总和。人力资源是企业资源结构中最重要的关键性资源，是企业技术资源和信息资源的载体，是其他资源的操作者，决定着所有资源效力的发挥水平。

② 科技资源。包括两个方面：第一，与解决实际问题有关的软件方面的知识；第二，为解决这些实际问题而使用的设备、工具等硬件方面的知识。科技资源的专有性主要表现为与企业相关的专门知识、商业秘密、专利和版权等，又是有形资源。

③ 品牌资源。品牌是一个名称、名词、符号或设计，或是它们的组合，其目的是识别某个销售者或某群销售者的产品或服务，并使之同竞争对手的产品和服务区别开来。品牌资源又可细分为产品品牌、服务品牌和企业品牌三大类。

④ 市场资源。包括营销网络与客户资源、行业经验资源、人脉关系。即凭什么进入这个行业？这个行业的特点是什么？盈利模式是什么？是否有起码的商业人脉？市场和客户在哪里？销售的途径有哪些？

⑤ 政策资源。近年来，政府会采取一系列系统的创业扶植政策，支持创业教育与培训，提升创业技能，通过资金扶持、减免税费、财政补贴、社会保障等鼓励创业，为创业者提供信息与管理咨询及专业化服务，提供金融支持、项目支持等。

⑥ 信息资源。依靠什么来进行决策？从哪里获得决策所需的信息？从哪里获得有关创业资源的信息？

2) 无形资源是撬动有形资源的重要杠杆

由于企业新创，企业的战略规划、员工开发、评价和报酬系统等制度安排还不完善，所以有形资源中的组织资源无疑是较为薄弱的部分；从而无形资源中的人力资源在很大程度上承担着组织资源的功能，成为创业时期中最为关键的因素，创业者及其团队的洞察力、知识、能力、经验及社会关系将影响到整个创业过程的开始与成功。

同时，在企业新创时期，专门的知识技能往往掌握在创业者等少数人手中，因而此时的技术资源在事实上和人力资源紧密结合，并且上述两种资源可能成为企业竞争优势的重要来源。

在有形资源中，创业时期的资源最初主要为财务资源和少量的厂房、设备等实物资源。然而，这些资源的取得(如风险投资)，很大程度上取决于创业者及其团队的能力、经验、社会关系及其掌握的关键技术资源，以及信息资源、政策资源等无形资源；同时，在企业新创过程中对所需的厂房、设施、原材料等有形资源的组织与运作也有赖于创业者及其团队的能力与经验。

7.2.2 资源基础理论

1. 资源基础论的前提假设

1984年，伯格•沃纳菲尔特的“企业的资源基础论”的发表意味着资源基础论的诞生。传统的经济学为了研究的方便会假设同一产业内的企业拥有相似的资源和战略(同质性)，资源基础论则假设企业具有不同的资源和战略(异质性)。资源基础论认为企业资源是不易流动的，传统的经济学则认为企业的资源具有高流动性。即资源基础理论假设：企业具有不同的有形和无形的资源，这些资源可转变成独特的能力，资源在企业间是不可流动的且难以复制；这些独特的资源与能力是企业持久竞争优势的源泉。可持续的竞争优势，源于一个公司具有的资源和能力，是很具价值性、稀少的、不可完全模仿并且不可替代的。

2. 资源基础理论的内涵

资源基础理论为，企业是各种资源的集合体。由于各种不同的原因，企业拥有的资源各不相同，具有异质性，这种异质性决定了企业竞争力的差异。概括地讲，资源基础理论主要包括如下三方面的内容。

1) 企业竞争优势的源：特殊的异质资源

资源基础论认为，各种资源具有多种用途，其中又以货币资金为最。企业的经营决策就是指定各种资源的特定用途，且决策一旦实施就不可还原。因此，在任何一个时点上，企业都会拥有基于先前资源配置基础上进行决策后带来的资源储备，这种资源储备将限制、影响企业下一步的决策，即资源的开发过程倾向于降低企业灵活性。

一般说来，企业决策具有以下特点：

(1) 不确定性，即决策者对社会、经济、产业、技术等外部环境不可能完全清楚，对竞争者的竞争行为、消费者的偏好把握不可能绝对准确；

(2) 复杂性，即影响企业外部环境的各种因素的相互作用具有复杂性，竞争者之间基于对外部环境的不同感受而发生的互相作用具有复杂性；

(3) 组织内部冲突，即决策制定者、执行者、相关利益者在目标上并不一致，各人都将从最大化自己的效用出发影响决策行为。这些特点决定了任何决策都具有较大范围的自由裁量，结果也会各不相同。因此，经过一段时间的运作，企业拥有的资源将会因为企业复杂的经历及难于计数的小决策的作用表现出巨大差异，企业一旦陷入偏差，就可能走入越来越难于纠正的境地。

资源基础理论认为企业在资源方面的差异是企业获利能力不同的重要原因，也是拥有优势资源的企业能够获取经济租金的原因。作为竞争优势源泉的资源应当具备以下 5 个条件：①有价值；②稀缺；③不能完全被仿制；④其他资源无法替代；⑤以低于价值的价格为企业所取得。

2) 竞争优势的持续性：资源的不可模仿性

企业竞争优势根源于企业的特殊资源，这种特殊资源能够给企业带来经济租金。在经济利益的驱动下，没有获得经济租金的企业肯定会模仿优势企业，其结果则是企业趋同，租金消散。因此，企业竞争优势及经济租金的存在说明优势企业的特殊资源肯定能被其他企业模仿。资源基础理论的研究者们对这一问题进行了广泛的探讨，他们认为至少有 3 大因素阻碍了企业之间的互相模仿：

(1) 因果关系含糊。企业面临的环境变化具有不确定性，企业的日常活动具有高度的复杂性，而企业的租金是企业所有活动的综合结果，即使是专业的研究人员也很难说出各项活动与企业租金的关系，劣势企业更是不知该模仿什么，不该模仿什么。并且，劣势企业对优势企业的观察是有成本的，劣势企业观察得越全面、越仔细，观察成本就越高，劣势企业即使能够通过模仿获得少量租金，也可能被观察成本所抵消。

(2) 路径依赖性。企业可能因为远见或者偶然拥有某种资源，占据某种优势，但这种资源或优势的价值在事前或当时并不被大家所认识，也没有人去模仿。后来环境发生变化，形势日渐明朗，资源或优势的价值日渐显露出来，成为企业追逐的对象。然而，由于时过境迁，其他企业再也不可能获得那种资源或优势，或者再也不可能以那么低的成本获得那种资源或优势，拥有那种资源或优势的企业则可稳定地获得租金。

(3) 模仿成本。企业的模仿行为存在成本，模仿成本主要包括时间成本和资金成本。如果企业的模仿行为需要花费较长的时间才能达到预期的目标，在这段时间内完全可能因为环境的变化而使优势资源丧失价值，使企业的模仿行为毫无意义。在这样一种威慑下，很多企业选择放弃模仿。即使模仿时间较短，优势资源不会丧失价值，企业的模仿行为也会耗费大量的资金，且资金的消耗量具有不确定性，如果模仿行为带来的收益不足以补偿成本，企业也不会选择模仿行为。

3) 特殊资源的获取与管理

资源基础理论为企业的长远发展指明了方向，即培育、获取能给企业带来竞争优势的特殊资源。由于资源基础理论还处于发展之中，企业决策总是面临着诸多不确定性和复杂性，资源基础理论不可能给企业提供一套获取特殊资源的具体操作方法，仅能提供一些方向性的建议。具体来说，企业可从以下几方面着手发展企业独特的优势资源。

(1) 组织学习。资源基础理论的研究人员几乎毫不例外地把企业特殊的资源指向了企业的知识和能力，而获取知识和能力的基本途径是学习。由于企业的知识和能力不是每一个员工知识和能力的简单加总，而是员工知识和能力的有机结合，通过有组织的学习不仅可以提高个人的知识和能力，而且可以促进个人知识和能力向组织的知识和能力转化，使知识和能力聚焦，产生更大的合力。

(2) 知识管理。知识只有被特定工作岗位上的人掌握才能发挥相应的作用，企业的知识最终只有通过员工的活动才能体现出来。企业在经营活动中需要不断地从外界吸收知识，需要不断地对员工创造的知识进行加工整理，需要将特定的知识传递给特定工作岗位的人，企业处置知识的效率和速度将影响企业的竞争优势。因此，企业对知识微观活动过程进行管理，有助于企业获取特殊的资源，增强竞争优势。

(3) 建立外部网络。对于弱势企业来说，仅仅依靠自己的力量来发展他们需要的全部知识和能力是一件花费大、效果差的事情，通过建立战略联盟、知识联盟来学习优势企业的知识和技能则要便捷得多。来自不同公司的员工在一起工作、学习还可激发员工的创造力，促进知识的创造和能力的培养。

3. 资源基础理论的缺陷

资源基础理论同样存在着必然的缺陷。

首先，过分强调企业内部而对企业外部重视不够，因而由此产生的企业战略不能适应市场环境的变化；

其次，对企业不完全模仿和不完全模仿资源的确定过于模糊，操作起来非常困难，而且这种战略资源也极容易被其他企业所模仿。

7.2.3 制约创业资源获取的因素

1. 创业者

1) 创业者关系网络

伯诺伊特和朱利恩认为，创业网络是创业者(创业企业)所拥有的各种社会关系，包括创业者的个体网络以及创业企业的组织关系网络。

创业网络是创业者或创业企业在创业活动中的嵌入。根据尤兹的阐述，网络关系是多种多样的，如商业的、合作伙伴、朋友、代理、导师等，这些途径使得资源能够同时存在于个体网络和组织关系网络两种关系中。现有文献认为网络系统对于小企业来讲可能是一个弥补稀缺资源的主要途径。例如，外部网络帮助企业找到新的资源源头。或许更重要的是，外部网络也是一个获取信息的渠道。这些关系网络能够增强企业获取资源的能力，因为网络是创业者获取外部资源的一种方法。

前人的研究指出，创业网络有三种类型：(1)社会网络、支持性网络以及公司间网络。社会网络中包括亲人、朋友以及熟人；(2)支持性网络由一些支持机构，如银行、政府以及非政府组织组成；(3)公司间网络包括其他所有企业。

大学生创业的网络形式是比较单一的。大学生由于大部分的时间是在学校内读书学习，因此很少有机会接触社会，这就造成了大学生的创业网络中几乎没有政府网络和商业网络的存在。而大学生在校期间积累了一定的人力资本，因此大学生在创业之初主要依靠的网络类型是个人网络。由于政府对于大学生创业的政策支持，他们具有一定的支持性网络，例如银行等金融机构会为他们提供相应的小额贷款等。因此，大学生的创业网络类型主要有两种，即个人网络和支持性网络。

2) 创业者信息获取能力

信息获取能力是指创业者在社会生活或创业过程中捕捉、吸收和利用信息的一种潜在能力，包括信息接收、捕捉、判断、选择、加工、传递、吸收、利用、搜集与检索能力。

创业需要资源，从广义来看，即从创业企业的内外部条件来看，创业资源包括创业者、人才、技术、资本、信息、市场、关系、营销网络甚至网络；从狭义来看，即从创业企业的内部条件来看，创业资源包括人力资源、财力资源、技术资源、信息资源等。因此，信息获取能力本身有助于对丰富的、高质量的信息资源的获取。

由于新创企业在资源获取过程中的信息不对称，信息资源作为一种特殊的战略性资源在新创企业资源获取过程中发挥重要的杠杆作用。因此，信息获取能力在相当程度上影响着创业者对其他创业关键资源的获取，直接影响并决定新创企业的创业绩效。

于晓宇等的实证研究表明：技术信息获取能够为新创企业提供外部参考，帮助企业识别创业失败，进而促进失败学习行为。同时，失败学习行为可以激发更多创新活动，提高组织创新绩效。很多高科技新创企业为降低技术环境不确定性的影响，通过建立各类流程以获取丰富的外部技术信息。

2. 创业团队

新创企业把创意变成产品或服务，把产品或服务市场化、产业化是一个艰苦的过程，必须组建好一个富有凝聚力和创新精神的创业团队，这是获取各项创业资源的重要前提，也是创业成功的一个基本保障。

不管创业者在某个领域多么优秀，他也不可能具备所有的知识和经营管理经验，而借助团队就可能拥有创业所需要的各种知识和经验，例如顾客经验、产品经验、市场经验和创业经验等。同时，通过团队，人脉关系网络可以放得更大，能够有效地增进创业者的社会资本，提高创业成功的几率。因此，创业团队本身就是一项极为重要的创业资源。

库普和布龙研究发现，他们所调查的高成长企业中80%以上是由团队创建的。大量的实证研究表明，团队创办的企业在存活率和成长性两方面都显著高于个人创办的企业。团队创业的成功率要远远高于个人独自创业。西格尔等对宾夕法尼亚州的大约1600家新企业的研究发现，创业团队是否拥有在新企业所处行业的先前工作经验，是区分高成长性和低成长性的唯一因素。调查中发现，85%以上的网络创业团队成员有创业经验，属于二次创业，而且他们的业绩普遍好于先前没有创业和工作经验的创业团队。

团队创业较个人创业能产生更好的绩效，其内在逻辑在于创业团队是一个特殊的群体，群体能够建立在各个成员不同的资源与能力基础之上，贡献并且整合差异化的知识、技能、能力、资金以及关系等各类资源，这些资源以及群体协作、集体创新、知识共享与共担风险产生的乘数效应，能够帮助新创企业更好地克服创新的风险和资源的约束。

此外，创业团队的价值观、对商机的识别能力、对资源的获取与整合、领导能力等，都是极其重要的战略资源，会为企业带来持久的竞争优势。

3. 政府政策

创业政策可以通过多种途径和方式对创业活动产生正面影响：支持创业教育与培训、创业计划等方式，增强创业意识，培养创业精神，提升创业技能；资金扶持、减免税费、财政补贴、社会保障；为创业者提供信息与管理咨询及专业化服务，提供金融支持、项目支持、政府购买和基础设施等；通过新闻媒介、教育机构等正面宣传，引导人们关注创业，改变对创业的态度，培育先进的创业文化；法律保障、公平的市场竞争环境、知识产权保护政策、小企业扶持政策。这些都是政府干预创业资源的市场配置，有利于创业资源的获取。

7.2.4 新创企业资源整合路径

1. 新创企业资源识别路径

企业的创建过程通常是通过机会与资源的整合来实现的。然而具有不同创业动机的创业者其创业过程是不同的。一方面，新企业的形成过程开始于创业者的创业决策。根据这种观点：创业者是先决定创办新企业，然后开始识别商业机会。与此持相反观点的学者认为：创业者在决定创业之前先要识别商业机会，根据基本的产品或服务理念来评估环境和创业者的能力及资源，以判断这种商业机会是否可行。一旦机会可行将制定商业机会并进行企业的创建活动。

以上两种创业动机可以定义为决策驱动和机会驱动。我们根据创业者的不同驱动因素将新创企业资源识别过程分为决策驱动型资源识别过程和机会驱动型资源识别过程。

(1) 决策驱动型资源识别过程。这种资源识别方式中创业者首先形成创业决策，目的在于满足其自身的成就需要，然后再通过开发商业机会得以实现。形成新企业是其创业目标，而机会是实现这一目标的手段。由于这类创业者只拥有一种愿景，因此创业者将努力地挖掘自身现有的资源禀赋，并从中发现可以实现其创业目的的可行性商业机会。这一过程是一种自上而下的过程，创业者首先将建立企业作为其创业目标，因此创业者的初始资源将决定其能够识别的商业机会，在这一过程中通过创业者对自身禀赋资源的反复评价，也将会对创业愿景进行不断地修改，这是一个反复的过程，直到找到适合自己创业的商业机会为止，因此通过这一过程确定的商业机会是以创业初始资源为基础的。

(2) 机会驱动型资源识别过程。这种资源识别过程是创业者已经发现了可行的商业机会，然后决定创建企业并进一步开发机会，因此与决策驱动型创业不同的是，这种创业类型是将创办企业作为机会实现的手段，其目的是提供一种产品或服务。虽然，从结果来看两种类型都实现了新企业的创建，但是，在资源识别过程中是具有差异的。在这种资源识别过程中，创业者对资源的识别和评价都是围绕商业机会来进行的，相对于决策驱动的识别过程来说，这种资源识别过程更注重机会开发所依赖的核心资源和独特能力，其他资源都是围绕这些基础资源来识别和利用的。创业者将从不同的驱动因素出发，对已掌握的禀赋资源进行识别，并加以归类，确定资源的不同用途，然后进入新创企业资源获取阶段。

2. 新创企业资源获取路径

新企业要保证其顺利发展，就需要广泛地获取外部资源。由于资源所有者有限的先验知识，再加上新创企业的技术和产品上存在着不确定和信息不对称问题，因此对于新企业来说，在获得资源方面存在着很大的困难。新企业将会面对由于其缺少法律和外部主体(如顾客、供应商和政府部门)在制度上的支持所导致的不确定性。因此，资源所有者倾向于延迟资源投入直到企业暴露更多的信息。除了不确定性，创业资源获取过程中也存在着复杂的信息不对称现象，因为相对于外部评估者来说，创业者占有较多的企业层面、产品技术层面和团队能力层面的信息，这种信息不对称导致了两方面的问题使得资源所有者不愿对新企业进行投资。首先，为了防止其他人利用同样的机会，创业者不愿意向资源所有者公开全部信息，因此用以评估的信息很可能是不完备的；其次，创业者可能采取机会主义行为，因为他们掌握资源所有者所不具备的信息。因此，面对以上的问题，新创企业在资源获取的过程中要灵活地利用资源获取方式来建立与外部资源所有者之间的联系。通过对创业资源分类的研究我们不难发现，创业者可以利用工具型资源来获得其他资源，需要指出的是对于资源的利用并不拘泥于这种分类，笔者认为，在资源获取过程中创业可以通过识别创业禀赋资源的价值，利用有形资源杠杆和无形资源杠杆来实现资源的获取。

1) 有形资源杠杆

在资源获取过程中新企业与老企业是有显著不同的。新创企业没有资源基础，因此很难从内部开发资源。新企业获取资源的主要途径就是通过从外部资源所有者手中获得资源的使用权。基本的方式是通过工具型资源来获取所需资源(包括购买和租赁)，这种方式要求创业者掌握一定的资金或所有权性资产作为抵押。同时新创企业可能占有一定的生产型资源(如技术和市场资源等)，创业者可以通过暴露这部分资产的期权价值，利用实物(生产型资源)来吸引其他资源所有者，这种通过有形资产获取资源的方式称为有形资源杠杆。新创企业在利用有形资源杠杆时，通常与资源所有者进行直接交易或签订期权合约，这种资源杠杆一般通过出让占有的资源或暴露资源的期权价值来实现。

2) 无形资源杠杆

新创企业占有和控制的资源必定是有限的，因此还需要通过其他的方式来获取资源。创业研究越来越关注于社会网络和创业者人力资源(声誉和专业技能、经验等)对创业活动的影响。的确，在资源获取阶段，创业者可以通过个人的网络关系和声誉等资源，与资源所有者之间建立联系，从而获得资源，我们称这种途径为无形资源杠杆。资源基础理论认为社会网络对于新企业来说是一种异质的、有价值的资源，它可以作为获得其他类型资源的杠杆，早期研究表明在新企业形成的早期阶段，创业者经常利用由个人关系建立的社会网络来获得财务资源、关键的技术和管理人才以及顾客的购买订单。同时组织理论发现，创业者的社会网络和声誉是共同构成缓解不确定性和信息不对称问题的一种机制。社会网络在以下几方面能够促进资源获取过程。首先，网络能使资源所有者集中创业者能力方面的重要信息，了解新企业的技术和产品的市场潜力；其次，网络可以降低机会主义所产生的交易成本。一旦创业者从事了不法行为，资源所有者可以通过网络散布创业者的负面信息，以此来制裁创业者。因为声誉的形成是要靠时间积累的，但声誉的损毁却非常的快，网络能够产生“自加强”效应来约束机会主义行为。

笔者认为，创业者在资源获取阶段同时利用这两种杠杆撬动其他资源(如图 7-20 所示，其中箭头表示资源的转换过程)，通过以上分析我们发现有形资源杠杆是双向的，既可以通过工具型资源发挥杠杆作用获取生产型资源，也可以利用生产型资源来获得有形的工具型资源(如财务资源)，进而继续发挥工具型资源的杠杆作用。由于创业者个人声誉和社会网络的积累是一个长期的过程，因此无形资源杠杆只能发挥单向作用，即通过无形的工具型资源来获得生产型资源。因此，新创企业有效合理地利用这两类资源杠杆，能够提高新创企业的资源获取效率。

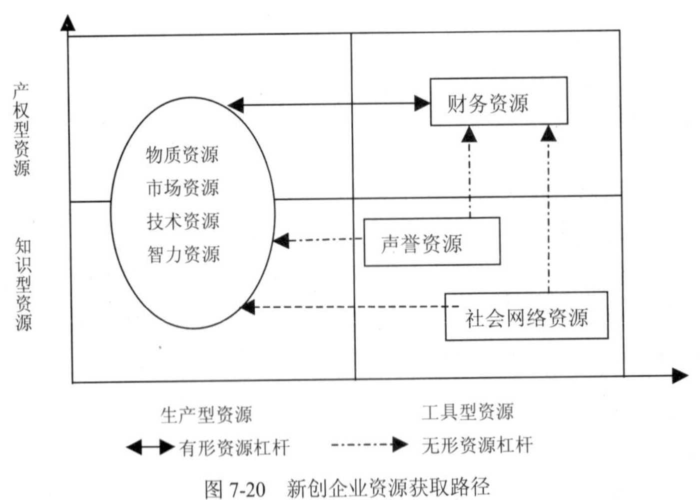

图 7-20　新创企业资源获取路径

3. 新创企业资源开发路径

在创业者识别和获取资源之后，并不能保证企业的存活。创业者根据不同的创业理念将资源的价值和潜能加以整合转化为新企业所特有的资源，基础资源的开发也就是配置和整合这些资源，获得特有的能力和功能，而非简单的资源组合，经整合后的资源应该具有新颖性和柔性。资源开发过程不单单要将获得的资源加以整合，还要将创业(创业团队)的初始资源和其他资源一起转化为组织资源，因此，笔者认为，资源开发阶段包括资源的合并和转化两个环节，如图 7-21 所示。

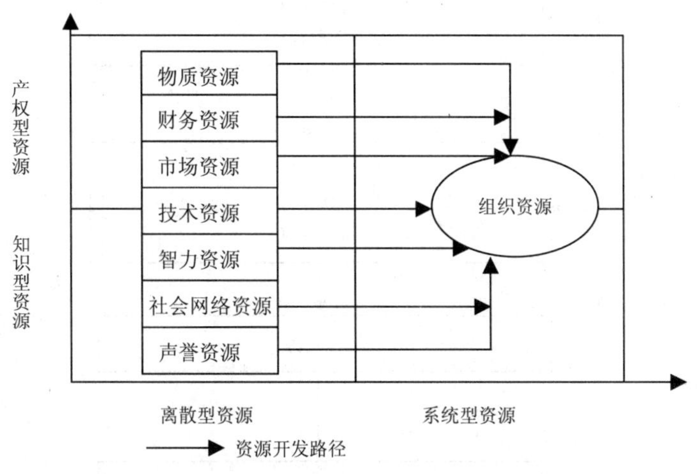

图 7-21　新创企业资源开发过程：资源开发路径

1) 资源合并

对大多数新企业来说，组织资源不是立即形成的，而是通过逐渐的演进，经过一定时间周期后形成的。创业者将各种离散的产权型资源和知识型资源进行整合，形成系统的资源，这一开发过程依赖于对组织资源的整合过程。这一过程可以建立在现有的资源和能力基础之上，对现有能力进行提升，也可以通过吸收新的资源，开发新的能力。但无论哪种方式，其最终结果都实现了资源的整合。

2) 资源转化

在对离散资源组织和整合的同时，创业者或创业团队还必须将个人的优势资源投入到新创企业之中，或者将个人的能力与组织优势相结合，产生独特的竞争优势。创业者的知识和能力是实现新企业资源规模不断扩大，价值逐渐提高的必要基础。这种转化大多是通过资源整合过程完成的，这就要求创业者在进行资源整合的过程中将个人的初始资源用于建立企业的竞争优势。创业者要通过个人的能力来建立新企业这个学习系统，从而开发、管理和维持整个资源基础。

通过以上分析，我们发现，新创业的资源整合过程最终将新创企业的各种离散资源转化为组织资源，各个环节之间相互依赖的，是一个动态的过程，可以用图7-22表示。新企业的形成过程也是一个资源不断积累的过程，每经历资源识别、资源获取和资源开发过程后，在组织内部都会积淀一部分的组织资源，而这些组织资源又会进入到下一资源整合过程，并对每个环节产生影响，组织资源将作为下一环节的初始资源影响资源识别过程，还将作为创业者的资源杠杆用于获取其他资源，进而，组织资源还将作为资源开发的基础资源，用于整合新的资源，因此笔者认为，新创企业的资源整合过程是一个动态的反馈过程，而新企业的组织资源是不断积累的结果。

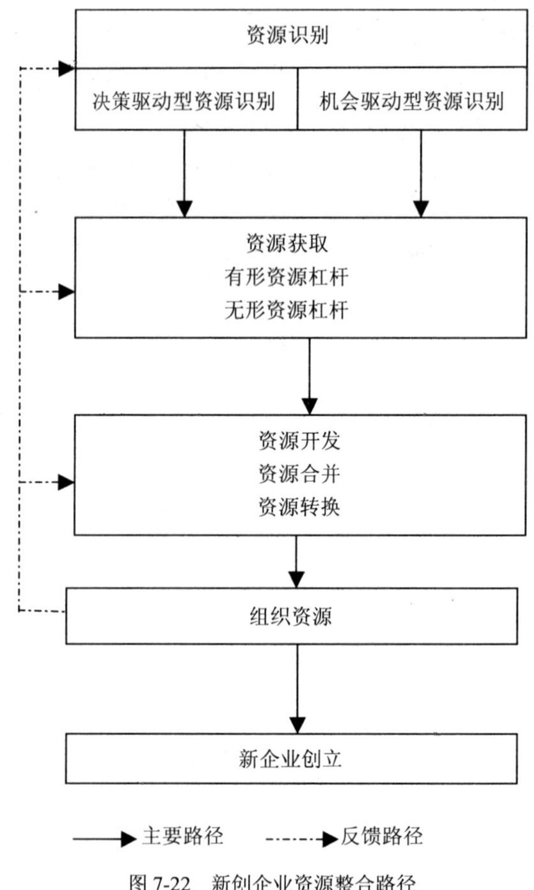

图 7-22　新创企业资源整合路径

7.2.5　应用训练

资源获取游戏

1) 训练任务描述

(1) 首先要求学生写下他们开创新企业时所需的两种最重要的资源。

(2) 讨论如下问题：

① 当谈论资源时，是指什么?

② 如何定义资源?

(3) 你有 3 分钟的时间拿着资源清单讲义(见图 7-23)完成下列任务：

① 在教室里找一个拥有清单上某种资源的人。

② 让那个人把他的名字写在资源清单上他所拥有的资源名称旁边。不能让同一个人在你的表单上拥有多种资源，但是同一个人可以在多张表单上就同一种资源签名。

③ 你可以将自己作为一种资源的来源。

④ 在练习期间，要求一个参与者一直安静地坐着，不要站起来，更不能在教室里走动。

资源获取讲义

1. 已经建立了一个网页
2. 曾因公出差
3. 能讲 4 种以上语言
4. 是家族企业的一员
5. 是个优秀的高尔夫球手
6. 在钱包里有 100 元
7. 有投资经验
8. 拥有一个心理学学位
9. 属于某个俱乐部或某个会员组织
10. 拥有一处不动产
11. 有融资经验
12. 有 500 多个联系人
13. 有一部苹果手机
14. 下棋
15. 拥有一辆摩托车
16. 赢得过一次艺术或设计比赛
17. 演奏乐器
18. 有一条狗
19. 在报纸上发表过文章
20. 跳过伞

图 7-23 资源获取讲义

2) 汇报总结

(1) 练习期间发生了什么?

(2) 是不是有些资源更易于获得？有的则更难?

① 哪些资源更难获得？为什么?

② 最易获得的是否是那些最普通的资源?

③ 最难获得的是否是那些有专长、有文化重要性、最有价值的资源?

(3) 哪些资源是最有价值的?

① 你如何确定哪些资源有价值或稀缺?

② 有价值的资源——建网页、有 500 个以上的联系人。

③ 稀缺的资源——能说 4 种以上语言。

④ “价值”是否明显?

(4) 你的资源获取战略是什么?

① 先易？先难？混合战略?

② 去找那些你所知晓的拥有资源的人?

③ 你是否交换签名?

④ 广告——通过高声喊叫?

⑤ 听别人喊?

⑥ 你将自己置于教室中的哪个位置?

⑦ 本练习是否有病毒性特征(人们来回走动时，信息就传播开了)?

⑧ 3 分钟的时间限制影响了你的资源获取方法吗？

(5) 资源类型：

① 在资源清单所有的名目中，哪些类型的资源是有代表性的？

② 你最先获取哪种类型的资源？最想获取哪种类型？

(6) 获取的全部资源：

① 你共获取到多少资源？

② 如果这些资源都有标价，会有什么差异吗？

③ 一个人被要求一直静坐。他获得了多少资源(这个人通常会获得很少的资源，因为他/她没有积极地去获取资源)。

(7) 资源开发战略。

3) 课后作业

后续作业涉及群体工作，评估团队所拥有的与创业相关的资源、哪些资源是他们需要的及其来源。他们可以起草一份资源获取战略和资源获取时间表，应当考虑是借用、交易，还是采取组合型资源战略。

7.2.6 典型案例分析——大学毕业生返乡创业过程中的资源获取与整合

1. 案例概况

富新种猪养殖基地的创业者 F 毕业于山东大学威海分校商学院市场营销专业，在校期间曾担任班干部，性格外向，做事果敢干练，是个敢想敢干的大学生。她在大学三年级参加社会实践时，通过实地调研、分析行情，发现绿色、无公害猪肉具有广阔的市场前景，决心要搞无公害生猪养殖，产生了基层创业建立无公害养猪场的想法。在大学毕业后，主动放弃在城市里的就业机会，回到男友所在的农村，建起了养猪场，从无到有，开始了其艰辛的创业历程。

F 凡事好较真，只要认准的事就一定要做，但是万事开头难，养猪第一件头疼事儿就是用地。村北有 10 亩涝洼地，需要找 7 户村民协调，但有 2 户怎么说也不同意，担心她搞砸了付不了租金。F 找到了村党支部书记，请他帮助做村民的工作。后来，村民们终于被她的诚心和决心打动了，在村干部的帮助下，终于有 3 户村民成功与她签了为期 20 年、每户每年每亩 700 元的租地合同。

解决了土地问题，资金就成了更大的难题。公公原来不同意养猪创业的，但看到她决心已定，拿出了自己当建筑公司经理多年的积蓄 30 万元钱。按照规模化、标准化养猪场的建设标准，万元启动资金很快用完了。

那段时间，她急得像热锅上的蚂蚁。一个偶然的机会她联系到了当地市委组织部，在市委组织部和当地政府部门的协调下，通过活畜抵押贷款的方式从农业银行和农村信用合作社贷了40万元，又通过民间贷款，借了10万元。2007年8月，还在大学实习期间，投资90余万元、占地7000

平方米的富新种猪养殖基地正式挂牌了。

在饲养生猪的技术探索上，对于生在城市、刚走出大学校门的 F 来说是一个巨大的考验。在养殖过程中，她边实践、边学习、边请教、边摸索，探索出了一条绿色生态养殖的路子。一是实行自然养猪法；二是发展循环利用链。

在兴办养猪场时，F 发动村民来养猪，并且 F 通过考试当了大学生村官后，更是充分发挥养猪场的优势，向附近农民传授技术，分享市场信息，使附近的村庄都变成名副其实的生猪养殖专业村。

养殖场建成初期，饲养量较小，猪肉行情比较好，就主动与附近的屠宰场联系，采取包销的方式进行销售。目前，生猪已经卖到了双汇、金锣等国内一线加工企业。通过她的示范引导，周围群众也奔上了致富的道路。

2. 创业的主要历程

第一阶段，在对市场调查和社会实践的基础上发现创业机会。通过家庭自有资源和所在村的政策支持汲取和整合资金、土地等各种创业资源，初步创立生猪养殖场。

第二阶段，利用所学习的市场营销的相关知识，分析生猪价格运行规律，做出近几年生猪的价格将高位运行的判断。在此判断的基础上，积极利用政策和各种社会资源，通过银行抵押贷款融得资金，扩大再生产。

第三阶段，在进一步贷款的基础上投资90万，成立占地7000平方米的生猪养殖场，并和附近农民成立了养猪合作社，带动更多的当地农民创业。

3. 创业的各种资源及整合

F 的创业资源整合如表 7-3 所示。

表 7-3　F 的创业资源及整合表

资源类型	获取途径及整合
政策资源	国家和地方鼓励大学生农村基层创业，利用政策支持争取地方政府支持
资金资源	依靠少部分自有资金和银行贷款
技术资源	通过书本学习不断探索生态养猪法
市场资源	逐步建立自己的营销客户群体
组织人力资源	夫妻为核心形成创业核心团队
物质资源	土地、原材料、设备等物质资源在农村创业易于获得

4. 讨论及启示

(1) 从资源获取的途径和渠道看，大多数大学毕业生在返乡创业的最初阶段，创业资源获取的渠道主要是以自有资源为主。在创业过程中的启动资金来自家人，F 创业团队以家庭成员为主。

(2) 巧借外力加快发展是大学生返乡创业成功的重要保障。对于在农村创业的大学毕业生来说，既缺乏社会经验，又缺乏资金和创业需要的相关技术，要想创业成功，最重要的是充分利用社会关系网，尽快融入当地农村，发展物质资源，在物质资源整合的过程中要因地制宜考虑到农村社会的大环境因素。

(3) 当地政府的政策支持是农村基层创业成功的重要保证。在创业过程中，企业发展到一定阶段，所需要的资源也日益增加，获取政府的政策支持对创业资源整合活动影响非常大。

(4) 盈利模式选择和市场开拓是企业能否存活下去的关键。创意和想法不等于有好的市场和销售渠道，很多时候人们常把创业的失败归结为管理的薄弱和资金的缺乏，创业者特别是农村基层创业者必须对市场和行业进行有效分析。在市场调研的基础上利用市场机会获取养猪的利润，不仅取决于养殖成本和技术风险的控制，很大程度上还取决于对市场行情的准确分析和判断。

(5) 创业者的个性品质也是影响大学生基层创业成功与否的重要因素。机会识别是一种主观色彩相当浓厚的行为。事实上，即使某一机会已经表现出较好的预期价值，每个人也并非都能从事这一机会的开发，并且坚持到最后的成功。因此创业者的个性特质对创业活动有重要的作用。

(6) 团结牢固的创业团队资源是创业成功的组织保证。返乡到农村创业面临的创业环境和创业压力要比城市复杂得多，在创业过程中单凭创业者个人的力量很难成就一个成功的企业，优秀的团队是基层创业成功的重要保证。在创业过程中，她的丈夫是其创业过程中的重要成员，其创业成功和创业过程中所走的每一步，无论在物质还是在精神上都离不开他的关心与支持。

【思考练习题】

1. 思考题

(1) 请走访一家企业，绘制它的商业模式画布，并指出它所应用的商业模式式样。

(2) 假设你是一位创业者，请根据商业模式设计的流程对你的项目进行设计。

(3) 创业都需要哪些资源？

(4) 如果你想创业，请根据你所选择的行业盘点自己的资源并构想如何整合。

2. 测试题

【获取创业资源能力自我评估】

创业资源包括的范围极其广泛，如创业者拥有的有形资产、无形资产、性别、年龄、民族、长相、体力、智力、经验、经历、技能、知识、社会关系等，还包括对这些有形和无形资源的整合。因此，创业者要从创业资源角度对自身重新认识、分析和整合。请利用表 7-4 中的资料对自身资源进行评估。

表 7-4　获取创业资源能力自我评估表

从自主创业的角度，重新评估自己的创业资源	
我的有形资产资源(现金、房屋、设备、材料、运输工具、其他)	
我的有形资产的优势	
我的有形资产的劣势	
针对创业我拟采取的对策	
我的无形资产资源(特殊技能、经营权、秘方、口碑、声誉、其他)	
我的无形资产的优势	
我的无形资产的劣势	
针对创业我拟采取的对策	
我的社会关系资源(亲属、朋友、同学、其他)	
我的社会关系的优势	

(续表)

我的社会关系的劣势	
针对创业我拟采取的对策	
我的人际交往资源(人缘、交际能力、其他)	
我的人际交往的优势	
我的人际交往的劣势	
针对创业我拟采取的对策	
我的体力资源(力量、速度、耐力、灵活、其他)	
我的体力资源的优势	
我的体力资源的劣势	
针对创业我拟采取的对策	
我的脑力资源(算术、语言、悟性、记忆、其他)	
我的脑力资源的优势	
我的脑力资源的劣势	
针对创业我拟采取的对策	
我的技术资源(经营管理、销售、烹饪、修车、养鱼、品茶、其他)	
我的技术资源的优势	
我的技术资源的劣势	
针对创业我拟采取的对策	
我的知识资源(学历、阅历、社会知识、其他)	
我的知识资源的优势	
我的知识资源的劣势	
针对创业我拟采取的对策	
我的学习资源(手艺、语言、其他)	
我的学习资源的优势	
我的学习资源的劣势	
针对创业我拟采取的对策	
我的兴趣资源(花卉、汽车、其他)	
我的兴趣资源的优势	
我的兴趣资源的劣势	
针对创业我拟采取的对策	
我的经历资源(读书、务农、做工、参军、其他)	
我的经历资源的优势	
我的经历资源的劣势	
针对创业我拟采取的对策	
我的经验资源(销售经验、经商经验、管理经验、其他)	
我的经验资源的优势	
我的经验资源的劣势	
针对创业我拟采取的对策	
我的年龄资源(年轻、中年、老年、其他)	
我的年龄资源的优势	
我的年龄资源的劣势	
针对创业我拟采取的对策	

(续表)

我的民族资源(少数民族、特殊风俗、其他)	
我的民族资源的优势	
我的民族资源的劣势	
针对创业我拟采取的对策	
我的其他资源	
我的优势：	
我的劣势：	
按重要性排序，我的优势资源是：	
1.	4.
2.	5.
3.	6.
按重要性排序，我的劣势资源是：	
1.	4.
2.	5.
3.	6.
扬长避短，总结资源，整合资源：	
1.	4.
2.	5.
3.	6.

第 8 章　创业计划与新企业开办

不做准备，就是在准备失败。

——著名政治家、科学家　本杰明·富兰克林

凡事预则立，不预则废。

——古代著名思想家、教育家、儒家学派创始人　孔子

任何时候做任何事，订最好的计划，尽最大的努力，做最坏的准备。

——SOHU NET 首席策划师　李想

思路决定出路，布局决定结局。

——蒙牛乳业股份有限公司董事长　牛根生

【本章知识点】

- 创业计划的作用是什么？
- 创业计划的基本结构是什么？如何编写？
- 创业计划书的撰写方法是什么？
- 创业计划书的展示方法是什么？
- 创业计划书的财务评价是什么？

8.1　创业计划

什么是创业计划书？创业计划书又叫商业计划书，它是一份对与创业项目有关的所有事项进行总体安排的书面文件。总的说来，一份创业计划书包括商业前景展望，人员、资金、物质等各种资源的整合，以及经营的思想、战略确定等，是为创业项目制定的一份完整、具体、深入的行动指南。

一份创业计划书应该能有理有据地说明企业的发展目标，实现目标的时间、方式以及所需资源。它的基本目标在于：分析商机，说明创业者的基本思想和期望目标；分析并阐述创业者如何利用这一创业机遇进行发展；分析说明影响创业成败的关键因素；分析并确定创业筹集资金的办法。一份创业计划书就是一个项目美好未来的蓝图，就是一个又大又香的饼，最短要考虑公司未来 3～5 年的发展情况。

其实创业计划的主要读者对象应该是投资机构，创业者写创业计划书的唯一目的就是要获得投资机构的资金支持，虽然目的只有一个，但作用却不止一个，还有其他的附带作用。一份好的

创业计划书通常有三方面的作用：

1. 寻求外部资源的支持

外部资源的支持主要是资金的支持，投资人为什么要给你这个项目投资？你必须把自己的想法用文字、图表表现出来，接受层层考验，有的还要进行答辩。为了获得资金，为了通过重重关卡，申请者就必须在创业计划书上下功夫，同时，完善创业计划书的过程也是对创业团队的一种检验。不管创业项目最终是否能够成功，但是首先你的创业团队、你的创业计划书要有机构看好，要有机构愿意投资。

2. 有利于创业者明确创业的方向和目标

创业者将自己的创意以创业计划书的形式表现出来，可以冷静地分析自己的创业是否真正切实可行，清醒地认识自己的创业机会，明确自己的方向和目标，进而规划创业蓝图。

3. 周密安排创业活动

创业计划书的内容涉及创业的类型、资金规划、财务目标、行销策略、可能风险评估、内部管理规划等所有的创业活动。制定创业计划书，可以使创业者对产品开发、市场开拓、投资回收等一些重大的战略决策进行全面的思考，并在此基础上制定翔实清楚的营运计划，周密安排创业活动，为有效的日常管理提供科学依据。创业动态跟踪调查项目(PSED)针对多个国家创业者进行的大规模调查显示，制定创业计划已是创业者在创业时必须完成的 23 项关键活动之一。

案例分享：国际劳工组织的创业培训计划

国际劳工组织创业培训的创业计划：SYB 和 KAB。两个项目都是国际劳工组织开发的项目，各有侧重点。

1. SYB

SYB 的全称是“start your business”，意为“创办你的企业”，它是“创办和改善你的企业”(SIYB)系列培训教程的一个重要组成部分，由联合国国际劳工组织开发，为有愿望开办自己中小企业的朋友量身定制的培训项目。创业培训是国际劳工组织针对培养微小型企业经营者而开发的培训项目。经国家劳动和社会保障部引入我国后，部分省市进行试点运行，取得了良好的效果。创业培训不仅使学员的就业观念发生转变，更激发了他们的创业意识，掌握创业技能，增强微小企业抗风险能力，使学员在短时间内成为微型企业的老板。

我国从 1998 年开始 SYB 创业培训试点工作，随着 SYB 创业培训在全国的全面启动和小额贷款政策扶持，解决了有志创业者创业时遇到的创业知识的欠缺和资金不足问题，探索了以培训促就业，以创业带就业的就业促进模式。实践证明，SYB 教材通俗易懂、简明实用，培训模式符合中国国情。我国于 2003 年也引进了 SYB 创业培训项目，部分有志创业者通过培训实现了创业成功，有效地促进了我国“创业行动”持续深入地开展。

SYB 是 SIYB 体系中的一部分，SIYB 体系还包括 IYB，即改善你的企业；EYB，即发展你的企业。根据中国国情，劳动保障部引进了 SYB 这一版本，作为初级培训教材，通过专家的改编，目前已成为中国版本创业培训教材并在全国推广。SYB 培训课程具有针对性。SYB 培训主要针对两种人，一是想开办小企业的人；二是已经创办小企业，但经营时间不长，缺乏经营企业系统知识的人。SYB 培训具有系统性与循序渐进性。SYB 培训分上下两部，共十步，这十步步步深入，环环相扣。创业意识培训，你可以知道是否适合创办企业，办什么样的企业。创业计划培训是根据你的企业构思分八步学习，形成创业计划，制定创业行动计划。SYB 教学方法采用高度参与性，采用了讲课法、案例法、讨论法、头脑风暴法、练习法、角色扮演法、游戏法等七种互动式教学方法，活跃了课堂气氛，使整个教学在生动、活泼、趣味中完成，达到了良好的教学效果。

SYB 的后续服务：后续服务就是给具备创业条件(项目和资金)并通过创业培训取得合格证书的创业者提供专家专项指导、优惠政策咨询、办理小额贷款、明星现身说法、孵化基地实习等项目的后续服务支持，帮助创业者尽快实现创业成功。

该培训项目最大的特点为：通俗易懂、运作规范、体系完整、小班授课、培训方法多样。该项目也试着在高校推广，但效果并不好。

2. KAB 项目

KAB，英文全称为“know about business”，意思是“了解企业”，是国际劳工组织为培养大学生的创业意识和创业能力而专门开发的教育项目。该项目通过教授有关企业和创业的基本知识和技能，帮助学生对创业树立全面认识，普及创业意识和创业知识，培养有创新精神和创业能力的青年人才。该项目一般以选修课形式在大学开展，学生通过选修该课程可以获得相应的学分。KAB 课程一个很大的特点就是先让学员去体验，体验之后再回来讨论，而不是先学习若干理论知识。

教学模块：KAB 课程设置了 8 个教学模块，每个教学模块都有特定的主题，但各个模块之间又彼此联系。这样的课程结构设计有很大的灵活性，根据授课对象、授课学时的不同，有效做到“因材施教”“因时施教”。其次，KAB 的课程类型包括学科课程、活动课程以及实践课程(商业模拟游戏)，学科课程侧重传授创业知识，活动课程侧重培养创业意识和技能，实践课程侧重提供创业模拟演练。三类课程彼此融合，在实现创业教育教学目标方面形成了互有侧重、互为补充的立体、综合对应关系；KAB 课程组织的活动化是指课程的操作方式注重教学活动的设计，尽可能使学生在教学活动参与中实现“启发创业意识、体验创业过程、提升创业技能”的目的。比如，“商业模拟游戏”通过模拟企业运作，使学生在游戏中体验商业过程，感悟商业真谛。目前，KAB 项目针对“KAB 项目讲师”“KAB 项目培训师”以及“KAB 项目高级培训师”实施分层次的统一化培训标准。

针对 KAB中国项目高校和 KAB 中国项目培训机构，KAB 项目测评中心建立完善了两套不同的质量控制体系，通过 10 个质量控制工具来规范项目的监督和评估工作。其中，“高校授课质量控制工具包”设计了开课前使用的“教学计划表”“学生情况调查表”“学生创业知识测试”，课程进行中使用的“课后意见反馈表”和课程结束后使用的“学生培训绩效评价表”与“高效创业教育调查表”。“师资培训质量控制工具包”包括培训期间使用的“每日意见反馈表”和“培训学员模拟教学互评表”，以及培训结束时使用的“培训师授课质量评价表”和“培训班培训绩效评价表”。评估报告从“授课结构”“授课内容”“授课方法及手段”“授课技巧”四个维度分别设计相关具体问题，了解学员对培训师的满意程度，每个问题有“非常好”(5 分)、“好”(4 分)、“一般”(3 分)、“差”(2 分)、“非常差”(1 分)等 5 个等级变量。

"大学生 KAB 创业基础"课程实行小班授课，突出以学生为中心的教学思想，教学中融入了情景模拟、分组讨论和分享、商业游戏、创业人物访谈、团体游戏、小组任务、案例讨论、头脑风暴等多种形式的教学方法，这种参与式、体验式教育方法，让学生身临其境，不仅能提高学生的学习能力，而且对培养学生的创新能力，激发学生的学习潜能都具有重要作用。

国内有一些高校推广了这个项目，对推动大学生的创业教育起到了较好的作用。

8.1.1 创业计划的作用

创业计划是创业的行动导向和路线图，既为创业者行动提供指导和规划，也为创业者与外界沟通提供基本依据。

1. 创业计划明确创业目标

有些创意听起来很好，但当把其所有细节都按照商业开发的模式想一遍，认真分析的时候，就发现这个项目并不是可行的创业项目。进行创业计划的过程，就是帮助创业者明确创业目标、理清创业思路的过程。

创业计划本质上是创业者对自身经营情况和能力的综合总结和展望，是企业全方位战略定位和战术执行能力的体现。

2. 创业计划体现创业行动

一项比较完善的创业计划，可以成为创业者的创业指南或行动大纲。创业计划与创业本身一样，是一个复杂的系统工程，它是企业对自身现状及未来发展战略全面思索和定位的过程。创业计划能反映创业者对项目的认识及取得成功的几率，它能展示出创业者的核心竞争力；最低限度反映创业者如何创造自己的竞争优势，如何在市场中脱颖而出，如何争取较大的市场份额，如何发展和扩张，种种"如何"会构成创业计划的说服力。若只有远景目标、期望而忽视"如何"，则创业计划便成为"宣传口号"。

3. 创业计划募集外部资源

作为企业融资的必备条件，创业计划就如同预上市公司的招股说明书，是一份对项目进行陈述和剖析、便于投资商对投资对象进行全面了解和初步考察的文件。而好的创业计划不仅能吸引投资者，更能吸引高素质的创业伙伴。

4. 创业计划降低犯错几率

美国每年有 300 多万家新企业出现，但是这些新的企业失败率高得惊人，有 30%的独立小公司在经营的头两年倒闭。而导致如此高的失败率的一个重要原因就是"未能做好计划"，很多创业者实际上并没有做好充分的准备工作就开始一项新的事业。他们没有分析自己的实力、弱点和劣势。对于一个初创企业，创业计划可以更好地帮助分析目标客户，规划市场范畴，形成定价策略，并对竞争性的环境做出界定，在其中开展业务以求成功。创业计划应保证这些方面的考虑能够协调一致。

8.1.2 创业计划的内容

不同行业的创业计划形式有所不同，但从总的结构来看，所有的创业计划都应包括计划摘要、主体和附录 3 个部分。

1. 计划摘要

摘要是对整个计划最高度的概括。应用最精练的语言，浓缩计划书的精华。计划摘要是“引路人”，一般要在后面所有内容编制完毕后，再把主要结论性内容摘录于此，以求一目了然，在短时间内给使用者留下深刻的印象。在概述中企业必须回答下列问题：

(1) 企业所处的行业，企业经营的性质和范围；

(2) 企业主要产品的内容；

(3) 企业的市场在哪里，谁是企业的顾客，他们有哪些需求；

(4) 企业的合伙人、投资人是谁；

(5) 企业的竞争对手是谁，竞争对手对企业的发展有何影响；

(6) 企业的优势在哪里；

(7) 如何投资、投资数量和方式；

(8) 投资回报及安全保障。

概述如同推销产品的广告，编制人要反复推敲，力求精益求精，形式完美，语句清晰流畅而富有感染力，以引起投资人阅读创业计划书全文的兴趣。特别要详细说明自身企业的不同之处，以及企业获取成功的市场因素。

2. 创业计划书的主体

创业计划书的主体部分是整合计划书的核心。主体部分的内容要翔实，在有限的篇幅之内充分展示创业者要说的全部内容，主体部分按照顺序一般包括以下几个方面：

1) 企业(项目)介绍与战略

这一部分是向战略合伙人或者风险投资人介绍融资企业或项目的基本情况。如果企业处于种子期，现在也只有一个美妙的商业创意，应重点介绍创业者的成长经历，求学过程，并突出其性格、兴趣爱好与特长，创业者的追求，独立创业的原因以及创意如何产生。如果企业处于成长期，应简明扼要介绍公司过去的发展历史、现在的状况以及未来的规划。在描述公司发展历史时，正反的经验都要写，特别是对以往的失误，不要回避。要对失误进行客观的描述，中肯的进行分析，反而能够赢得投资者的信任。

2) 技术产品(服务)介绍

投资人最关心的问题之一就是，企业的产品、技术或服务能否以及在多大程度上解决现实生活中的问题，或者，企业的产品(服务)能否帮助顾客节约开支，增加收入，这是市场销售业绩的基础。在这一部分，要对产品(服务)做出详细的说明，说明要准确，也要通俗易懂，让不是专业人员的投资者也能明白。

产品介绍必须包括以下问题：

(1) 顾客希望企业的产品能解决什么问题，顾客能从企业的产品中获得什么好处？

(2) 企业的产品与竞争对手的产品相比有哪些优缺点，顾客为什么会选择本企业的产品？

(3) 企业为自己的产品采取了何种保护措施，企业拥有哪些专利许可证，或与已申请专利的厂家达成了哪些协议？

(4) 为什么企业的产品定价可以使企业产生足够的利润，为什么用户会大批量地购买企业的产品？

(5) 企业采用何种方式去改进产品的质量、性能，企业对发展新产品有哪些计划等。

3) 行业、市场分析预测

行业与市场分析主要对企业所在行业基本情况，企业的产品或服务的现有市场情况、未来市场前景进行分析，使投资者对产品或服务的市场销售状况有所了解。

4) 市场营销策略

企业的盈利和发展最终都要拿到市场上来检验，营销成败直接决定了企业的生存命运。营销策略的内容应包括：

(1) 营销机构和营销队伍的建立；

(2) 营销渠道的选择和营销网络的构建；

(3) 广告策略和促销策略；

(4) 价格策略；

(5) 市场渗透与开拓计划；

(6) 市场营销中意外情况的应急对策等。

5) 生产计划(运作分析)

生产制造计划旨在使投资者了解产品的生产经营状况。这一部分应尽可能把新产品的生产制造及经营过程展示给投资者。同时，为了增大企业的评估价值，企业家应尽量使生产制造计划更加详细、可靠。

6) 管理团队介绍

投资者非常看重管理团队。这部分主要是向投资者展现企业管理团队的结构、管理水平和能力，职业道德与素质，使投资者了解管理团队的能力，增强投资信心。

7) 财务分析与预测

这部分包括公司过去若干年的财务状况分析，今后3年的发展预测，以及详细的投资计划。旨在使投资者据此判断企业未来经营的财务状况，进而判断其投资能否获得理想的回报，因而它是决定投资决策的关键因素之一。

8) 融资计划

融资计划主要是根据企业的经营计划提出资金需求数量、融资的方式、工具，投资者的权益、财务收益及其资金安全保证，资金退出方式等，它是资金供求双方共同合作前景的计划分析。

9) 风险分析

向投资者分析企业可能面临的各种风险隐患，风险的大小以及融资者将采取何种措施来降低或防范风险增加收益等。

融资者最好采取客观、实事求是的态度，不能因为其产生的可能性小而忽略不计，也不能为了增大获得投资的机会而故意缩小、隐瞒风险因素，而应该对企业所面临的各种风险都认真地加以分析，并针对每一种可能发生的风险提出相应的防范措施，这样才能取得投资者的信任。

3. 附录

创业计划的附录应包括媒介关于公司产品的报道，公司产品的样品、图片及说明，有关公司及产品的其他资料。

以上是创业计划的全部内容。根据公司及项目具体情况的不同，创业者可以在此基础上结合实际情况增添或删改。对不同公司而言，各要点的轻重程度是不一样的。哪些是最重要的，需要强调，哪些是无关紧要的，可以一笔带过则应视情况而定。

一般来说，投资者最关心的问题主要是两点：

(1) 创业者的商业创意、产品和服务是否具有唯一性；

(2) 该公司管理阶层能否胜任。因此创意者在编写创业计划书时一定要对这两方面着力进行分析。另外，获取利益是投资者的根本目的，及早收回资金是其投资的前提，所以对于未来收益的预测及设计和风险资金的退出之路也是计划书应分析的重点。

8.2 创业计划书

创业计划书是创业的行动导向和路线图，既为创业者行动提供指导和规划，也为创业者与外界沟通、寻求帮助提供基本依据，因而对于创业成功具有十分重要的作用。

案例分享：一页纸创业计划书

在一次天使见面会上，北京创盟的河北创业者李鹏的发酵罐气流能量回收项目引起了风投的兴趣。吸引风投目光的是李鹏的一份一页纸计划书。

关键词：专利产品；国内空白；年节电 100 亿度；政府强力推广。

公司简介：我公司成立于 2005 年 8 月，从事节能节电业务，拥有自己的技术与知识产权，包括电机节电器技术，发酵罐排放气流压差发电的多项专利。

项目简介："发酵罐排放气流压差发电与能量回收"。发酵罐是药厂与化工企业普遍使用的生产工具，用量非常之大，如华北制药、石药、哈药这样的企业，每家企业使用的大型(150 吨以上)发酵罐均在 200 台以上。因生产需要，发酵罐前端需要压气机给罐内压气，压气机功率一般在 2000～10 000 千瓦，必须 24 小时运转，每年电费在 900～4000 万之间，满足发酵罐生产，就需要多台的压气机工作。所以，压气机耗电通常是这些企业很大的一项费用支出。经发酵罐排放的气流仍含有大量的压力能，浪费在减压阀上。如安装我公司研制的"发酵罐排放气流压差发电与能量回收"装置，可以回收压气机耗费电能的三分之一左右。

同行简介：目前该技术国际统称 TRT，应用于钢厂的高炉煤气压力能量回收。主要的供货商有日本的川崎重工、三井造船，德国的 GHH，国内的陕西鼓风机厂。年销售额达到 20 亿以上。

进展简介：本项目关键技术成熟并已经掌握，我公司已经与某制药集团达成购买试装与推广协议，项目完成时，预计可以在该集团完成 5000 万以上的销售。

优势简介：

1. 我公司已申请该项目的多项专利。

2. 市场中先行一步，属市场空白阶段。

3. 符合国家产业政策，温家宝总理亲自担任节能减排小组组长。要求各地政府落实节能减排指标。该项目属于节能减排项目。

4. 各地方政府有节能奖励：如三电办有三分之一的投资补贴，制药集团可获得约1600万元政府补贴。

5. 可以申请联合国CDM(清洁生产)资金(每减排一吨二氧化碳可以申请10美元国际资金，连续支付五年)。制药集团可每年节能6000万度，减排二氧化碳6万吨，可获得国际资金供给300万美元。

用户利益：

1. 减少电力费用支出，以某制药集团为例，如全部安装该装置，一年可以节约电费 3000 万～36 000 万。收回投资少于 2 年。

2. 很少维护，无须增加人员，寿命在 30 年以上，可以为用户创造投资 15 倍以上的价值。

3. 降低原有噪音 20 分贝以上。符合环保要求。

4. 其他政府奖励。

目标用户与市场前景：

本项目目前主要针对国内药厂、化工厂。从和某集团达成的初步协议看，集团内需求量大约在 100 多套，而全国存在同样状况的有多家药厂，再加上许多的化工行业也采用了相同或类似的生产工艺，均为我公司的目标市场。总市场预计在 100 亿以上。

8.2.1 创业计划书的对象

1. 创业者和创业团队

创业计划书是创业者的策划文案，它使创业者对自己所有的资源、已知的市场情况和初步的竞争策略作尽可能详尽的分析，并提出一个初步的行动计划，使创业者心中有数。创业计划书是自己理清思路的操作文本，它可以帮助创业者记录很多有关创业的构想，帮助创业者规划成功的蓝图，而整个运营计划如果翔实清楚，对创业者或者参与创业的伙伴而言，也就更容易达成共识、确保创业团队的分享与认同，这无疑对创业者的成功是有帮助的。

2. 创业融资对象

在面对创业融资对象的时候，创业计划书等同于商业计划书，当创业者面对风险投资及银行的时候，他们都要求创业者提供创业计划书(或商业计划书)，但需要明确一点，马云曾经说过：“商业计划绝对不是一个销售计划，里面有无数细节，无数人才的运营”。

3. 新创企业

创业计划书通过描绘新创企业的发展前景和成长潜力，它不但会增强创业者自己的信心，也会增强风险投资家、合作伙伴、员工、供应商、对创业者的信心，创业计划书相当于新创企业的第一张名片，引起周围人的关注、信任、关心，而正是这第一张名片，是企业走向成功的坚实基础。

案例分享：世界最初的创业计划书竞赛起源于美国高校

美国的百森商学院(Babson college)从 1919 年建校开始，创业教育就相伴而生。在世界上第一个开设《创业学》课程；开办了世界上第一个创业本科生专业；美国的“创业教育之父”杰弗里•蒂蒙斯出自该校，在他的领导下，学校开发出了一套完整的创业教育课程体系；作为学术机构，在全球，第一个举办创业设计大赛；有循序渐进的本科生创业教育项目(基础、强化、热情)；有 MBA 创业教育模块；有世界上阵容最强大的创业教育师资队伍；有多样化的外延拓展活动；有全球视野的创业教育研究。1983 年，美国德克萨斯州大学奥斯汀分校的两位 MBA 学生，参照模拟法庭的形式，举办了一次创业计划书竞赛，目的是演练企业策划过程。当他们历经千辛万苦，终于成功举办了这世界上第一次创业计划书竞赛时，也因此得到了风险投资家的关注。从此，越来越多的创业基金、风险投资基金、律师事务所、会计师事务所和投资咨询公司也都参与到这类活动中来。

我国首届“挑战杯”大学生创业计划书竞赛是于 1999 年 2 月 10 日在清华大学举办的。就在这次大赛中，共收到了全国 120 所高校的 400 件作品，其中“美视乐”团队，就是在这次竞赛中获得了上海第一百货股份有限公司的 5250 万元风险投资，成为中国大学生创业获得风险投资的第一例。自 2014 年起开展的“创青春”全国大学生创业大赛，以挑战杯为基础，每两年举办一次。以党的十八大和十八届二中、三中全会精神为指导，以“中国梦，创业梦，我的梦”为主题，以增强大学生创新、创意、创造、创业的意识和能力为重点，以深化大学生创业实践为导向，着力打造权威性高、影响面广、带动力大的全国大学生创业大赛。

2016 年大赛下设 3 项主体赛事：第九届“挑战杯”大学生创业计划竞赛、创业实践挑战赛、公益创业赛。其中，大学生创业计划竞赛面向高等学校在校学生，以商业计划书评审、现场答辩等作为参赛项目的主要评价内容。创业实践挑战赛面向高等学校在校学生或毕业未满 3 年的高校毕业生，且已投入实际创业 3 个月以上，以经营状况、发展前景等作为参赛项目的主要评价内容。公益创业赛面向高等学校在校学生，以创办非营利性社会组织的计划和实践等作为参赛项目的主要评价内容。

8.2.2 创业计划的执行摘要

执行摘要，也称为执行总结。是创业计划浓缩之精华，反映创业计划书的全貌，是全部计划书的核心之处。执行摘要虽然在创业计划的最前面，但在动笔写摘要之前，创业者要先完成创业计划书的主体部分，然后在反复阅读主体部分的基础上，提炼出整个计划书的精华，再开始写摘要。执行摘要一般是 2 页，最多 3 页。摘要无须涵盖所有创业计划中涉及的内容，但要确保每一个关键问题都应该提到。凝练的创业计划执行摘要应涵盖以下 8 个关键点：

1. 项目独特性

首先概括公司的亮点。通常，可以直接、简练描述公司拟解决某个重大问题的方案或产品。在第一段，创业者可提到一些使人印象深刻的名字，比如公司的知名顾问、已合作过的大公司、有名的投资公司等。

2. 问题和解决方案

用简要的话来介绍公司的产品和服务，以及它解决了用户的什么问题。企业给客户提供什么样的产品或服务来解决这个问题，软件、硬件、服务还是综合的。陈述产品(或服务)的价值定位、创意价值的合理性存在。这部分应用通俗的语言，不要用缩写或技术用语。

3. 面临的机会

通过描述公司行业、行业细分、巨大的市场规模、成长性和驱动因素，以及美好前景，来展示自己的市场机会。创业者最好能在一个环境良好并能有一定增长的市场中占有较大份额，而不是在一个超大的成熟市场中占有较小的份额。

4. 面临的问题

创业者需要清楚的描述当前或者是将会出现的某个重大问题。通过解决问题来提高利润、降低成本、加快速度、扩张市场范围、消除低效及提高效率等。

5. 企业的竞争优势

无论如何，你都有竞争对手，至少，你是在跟你的目标客户当前使用的产品或服务提供商在竞争，创业者必须明确自己真实的竞争优势，并写出与创业者本身是直接竞争者的竞争方案。

6. 企业的商业模式

清晰地描述企业的商业模式——怎样赚钱？需要阐述公司在产业链、价值链上的位置，合作伙伴是谁，他们为什么要跟你的公司合作，如果已经有了收入，有多少，如果现在没有，什么时候会有。

7. 展示创业团队

你的团队为什么能成功？是通过创业者和核心管理团队的能力。不要只是简单地把每个团队成员的简历攒在一起，而是应该解释每个团队成员的背景、角色、经历为何有利于公司发展，以及如何互补。

8. 预测财务回报

可以用一个表格来展示公司的历史财务状况和未来的财务预测。这个财务预测需要展示3～5年的，这样才能看到企业持续的发展趋势。注意数据不能离谱。

案例分享：第四届“挑战杯”创业计划大赛金奖作品的执行摘要

1. 公司

上海盛旦科技股份有限公司秉承“Tech application应用科技”的经营理念，努力将高科技实用化，满足大众需求。公司目前拥有的一次性打印电池技术由复旦大学化学系研究开发，拥有完全的知识产权并已申请专利。

盛旦在一次性打印电池技术的基础上首先推出了“闪电贴(FlashTip)”一次性超薄手机电池系列产品。填补了一次性手机电池的市场空白。目前手机已经成了人们生活中不可或缺的消费品之一，据统计目前全国已有手机用户 2.5 亿，但手机的不便之处也逐渐暴露，比如关键时刻的电量不足，突然断电的现象常常给人们带来很多尴尬，特别是外出洽谈商务或结伴出游时手机电池的突然断电有时会给人们带来很大的损失。虽然一些大商场提供了临时充电器，但由于充电需等候多时，且只有少数大商场提供此类服务等原因，手机电量的及时补充问题还未得到根本解决。“闪电贴(FlashTip)”系列一次性超薄手机电池正是针对这一市场空白而推出的最新产品。

2. 市场

“闪电贴(FlashTip)”的目标群体主要定位于出差的商务人士、旅游群体以及往来商旅等，一张 1 毫米厚、面积与传统电池板相仿的产品将提供约为 12 小时的电池电量，只需将其贴于现有电池表面即可电力十足，轻便而快捷，既可以作应急使用，尽可能地降低短期断电造成的通讯中断损失，也可省却外出携带充电器等不必要的麻烦，作为常用的备用手机电池。当然，由于其较高的性价比，其他普通消费者也可以接受。

在区域市场上，初期以国内市场为主，先大中城市后小城市，同时在适当的时间进入国际市场，利用全球化的市场需求获得规模竞争优势。

3. 生产与营销

盛旦准备在上海张江高科技园区设立加工基地，由于有成熟的技术(主体技术为现代喷墨打印技术和纳米材料技术)，产品的加工工艺并不复杂，主要设备为打印设备和电池材料配置设备。初期成本为 1.2 元/贴(大小类似普通手机电池，厚度为 1mm，待机时间 12 小时)，售价 5 元/贴，随着生产规模扩大成本将不断降低。由于其市场容量巨大而且目前尚处于空白状态，因此市场前景巨大。

由于“闪电贴(FlashTip)”属于快速消费品的范畴，所以在营销上采用大规模铺货的方式，占领便利店，超市，书报亭等主要的销售渠道，方便消费者及时方便地获取我们的产品。同时，第一年进行大量的派送试用，且投入一定资金做前期推广，通过各种媒体广告和各种促销活动推进产品知名度。在市场上采取先立足上海，后逐渐有计划分步骤的推向全国。第一年 37 万片，第二年 45 万片，第三年开始销售额和利润都大幅上升。

4. 投资与财务

公司设立在张江高科技园区，属于国家支持的中小型高科技企业，税收上享受“两年免征所得税”的政策。公司成立初期需资金 720 万元。其中风险投资 520 万元，盛旦公司投资(管理层和化学所投资)100 万元，流动资金贷款 100 万元。其中用于固定资产投资 155 万元，流动资金 565 万元。

股本规模及结构定为：公司注册资本800万元人民币。其中，外来风险投资入股520万元(62.5%)；盛旦专利技术入股180万元(22.5%)；资金入股100万元(12.5%)。

公司从第三年开始盈利，到第四年后利润开始大幅增长，内部收益率为 50.1%。风险投资可通过分红和整体出让的形式收回投资。

5. 组织与人力资源

公司初期成立时采用直线型的组织结构，由总经理直接向董事会负责；三到五年后随着新产品的推出开始采用事业部型组织结构。公司初期创业团队主要来自复旦大学管理学院，成员各司其职，都具有相关领域的专业知识和运作经验，且优势互补。同时公司拥有复旦大学化学所技术人员作为公司技术支持。此外，公司还邀请多位管理学院教授为经营顾问。

8.2.3 创业计划书的撰写和展示技巧

当新创企业需要融资的时候，创业计划书就可以打动外部投资人。做一份引人注目的创业计划书并在有机会的时候展示出它的魅力，是创业者应做的基本准备之一。

1. 创业计划书的包装

(1) 封面

一个好的封面会使阅读者产生最初的好感，形成良好的第一印象，因此封面的设计要有一定的审美艺术性，最好具有与众不同的独特性。色彩应醒目，封面纸应坚挺，在封面上可以印有公司的名称、地址、联系电话和计划书撰写的年月日。

(2) 打印稿

创业计划书必须打印成正规的计划书文本，打印稿应文本工整、字迹清晰，有时为了醒目也可选用彩纸，但不宜给对方留下刺激性的视觉印象，也可以在每项内容的首页用彩纸，或每项内容的标题用醒目的颜色打印。

(3) 图标和图形

在计划书中，如果有必要，可增加一些图标或表格来直接说明。一般来说，应该采用高品质的图标和图形。但需要注意的是，条形图没有表格的内容显示清晰。此外，也可采用部分产品图片和说明书，但只能作为计划书的附件，且要保证质量。

(4) 剪报

剪报不是计划书必不可少的内容。但如果有高质量的关于公司及产品的报纸文章，可能会更吸引人。剪报要少而精。

2. 创业计划书的最佳篇幅

创业计划书的最佳篇幅是多少，并没有一个明确的页数，但有一些规律可以遵循：

(1) 一般计划书的篇幅在15～30页之间，对大部分企业来说，20页已经足够了。但如果这份计划书是为了公司内部使用，则可以到40页或更长。

(2) 如果创业者开设的是一家小型、简单的企业，计划书最好不要超过15页，但不到10页会显得有些单薄。

3. 创业计划书中应注意的问题

创业计划书是吸引投资者的第一张名片，在初次撰写的时候，一定想写得真实、完美、动人。但其中也会遇到一些问题需要注意：

(1) 创业计划书应层次清晰、主次分明，让投资者能一下子抓住文章的重点，有一个清楚的头绪；

(2) 创业计划书不要过于强调技术。投资者不是技术专家，技术知识创业的一方面，更重要的是创业者怎样将技术卖出去，也就是企业的商业模式；

(3) 创业计划书要体现团队和人的价值，创业团队往往是创业能否成功的关键；

(4) 创业计划书中的数据一定要准确，前后一致；

(5) 对创业公司自身和投资人应有不同的创业计划书；

(6) 轻视现金流。大多数创业者的焦点都在利润方面，而不是现金。创业者要明确一点，我们平时支出的并不是经营利润，而都是现金，所以，了解现金流是至关重要的；

(7) 高估商业创意。很少成功的企业是完全基于全新的商业思路，一个新的商业创意往往比现有的产品更难实现好的销量。所以，不要对自己的商业创意估价过高。

4. 展示你的创业计划

当创业者有机会向投资者介绍自己的创业计划书时，演讲人的动作、表情、语言及幻灯片的制作水平都直接影响投资者对创业者的评价。

首先是演讲的准备。演讲的时候要严格控制时间。一般来说，一次演讲往往只有 10 分钟。在演讲的时候，演讲人要抓住演讲的重点，因为时间有限，演讲者还要尽可能的全面诠释计划书，必须有的放矢，尽量展现重点。保持演讲精彩的最重要一点，就是使演讲生动有趣、充满激情。

其次是演讲幻灯片的制作。一些专家建议在制作幻灯片时可遵循 6-6-6 法则，即每行不要超过 6 个单词，每页不超过 6 行，连续 6 张纯文字幻灯片之后需要一个视觉停顿(采用带有图、表、插图的幻灯片)。一般 20～30 分钟的演讲最多不超过 12 张幻灯片。周鸿炜也有其十页完美计划书的主张。

案例分享：周鸿炜的十页完美计划书

对于早期融资的项目，一份好的计划书就是一个不超过十页的 PPT。最重要的是要有“干货”。

● 第一页，目前市场上存在的问题。用几句话清楚说明你发现目前市场中存在一个什么空白点，或者存在一个什么问题，以及这个问题有多严重，几句话就够了。应该相信风险投资人很聪明。比如，现在网游市场里盗号严重，你有一个产品能解决这个问题，只需要一句话说清楚就可以。很多人写了三白张纸，抄上一些报告，对于网游、对于互联网的报告内容比他自己的计划内容还多。投资人天天阅读行业报告，天天看这个，还需要你教育他吗？不要给他论证市场有多大，上来就开门见山。

● 第二页，问题的解决方案。你有什么样的解决方案，或者什么样的产品，能够解决这个问题。你的方案或者产品是什么，提供了怎样的功能，你是怎么解决这个问题的。越正规越职业的投资人就会把自己假想成一个用户，如果我是一个用户，会不会用你的东西，我会先感同身受你说的东西，你解决的问题越具体、越实在，我就觉得你的这个事越有价值。否则的话，上来宏论了半天，集 web 2.0、社区、搜索于一体的网站，三年内超越新浪、搜狐，这些都是空话。一定要说实话，用朴实的话来解释你发现了一个什么机会，要去解决这个问题，你会怎么做。

● 第三页，产品的目标用户。你的产品面对什么样的用户群，是给全国老百姓都用，还是只是企业白领用，或是只给学生用。对早期创业公司，即使你说这个想法十年以后可能会统治世界，但这仍然只是一个想法，你说出来没有人会信。最开始找一个哪怕很小众的用户群精准定位，让人感觉你比较聚焦，明确你面对什么样的用户，这样对你的商业合作和融资更有利。

● 第四页，未来的市场有多大。你认为未来你所做的这件事市场有多大，可以做一个预测和估计。日本有人发明在手纸上印数图游戏和广告，这个事情在中国做市场有多大，你通过中国有多少个厕所就能计算出来一个大概的量，告诉风投你准备进入一个多大的市场。

● 第五页，竞争对手。有其他人在做同样的事不可怕，重要的是你能不能对这个行业有一个基本了解和客观认识。要说实话、干实事，可以进行一些简单的优劣分析。这个市场里面千万不要说只有你一个人最聪明，这种话一说风投就会鄙视你，觉得你消息太不灵通了，也不事先上网搜搜。把握目前的竞争对手他们在做什么，他们做得怎么样，不要怕说别人比你强，没关系，至少要说实话，说明你做这个事之前会看看周边，而不是井中之蛙。

● 第六页，核心竞争力。为什么这件事情你能做，而别人不能做？否则如果这件事谁都能干，为什么要投资给你？在这里，投资者看重的关键不在于所干事情的大小，而在于你能在哪些点上比别人干得好，与别人干得不一样。你独门的东西或许是你的营销手段、生意模式、推广模式等。

● 第七页，你的计划。可以做一个简单的财务分析。不要预算未来三年挣多少钱，没人会信。说说未来一年或者六个月需要多少钱，你大概准备拿多少钱，用这些钱干什么，在未来 12 个月里准备做哪几件事，千万不要列买电脑、招聘、定盒饭这种事，就给自己定出几个关键点，投资者听你说，有时候通过这些事情看你的思维能力，是不是“眉毛胡子”一把抓，还是定出几个关键点。

● 第八页，盈利模式。知道自己是怎么挣钱的，我未来的收入模式是什么样的。如果不知道就老老实实说不知道怎么挣钱，这里面最大的陷阱就是你确实不知道怎么挣钱，实话讲刚开始很多公司都不知道怎么挣钱。很多人有一个偏见，以为商业模式就等于挣钱模式，其实不是。挣钱模式只是商业模式最后一个环节，完整的商业模式首先包括你的产品模式，你是什么样的产品，你的市场定位，针对什么样的用户群，怎么推广，最后才是怎么挣钱，这才构成一个完整的商业模式。讲到营收挣钱，知道就写一个，不知道就不要写，就老老实实地告诉投资者：我是早期阶段，不知道怎么挣钱，相信你们会帮我，但是我现在会先把产品做好，把用户做上去。这样还是比较实事求是的做法。

● 第九页，团队介绍。团队的几个人简单做一个介绍，不要像写简历或者写三好学生评语一样把美誉之词写在自己头上，不要说自己才貌双全，胸有大志，立志成为比尔•盖茨第二，这种话没有信息量。

● 第十页，投资人。最后，把你的投资人给列一下，对你的融资也许会有很大帮助。

一个包含以上内容的计划，就是一份非常好的创业计划书了。做创业计划书就是说大实话。怎么想的就怎么说，用最朴素、最明了的语言，说出你的行动计划，说出第一步准备干什么。

对于创业者，学会写商业计划书，学会以一个良好的心态建立一个合作的团队，完成第一个挑战——获得风险投资，这样创业就有了一个很好的开始。

8.3 创业计划的评价

财务分析是创业计划书中极其重要的组成部分，是需花费相当多的时间和精力来编写的部分，其专业性比较强。其主要目的是从经济维度评价创业计划的可行性。财务分析是对企业等经济组织过去和现在有关筹资活动、投资活动、经营活动、分配活动的盈利能力、营运能力、偿债能力和增长能力状况等进行分析与评价的经济管理活动。在创业计划书中，财务分析包括新建企业的财务规划、投资项目评价，以及风险分析三部分。财务规划和企业的生产计划、人力资源计划、营销计划等都是密不可分的。围绕着公司所有的经营活动，在财务规划部分，需要告诉人们，创立公司的资金从哪来？资金将用于哪些方面？够不够用？不够怎么办？资金的使用效率如何？投资报酬率有多高？有没有投资风险？资金如何合理地退出企业？等等。

要完成财务规划，必须要明确下列问题：

(1) 产品在每一个期间的销售量有多大？

(2) 什么时候开始生产线扩张？

(3) 每件产品的生产费用是多少？

(4) 每件产品的销售定价是多少？

(5) 使用什么分销渠道，所预期的成本和利润各是多少？

(6) 需要雇用哪几种类型的人？工资等费用预算是多少？等等。

本节以在挑战杯中获得金奖的项目亿可利绿色科技公司(以下记为“某某绿色科技公司”)为例，以其创业计划书中第七章投资估算及第八章财务预测为模板，讲述在创业计划中的财务分析有关知识点及应用。其中各个财务报表中的数据关联从筹资到成本投资计算，最后的财务数据预测及三个基本财务报表都基于同一套数据，我们可以看出创业计划书中各数据的来源及逻辑关系。

8.3.1 创业项目筹资

某某绿色科技公司创业计划书中的建设投资估算

1. 工程概况

本公司拟遵循“一次规划，分期建设”的原则进行建设，参照较发达地区大中型城市医疗垃圾产生量、医疗垃圾产生增长速度以及政府要求的处理率，考虑建设的经济指标和技术指标，第一期建1炉，年处理医疗垃圾3000吨。本估算为某某绿色科技有限责任公司一期工程总投资，投资范围包括处理过程所必需的全部生产、生活和生产附属设施的总费用。

主要设备选型：主体设备采用浙江大学热能工程研究所研制的两段气控式医疗垃圾焚烧炉。

2. 编制依据

- 人员编制

依据《火力发电厂机构定员标准(试行)》　1983. 6　水电部

依据《火力发电厂编制定员标准》　1978.12　水电部

- 项目及费用性质

《电力工业基本建设预算项目及费用性质划分办法》　1997 年　电力部

建筑工程费(上下水、照明、暖通、总图)：参考本地近期同类工程指标

- 安装工程

依据《电力建设工程定额》　1996 年　北京地区价目本

《电力建设装置性材料预算价格》(浙江省)　1998 年　华东电管局

《电力建设装置性材料综合预算价格》(华东地区)　1999 年　华东电管局并参考最新信息价

《电力工业基础建设预算管理制度及规定》　1997 年　并参考同类型厂的造价指标

- 设备购置费

依据设备清单按项目划分方法逐项统计设备费，设备价格按同类工程价格或询价计算，设备运杂费按设备价的百分比计。

- 其他费用

依据《电力工业基本建设预算管理制度及规定》 1997 年

3. 编制说明

本工程预计当年建成，故不计价差预备费；
基本预备费按费用之和的 10%估算；
本项目未列用电、自来水增容费等费用。

1. 创业项目财务基础数据估算的假定

1) 财务管理的环境分析是前提

任何企业的运营都存在着其相应的环境，这些外部环境是财务预测假定的前提基础，包括法律环境、金融环境、经济环境等。

(1) 法律环境。包括企业设立、合并、分立是通过《公司法》《全民所有制工业企业法》《外资企业法》《中外合资经营企业法》《中外合作经营企业法》《私营企业条例》《合伙企业法》等进行约束的；企业破产清理是通过《破产法》进行约束的；企业生产经营活动方面的法律规定主要包括：《合同法》《产品质量监督条例》《技术监督条例》《消费者权益保护法》《环境保护法》《反不正当竞争法》等；企业财务活动方面的法律包括：《税法》《证券法》《票据法》《结算法》《银行法》《会计法》《企业财务通则》《企业会计准则》《小企业会计准则》(2013.1.1 起执行)等。

(2) 金融环境。按交易的期限，分为短期资金市场和长期资金市场；按交割时间，分为现货市场和期货市场；按交易的性质，分为发行市场和流通市场；按交易的对象，分为同业拆借市场、国债市场、企业债券市场、股票市场和金融期货市场等。

(3) 经济环境。财务管理的经济环境是指对企业财务管理有重大影响的一系列经济因素。包括经济周期，市场经济的发展进程呈现明显的周期性，通常经历繁荣、衰退、萧条、复苏四个阶段；通货膨胀；市场竞争。企业所处的市场环境通常包括完全垄断市场、寡头垄断市场、不完全竞争市场和完全竞争市场；经济发展水平及政府的经济政策等。

2) 市场调研是财务预测的基础

在试算报表中要包括一套假定陈述作为预算报表的基础。这些假定是对预测数字的说明。这些假定的准确性非常关键，因为你的财务预测就是建立在这些假定之上的。而假定的准确性则取决于它们所依据的信息的准确性，最关键的因素是销售预测。根据市场调查获得的信息进行的销售预测，最好是基于实际情况得出的真实的数据，或者是根据行业协会或第三方商业咨询公司等提供的行业数据来预测的销售额及成本。对于成长型的创业计划，可基于以往的数据作为基础编制预算报表，但是新公司没有以往的数据可供参照，新成立的公司要想编制预测报表，首先要列出一系列假定条件，在此基础上编制预测报表，因此必须在开展了准确的市场调研的基础上才能够编制销售预测。

行业与市场调查分析的结果，是财务预测的基础。比如整个市场容量目前是多少，未来增长量是多少；根据我们选择的商业模式，在目前的市场份额条件下，初期市场占有率是多少？可期望达到多少销售额？未来3～5年的增长如何？未来成本的增加是多少(假定条件往往是成本(包括劳动力)随着总通货膨胀而增长)？但是，无论增长还是降低，应对其事实情况加以注明，并注明其理由。有些计划还需要包括最佳、最坏或最可能的情况。在编制预算报表时，最好的方法是实事求是，略带保守地对未来 3～5 年的情况做出预测。并根据实际运营月报表进行检验与修正。

2. 资金来源与使用分析

筹资是企业财务管理活动中重要的功能之一，是企业为了满足生产经营和资本经营的资金需求而筹措资金的过程。企业筹措的资金可分为两类：一是企业的主权资本，它是通过吸收直接投资、发行股票、留存收益等方式取得的；二是企业的债务资金，它是企业通过银行借款、发行债券、融资租赁、商业信用等方式取得的。这里的“资金”并不单纯指货币资金(现金)，也可以是实物或无形资产。资金筹集渠道包括国内资金及利用外资。国内资金筹集渠道包括：①银行贷款；②发行企业债券；③发行股票。资金来源与运用表分为三大项，即资金来源、资金运用和盈余资金，三者关系如下：资金来源－资金运用=盈余资金。

在创业计划书中，应注明企业注册资本、资本构成、无形资产作价入股比例；是否有借入资金、风投资金；资本结构如何；资金是如何运用的。

某某绿色科技公司创业计划书中的股本规模和结构

公司注册资本 600 万元，其中，浙江大学技术作价 150 万入股，股本规模和结构如表 8-1、图 8-1 所示。

表 8-1　股本结构表

股本结构 / 实收资本	风险投资	浙江大学技术入股	创办者资金入股
金额/万元	400	150	50
占总股本比例	66.67%	25%	8.33%

创办者资金入股 8%
技术入股 25%
风险投资 67%

图 8-1　股本结构示意图

8.3.2　创业项目财务基础数据估算

财务基础数据是指与项目寿命期内全部经济活动有关的数据，如利润、成本、税金等。财务基础数据评估是指在建设必要性、生产建设条件和技术评估的基础上，按照评估办法规定的要求和方法，调查、收集、鉴别、评审和测算一系列财务经济数据，并填列财务经济数据预测表的工作。财务基础数据评估是项目评估的中心环节，只有通过这个环节，能对拟建项目进行财务效益和国民经济效益评估，从而进一步确定项目经济上的合理性，最后判断项目的可行性。可见，它是项目评估中一项承上启下的工作，是项目财务经济效益评估的基础和前提。它关系到项目评估结果的科学性、合理性和实际性，从而影响项目投资决策。因此，在评估项目财务基础数据时，必须实事求是、准确无误，严禁人为扩大或缩小。

1. 投资项目成本评估

资金是项目建设和生产的必不可少的资源。进行投资项目资金评估就是审查项目的筹资渠道是否畅通，资金结构是否合理，资金成本是否符合项目管理标准。对项目所需资金的规模、结构进行评价和估算。在创业计划书中，应该明确投资总额的估算方法；明确资金成本的概念及其构成；掌握各种不同的融资技巧。投资项目资金构成：建设项目所需要的资金总额中，根据来源渠道不同，可分为自有资金和借入资金两部分。项目基础财务数据估算的内容：项目寿命期、投资成本、产品成本、固定资产折旧、销售税金及附加、利润、贷款偿还期。

1) 项目总投资及其构成

项目总投资是指建设项目从施工建设起到项目报废为止所需的全部投资费用。具体又分为建设期和生产经营期两个阶段。由固定资产投资和流动资金投资两部分组成。

(1) 固定资产投资：由工程费用、工程其他费用、预备费用三部分构成。

① 工程费用，主要是指项目建设中所花费的构成工程实体的那部分费用。

② 工程其他费用。

③ 预备费用，包括基本预备费和涨价预备费。

(2) 建设期借款利息，这部分利息应作为资本化利息计入固定资产原值。

(3) 固定资产投资方向调节税。

(4) 流动资金，是指项目建成后企业在生产过程中处于生产和流通领域、供周转使用的资金。

企业为了维持正常的生产经营，增强抵御风险的能力，除了拥有一定的生产能力外，还需配备一定数量的可自由支配的流动资金。

2) 固定资产投资估算

(1) 扩大指标估算法

扩大指标估算法是套用原有同类项目的固定资产投资额来进行拟建项目固定资产投资额估算的方法。

(2) 综合指标估算方法

综合指标估算法包含工程费用、工程其他费用、预备费等几个要素。

基本预备费=(工程费用+其他费用)×基本预备费率

涨价预备费通常要计算调价和涨价两部分的价差。

由上可知，固定资产投资额的估算数为：

固定资产投资额=工程费用+工程其他费用+预备费用

固定资产投资总额=固定资产投资额+投资方向调节税+建设期利息

固定资产原值=工程费用+土地费用+预备费用+固定资产投资方向调节税+建设期利息

3) 流动资金估算

(1) 分项详细估算法

分项详细估算法的原理为：

流动资金=流动资产-流动负债
流动资产=应收账款+存货+现金
流动负债=应付账款
流动资金本年增加额=本年流动资金－上年流动资金

流动资产和流动负债各项的计算公式如下：

$$应收账款=\frac{年经营成本}{周转次数}$$

$$现金=\frac{年工资福利费+年其他费用}{周转次数}$$

存货=外购原材料+在产品+产成品
其中，外购原材料、燃料=年外购原材料、燃料费/周转次数

在产品=(年外购原材料、燃料及动力费用+年工资及福利费+年修理费+年其他制造费用)/周转次数
产成品=年经营成本/周转次数
应付账款=(年外购原材料、燃料及动力费用)/周转次数

这样，项目所需流动资金总额可计算为：

流动资金=现金+存货+应收账款-应付账款

(2) 扩大指标估算法

扩大指标估算法的基本原理是：

流动资金=拟建项目某项经济指标×流动资金与该指标的比例

按产值或销售收入的资金率估算：

流动资金额=年产值(或年销售收入额)×产值(或销售收入)资金率

[例 8-1]已知某项目的年产值为 30 000 万元，其类似企业百元产值的流动资金占用额为 35 元，则该项目的流动资金额应为：

流动资金额=30 000 × 35%=10 500 万元

按经营成本或总成本资金率估算：

流动资金额=年经营成本(或总成本) × 经营成本(总成本)资金率

按固定资产价值资金率估算公式为：

流动资金额=固定资产价值总额 × 固定资产价值资金率

按单位产量资金率估算公式为：

流动资金额=年生产能力×单位产量资金率

由于分项详细估算法工作量大，计算相对详细准确，适用于规模较小，品种比较单一的企业类型；扩大指标估算方法又称概算法，算法相对简单，工作量较小，对于规模较大，品种较多的企业类型比较适用。

表 8-2 为某某绿色科技公司创业计划书中的投资估算表。

表 8-2　某某绿色科技公司创业计划书中的建设投资估算表

类别	项目名称	合计/万元	备注
1.	固定资产费用	462.00	
2.	无形资产费用	180.00	其中 30 万为土地使用费
3.	开办费	65.00	
4.	基本预备费	65.30	
5.	价格上涨预备费		1 年内建成，故不计
6.	借款利息	10.62	
7.	总投资	782.92	

2. 项目生产成本和费用估算

1) 单位产品生产成本预测

单位产品生产成本指生产单位产品耗用的直接材料、直接人工和制造费用。

2) 总成本费用预测

(1) 外购原材料、燃料动力。

外购原材料和燃料动力 = 单位产品制造成本中的相关成本项目×标准产量

(2) 工资及职工福利费。

年工资总额=项目职工定员数×人均年工资额

职工福利费按计提福利基金的工资总额基数的 14%提取。

(3) 折旧费、修理费年折旧额=固定资产原值×年折旧率。

$$年折旧率=\frac{1-预计净残值率}{折旧年限}$$

机器的折旧年限一般不宜超过 20 年。

修理费计算按照修理费占固定资产原值的比率(一般为 3%～5%)，或按占基本折旧费的比率(一般为 50%)提取。

(4) 摊销费。

(5) 财务费用：财务费用包括固定资产投资借款在生产期的利息。

(6) 其他费用。

(7) 总成本费用。上述各项加总即为总成本费用。

3) 经营成本的预测

经营成本预测计算公式为：

经营成本=总成本费用-折旧费-摊销费-利息支出

=外购原材料、燃料动力+工资以及职工福利费+修理费+其他费用+汇兑损失

如果企业类型为非生产型企业，以上的计算可以不计。

某某绿色科技公司创业计划书中的运营成本和费用估算依据及说明

(1) 燃料费、水费、电费及物耗费分别按其年耗量乘以相应价格测算，并考虑一定的损耗。其中，助燃用油价格按 1.8 元/千克计，水费按 2 元/吨计，物耗按 250 元/吨计，电费按 0.8 元/度计，达产后每年(工作日为 300 天)的燃料费、水费、电费、物耗费分别为 21.57 万元、1.00 万元、23.04 万元、10.8 万元。

(2) 员工工资按岗位分为月薪 4000 元、3000 元、2500 元、2000 元四个档次，并计提 14%的福利费，2%的职工教育经费，2%的工会经费。

(3) 厂区建筑按期限 20 年残值率 3%计提折旧；设备按期限 10 年残值率 3%计提折旧；车辆及办公设备均按期限 5 年计提折旧，车辆残值率为 3%，办公设备残值不计。

(4) 其他制造费以直接工资的 20%计算。

(5) 其他管理费为不含折旧的制造成本的 10%。

总成本费用表如表 8-3 所示。

表 8-3 总成本费用表

单位：万元

序号	项目名称	年份				
		1	2	3	4	5
1.	生产成本	163.58	163.58	163.58	163.58	163.58
1.1	直接人工	44.40	44.40	44.40	44.40	44.40
1.2	运输费用	10.00	10.00	10.00	10.00	10.00
1.3	制造费用	109.18	109.18	109.18	109.18	109.18
1.3.1	燃料及动力	21.57	21.57	21.57	21.57	21.57
1.3.2	水电费	24.04	24.04	24.04	24.04	24.04
1.3.3	物耗	10.80	10.80	10.80	10.80	10.80
1.3.4	折旧	47.98	47.98	47.98	47.98	47.98
1.3.5	修理费	3.90	3.90	3.90	3.90	3.90
1.3.6	其他	0.89	0.89	0.89	0.89	0.89
2.	管理费用	144.33	79.33	79.33	79.33	79.33
2.1	工资	35.40	35.40	35.40	35.40	35.40

(续表)

序号	项目名称	年份				
		1	2	3	4	5
2.2	福利费	11.17	11.17	11.17	11.17	11.17
2.3	职工教育经费	1.60	1.60	1.60	1.60	1.60
2.4	工会经费	1.60	1.60	1.60	1.60	1.60
2.5	摊销费	83.00	18.00	18.00	18.00	18.00
2.6	其他	11.56	11.56	11.56	11.56	11.56
3.	财务费用	10.62	10.62			
4.	总成本	318.52	253.52	242.90	242.90	242.90
4.1	固定成本	252.11	187.11	176.49	176.49	176.49
4.2	可变成本	66.41	66.41	66.41	66.41	66.41

注：考虑到管理费用中折旧金额较少，故折旧全部记入制造费用。

8.3.3 项目收益和利润的估算

1. 销售收入预测

销售收入=产品销售量×产品销售价格

(1) 销售量的预测

一般正常年份的产品销售量=按项目的设计生产能力×生产能力利用率

(2) 销售价格预测：市场调查预测

2. 税金预测

(1) 增值税

增值税应纳税额计算公式为：

应纳增值税=当期销项税额-当期进项税额

销项税额=销售额×税率

(2) 营业税

营业税应纳税额计算公式为：

应纳税额=营业额×税率

(3) 消费税

消费税应纳税额计算公式为：

应纳税额=销售数量×单位税额

应纳税额=销售额×税率

(4) 资源税

资源税应纳税额计算公式为：

应纳税额=课税数量×单位税额

(5) 城市维护建设税

城市维护建设税是国家为了加强城市的维护和建设，征收的专用于城市维护建设的税种。

应纳税额=(应缴增值税+消费税+营业税额) ×税率

(6) 教育费附加

应缴教育费附加=实际缴纳的(增值税营业税消费税)税额×3%

(7) 所得税

所得税是企业就其生产、经营所得和其他所得，依法缴纳的税收。所得税的计算公式为：

应纳税额=应纳税所得额×所得税率

项目评估中，利润总额即是应纳税所得额，所得税率一般为 33%。

3. 利润预测

利润总额是企业在一定时期内实际盈亏的总额。计算公式为：

利润总额=销售利润+投资净收益+营业外净收入

新建项目的利润总额就是销售利润，销售利润的计算公式为：

销售利润=销售收入-销售税金及附加-总成本费用

某某绿色科技公司创业计划书中的收益估算

收入估算依据和说明如下。

(1) 价格说明

目前，国内现行收费有两种计费方式：按照医院病床数收费和按照垃圾重量收费。它们的典型代表城市是广州和福州。广州市对每个病床每天收取2元处理费；福州市每处理1kg 医疗垃圾收取2.7元。文献的统计数据表明，每个病床每天产生医疗垃圾0.5～1.0 kg。因此，两种收费方式基本持平。但是考虑到实际病床利用率不是100%，如果按照病床数收费容易产生误解，以及忽略了门诊病人产生的医疗垃圾，同时容易造成原本应属于环卫清运部门负责的一般垃圾也混入医疗垃圾，我们采用按重量收费的方式，这样比较科学。

而目前，杭州市采用的也是按病床数收费的计费方式，即每个病床每天 2 元。但是在实际运行中遇到了很多困难。所以我们采用按垃圾重量计费的方式，更容易为公众所接受。

目前，浙江、广东和福建现行收费标准分别是 2 元/床位、2 元/床位、2.7 元/kg，三地的居民收入水平及消费价格指数比较如表 8-4 所示。

表 8-4　三地居民收入水平和消费价格指数

项目	浙江	广东	福建
城镇居民人均可支配收入/元/月	844.24	826.99	689.21
居民消费价格指数	99.0	97.4	98.7

数据来源：中华人民共和国国家统计局，2002 年 6 月 6 号。

根据以上资料，本项目价格估算采用 2 元/公斤的保守收费标准。

(2) 利润估算说明

因为运营期的第一年为试运行阶段，故按 50%处理能力估算。

本公司为高新技术环保企业，所以从投产期开始前两年的所得税税率为0，之后的所得税税率均为15%。

本公司适用的营业税税率为 5%。

公积金取税后利润的 10%。

公益金取税后利润的 5%。

损益表如表 8-5 所示。

表 8-5　损益表

单位：万元

类别	项目名称	1	2	3	4	5
1.	收入	300.00	600.00	600.00	600.00	600.00
2.	生产成本	163.58	163.58	163.58	163.58	163.58
3.	管理费用	144.32	79.32	79.32	79.32	79.32
4.	财务费用	10.62	10.62			
5.	税金	16.65	33.30	33.30	33.30	33.30
5.1	营业税	15.00	30.00	30.00	30.00	30.00
5.2	城乡维护建设税	1.05	2.10	2.10	2.10	2.10
5.3	教育费附加	0.60	1.20	1.20	1.20	1.20
6.	利润总额	−35.17	313.18	323.80	323.80	323.80
	弥补以前年度亏损		−35.17			
	应纳税所得额	0.00	278.01	323.80	323.80	323.80
7.	适用税率	0	0	15%	15%	15%
	所得税	0.00	0.00	48.57	48.57	48.57
8.	税后利润	−35.17	278.01	275.23	275.23	275.23
9.	盈余公积金及公益金	0.00	41.70	41.28	41.28	41.28
10.	可供分配利润	−35.17	236.31	233.95	233.95	233.95
11.	累计未分配利润	−35.17	201.14	435.08	669.03	902.98

8.3.4　未来 3～5 年资产负债表、利润表、现金流量表的编制与分析

1. 资产负债表

资产负债表是反映企业某一特定日期资产、负债和所有者权益等财务状况的会计报表。资产负债表的主要功能是体现公司的资金从哪来，到哪去了，公司的财务结构如何，公司偿债能力，

以及公司的营运能力如何。

1) 资产负债表的格式

资产负债表格式包括：账户式和报告式(垂直式)，其中应用最多的就是账户式表格。左边列示资产；右边列示负债和所有者权益。很显然，其左、右方栏目余额是恰好相等的，因此西方又称之为“平衡表”。

2) 资产负债表的编制方法

资产负债表中最重要的数据关系是：“资产=负债+所有者权益”。它是会计恒等式。资产负债表的主要内容：

(1) 资产：一般分为流动资产、非流动资产。

(2) 负债：一般分为流动负债和非流动负债。

(3) 所有者权益：一般按照实收资本(或股本)、资本公积、盈余公积和未分配利润分项列示。资产负债表的项目列示顺序有其规律，其中，①资产项目的报表顺序是按资产变现能力从大到小排列；②负债项目按债务的偿还期限从短到长列示；③权益项目则是按权益资本的稳定性水平，从高到低进行排列。

某某绿色科技公司创业计划书中的资产负债表(见表 8-6)。

表 8-6 资产负债表

单位：万元

类别	项目名称	0	1	2	3	4	5
1.	资产						
1.1	流动资产总额	17.08	112.89	256.88	598.10	939.31	1280.52
1.1.1	应收账款	0.00	0.00	0.00	0.00	0.00	0.00
1.1.2	存货	0.00	0.00	0.00	0.00	0.00	0.00
1.1.3	现金	0.10	0.10	0.10	0.10	0.10	0.10
1.1.4	银行存款	16.98	112.79	256.78	598.00	939.21	1280.42
1.2	在建工程	169.00	0.00	0.00	0.00	0.00	0.00
1.3	固定资产净值	368.92	489.94	441.96	393.97	345.99	298.01
1.4	无形资产净值	180.00	162.00	144.00	126.00	108.00	90.00
1.5	待摊费用	65.00	0.00	0.00	0.00	0.00	0.00
	资产合计	800.00	764.83	842.84	1118.07	1393.30	1668.53
2.	负债及所有者权益						
2.1	流动负债总额						
2.1.1	应付账款						
2.1.2	短期贷款	200.00	200.00				
2.2	长期贷款						
	负债小计	200.00	200.00				
2.3	所有者权益						
2.3.1	实收资本	600.00	600.00	600.00	600.00	600.00	600.00
2.3.2	公积金及公益金	0.00	0.00	41.70	82.99	124.27	165.55
2.3.3	累计未分配利润	0.00	-35.17	201.14	435.08	669.03	902.98
	所有者权益小计	600.00	564.83	842.84	1118.07	1393.30	1668.53
	负债及所有者权益合计	800.00	764.83	842.84	1118.07	1393.30	1668.53

3) 资产负债表注意事项

填制资产负债表时，有以下几点注意事项：

(1) 货币资金。分析时，重点把握货币资金规模是否适当。货币资金规模是否合理，有以下因素决定：①资金规模与业务量；②筹资能力；③运用货币资金能力；④行业特点。

(2) 其他应收款。其他应收款与待摊费用通常是经营性流动资产的主要不良资产区域，其规模将直接影响企业经营活动的成效，该部分金额不应该出现过大或波动过于剧烈等异常情况。

(3) 交易性金融资产。企业为交易目的所持有的债券投资、股票投资、基金投资等交易性金融资产，持有的目的是为了近期出售以便于在价格的短期波动中获利。

(4) 存货。存货是指企业在生产经营过程中为销售或耗用而储存的各种有形资产，包括各种原材料、包装物、低值易耗品、委托加工材料、产成品、库存商品以及委托代销商品等。

2. 利润表

利润表又称损益表，是反映企业在一定会计期间经营成果的会计报表。损益表反映项目计算期内各年的利润额、所得税及税后利润的分配情况，用以计算投资利润率、投资利税率和资金本金利润率等指标。在创业计划书中利润表体现公司的经营实力、盈利能力和公司的经营成长性、发展趋势。通过对企业利润表的分析，揭示企业经营成果；反映企业盈利能力；有助于分析企业偿债能力；有助于企业进行合理经营决策；有助于考核评价企业经营者的经营业绩。

1) 利润表的基本格式

常见的利润表结构主要有单步式和多步式两种。在我国，利润表采用多步式的结构，对当期的收入、费用、支出项目按性质归类，按利润的形成列示一些中间性利润指标，分步计算净利润。损益表结构可用下列三个公式表示：

利润总额=产品销售(营业收入)-销售税金及附加-总成本费用

税后利润=利润总额-所得税

税后利润=可供分配利润=盈余公积金+应付利润+未分配利润

某某绿色科技公司创业计划书中的损益表(见表 8-7)。

表 8-7 损益表

单位：万元

类别	项目名称	1	2	3	4	5
1.	收入	300.00	600.00	600.00	600.00	600.00
2.	生产成本	163.58	163.58	163.58	163.58	163.58
3.	管理费用	144.32	79.32	79.32	79.32	79.32
4.	财务费用	10.62	10.62			
5.	税金	16.65	33.30	33.30	33.30	33.30
5.1	营业税	15.00	30.00	30.00	30.00	30.00
5.2	城乡维护建设税	1.05	2.10	2.10	2.10	2.10
5.3	教育费附加	0.60	1.20	1.20	1.20	1.20
6.	利润总额	−35.17	313.18	323.80	323.80	323.80
	弥补以前年度亏损		−35.17			

(续表)

类别	项目名称	1	2	3	4	5
	应纳税所得额	0.00	278.01	323.80	323.80	323.80
7.	适用税率	0	0	15%	15%	15%
	所得税	0.00	0.00	48.57	48.57	48.57
8.	税后利润	−35.17	278.01	275.23	275.23	275.23
9.	盈余公积金及公益金	0.00	41.70	41.28	41.28	41.28
10.	可供分配利润	−35.17	236.31	233.95	233.95	233.95
11.	累计未分配利润	−35.17	201.14	435.08	669.03	902.98

2) 利润表项目与企业基本活动的关系

(1) 主营业务收入——主要经营活动的收入

减：主营业务成本——主要业务生产成本

主营业务税金及附加——(营业税+消费税+城市维护建设税+教育费附加)

(2) 主营业务利润——主要经营活动毛利

加：其他业务利润——次要经营活动毛利

减：营业费用——营销费用

管理费用——管理费用

财务费用——筹资活动费用(债权人所得)

(3) 营业利润——全部经营活动利润(已扣债权人利息)

加：投资收益——投资活动收益(资本运营)

补贴收入——非经营活动收益(偶然性所得)

营业外收入——非经营活动收益

减：营业外支出——非经营活动损失

(4) 利润总额——全部活动利润(未扣除政府所得)

减：所得税——所得税费用(政府所得)

(5) 净利润——全部活动净利润(所有者所得)

3. 现金流量表

现金流量表是反映项目在计算期内的现金流入、现金流出和净现金流量的表格。现金流量表反映了项目在一个会计期间的规模、方向和结构，据此可以评估项目的财务实力和经济效益。编制现金流量表的主要作用是计算财务内部收益率、财务净现值和投资回收期等反映项目盈利能力的指标。现金流量表可以分为全部投资现金流量表和自有资金流量表。

全部投资现金流量表中的现金流入和现金流出的有关数据可依据“产品销售(营业)收入和销售税金及附加估算表”及“建设投资估算表”“流动资金估算表”“投资计划与资金筹措表”“总成本费用估算表”“损益表”等有关报表填列。自有资金现金流量表用以计算自有资金的财务内部收益率、财务净现值等评价指标，考察项目自有资金的盈利能力。

1) 现金流量表的编制

现金流量表是反映一个会计期间项目现金来源和现金运用情况的报表。编制现金流量表首先应计算出当期现金增减数额，而后分析引起现金增减变动的原因。

资产=负债+股东权益

即：

现金+非现金资产=负债+实收股本+留存收益
现金=负债+实收股本+留存收益-非现金资产

编制现金流量表的直接法如下。

(1) 经营活动所提供的现金

① 把权责发生制的本期销售收入调整为来自销售本期现金收入。

销售收入
加：应收账款期初余额
减：应收账款期末余额
等于：本期现金收入

② 把权责发生制基础上的本期销售成本调整为用于购货的本期现金支出。

销售成本
加：期末存货余额
减：期初存货余额
等于：本期购货成本

③ 把权责发生制基础上的本期营业费用调整为用于营业费用的本期现金支出。

(2) 投资和筹资活动所提供的现金

① 投资所提供的现金

确定投资所提供的现金，应分析各非流动资产项目及相应的变化。以固定资产为例：

固定资产期末数
减：固定资产期初净值
加：固定资产折旧
等于：购置固定资产支出现金

② 筹资所提供的现金

确定筹资所提供的现金应分析长期负债和股东权益等项目。

2) 资金时间价值的计算

资金时间价值的概念：资金的时间价值是指资金随着时间的推移而形成的增值。

资金的时间价值可以从两方面来理解：第一，将资金用作某项投资，由于资金的运动，可获得一定的收益或利润。第二，如果放弃资金的使用权力，相当于付出一定的代价。资金时间价值的意义：第一，它是衡量项目经济效益、考核项目经营成果的重要依据。第二，它是进行项目筹资和投资必不可少的依据。

资金时间价值的大小取决于本金的数量多少，占用时间的长短及利息率(或收益率)的高低等因素。

(1) 单利法

单利法指仅仅以本金计算利息的方法。

单利终值的计算

终值指本金经过一段时间之后的本利和。

$F=P+P \cdot i \cdot n=P(1+n \cdot i)$

其中，P—本金，期初金额或现值；i—利率，利息与本金的比例，通常指年利率；n—计息期数(时间)，通常以年为单位；F—终值，期末本金与利息之和，即本利和，又称期值。

[例 8-2]借款 1000 元，借期 3 年，年利率为 10%，试用单利法计算第三年末的终值是多少？

解：P=1000 元；i=10%；n=3。三年末的终值为：

$$F=P(1+n \cdot i)=1000(1+3\times10\%)=1300\text{ 元}$$

(2) 复利法

复利法指用本金和前期累计利息总额之和为基数计算利息的方法，俗称“利滚利”。

复利终值的计算：$F=P(1+i)^n$

式中，$(1+i)^n$是利率为 i，期数为 n 的 1 元的复利终值，称为复利终值系数，记作$(F/P,i,n)$。为便于计算，其数值可查阅“复利终值系数表”。

[例 8-3]某项目投资 1000 元，年利率为 10%，试用复利法计算第三年末的终值是多少？

$$F=P(1+i)^n$$
$$=1000(1+10\%)^3=1000\times1.331=1331\text{ 元}$$

某某绿色科技公司创业计划书中的投资财务现金流量表(见表 8-8)。

表 8-8 投资财务现金流量表

单位：万元

项目名称	0	1	2	3	4	5
现金流入						
收入		300.00	600.00	600.00	600.00	600.00
回收固定资产残值						
回收流动资金						
现金流入小计	0.00	300.00	600.00	600.00	600.00	600.00
现金流出						
建设投资	632.92					
项目前期费用						
流动资金			200.00			
营业税及附加		16.65	33.30	33.30	33.30	33.30
经营成本		187.54	187.54	176.92	176.92	176.92
所得税		0.00	0.00	48.57	48.57	48.57
现金流出小计	632.92	204.19	420.84	258.79	258.79	258.79
净现金流量	-632.92	95.81	179.16	341.21	341.21	341.21
累计净现金流量	-632.92	-537.11	-357.95	-16.74	324.47	665.68

8.4 风险分析

8.4.1 风险及分类

风险，简言之，即不确定性，或者说是由于某种活动因素的不确定性引起活动结果的不确定性，表现为活动的实际结果偏离预期目标，从而给活动造成损失。一般可分为：自然风险；社会风险；经营风险。产生风险的原因主要有：市场供求变化的影响；技术变化的影响；经济环境变化的影响；社会、政治、法律、文化等方面的影响；自然条件和资源方面的影响；项目评价人员的主观因素影响。

1. 可行性分析

对于一般项目的可行性研究而言，一般需要进行：

(1) 不确定性分析：盈亏平衡分析，确定盈利与亏损的临界点(仅财务评价时使用)。

(2) 敏感性分析：分析不确定因素可能导致的后果。

(3) 风险分析：概率树分析，根据分析的结果对项目或方案的风险予以评估，并提供决策的依据。对项目风险作直观的定量判断。

对于部分复杂或重要的项目，需要进行系统的专题经济风险分析，可采用专家调查法、层次分析法、CIM 模型(控制区间和记忆模型，也称概率分布的叠加模型或记忆模型)、蒙特卡罗模拟法等方法，进行风险识别、风险估计、风险评价和风险应对的研究。

2. 风险分析的一般程序

(1) 选择关键变量。

(2) 估计不确定性因素的变化范围，进行初步分析。

(3) 进行敏感性分析。

(4) 进行概率分析。

8.4.2 盈亏平衡分析

盈亏平衡是指项目当年的销售收入等于其产品成本。

盈亏平衡分析是通过盈亏平衡点(break even point，简称 BEP)分析项目成本与收益平衡关系的一种方法。盈亏平衡点通常是根据正常生产年份的产品产量或销售量、可变成本、固定成本、产品价格和销售税金及附加等数据计算出来的，用生产能力利用率或产量等表示。

1. 盈亏平衡分析的几点假定

(1) 将产品的生产成本划分成固定成本和变动成本。

(2) 产品销售量和生产量相等(即各年产品全部售出)。

(3) 项目生产的是单一产品，如同时生产几种类似产品，则应把这几种产品组合折算为一种产品。

(4) 产品的销售价格，在不同的销售水平条件下保持不变。

(5) 所采用的数据均为正常生产年份(即达到设计能力生产期)的数据。

以线性盈亏平衡分析为例：线性盈亏平衡分析是指投资项目的销售收入和销售成本与产品销售量呈线性关系情况下的盈亏平衡分析。这种线性关系可表示为：

$$S=P\times Q$$
$$C=F+V\times Q$$

2. 盈亏平衡分析方法

1) 图解法

收入或成本图解法主要是通过绘制盈亏平衡图的方法来分析产量、成本和盈利之间的关系，找出盈亏平衡点(保本点)，如图 8-2 中两条直线的交点就是盈亏平衡点(BEP)。

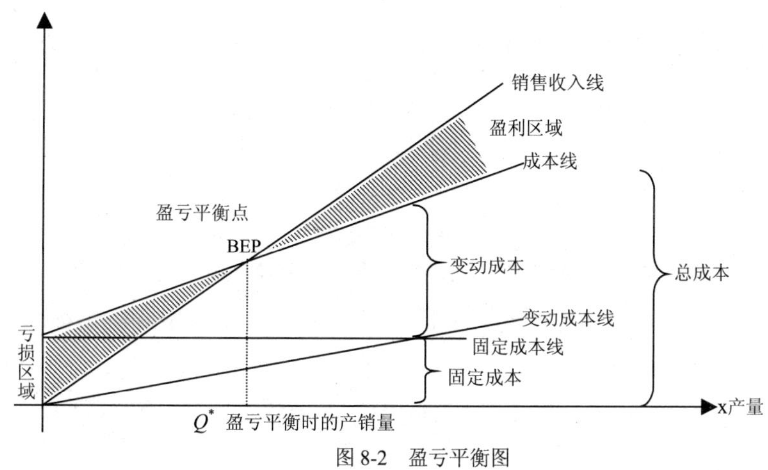

图 8-2　盈亏平衡图

2) 代数法

产品产销量、生产能力利用率代数法是指通过求解方程，求得盈亏平衡点。即有：

$$P\times Q=C_F+C_V=F+V\times Q$$

这个基本平衡等式中没有包括税金因素，在实际分析中，应按财税制度规定考虑应缴纳的税金因素，设 T 为在盈亏平衡点处的单位产品销售税金。公式变为：

$$P\times Q=F+V\times Q+T\times Q$$

(1) 用产量表示的盈亏平衡点

设 Q^* 为盈亏平衡时的产量(销售量)，则公式为：

$$Q^*=\frac{F}{P-V-T}$$

即 $$\text{BEP(产量)}=\frac{\text{年固定总成本}}{\text{单位产品售价}-\text{单位产品可变成本}-\text{单位产品销售税金及附加}}$$

(2) 用销售收入表示的盈亏平衡点

$$\text{BEP(销售收入)}=\frac{\text{年固定总成本}}{1-(\text{单位产品可变成本}+\text{单位产品销售税金及附加})/\text{单位产品售价}}$$

(3) 用生产能力利用率表示的盈亏平衡点

设 E^* 为盈亏平衡时的生产能力利用率，式中，Q_0 为项目设计生产能力

即 $$E^*=\frac{F}{(P-V-T)Q_0}\times 100\%$$

(4) 用价格表示的盈亏平衡点

设 P 为盈亏平衡时的产品价格，则公式为：

$$\text{BEP(价格)}=\text{单位产品销售税金及附加}+\text{单位产品可变成本}+\frac{\text{年固定总成本}}{\text{项目设计生产能力}}$$

(5) 用单位产品变动成本表示的盈亏平衡点

BEP(生产能力利用率)

$$=\frac{\text{年固定总成本}}{(\text{单位产品售价}-\text{单位产品可变成本}-\text{单位产品销售税金及附加})\times\text{项目设计生产能力}}$$

设 V 为盈亏平衡时的单位产品变动成本，则公式为

$$\text{BEP(单位产品变动成本)}=\text{单位产品售价}-\text{单位产品销售税金及附加}-\frac{\text{年固定总成本}}{\text{项目设计生产能力}}$$

[例 8-4]某项目生产某产品的年设计生产能力为 5 万件，每件产品的售价为 5000 元，该项目投产后年固定成本总额为 3000 万元，单位产品变动成本为 1500 元，单位产品所负担的税金为 500 元，若产销率为 100%，试对该项目进行盈亏平衡分析。

解：

盈亏平衡时的产量：

$$Q^*=\frac{F}{P-V-T}=\frac{3000\times 10^4}{5000-1500-500}=10\ 000\text{ 件}$$

盈亏平衡时的销售收入：

$$R^*=\frac{F}{1-(V+T)/P}=\frac{3000\times 10^4}{1-\dfrac{1500+500}{5000}}=5000\text{ 万元}$$

盈亏平衡时的生产能力利用率：

$$E^*=\frac{F}{(P-V-T)Q_0}\times 100\%=\frac{3000\times 10^4}{(5000-1500-500)\times 5\times 10^4}\times 100\%=20\%$$

盈亏平衡时的价格：

$$P^* = V + T + \frac{F}{Q_0} = 1500 + 500 + \frac{3000 \times 10^4}{5 \times 10^4} = 2600 \text{ 元}$$

盈亏平衡时的单位产品变动成本：

$$V^* = P - T - \frac{F}{Q_0} = 5000 - 500 - \frac{3000 \times 10^4}{5 \times 10^4} = 3900 \text{ 元}$$

8.4.3 敏感性分析

敏感性分析是研究影响项目建设的主要影响因素发生变化时，所导致的项目经济指标的变化幅度，从而判断外部条件发生变化时，投资项目的承受能力。

1. 敏感性分析的步骤

(1) 选择敏感性分析指标：一般来讲，净现值、内部收益率、贷款偿还期、投资回收期、投资利润率等指标应作为分析对象。

(2) 选取不确定性因素：在选取不确定因素时应同时找出敏感性因素。一般应根据项目的特点，以及有关因素的客观变化趋势来探索。

(3) 进行敏感性分析：进行敏感性分析时，应先确定不确定性因素的变化范围。

(4) 作图分析。

2. 敏感性分析方法

1) 单因素敏感性分析

单因素敏感性分析是分析单个因素的变动对项目经济效益指标的影响程度。

[例 8-5]有一项生产家用取暖器的投资项目，进行确定性分析的数据是根据对未来的可能出现的情况预测估算的，由于对未来影响经济环境的某些因素把握不大，项目的投资额、经营成本、和产品价格均有可能在±20%的幅度内变动，项目寿命周期内有关财务数据见表 8-9，设折现率为 10%，试就上述三个不确定因素进行敏感性分析。

解：

表 8-9 投资项目基本情况表

年份	0	1	2～10	11
投资(I)	15 000			
销售收入(S)			22 000	22 000
经营成本(C)			15 200	15 200
销售税金及附加(T)			2200	2200
期末残值(L)				2000
净现金流量	-15 000	0	4600	6600

再根据表 8-9 中的数据，选定净现值为进行敏感性分析的经济效益指标，有：

$$\begin{aligned}NPV &= -K + (S - C - T)(P/A,10\%,10)(P/F,10\%,1) + L(P/F,10\%,11)\\ &= -15\,000 + 4600 \times 6.144 \times 0.9091 + 2000 \times 0.3505 = 11\,394\text{万元}\end{aligned}$$

下面分析投资、经营成本和产品价格变化对净现值的影响：

设投资的变化幅度为 X，则投资变化时的净现值的计算公式为：

$$NPV = -K(1+X) + (S - C - T)(P/A,10\%,10)(P/F,10\%,1) + L(P/F,10\%,11)$$

设经营成本的变化幅度为 Y，则其变化时：

$$NPV = -K + [S - C(1+Y) - T](P/A,10\%,10)(P/F,10\%,1) + L(P/F,10\%,11)$$

如果设价格的变化幅度为 Z，则：

$$NPV = -K + [S(1+Z) - T - C](P/A,10\%,10)(P/F,10\%,1) + L(P/F,10\%,11)$$

根据上述公式，分别计算各因素在不同变化幅度时的净现值数值，计算数据见表 8-10。

表 8-10　敏感性分析计算表

单位：万元

	-20%	-15%	-10%	-5%	0	+5%	+10%	+15%	+20%
投资	14 394	13 644	12 894	12 144	11 394	10 644	9894	9144	8394
经营成本	28 374	24 129	19 884	15 639	11 394	7149	2904	-1341	-5586
产品价格	-10725	-5195	335	5864	11 394	16 924	22 453	27 983	33 513

根据表8-10可作出敏感分析图(见图8-3)：由敏感性计算表和敏感性分析图可看出，产品价格变动对 NPV 的影响最大，经营成本变动的影响次之，投资额变动影响最小。利用前述公式，NPV=0时，分别按上述公式计算出：

$$X=76.0\%;\ Y=13.4\%;\ Z=-10.3\%$$

即当投资额与产品价格不变时，年经营成本如果高于预测值的13.4%以上；产品价格低于预测价格的10.3%以上，方案就不可接受。

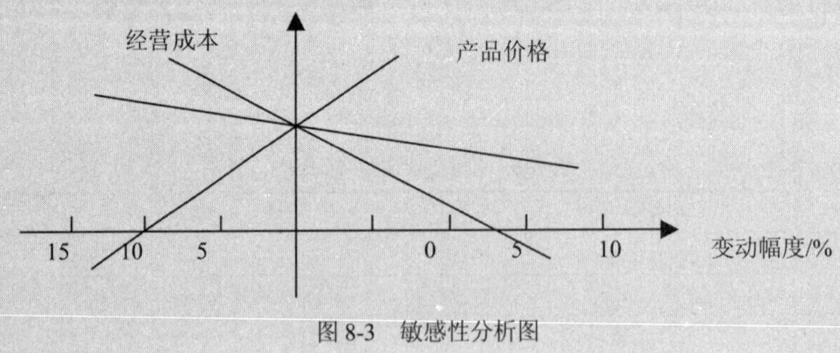

图 8-3　敏感性分析图

2) 多因素敏感性分析

进行多因素的敏感性分析时，假定同时变动的几个因素都是相互独立的，一个因素的变动幅度、方向与其他因素无关。

多因素敏感性分析要考虑可能发生的各种因素不同变动幅度的多种组合。

3. 对敏感性分析的评价

(1) 通过敏感性分析来研究相关因素的变动对投资项目经济效果评价指标的影响程度。

(2) 通过敏感性分析找出影响投资项目经营效果的敏感因素，并进一步分析与之前有关的预测或估算数据可能产生的不确定性。

(3) 通过敏感性分析，可区别不同项目方案对某关键因素的敏感性大小，以便选取对关键因素敏感性小的方案，减小投资项目的风险性。

(4) 通过敏感性分析可找出项目方案的最好与最坏的经济效果的变化范围。

敏感性分析也存在一些局限性：

(1) 只能对项目风险进行定性评价，而不能对风险大小进行定量测定。

(2) 仅在进行多方案比较时，敏感性分析的结果才可成为项目取舍的依据。

(3) 各不确定因素的变化方向和变化范围实际上是不确定的，而敏感性分析没有给出它们发生的概率，由此而得出的有关项目风险的评价结论显然欠科学。

(4) 一个项目的不确定性因素往往有多个，每个不确定因素都要取出几个变化值来分别计算它们引起的内部收益率、净现值、贷款偿还期等指标的变化幅度。

某某绿色科技公司创业计划书中的投资收益及风险分析

现金流量表如表 8-11 所示。

表 8-11 投资财务现金流量表

单位：万元

类别	项目名称	0	1	2	3	4	5
1	净现金流量	-632.92	95.81	179.16	341.21	341.21	341.21
2	累计净现金流量	-632.92	-537.11	-357.95	-16.74	324.47	665.68

详见“投资财务现金流量表”。

投资净现值

取贴现率 10%，该项投资前五年的 NPV 根据现金流量表计算可得：

NPV=303.5>0，从这个角度来看，该项目是可行的。

投资回收期

根据投资回收期的计算公式：

PP =累计净现金流量为正的年份-1+(尚未弥补的亏损/当年现金流入)

=4-1+(16.74/341.21)

=3.05 年

在不考虑资金时间价值的情况下，三年一个月即可收回投资。

内含报酬率

计算可知，该项目的内含报酬率为 24%>10%，相对一般资金成本而言，这个环保产业投入的报酬率是非常可观的。

敏感性分析

考虑在正常纳税年度，公司缴纳所得税适用税率为15%，此时，计算可知，年净利润为275.23万元。单因素变动引起净利润变动的敏感性分析如表8-12所示。

表8-12 敏感性分析

	-10%	-5%	0	5%	10%
收费标准	227.06	251.14	275.23	299.31	323.40
变动成本	280.87	278.05	275.23	272.40	269.58
固定成本	290.23	282.73	275.23	267.73	260.23

由于在创业计划书中，注重合理性及逻辑正确性，轻数据的精确性，所以在创业计划财务评价过程中应避免出现的问题有：未能为财务报表编制假定；各财务报表之间不一致；高估收入和利润预测，低估营业费用；新公司支付的工资过高；投资利润率与投资者在类似企业获得的收益不符。

8.5 新企业的注册

创办一个企业，就要为自己的企业取得合法经营主体的资格(选择企业的法律类型)。经过工商行政管理机关依法核准登记发给营业执照后，就取得了合法的经营主体资格，开始享有合法经营的权利，同时也应承担相应的义务。

创业者要结合自己的创业设想和自己的具体情况，为自己的企业选择一个法律类型，以体现企业的市场主体地位，便于开展企业的经营管理活动。

8.5.1 企业的法律形式

企业的组织形式从法律上主要包括：个体工商户、个人独资企业、合伙企业、公司制企业、农民专业合作社。

1. 创业的单一业主模式

1) 个体工商户

公民在法律允许的范围内，依法经核准登记，从事工商业经营的，为个体工商户。

(1) 个体工商户设立的条件

有经营能力的城镇待业人员、农村村民以及国家政策和法律允许的其他人员，可以申请从事个体工商业经营，依法经工商行政管理部门核准登记后为个体工商户。此外，国家机关干部、企事业单位职工不能申请从事个体工商业经营。

个体工商户可以在国家法律和政策允许的范围内，经营工业、手工业、建筑业、交通运输业、商业、饮食业、服务业、修理业及法律和政策允许经营的其他行业。

(2) 个体工商户的无限责任

个体工商户，可以个人经营，也可以家庭经营。个人经营的，以个人全部财产承担民事责任；

家庭经营的，以家庭全部财产承担民事责任。个体工商户是指有经营能力并依照《个体工商户条例》的规定经工商行政管理部门登记，从事工商业经营的公民。《个体工商户条例》第 2 条第 1 款规定："有经营能力的公民，依照本条例规定经工商行政管理部门登记，从事工商业经营的，为个体工商户。"

(3) 个体工商户申请程序

设立个体工商户，个体座商或需要名称的个体摊商，应先办理名称预先登记。然后提交申请材料，材料齐全，符合法定形式的，等候领取《准予设立登记通知书》，领取《准予设立登记通知书》后，按照《准予设立登记通知书》确定的日期到工商局交费并领取营业执照。

申请个体工商户登记注册应提交的文件、证件：

① 《个体工商户开业登记申请书》(含《个体工商户开业登记申请表》《经营者基本情况表》《经营场所证明》等表格，在我国香港、澳门地区永久性居民的中国公民设立个体工商户的，应填写《个体工商户(港澳居民)设立登记申请书》)；外来人员办理个体工商户登记，还应提交《暂住证》复印件。

② 《企业名称预先核准通知书》及《预核准名称投资人名录表》(未取字号名称的个体摊商不提交)。

③ 经营范围涉及前置许可项目的，应当提交有关审批部门的批准文件。

2) 个人独资企业

个人独资企业是指依照个人独资企业法在中国境内设立，由一个自然人投资，财产为投资人个人所有，投资人以其个人财产对企业债务承担无限责任的经营实体。

(1) 设立个人独资企业应当具备下列条件：

① 投资人为一个自然人；

② 有合法的企业名称；

③ 有投资人申报的出资；

④ 有固定的生产经营场所和必要的生产经营条件；

⑤ 有必要的从业人员。

(2) 个人独资企业的设立程序

申请设立个人独资企业，应当由投资人或其委托的代理人向个人独资企业所在地的登记机关提交设立申请书、投资人身份证明、生产经营场所使用证明等文件。委托代理人申请设立登记时，需要出具投资人的委托书和代理人的合法证明。

申请设立个人独资企业，设立申请书应当载明下列事项：

① 企业的名称和住所，企业的名称应与其责任形式及从事的业务相符合；

② 投资人的姓名和居所；

③ 投资人的出资额和出资方式；

④ 经营范围。

登记机关收到设立申请文件之日起 15 日以内，对符合规定条件的，予以登记并发给营业执照，营业执照的签发日期为个人独资企业成立日期。

(3) 个人独资企业的无限责任

个人独资企业财产不足以清偿债务的，投资人应当以其个人的其他财产予以清偿。

个人独资企业解散后，原投资人对个人独资企业存续期间的债务仍应承担偿还责任，但债权人在五年内未向债务人提出偿债请求的，该责任消灭。

(4) 个人独资企业投资人可以自行管理企业事务，也可以委托或者聘用其他具有民事行为能力的人负责企业的事务管理。

投资人委托或者聘用他人管理个人独资企业事务，应当与受托人或者被聘用的人签订书面合同，明确委托的具体内容和授予的权利范围。投资人对受托人或者被聘用的人员职权的限制，不得对抗善意第三人。

2. 合伙企业

合伙企业，是指自然人、法人和其他组织依照合伙企业法在中国境内设立的普通合伙企业和有限合伙企业。

普通合伙企业由普通合伙人组成，合伙人对合伙企业债务承担无限连带责任。

有限合伙企业由普通合伙人和有限合伙人组成，普通合伙人对合伙企业债务承担无限连带责任，有限合伙人以其认缴的出资额为限对合伙企业债务承担责任。

这里着重介绍大学生创办企业时经常采用的普通合伙企业。

(1) 普通合伙企业设立的条件：有两个以上合伙人；有书面合伙协议。

(2) 合伙协议应当载明下列事项：

① 合伙企业的名称和主要经营场所的地点；

② 合伙目的和合伙经营范围；

③ 合伙人的姓名或者名称、住所；

④ 合伙人的出资方式、数额和缴付期限；

⑤ 利润分配、亏损分担方式；

⑥ 合伙事务的执行；

⑦ 入伙与退伙；

⑧ 争议解决办法；

⑨ 合伙企业的解散与清算；

⑩ 违约责任等。

(3) 有合伙人认缴或者实际缴付的出资。

合伙人可以用货币、实物、知识产权、土地使用权或者其他财产权利出资，也可以用劳务出资。

合伙人以实物、知识产权、土地使用权或者其他财产权利出资，需要评估作价的，可以由全体合伙人协商确定，也可以由全体合伙人委托法定评估机构评估。合伙人以劳务出资的，其评估办法由全体合伙人协商确定，并在合伙协议中载明。

(4) 有合伙企业的名称和生产经营场所。

(5) 法律、行政法规规定的其他条件。

(6) 普通合伙企业事务执行。合伙人按照合伙协议的约定或者经全体合伙人决定，可以委托一个或者数个合伙人对外代表合伙企业，执行合伙事务。

委托一个或者数个合伙人执行合伙事务的，其他合伙人不再执行合伙事务。执行事务合伙人应当定期向其他合伙人报告事务执行情况以及合伙企业的经营和财务状况，其执行合伙事务所产生的收益归合伙企业，所产生的费用和亏损由合伙企业承担。

合伙企业对合伙人执行合伙事务以及对外代表合伙企业权利的限制，不得对抗善意第三人。

(7) 普通合伙企业利润分配、亏损分担。合伙企业的利润分配、亏损分担，按照合伙协议的约定办理；合伙协议未约定或者约定不明确的，由合伙人协商决定；协商不成的，由合伙人按照实缴出资比例分配、分担；无法确定出资比例的，由合伙人平均分配、分担。

(8) 普通合伙企业的无限连带责任。合伙企业对其债务，应先以其全部财产进行清偿。合伙企业不能清偿到期债务的，合伙人承担无限连带责任。合伙人由于承担无限连带责任，清偿数额超过本人亏损分担比例的，有权向其他合伙人追偿。

(9) 有限合伙企业的特别规定。有限合伙企业由二个以上五十个以下合伙人设立；有限合伙企业至少应当有一个普通合伙人。有限合伙企业由普通合伙人执行合伙事务。有限合伙人不执行合伙事务，不得对外代表有限合伙企业。

3. 公司制企业

1) 公司的含义及其有限责任

(1) 公司是指依照公司法在中国境内设立的有限责任公司和股份有限公司。

(2) 有限责任公司是指股东以其认缴的出资额为限对公司承担责任，公司以其全部财产对公司的债务承担责任的企业法人。

(3) 股份有限公司是指股东以其认购的股份为限对公司承担责任，公司以其全部财产对公司的债务承担责任的企业法人。

这里着重介绍有限责任公司。

2) 有限责任公司设立的条件

(1) 股东符合法定人数：有限责任公司由五十个以下股东出资设立，其中二至五十个股东为原则，一个股东为特别。

(2) 股东出资达到法定资本最低限额：有限责任公司注册资本的最低限额为人民币30 000元。法律、行政法规对有限责任公司注册资本的最低限额有较高规定的，从其规定。股东可以用货币出资，也可以用实物、知识产权、土地使用权等；可以用货币估价并可以依法转让的非货币财产作价出资。但是，法律、行政法规规定不得作为出资的财产除外。

(3) 股东共同制定公司章程。有限责任公司章程应当载明下列事项：

① 公司名称和住所；

② 公司经营范围；

③ 公司注册资本；

④ 股东的姓名或者名称；

⑤ 股东的权利和义务；

⑥ 股东的出资方式和出资额；

⑦ 股东转让出资的条件；

⑧ 公司的机构及其产生办法、职权、议事规则；

⑨ 公司的法定代表人；

⑩ 公司的解散事由与清算办法。

(4) 有公司名称，建立符合有限责任公司要求的组织机构。

(5) 有公司住所。

3) 有限责任公司的组织机构

(1) 股东会：由全体股东组成，由股东按照出资比例行使表决权，是公司的权力机构。

(2) 董事会：成员为三人至十三人，表决实行一人一票，是公司的业务执行机构。

(3) 经理层，有总经理、副总经理等组成，由董事会决定聘任或者解聘，是公司的日常经营管理机构。

(4) 监事会，其成员不得少于三人，是公司的监督机构。股东人数较少或者规模较小的有限责任公司，可以设一名执行董事，不设立董事会；可以设一两名监事，不设立监事会；执行董事可以兼任公司经理。

4) 一人有限责任公司的特别规定

(1) 一人有限责任公司，是指只有一个自然人股东或者一个法人股东的有限责任公司。

(2) 一人有限责任公司的注册资本最低限额为人民币十万元。股东应当一次足额缴纳公司章程规定的出资额。

(3) 一人有限责任公司应当在每一会计年度终了时编制财务会计报告，并经会计师事务所审计。

(4) 一人有限责任公司的股东不能证明公司财产独立于股东自己财产的，应当对公司债务承担连带责任。

5) 股份有限公司设立的条件

(1) 发起人符合法定人数。设立股份有限公司，应当有二人以上二百人以下为发起人，其中须有半数以上的发起人在中国境内有住所。

(2) 发起人认购和募集的股本达到法定资本最低限额。股份有限公司注册资本的最低限额为人民币五百万元。

(3) 股份发行、筹办事项符合法律规定。以发起时方式设立股份有限公司的，发起人应当书面认足公司章程规定其认购的股份；一次缴纳的，应即时缴纳全部出资；分期缴纳的，首次出资额不得低于注册资本的百分之二十，其余部分由发起人自公司成立之日起两年内缴足；以募集方式设立股份有限公司的，发起人认购的股份不得少于公司股份总数的百分之三十五，其余部分应当向社会公开募集。

(4) 发起人制订公司章程，采用募集方式设立的经创立大会通过。

(5) 有公司名称，建立符合股份有限公司要求的组织机构。

(6) 有公司住所。

6) 公司财务、会计

(1) 财务会计制度。公司应当依照法律、行政法规和国务院财政部门的规定建立本公司的财务、会计制度，在每一会计年度终了时编制财务会计报告，并依法经会计师事务所审计。财务会计报告应当依照法律、行政法规和国务院财政部门的规定制作。

(2) 公司利润分配。有限责任公司按照股东实缴的出资比例分取红利分配；股份有限公司按照股东持有的股份比例分配。

4. 企业组织形式选择的策略

许多创业者认为，新创企业法律形式的最佳选择就是有限责任公司。然而，实际上，合伙企业、个人独资企业、一人有限责任公司、股份有限公司等，也常常很受欢迎，广泛存在于创业、活动实践中。企业法律形式的选择有赖于创业者的目标和达成目标的实际资源状况。究竟哪种法律形式最适合你的新创企业呢？

【小资料】

巴隆和谢恩提出需要考虑下列问题。

(1) 创业者(投资者)有多少人？

(2) 承担有限责任对你很重要吗？例如，如果你有许多个人财产，这对你可能比较重要；而如果你没有什么个人财产，承担有限责任对你可能就不太重要。

(3) 所有权的可转让性是重要还是不重要？

(4) 你预料过你的新企业可能支付股利吗？如果想过，这些股利承受双重征税对你有多重要？

(5) 如果你决定离开企业，你会担心自己不在时企业能否持续经营下去吗？

(6) 保持企业较低的创办成本对你有多重要？

(7) 在将来，筹集企业所需追加资金的能力有多重要？

创业者在回答上述问题的基础上，不考虑那些确实不能满足你的目标和要求的企业法律形式，然后依据其余企业法律形式、特点与目标接近的程度进行选择。

8.5.2 新企业注册流程

大学生创业要申请注册公司，就必须了解公司注册方面的法定程序和工作流程，然后针对每一个程序和流程的要求预先做好计划并准备相关资料，这样可以省去许多麻烦。注册公司的具体流程如下：

查名(确定公司名字)→验资(完成公司注册资金验资手续)→签字(前往工商所核实签字)→申请营业执照→申请组织机构代码证→申请税务登记证→办理基本账户和纳税账户→办理税种登记→办理税种核定→办理印花税业务→办理纳税人认定→办理办税员认定→办理发票认购手续。

1. 工商局核名

名称想好后，就要到核名的阶段了。核名一般需要 3 个工作日左右，公司注册申请人事先最好想好 5～8 个公司名称，避免因审核时重名而浪费时间。

1) 名称预查

咨询后领取并填写《名称(变更)预先核准申请书》《投资人授权委托意见》，同时准备相关材料，股东、法人提供身份证明。

2) 名称审核

递交《名称(变更)预先核准申请书》、投资人身份证、备用名称若干及相关材料，等待名称核准结果，区工商局预查通过后，报市工商局审核，一般需要 5 个工作日左右。

3) 领取《企业名称预先核准通知书》

市工商局名称审核通过后，由区工商局打印《名称预先核准通知书》，凭受理通知书领取《企业名称预先核准通知书》《名称预先核准通知书》，有效期为半年，若半年内还未办理工商登记，可以延期。

注册公司核名所需材料：

(1) 全体股东的身份证原件、复印件；

(2) 各股东的出资金额及比例；

(3) 拟申请公司名称 1～10 个；

(4) 公司主要经营范围。

2. 特殊经营范围到有关部门审批

公司注册经营项目涉及前置许可的，应先到相关许可部门取得许可文件，那么都有哪些企业在注册公司办理营业执照前需要先进行前置审批呢？

(1) 医疗器械销售、生产(一类医疗器械除外)(区药监局)、药品(区药监局、卫生局)。

(2) 图书报刊、报刊出版物零售、印刷(区文化管理所、市新闻出版局)。

(3) 音像制品销售(区文化管理所)。

(4) 酒类批发(区酒类专卖局)。

(5) 食品(区卫生局)。

(6) 医疗机构设立(区卫生局)。

(7) 烟销售(烟草专卖局)。

(8) 餐饮(区环保局、区卫生局、区消防处)。

(9) 旅馆、客房(区公安局、区消防处、区卫生局)。

(10) 塑料制品、水性涂料生产加工(区环保局)。

(11) 道路运输、水陆运输(交通局)。

(12) 汽车、摩托车维修(市交委维修管理处)。

(13) 人才中介(区人事局)。

(14) 劳务服务(区劳动局)。

(15) 废旧金属收购(区公安局、区环保局)。

(16) 成品油经营、储存(市经委、公安局)。

(17) 加工、销售、回收金银(市人民银行金融处)。

(18) 文物经营(文物管理委员会)。

(19) 经营性舞厅(市文化局、卫生局、公安局、消防处)。

(20) 国画书法(市文化局)。

(21) 咖啡馆、酒馆(卫生部门、公安部门、市酒类专卖局)。

(22) 报关业务(海关总署)。

(23) 水泥生产(市建委)。

(24) 航空运输销售代理业务(民航中南管理局)。

(25) 化妆品生产(市卫生局)。

(26) 工程承包(市建设委员会)

3. 办理工商登记设立

办理营业执照阶段一般需要三步，首先需要先提交网审材料，紧接着，网审通过后在打印纸质材料提交到工商局，工商局受理后审核通过，最后就会通知企业领取营业执照。这里要提醒大家一点，提交公司注册纸质申请材料后，一般情况下工商局会在 7～10 个工作日受理完成，但是由于目前北京朝阳区注册公司审批量较大，所以时间会更长一些。在申请营业执照时，企业需要提交的材料包括：

(1) 公司法定代表人签署的《公司设立登记申请书》。

(2) 董事会签署的《指定代表或者共同委托代理人的证明》。

(3) 由发起人签署或由会议主持人和出席会议的董事签字的股东大会或者创立大会会议记录。

(4) 全体发起人签署或者全体董事签字的公司章程。

(5) 自然人身份证件复印件。

(6) 董事、监事和经理的任职文件及身份证件复印件。

(7) 法定代表人任职文件及身份证件复印件。

(8) 住所使用证明。

(9) 《企业名称预先核准通知书》。

4. 篆刻公司印章

由于现在北京注册公司已经实行三证合一了，即公司执照、税务登记证和组织机构代码证在申请营业执照时，无须在三个窗口办理，一个窗口直接搞定，三张证号统一到一张营业执照上，所以公司注册申请人无须在单独办理税务登记证和组织机构代码证，营业执照拿到手的当天即可篆刻印章，当天出章，十分方便。

篆刻公司印章需要准备材料：

(1) 营业执照副本原件及复印件；

(2) 法人身份证原件及复印件；

(3) 委托人身份证原件及复印件。

注册公司需要篆刻的印章：

(1) 企业公章；

(2) 企业财务章；

(3) 企业法定代表人个人印鉴；

(4) 企业合同章；

(5) 企业发票专用章。

5. 银行开户

注册公司流程走完后，紧接着就到了银行开户的过程，银行开户对小企业来说应该是最费时的一个流程了。银行开户一般会经过以下流程：受理开户材料→报送该银行所属分行→分行报送人民银行账户管理部→人民银行账户管理部对报送材料进行审核→审核通过后分行派人领取开户许可证→开户银行派人到分行领取开户许可证→通知客户领取开户许可证。

国内银行大同小异，服务也好，产品也罢，没什么本质区别，而且一家新开的小公司是不可能马上获得银行的授信的，因此，建议首选比较熟悉的银行，这样也比较容易办理一些。

6. 税务报到

(1) 先到开户行(带上相关文件)签订扣税协议。

(2) 再到国税报到，填写公司基本信息。

(3) 报到后，拿着扣税协议找税务专管员办理网上扣税，办理后核定缴纳何种税种(一般是营业税和附加税)会给公司一个用户名，密码(和税务局签订(绑定)网上扣税，如有国税，国税、地税都要去办理，如无国税，则只办理地税)。

(4) 然后到地税报到，填写《财务制度及软件备案报告》。报表种类：资产负债表，损益表。折旧方法：直线折旧法。摊销方法：五五摊销法。

(5) 买发票(有国税，则在国税、地税都要买；无国税，只在地税买)。

7. 注册费用

注册公司需要多少钱？这是许多小微创业者关注的问题。对于公司注册的费用问题，2015 年随着第三方服务平台的纷纷崛起，在注册公司过程中，很多企业都免费帮创业者注册公司。就拿 2015 年年末推出的活动来说，不仅免除创业者注册公司过程中需要的代理费用，更是免除了公司注册官方费用，现在只需要一元钱就可以办理一证五章，不仅免收代理费用，而且自己注册公司需要的官方费用也可以免除。

公司注册费用包括：

核名：免费。

工商执照：免费。

刻章：600～900 元。

开基本户：800～1500 元(每个银行收费不一样，不在公司注册范围内)。

注册地址(虚拟地址)：不等(每个地区收费不一样，不在公司注册范围内)。

8.5.3 新建企业的管理

企业管理系统，是企业综合运作的基础和平台。一般来说，任何企业都有自己的管理系统。其区别在于有些企业的管理系统是主动的，不断完善的，与企业实际资源相匹配的；而有些企业的管理系统是杂乱的、被动的、不自觉形成的，与企业资源不匹配的。通过管理系统的不同，可以体现企业实际状况的不同。

具体来说，企业管理系统是一个庞大的系统，它包含了企业生存、发展和运作的各个方面和各个层面，应该说企业的每一个微细的活动和变化，都属于管理系统的范畴，在现代管理学中，对其内容，很难有一个完全准确和全面的阐述，而且对于不同的标准，其内容的分类也是不同的。

我们在现实中，各类企业运营过程中通常涉及的大的方面，主要包括：

1. 企业文化

这是企业管理系统的核心和基础，一切的系统运转，全部是以企业文化为基础的，这是企业管理系统的生命核心。包括企业的核心文化和部分外延文化。

2. 企业组织结构

这个内容严格说应该属于企业文化的范畴，在《企业章程》中都应该有明确的表述。但考虑到在实际过程中，企业对于《企业章程》的漠视，所以在这里专门强调“企业组织结构”。它设立的好坏，直接影响企业管理系统后面的设计。

3. 企业的各项规章制度

这是企业内部管理的法律和准绳，也是企业文化在企业管理中的现实体现。为企业管理提供了方法、原则和依据。一般企业管理制度包括：企业章程、企业财务制度、企业人事制度、企业安全制度、企业激励制度、企业处罚制度等，还有一些与企业相适应的细节性的制度。还包括员工手册、员工行为规范等。

4. 企业管理流程

这是企业内部血液流动的方式，通畅而完善的流程，是企业快速发展的动力源泉。在优秀的组织结构设计的前提下，企业管理流程包括企业各种管理信息的流动方向和流动程序，企业各种单证的流动方向和流动程序，各种管理行为的流程规定，具体岗位的操作规程等内容，为了让企业的每个岗位都清晰该做什么？该怎么做？该找谁？该如何找？其具体内容包括企业与管理、企业战略管理、市场策划与营销管理、技术引进与技术创新、生产系统管理、质量管理、人力资源管理、财务管理和企业国际化经营。

从管理功能方面可细分为：

1) 管理基础

(1) 现代企业制度；

(2) 现代企业组织；

(3) 现代企业经营目标、企业经营计划、决策等。

2) 具体实务

企业战略管理、市场营销管理、技术管理、生产管理、设备管理、安全管理、环境保护管理、能源管理、质量管理(包括计量管理)、物流管理、财务管理、成本管理(有单独设立，也有纳入财务管理的)、信息化管理、人力资源管理、基建管理、企业国际化经营、企业文化等。

【思考练习题】

1. 思考题

(1) 当王红完成她的创业计划书时，她相信这能帮助她获得创业中的现金资源。王红正努力创建一家校园旅行社，顾名思义，王红想针对现在学校中学生的旅行提供服务。王红的创业计划书分为几个部分：企业介绍、市场分析、管理部分、竞争分析、销售部分。但风险投资拒绝了她。

① 结合案例，你认为王红的计划书都有哪些问题？

② 请你以王红的身份写一份创业计划书。

(2) 请思考，如果你只有 1 分钟向风险投资人说明你的创业计划，你会怎样说？

2. 测试题

1) 测试理财意识与未来的经济计划能力

有一天，你去花铺买树苗，你希望过几年后这棵树苗会变成什么样呢？

A. 整棵树开满花

B. 整棵树结满果

C. 变成一棵参天大树

D. 枯死

2) 测试计划性

测评说明：本测验共有 31 道题，涉及我们的工作、生活、价值观等方面。对于这些问题，每个人的看法都会不尽相同，任何基于真实情况的回答都是你的个性、特点的反映，没有“对”或“不对”之分。请在每道题的 A 和 B 中选择一个答案，不要漏掉任何一道题。有些题你可能从未碰到过或难以选择，不需要过多思考，凭第一感觉回答即可。

(1) 当要做别人也做的事时，我更愿意(　　)。

A. 用大家所接受的方法做　　B. 自己想出的方法做

(2) 我对自己的物品的摆放通常是(　　)。

A. 在意的　　B. 随便的

(3) 我更难以接受的是(　　)。

A. 生活的节奏单一不变　　B. 稳定有序的生活被打乱

(4) 我认为更重要的是(　　)。

A. 能够预见一件事情　　B. 能够适应现实条件

(5) 我喜欢(　　)。

A. 抽象的、概括性的观点　　B. 具体的、真实的叙述

(6) 当被事先规定好你要在某个时刻做某件事情，我(　　)。

A. 很高兴，可以按计划行事　　B. 有些不高兴，因为被束缚了

(7) 我更看重(　　)。

A. 潜在的可能性　　B. 真实的情况

(8) 选择你较喜欢的词(　　)。

A. 实干家　　B. 创新者

(9) 选择你较喜欢的词(　　)。

A. 制作　　B. 发明

(10) 选择你较喜欢的词(　　)。

A. 富于想象　　B. 讲求实效

(11) 选择你较喜欢的词(　　)。

A. 有条不紊　　B. 机动灵活

(12) 选择你较喜欢的词(　　)。

A. 提前安排　　B. 不断体验

(13) 选择你较喜欢的词(　　)。

A. 理论　　B. 经验

(14) 对周末或假日，我喜欢(　　)。

A. 提前安排好约会、社交聚会等　　B. 随心所欲，临时决定做什么

(15) 在日常工作中，我(　　)。

A. 从最后关头的压力中得到动力　　B. 避免出现燃眉之急的压力

(16) 在工作中，我(　　)。

A. 尽量避免定一个最后期限　　B. 安排好了的事情，就不再轻易改动

(17) 通常情况下，我(　　)。

A. 崇尚现实主义与常识　　B. 崇尚想象力和新事物

(18) 我更愿意交的朋友是(　　)。

A. 总有新主意的人　　B. 脚踏实地的人

(19) 我通常(　　)。

A. 在做完决定后感到快乐　　B. 因保留有选择的余地而快乐

(20) 和我相处得好的人通常是(　　)。

A. 富于想象的人　　B. 注重现实的人

(21) 相对之下，我更相信(　　)。

A. 确定而有形的事物　　B. 灵感和推理

(22) 选择你较喜欢的词(　　)。

A. 一丝不苟　　B. 不拘小节

(23) 选择你较喜欢的词(　　)。

A. 想象　　B. 实际

(24) 选择你较喜欢的词(　　)。

A. 条理的　　B. 随意的

(25) 选择你较喜欢的词(　　)。

A. 已知　　B. 未知

(26) 选择你较喜欢的词(　　)。

A. 过程　　B. 结果

(27) 选择你较喜欢的词(　　)。

A. 可能性　　B. 现实性

(28) 选择你较喜欢的词(　　)。

A. 具体　　B. 抽象

(29) 我喜欢(　　)。

A. 完成有重大意义的探索性工作　　B. 完成常规性的实际的工作

(30) 更符合我的情况是(　　)。

A. 我总有一种开创新局面、创造新事物的冲动

B. 我认为多数时候应坚持经受过检验的常规方法，以免冒太大的风险

(31) 更符合我的情况是(　　)。

A. 目标一旦确定，我就会坚持不懈地为之奋斗

B. 我会根据现实情况灵活调整我的目标

第9章 “互联网+”与大学生创业

阿里巴巴在路上发现小金子，如果不断捡起来，身上装满的时候就会走不动，永远到不了金矿的山顶；还是不管小金子直奔山顶。

——阿里巴巴 马云

我认为腾讯的成功，首先就是技术、产品和用户感要非常强。其次，团队稳健、股东架构稳健很重要。

——腾讯 马化腾

“认准了，就去做”，讲的是判断力和行动力要正确地判断形势与机会，一旦看准了，就要付诸行动，患得患失只能坐失良机；“不跟风，不动摇”，讲的是远见与定力能看到机会的人很多，但能坚持到底，不为眼前利益所动，不因一时困难变节的人却很少，所以多数人的成功都是昙花一现的。

——百度 李彦宏

无论是一个企业，还是一个人，都一定是时势造英雄，千万不要英雄造时势。顺流而上，这是手法。形势好了，大家才有机会成为英雄。只有成为英雄后，才有可能去适应时势、改造时势。

——第九城市 朱骏

【木章知识点】

- “互联网+”的概念及基本内涵。
- “互联网+”对日常消费的影响有哪些？
- “互联网+”的应用技巧(与传统行业的融合方式)。
- “互联网+”背景下大学生的创业模式。
- “互联网+”是什么？
- “互联网+”将如何推动传统产业转型变革？又将如何引领“大众创业、万众创新”？

案例分享：海尔的“互联网+”变革与发展

20世纪80年代，中国刚刚开始改革开放，张瑞敏和青岛海尔是那个时代的传奇故事，无人不知，无人不晓。但这些年，更新潮、更风生水起的企业家，则是马云、马化腾等互联网企业家，以及一拨又一拨如流星般划过人们注意力天空的青年创业家，张瑞敏似乎早已过气，属于“祖父级”的老一代企业家。

但他在当今的西方管理学界，仍然是明星般的人物。2015年11月5日和6日，在奥地利首都维也纳举行的第七届彼得•德鲁克全球论坛上，中国海尔集团董事局主席、首席执行官张瑞敏是主办方邀请发表演说的唯一一位中国企业家。无论是在台上，还是在台下，他都是最受关注的嘉宾。6 日张瑞敏结束演说和答问之后，其他与会者甚至排着队，等着与他合影；在会议期间的午餐桌上，他也是大家谈论的主要话题人物。而参加这次论坛的都是来自全球各地的著名管理学家和公司高管。

圈内人士对这次演讲的评价是："激进(radical)！激进！非常激进的管理改革。"

如果仔细分析的话，其实张瑞敏的改革是渐进的：1984 年，他刚接管海尔的前身——一个濒临倒闭的街道小工厂时，他的改革是以提升产品质量、创建中国自己的名牌为主要内容的，一直到这几年，他才进行了动作比较大的管理改革。

"不过，即使按照西方的标准，张瑞敏今天的管理改革也是非常激进的。"部分人员仍然坚持他的"激进说"："从邓小平 1978 年实行改革开放算起，中国搞市场经济，至今才 30 多年，而西方搞市场经济，已经搞了几百年，张瑞敏的砍掉整个中间管理层的管理改革，在西方也是闻所未闻！"

那么，张瑞敏午餐前的演说究竟说了些什么，居然能让圈内人冠之以"激进"的帽子？

张瑞敏的演说不长，只有 10 分钟，但把他的管理改革探索说得清清楚楚。

他说，海尔现在正在探索的管理改革有三个方面：第一是对企业的转型，第二个是对员工的转型，第三是把顾客变成用户。

谈到企业转型，张瑞敏说，海尔改革的目的，就是要把原来像金字塔一样的科层制变成一个网络性的组织。

这就是大家热议的"砍掉中间管理层"，但张瑞敏的说法比较委婉、比较学术化：他说，海尔的企业结构改革是"去两化"：去中心化、去中介化。

谈到"科层变网络"，张瑞敏在发言时举例说，海尔前几年员工有八万六千人，后来在两年的时间变成了六万人。去掉了两万六千人，这两万六千人主要包括两部分，一部分就是中层管理者，还有一万多人，就是把工厂变成一个互联工厂，是智能工厂，所以说有很多工人就要去掉。

但这恰恰是与会者最关心的问题：海尔的管理改革是否会导致大批人丢掉饭碗？例如，与张瑞敏在同一个分主题讨论现场的美国经济学家丹比萨•莫约(Dambisa Moyo)，就曾在之前的休息期间问过张瑞敏：海尔的改革是不是让许多工人丢掉了工作？

张瑞敏在发言时回应这种担忧时说："其实你可以创造更多的服务，可以创造更多的就业机会。比如说，我们变成服务之后有 9 万辆卡车，每辆卡车有一个司机，还有一个工人，两个人，这就 18 万人，多出 18 万人的就业。"

那么，"去两化"之后的海尔变成了什么样子？

张瑞敏演说时用了一句话来概括："没有上下级"。现在海尔只有三类人：一类人叫作平台主，是做创业平台的，不是领导，是为大家都能够在这个平台上面成功地创业。第二类人叫小微主，小微是一个微型的创业团队，通常不超过 8 个人。第三类人叫做创客，就是创业的员工。

谈到这三类人与过去经理、工人的区别，张瑞敏又借用了电学中的名词：在传统的企业之内，人与人之间是"串联"，而在互联网时代的企业之内，人与人之间是"并联"。

这是企业转型。那么员工转型呢？

张瑞敏发言时介绍说："员工原来的定位是被雇佣者和执行者，现在则变成了创业者和合伙人。这个过程我们叫作三自：自创业、自组织、自驱动。"

谈到他的管理改革的第三个方面——顾客变用户，张瑞敏说：“顾客和用户是两个不同的概念。顾客是一次性交易的终点，我生产出来产品，你来买我的，你拿钱，我拿商品，交换完就没有关系了。用户则是互联网的一个节点。作为用户，你可以提出意见，我可以根据你的要求来改变。不断地改变，来满足你，我们把这个过程叫作用户参与。”

海尔就是这样站在“互联网+”的浪潮尖，不断地创新，不断地前行。

9.1 “互联网+”相关概念及背景知识

“互联网+”代表着一种新的经济形态，它指的是依托互联网信息技术实现互联网与传统产业的联合，以优化生产要素、更新业务体系、重构商业模式等途径来完成经济转型和升级。“互联网+”计划的目的在于充分发挥互联网的优势，将互联网与传统产业深入融合，以产业升级提升经济生产力，最后实现社会财富的增加。

“互联网+”概念的中心词是互联网，它是“互联网+”计划的出发点。“互联网+”计划具体可分为两个层次的内容来表述。一方面，可以将“互联网+”概念中的文字“互联网”与符号“+”分开理解。符号“+”意为加号，即代表着添加与联合。这表明了“互联网+”计划的应用范围为互联网与其他传统产业，它是针对不同产业间发展的一项新计划，应用手段则是通过互联网与传统产业进行联合和深入融合的方式进行；另一方面，“互联网+”作为一个整体概念，其深层意义是通过传统产业的互联网化完成产业升级。互联网通过将开放、平等、互动等网络特性在传统产业的运用，通过大数据的分析与整合，试图理清供求关系，通过改造传统产业的生产方式、产业结构等内容，来增强经济发展动力，提升效益，从而促进国民经济健康有序发展。

9.1.1 “互联网+”概念的提出

国内“互联网+”理念的提出，最早可以追溯到 2012 年 11 月于扬在易观第五届移动互联网博览会的发言。易观国际董事长兼首席执行官于扬首次提出“互联网+”理念。他认为，“在未来，‘互联网+’公式应该是我们所在的行业的产品和服务，在与我们未来看到的多屏全网跨平台用户场景结合之后产生的这样一种化学公式。我们可以按照这样一个思路找到若干这样的想法。而怎么找到你所在行业的‘互联网+’，则是企业需要思考的问题。”

2013 的 11 月 6 日，在复旦大学进行的“先知先见先行——互联网金融论坛暨众安保险启动仪式”的线下活动中，马化腾提到了“互联网加传统行业”，在之后的 2013 年 11 月 10 日的 WE 大会上，马化腾发表了《通向互联网未来的七个路标》，提出了“互联网的未来是连接一切”的观点。

2014 年 11 月，李克强出席首届世界互联网大会时指出，互联网是大众创业、万众创新的新工具。其中“大众创业、万众创新”正是此次政府工作报告中的重要主题，被称作中国经济提质增效升级的“新引擎”，可见其重要作用。

2015 年 3 月，全国两会上，全国人大代表马化腾提交了《关于以“互联网+”为驱动，推进我国经济社会创新发展的建议》的议案，表达了对经济社会创新的建议和看法。他呼吁，我们需要持续以“互联网+”为驱动，鼓励产业创新、促进跨界融合、惠及社会民生，推动我国经济和社会的创新发展。马化腾表示，“互联网+”是指利用互联网的平台、信息通信技术把互联网和包括传统行业在内的各行各业结合起来，从而在新领域创造一种新生态。他希望这种生态战略能够被国家采纳，成为国家战略。

2015年3月5日上午十二届全国人大三次会议上，李克强总理在政府工作报告中首次提出“互联网+”行动计划。李克强在政府工作报告中提出，“制定‘互联网+’行动计划，推动移动互联网、云计算、大数据、物联网等与现代制造业结合，促进电子商务、工业互联网和互联网金融(ITFIN)健康发展，引导互联网企业拓展国际市场。”

2015年7月4日，经李克强总理签批，国务院日前印发《关于积极推进“互联网+”行动的指导意见》(以下简称《指导意见》)，这是推动互联网由消费领域向生产领域拓展，加速提升产业发展水平，增强各行业创新能力，构筑经济社会发展新优势和新动能的重要举措。

2015年12月16日，第二届世界互联网大会在浙江乌镇开幕。在举行“互联网+”的论坛上，中国互联网发展基金会联合百度、阿里巴巴、腾讯共同发起倡议，成立“中国互联网+联盟”。

9.1.2 “互联网+”的基本内涵

“互联网+”是两化融合的升级版，将互联网作为当前信息化发展的核心特征，提取出来，并与工业、商业、金融业等服务业的全面融合。这其中关键就是创新，只有创新才能让这个“+”真正有价值、有意义。正因为此，“互联网+”被认为是创新2.0下的互联网发展新形态、新业态，是知识社会创新2.0推动下的经济社会发展新形态演进。

通俗来说，“互联网+”就是“互联网+各个传统行业”，但这并不是简单的两者相加，而是利用信息通信技术以及互联网平台，让互联网与传统行业进行深度融合，创造新的发展生态。

“互联网+”有六大特征：

1. 跨界融合

“+”就是跨界，就是变革，就是开放，就是重塑融合。敢于跨界了，创新的基础就更坚实；融合协同了，群体智能才会实现，从研发到产业化的路径才会更垂直。融合本身也指代身份的融合、客户消费转化为投资、伙伴参与创新等，不一而足。

2. 创新驱动

中国粗放的资源驱动型增长方式早就难以为继，必须转变到创新驱动发展这条正确的道路上来。这正是互联网的特质，用所谓的互联网思维来求变、自我革命，也更能发挥创新的力量。

3. 重塑结构

信息革命、全球化、互联网业已打破了原有的社会结构、经济结构、地缘结构、文化结构。权力、议事规则、话语权不断在发生变化。“互联网+”社会治理、虚拟社会治理会是很大的不同。

4. 尊重人性

人性的光辉是推动科技进步、经济增长、社会进步、文化繁荣的最根本的力量，互联网的力量之强大最根本的也来源于对人性的最大限度的尊重、对人体验的敬畏、对人的创造性发挥的重视。例如 UGC、卷入式营销、分享经济等。

5. 开放生态

关于“互联网+”，生态是非常重要的特征，而生态的本身就是开放的。我们推进“互联网+”，其中一个重要的方向就是要把过去制约创新的环节化解掉，把孤岛式创新连接起来，让研发由人性决定的市场驱动，让创业并努力者有机会实现价值。

6. 连接一切

连接是有层次的，可连接性是有差异的，连接的价值是相差很大的，但是连接一切是“互联网+”的目标。

9.1.3 “互联网+”的消费新常态

对于消费模式的内涵，学者们存在着不同的理解。人们的消费模式很大程度受所在的社会结构的制约。通过模型测算，他们指出，越是多元化的社会，越容易接受新的消费品和消费服务。周叔莲教授指出，消费模式主要指一定时期的消费特征，包括了消费内容、消费水平、消费结构、消费方式、消费爱好和消费趋势在内的深邃内涵。文启湘教授认为，人们的消费模式是指一定社会在一定时期内居民的消费水平、消费结构、消费方式等的规范、数量和发展趋势等。周殿昆教授探讨了适合国情特点和可持续发展要求的国家消费模式。他指出，为突破资源环境保护和经济高速增长的“两难困境”，我国应该选择以公共消费为主体的“健康—集约型”国家消费模式。总体看来，消费模式主要包含了人们的消费关系和行为方法，从总体上反映了消费者的消费内容、基本趋势，既指导消费者的消费活动，又对消费者的消费行为进行社会价值判断；消费模式不仅反映了消费的主要内容，而且还反映了经济社会生活的准则。实践表明，互联网大大拓展了全社会沟通活动的空间，极大地变革着人们的消费模式。“互联网+”背景下的消费模式完全不同于传统消费模式，对商品生产、市场流通、经营销售都产生了巨大的影响，合成了消费模式的新常态。

1. 满足了消费需求，使消费具有互动性

传统消费模式与商业模式形成的根本原因在于供给与需求在时间和信息获取上的非同一性。在传统消费模式中，供给方依照自身对于市场和消费者的理解，自行设计制造商品和服务，通过各种销售渠道达到消费者手中。在传统模式下，消费者是商品服务的被动接受者，同时因为技术、资金等各方面的限制，供给方很难满足需求者的个性化需求；商品流通的中间环节为各种类型商业机构，商业机构充当了供给方和需求方的中间枢纽。但在“互联网+”背景下的消费模式中，互联网为消费者和商家搭建了一个快捷而实用的互动平台，供给方直接与需求方打交道，中间枢纽环节被省去，供给方与需求方直接形成了消费流通环节，同时互联网使得个性化“私人订制”成为可能。消费者通过互联网直接将自身的个性化需求提供给供给者，能够亲自参与到商品和服务的生产中；生产者则根据消费者对产品外形、性能等多方面的要求提供个性化商品。“互联网+”间接上促进了消费个性化趋势的形成，消费者成为商品和服务的生产出发点与归宿，与生产有了

直接紧密的联系。这种互动性体现的不仅是一种商业模式，更代表着未来新经济和新文化的发展方向和趋势。

2. 优化了消费结构，使消费更具有合理性

在物资匮乏的年代，一个地区甚至全国同时追求千人一面的产品和服务的模仿型排浪式消费屡见不鲜。这一特定的历史阶段虽然对提升居民的生活水平产生了积极作用，但是当规模化生产愈演愈烈时，产能过剩就不可避免。随着社会的进步与发展，人们已经不再满足于简单的基本物质生活需求，对特色化、趣味化的需求更加强烈，以互联网为载体的新兴消费正好满足了人们的需求。消费者置身于资源丰富的网络世界中时，不仅仅能够借助于互联网的特点进行方便快捷的消费，同时互联网购物本身就是一种前所未有的体验。消费借助于互联网的各种创新特点，使得消费者能够体验到与传统消费模式截然不同的感受，体验消费过程就与消费本身融为一体，体验中有消费，消费中蕴含体验。互联网逐渐培养了消费者享受快捷选择、快捷支付的舒适性，消费者也就逐渐习惯于互联网所提供的“唾手可得”和“无所不及”的精神享受。这种传统消费模式不能提供的体验使得消费已经进入了享受型和发展型消费的新阶段。同时，互联网信息技术有助于实现空间分散、时间错位之间的供求匹配，从而可以更好地提高供求双方的福利水平，进而优化升级人们的基本需求。

3. 扩展了消费范围，使消费具有无边界性

传统消费由于时间、空间限制，在消费内容、消费时空上都有客观条件的限制，互联网消费由于成功运用了互联网技术，使得传统消费的时空限制趋于消失，形成了一种无边际消费模式。首先，消费者在商品服务的选择上是没有范围限制的。当前各个电商在互联网上销售各种各样的商品和服务，特别是为消费者提供了大量个性突出的非标准化产品，如图书、影视、音乐和游戏等。在互联网技术的蓬勃发展背景下，互联网能够以无限的商品来满足消费者的需求；其次，互联网消费突破了空间的限制。随着互联网在全球普及范围的逐步扩大，消费者能在世界各地购买世界各地的商品和服务，互联网提供了超越国家和地区边界的能力，互联网消费没有了边界限制；再次，消费者的购买效率得到了充分的提高。网络技术的不断创新，使得包括商品搜寻、支付手段等在内的各种消费支撑技术得到了充分的发展，完全能够满足当前消费者方便快捷购物的需求；最后，互联网提供信息是无边界的。网络技术的发展使得各种类型信息排山倒海般地被消费者接收到，信息的传播同样不受时空地域的限制，同时借助于大数据技术，消费者的消费偏好、消费习惯等微观信息也被归纳统计，生产方更能借助于这些数据为消费者提供完善的服务，消费信息在生产与消费方的充分流动促使整个互联网消费稳步健康发展。

4. 改变了消费行为，使消费具有分享性

AIDMA 作为分析消费者行为传统模式理论已经存在了很多年。该理论认为，消费者从最初接触到商品到最终完成购买将经历五个阶段：A(attention)诱发注意；I(interest)激发兴趣；D(desire)形成欲望；M(memory)产生记忆；A(Action)促成购买。然而，在互联网背景下，该理论已经鞭长莫及了。AISAS 理论能更好地诠释在“互联网+”背景下消费者购物的行为模式。新消费行为模式 AISAS 与 AIDMA 相比较，在前两个阶段基本相同，但从第三个阶段开始就出现了变化。新行为模式在第三个阶段变为了 S(search)，即消费者在互联网背景下主动进行商品服务的搜寻。第四

个阶段为 A(action)，即采取购买行为，最后一个阶段变为了分享即 S(share)，因为互联网技术的发展，消费者也成为自媒体的代言人，能够随时随地分享自己的信息，能够将自身商品和服务的使用体验与其他人分享。基于“互联网+”时代特点而重新构建的 AISAS 模式强调互联网技术的应用而着重突出了信息获取和信息分享环节。正是因为消费者自主“搜索”和“分享”行为的普遍，所有的信息将以互联网为中心聚合扩散，产生成倍的传播效果，对消费者购买决策及信息收集模式带来了颠覆性的变革，这就使得消费者能直接接触到网络中由其他消费者分享的商品服务的各式各类信息。在电子产品、汽车、化妆品和一些奢侈品领域，互联网已经是消费者了解商品信息的首要来源。网络的日趋普及，带来了全民传播、全民分享消费信息的趋势。互联网的时效性、综合性、互动性和使用便利性使得消费者能方便地对商品的价格、性能、使用感受进行分享，消费者“货比三家”的困难程度被大大降低。这种信息体验对消费模式转型发挥着越来越重要的影响。

5. 丰富了消费信息，使消费具有自主性

“互联网+”时代的消费者不喜欢被动接受消费品和消费服务，他们更倾向于选择流行、时尚、前卫的新鲜事物来彰显自我魅力。这种倾向性的选择缘于互联网把产品、信息、应用和服务连接起来，使消费者的“搜索引擎”有了“库”、有了“源”。消费者如果想购买商品，可以方便地找到同类产品的信息，并根据其他消费者的消费心得、消费评价作出是否购买的决定。也就是说，“互联网+”的消费时代最大限度地扩大了消费增量、盘活了消费存量，强化了消费者自由选择、自主消费的系列权益。

9.2 “互联网+”应用技巧

现在是互联网时代，各行各业都想在网络上占有自己的市场份额，那么想要占据互联网的市场，首先就要在网络上能够让网民看到信息。这时候是不是需要建设网站来作为载体，让用户能够在互联网上找到我们的网站，从而获取客户流量订单呢？那么我们怎么样能够让更多的用户看到呢？是不是需要能够让用户在百度上搜索我们网站关键词后，在百度搜索结果中的首页展现网站呢？那么怎么做我们的网站才能够展现在百度首页呢？这时就需要运用SEO网站优化排名技术了，当然，不要认为SEO就是简单的把你的网站排名做上来，其更重要的是能够让你的网站有转化，有成交，给你带来效益。这才是SEO核心技术的完美展现。

与传统企业相反的是，当前“全民创业”时代的常态下，与互联网相结合的项目越来越多，这些项目从诞生开始就是“互联网+”的形态，因此它们不需要再像传统企业一样转型与升级。“互联网+”正是要促进更多的互联网创业项目的诞生，从而无须再耗费人力、物力及财力去研究与实施行业转型。可以说，每一个社会及商业阶段都有一个常态以及发展趋势，“互联网+”提出之前的常态是千万企业需要转型升级的大背景，后面的发展趋势则是大量“互联网+”模式的爆发以及传统企业的“破与立”。

9.2.1 互联网+工业

案例分享：1001 号云制造平台——2016 年中国“互联网+”在工业应用领域十大新锐案例

2016 年 9 月，工业和信息化部信息中心、中国互联网协会工业应用委员会、中国互联网协会“互联网+”研究咨询中心联合发布了 2016 年中国“互联网+”在工业应用领域十大新锐案例，来自南京壹千零壹号自动化科技公司的“1001 号云制造平台”项目从全国 100 多个项目中脱颖而出，位居首位。

南京壹千零壹号自动化科技公司在南京小有名气。作为一家成立仅 2 年多的初创型公司，公司董事长李获鼎今年年初曾走进中南海，参加了国务院总理李克强主持召开的座谈会，有机会和总理面对面，李获鼎说，这是因为他从事的行业很新。

“十大新锐案例”评选委员会对“1001 号云制造平台”模式是这样总结的：以 3D 打印技术为基础，整合加工、模具、注塑等生产链条，通过连接手机等智能终端到生产设备的云制造平台……推动传统企业加快实现智能制造和柔性生产，为企业节约 50%的研发费用，缩短研发时间一倍以上。

通俗来说，“1001 号云制造平台”是一个个性化定制平台，它一头连着用户。用户登录该平台首先上传图纸，下一步可自由选择用 3D 打印机还是激光切割机等设备生产，然后可勾选材质，用金属材质还是塑料材质，最后选择生产工艺。点击提交订单约两天后，系统会反馈工程报价。“1001 号云制造平台”另一头连着智慧工厂。公司智慧工厂拥有全国最大的工业级 3D 打印机集群。厂房内 40 台一人高的超大尺寸 3D 打印机连着数据线、传感器，它们的产生数据即时传输到中央数据中心。无论用户在天南海北，通过电脑或手机，都可轻松掌控工厂的生产情况。这里不是批量流水线，每一台打印机的生产任务都可以不一样，偌大的车间只需两个管理人员。

“云制造平台不仅连接我们自己的智慧工厂，其他制造企业进行智能化改造后，这些企业的机床、模具等设备也可以接入平台。前端，来自全国的订单需求往云制造平台集聚，系统会根据大数据分析，自动为订单匹配最合适的工厂、设备。”李获鼎介绍，“未来，用户只要有想法，压根不需要买地、买设备，输入图纸就可以将创意变成产品。我们打造的是工业领域‘共享经济’的新模式，将为资金短缺、技术相对落后的中小企业、创客带来成功的契机。”

“互联网+工业”即传统制造业企业采用移动互联网、云计算、大数据、物联网等信息通信技术，改造原有产品及研发生产方式，与“工业互联网”“工业 4.0”的内涵一致。

1. “移动互联网+工业”

借助移动互联网技术，传统制造厂商可以在汽车、家电、配饰等工业产品上增加网络软硬件模块，实现用户远程操控、数据自动采集分析等功能，极大地改善了工业产品的使用体验。

2. “云计算+工业”

基于云计算技术，一些互联网企业打造了统一的智能产品软件服务平台，为不同厂商生产的智能硬件设备提供统一的软件服务和技术支持，优化用户的使用体验，并实现各产品的互联互通，产生协同价值。

3. “物联网+工业”

运用物联网技术，工业企业可以将机器等生产设施接入互联网，构建网络化物理设备系统(CPS)，进而使各生产设备能够自动交换信息、触发动作和实施控制。物联网技术有助于加快生产制造实时数据信息的感知、传送和分析，加快生产资源的优化配置。

4. “网络众包+工业”

在互联网的帮助下，企业通过自建或借助现有的“众包”平台，可以发布研发创意需求，广泛收集客户和外部人员的想法与智慧，大大扩展了创意来源。工业和信息化部信息中心搭建了“创客中国”创新创业服务平台，链接创客的创新能力与工业企业的创新需求，为企业开展网络众包提供了可靠的第三方平台。

案例分享：娃哈哈——食品饮料行业也玩工业 4.0

作为以生产食品和饮料为主的娃哈哈，估计大家不会想到其“互联网+”的表现方式，竟然也是工业 4.0 的内容。与海尔及富士康类似，娃哈哈的生产车间的大部分生产设备都应用了工业机器人，并且所有机器人都是自主研发。娃哈哈先后研发了码垛机器人、放吸管机器人、铅酸电池装配机器人、炸药包装机器人等。同时，开发了低惯量永磁同步伺服电机、永磁伺服直线电机、高效力矩电机、高效异步电机，并准备收购 1～2 家欧洲、日本的有机器人关键部件的生产厂家，在原有机械厂的基础上发展装备制造业，进入高新技术产业。

工业机器人的大量应用，在将来也能实现海尔互联工厂的那样的定制生产模式。经销商下完订单后，可以随时跟踪订单的动向，而机器人在生产上的应用，会让从营销到生产的过程更为便捷与流畅。娃哈哈通过互联网信息技术改造，将生产计划、物资供应、销售发货，包括对经销商、批发商的管理、设备远程监控、财务结算、车间管理、科研开发，全部嵌入信息化系统管理，极大地提高了工作效率。

短评：娃哈哈从饮食行业率先冲进高科技装备制造业，属于横向上的一体化战略。娃哈哈将来不只是饮食加工生产企业，还是机器人等高端设备生产企业，会向同行业乃至其他企业输出机器人等生产设备，这一步转型可谓足够大，这种过渡也是比较自然的，毕竟智能设备是生产型企业的刚需，节约成本之类的事都能体现在生产设备上。借助创新研发转型为生产设备商，这是传统企业转型升级的一个方向。

9.2.2 互联网+金融

在金融领域，余额宝横空出世的时候，银行觉得不可控，也有人怀疑二维码支付存在安全隐患，但随着国家对互联网金融(ITFIN)的研究也越来越透彻，银联对二维码支付也出了标准，互联网金融得到了较为有序的发展，也得到了国家相关政策的支持和鼓励。

“互联网+金融”从组织形式上看，这种结合至少有三种方式。第一种是互联网公司做金融，如果这种现象大范围发生，并且取代原有的金融企业，那就是互联网金融颠覆论。第二种是金融机构的互联网化。第三种是互联网公司和金融机构合作。

从2013年以在线理财、支付、电商小贷、P2P、众筹等为代表的细分互联网嫁接金融的模式进入大众视野以来，互联网金融已然成为了一个新金融行业，并为普通大众提供了更多元化的投资理财选择。对于互联网金融而言，2013年是初始之年，2014年是调整之年，而2015年将成为各种互联网金融模式进一步稳定客户、市场，走向成熟和接受监管的规范之年。

案例分享：五个值得借鉴的美国“互联网+金融”案例

Mint

Mint是一个“老牌”的个人理财网站，于2007年9月上线，2010年10月被著名的会计软件公司Intuit收购。Mint拥有多项创新性功能：首先它可以通过授权把用户的多个账户信息(例如支票、储蓄、投资和退休金等)全部与Mint的账户连接起来，自动更新用户的财务信息；其次，它能够自动把各种收支信息划归入不同的类别(例如餐饮、娱乐、购物等)。这两项功能结合起来，用户相当于拥有了个人财务中心，可对自己的财务状况与日常收支一目了然。更重要的是，Mint可利用数据统计功能，帮助用户分析各项开支的比重、制订个性化的省钱方案和理财计划。

如此贴心的功能外加简便、易用的操作和逆天的免费策略(其收入主要来自向用户推荐“帮你省钱”的金融产品佣金)，使得Mint网站备受青睐，它在成立后的两年内获得三轮融资，并最终以1.7亿美元的价格被Intuit收购。目前，它是美国最负盛名的免费个人理财网站，注册用户超过1千万。

SigFig

与侧重于日常财务管理的Mint不同，正式上线于2012年5月1日的SigFig更专注于用户的投资行为。同样它可以自动同步用户分散在各个投资账号上的数据，在网站上予以集中展示。通过对这些投资数据进行分析，SigFig每周都会自动诊断用户的投资组合，给出个性化的建议，帮助用户节省成本、提高收益。例如定位收益不佳的投资，发现并削减隐藏的经纪费用，检测理财顾问是否多收了你的费用，推荐收益更高的股票/基金等。另外，SigFig还提供简洁、易读的图表帮助用户评估风险、比较收益。

SigFig网站所做的，就是一般投资顾问要做的事情，但是它完全依靠算法，而且对个人用户完全免费。它的收入主要源于授权财经媒体使用其投资工具，以及推荐券商或投资顾问的推介费。今年7月初，SigFig获得1500万美元的B轮融资，其平台上的用户资产达750亿美元。

PersonalCapital

作为SigFig的主要竞争对手，PersonalCapital直接喊出了“你的下一代财务顾问”的口号。它更倾向于个人财富管理，利用分析工具确保用户的长期财务健康。它的业务包括两个部分：一部分是网站形式的投资分析工具；另一部分是专职财务管理顾问(通过电话和Email进行服务)。前者免费，后者则只收取低廉的年费。PersonalCapital的CEO BillHarris(他是Intuit和PayPal的前CEO)认为：“我们所做的以客户为中心、提供整体建议的消费科技，将是这个产业未来10到15年的代表。”

2013年6月初，PersonalCapital获得2500万美元的C轮融资。截止当时，它的平台拥有20多万用户，跟踪的资金超过200亿美元；其专职财务管理顾问则拥有700多位客户，管理着近2亿美元。

WealthFront

较之PersonalCapital成为“下一代的个人资本顾问”的雄心，WealthFront则直接瞄准下一代的“高富帅”——硅谷的科技员工，致力于提供投资组合管理服务来最大化客户的税后净收益。在注册账号之前，WealthFront 会以调查问卷的形式了解用户的风险偏好，然后根据评估结果为用户量身定制投资计划。如果用户接受该计划，平台则随时监控该投资组合的动态，并定期对计划进行更新，以便合理控制风险，使之始终落在用户的容忍范围之内。WealthFront 的投资建议同样由计算机算法给出。为了贴合硅谷的需要，它们还提供了相应的工具帮助硅谷员工确定如何操作股票期权，因而受到硅谷人士的青睐。

WealthFront 根据用户的投资额收费，低于 1 万美元的投资不收取任何费用，超过这个额度则每年收取 0.25%的服务费。

Motifinvesting

Motifinvesting 同样是个投资组合服务提供商，它的投资组合被称为 Motif。一个 Motif 包含一组具有相似主题或理念的多支证券(包括股票、证券等，最多达 30 只)，例如云计算、移动互联网、3D 打印。用户可以根据自己的投资理念，从平台上选择已有的 Motif 直接使用，也可修改(包括调整其中包含的股票/基金组成和比重)后使用，更可以创建自己的全新 Motif。该平台的新颖之处在于：①提供了强大的自助式投资组合设计工具，用户可非常方便、直观地修改、创建、评估 Motif，只需要几分钟便可拥有个性化的投资组合；②引入社交机制，用户可以把自己的 Motif 分享给好友或者选定的圈子，大家共同对 Motif 进行讨论和优化。

Motifinvesting 的实质是应用先进的技术手段和社交机制，帮助每个用户成为自己的基金经理。其收费策略也非常独特，无论用户在某个 Motif 上的总体投资额是多少(最低不能低于 250 美元)，也无论该 Motif 由平台提供还是用户定制，用户每按照该 Motif 购买或出售一次股票/基金组合，平台都会收取 9.95 美元。如果只是交易其中的一支证券，则每次收取 4.95 美元。

以上 5 个“互联网+金融”平台具有若干共同特征：①以互联网为主要服务渠道；②以自动、智能的算法为用户提供服务，显著降低了服务成本；③注重个性化和定制化，面向长尾市场；④理财方案清晰、透明，用户享有完全的知情权和选择权；⑤操作简单，用户无须过多的金融知识便可独立进行理财；⑥资金门槛低，普遍门槛在数百美元左右，与动辄十万、百万量级资产要求的传统理财咨询业大相径庭；⑦大多拥有移动应用，用户可充分利用碎片化的时间与碎片化的资金进行理财；⑧费用透明、低廉。

这些特征源于互联网技术与理念在理财规划/咨询事务上的深入应用，体现出鲜明的互联网精神(普惠、平等和选择自由)，而不仅仅是理财规划/咨询行业的网上渠道拓展。因而它们既是对传统理财规划/咨询行业的革新与反动，亦可将市场扩展至传统理财规划/咨询行业无法覆盖的人群，正如 PersonalCapital 的 CEO BillHarris 所说：“这是我见到过的最庞大的市场。美国的个人可投资资产管理市场达到 32 万亿，是美国全国 GDP 的两倍。而且，这个市场还没有统治者出现。甚至行业巨头富达(Fidelity)和嘉信(Schwab)也只占很小的市场份额。”

1. 互联网供应链金融

该业务与电子商务紧密结合，阿里巴巴、苏宁、京东等大型电子商务企业纷纷自行或与银行合作开展此项业务。互联网企业基于大数据技术，在放贷前可以通过分析借款人历史交易记录，迅速识别风险，确定信贷额度，借贷效率极高；在放贷后，可以对借款人的资金流、商品流、信息流实现持续闭环监控，有力降低了贷款风险，进而降低利息费用，让利于借款企业，很受小微企业的欢迎。

2. P2P 网络信贷

近两年，我国 P2P 网络信贷市场出现了爆炸式增长，无论是平台规模、信贷资金，还是参与人数、社会影响都有较大进步。据统计，2014 年，P2P 平台数量已经达到 1575 家，全年成交金额 2528 亿元。P2P 规模的飞速发展为中小微企业融资开拓了新的融资渠道，也为居民进行资产配置提供了新的平台。

3. 众筹

众筹这种融资模式具有融资门槛低、融资成本低、期限和回报形式灵活等特点，是初创型企业除天使投资之外的重要融资渠道。我国已成立的众筹平台已经超过 100 家，其中约六成为商品众筹平台，纯股权众筹约占两成，其余为混合型平台。

4. 互联网银行

2014 年，互联网银行落地，标志着“互联网+金融”融合进入了新阶段。2015 年 1 月 18 日，腾讯是大股东的深圳前海微众银行试营业，并于 4 月 18 日正式对外营业，其成为国内首家互联网民营银行。1 月 29 日，上海华瑞银行获准开业。微众银行的互联网模式大大降低了金融交易成本：节省了有形的网点建设和管理安全等庞大的成本、节省了大量人力成本、节约了客户跑银行网点的时间成本等。微众银行的互联网模式还大大提高了金融交易的效率：客户任何地点、任何时间都可以办理银行业务，不受时间、地点、空间等约束，效率大大提高；通过网络化、程序化交易和计算机快速、自动化等处理，大大提高了银行业务处理的效率。阿里巴巴旗下的浙江网商银行于 2015 年 6 月 25 日上线，并取名为“MYbank”。

5. 不良资产

2015 年 4 月 2 日，包之网率先打造“不良资产+互联网”的概念，构建不良资产的互联网处置服务平台。

9.2.3 互联网+商贸

在零售、电子商务等领域，过去这几年都可以看到和互联网的结合，正如马化腾所言，“它是对传统行业的升级换代，不是颠覆掉传统行业。”在其中，又可以看到“特别是移动互联网对原有的传统行业起到了很大的升级换代的作用”。

2014 年，中国网民数量达 6.49 亿，网站 400 多万家，电子商务交易额超过 13 万亿元人民币。在全球网络企业前 10 强排名中，有 4 家企业在中国，互联网经济成为中国经济的最大增长点。

2015 年 5 月 18 日，“2015 中国化妆品零售大会”在上海召开，600 位化妆品连锁店主，百余位化妆品代理商，数十位国内外主流品牌代表与会。面对实体零售渠道变革，会议提出了“零售业+互联网”的概念，建议以产业链最终环节零售为切入点，结合国家战略发展思维，发扬“+”时代精神，回归渠道本质，以变革来推进整个产业提升。

2014 年 B2B 电子商务业务收入规模达 192.2 亿元人民币，增长 28.34%；交易规模达 9.4 万亿元人民币，增长 15.37%。同时，B2B 电商业务也正在逐步转型升级，主要的平台仍以提供广告、品牌推广、询盘等信息服务为主。阿里巴巴、慧聪网、华强电子网等多家 B2B 平台开展了针对企业的“团购”“促销”等活动，培育企业的在线交易和支付习惯。

截至 2014 年，中国跨境电子商务试点进出口额已突破 30 亿元。一大批跨境电子商务平台走向成熟。外贸 B2C 网站兰亭集势在 2014 年前三季度服装品类的净营收达到 3700 万美元，同比增速达到 103.9%；订单数及客户数同比增速均超过 50%。

9.2.4 互联网+智慧城市

李克强总理在政府工作报告中首次提出“互联网+”行动计划，并强调要发展“智慧城市”，保护和传承历史、地域文化。加强城市供水供气供电、公交和防洪防涝设施等建设。坚决治理污染、拥堵等城市病，让出行更方便、环境更宜居。

所谓“互联网+”，实际上是创新 2.0 下的互联网发展新形态、新业态，是知识社会创新 2.0 推动下的互联网形态演进。而智慧城市则是新一代信息技术支撑、知识社会下一代创新(创新 2.0)环境下的城市形态。“互联网+”也被认为是创新 2.0 时代智慧城市的基本特征，有利于形成创新涌现的智慧城市生态，从而进一步完善城市的管理与运行功能，实现更好的公共服务，让人们生活更便宜、出行更便利、环境更宜居。

伴随知识社会的来临，无所不在的网络与无所不在的计算、无所不在的数据、无所不在的知识共同驱动了无所不在的创新。新一代信息技术发展催生了创新 2.0，而创新 2.0 又反过来作用于新一代信息技术形态的形成与发展，重塑了物联网、云计算、社会计算、大数据等新一代信息技术的新形态。“互联网+”不仅仅是互联网移动了、泛在了、应用于传统行业了，更会同无所不在的计算、数据、知识，造就了无所不在的创新，推动了知识社会以用户创新、开放创新、大众创新、协同创新为特点的创新 2.0。Living Lab(生活实验室、体验实验区)、Fab Lab(个人制造实验室、创客)、AIP(“三验”应用创新园区)、Wiki(维基模式)、Prosumer(产消者)、Crowdsourcing(众包)等典型创新 2.0 模式不断涌现，推动了创新 2.0 时代智慧城市新形态。

上海市浦东新区经信委副主任张爱平认为创新 2.0 时代智慧城市的基本特征是“互联网+”，其逻辑枢纽是“政务云+”，突破急需“云调度+”，这也是创新 2.0 语境下智慧城市的生态演替趋势。

北京大学移动政务实验室宋刚博士对此表示认同，并认为“互联网+”概括了信息通信技术高度融合发展背景下的新一代信息技术与知识社会创新 2.0 的互动与演进，也是对当前创新 2.0 研究十大热点和趋势的一个概括。“互联网+”作为智慧城市的本质特征将形塑面向知识社会的用户创新、开放创新、大众创新、协同创新，推动形成有利于创新涌现的创新生态。“互联网+”的“+”，不仅仅是技术上的“+”，也是思维、理念、模式上的“+”，其中以人为本推动管理与服务模式创新与大众创业是其中的重要内容。

智慧城市作为推动城镇化发展、解决超大城市病及城市群合理建设的新型城市形态，“互联网+”正是解决资源分配不合理，重新构造城市机构、推动公共服务均等化等问题的利器。譬如在推动教育、医疗等公共服务均等化方面，基于互联网思维，搭建开放、互动、参与、融合的公共新型服务平台，通过互联网与教育、医疗、交通等领域的融合，推动传统行业的升级与转型，从而实现资源的统一协调与共享。从另外一个角度来说，智慧城市正为互联网与行业产业的融合发展提供了应用土壤，一方面推动了传统行业升级转型，在遭遇资源瓶颈的形势下，为传统产业行业通过互联网思维及技术突破推进产业转型、优化产业结构提供了新的空间；一方面能够进一步推动移动互联网、云计算、大数据、物联网新一代信息技术为核心的信息产业发展，为以互联网为代表的新一代信息技术与产业的结合与发展带来了机遇和挑战，并催生了跨领域、融合性的新兴产业形态。

同时，智慧城市的建设注重以人为本、市民参与、社会协同的开放创新空间的塑造以及公共价值与独特价值的创造。而“开放、透明、互动、参与、融合”的互联网思维为公众提供了维基、微博、Fab Lab、Living Lab等多种工具和方法实现用户的参与，实现公众智慧的汇聚，为不断推动用户创新、开放创新、大众创新、协同创新，以人为本实现经济、社会、环境的可持续发展奠定了基础。此外，伴随新一代信息技术及创新 2.0 推动的创新生态所带来的创客浪潮，互联网浪潮推动的资源平台化所带来的便利以及智慧城市的智慧家居、智慧生活、智慧交通等领域所带来的创新空间进一步激发了有志人士创业创新的热情。也正因如此，“互联网+”是融入智慧城市基因的，是创新 2.0 时代智慧城市基本特征。

9.2.5 互联网+通信

案例分享：融合通信，开启多功能应用“一键通”潮流

融合通信指的是，把计算机技术与传统通信技术融合一体的通信模式。传统电信领域的融合，其服务的对象多为商务。而在移动互联网时代，融合更多的发生在APP(编者注：APP指的是智能手机的第三方应用程序)功能和综合性服务上，目标群体是普遍的大众。

互联网的渗透，决定了融合通信遍地开花的大形势。一方面，互联网覆盖的人群越来越多，年龄较大的群体对新事物接受较慢，需要一个更新换代慢的平台来维持；另一方面，手机作为日常通信工具，接受度较高，新的 APP 只有接近于手机原有软件才容易被接受。

在张浩鹏看来，好用的 APP“最理想的状态是文字、声音、图像三种形态能同时启用，并且代价不高”。也有业内人士坦言，一个 APP 搞定聊天、查询、消费才是真正的互联网通信春天。

“视频、语音、文字信息等各种业务都集在一个平台上，就相当于一个万能数据库，这些数据之间存在着一定的联系。而 APP 的作用就是通过一种手段来提取符合指令的信息，并将这些信息整合在某一个接受度较高的软件上。”电信网络维护员朱德良解释道，互联网形势下通信融合的趋势是：越来越多的功能一键化。以微信为例，它的升级方向是整合短信、通话、视频、购物为一体。

4G 时代——利益博弈下的速度与激情

从微信客户端搅局传统通信行业，到微信免费电话带来“免费通话”全新理念，互联网与通信在较量中共同进步。但随着 4G 时代的到来，网络速度与价格问题争议不断，三大运营商更是面临左右手博弈的尴尬局面。

就在前不久，国务院总理李克强提出了“提网速降网费”，这无疑给正在布局 4G 业务的三大通信运营商敲响了警钟。“4G 时代，网速更快了，费用更低了，互联网通信存活的土壤更有利了。”朱德良坦言，提网速降网费无疑是为他人作嫁衣。以微信电话本为例，网速更快了，费用低了，微信电话将更好用，更受欢迎。

在通信领域，“互联网+通信”有了即时通信，几乎人人都在用即时通信 APP 进行语音、文字甚至视频交流。然而传统运营商在面对微信这类即时通信 APP 诞生时简直如临大敌，因为语音和短信收入大幅下滑，但随着互联网的发展，来自数据流量业务的收入已经大大超过语音收入的下滑，可以看出，互联网的出现并没有彻底颠覆通信行业，反而是促进了运营商进行相关业务的变革升级。

重庆市与中国联通公司签订深入推进"互联网+"行动战略合作框架协议。根据协议，中国联通将持续加大在重庆市的投入，重庆将投入 150 亿元人民币，建设重庆宽带互联网基础枢纽设施，构建"云端计划"互联网基础。中国联通公司将在重庆实施"互联网+"协同制造、普惠金融、现代农业、绿色生态、政务服务、益民服务、商贸流通等 7 大系列行动。

9.2.6 互联网+交通

案例分享："互联网+交通"助力智慧城市建设

2016 年 9 月，高德地图发布了《2016 年中国互联网+交通城市指数研究报告》，这是我国首份"互联网+交通"指数研究报告，旨在综合评价我国主要城市的"互联网+交通"建设水平。

报告显示，2016 年以智慧城市为代表的"互联网+交通"项目在国内快速铺开，尤其在一线及二线省会城市发展迅猛，从而带动了二三线城市的全面快速发展，预计未来几年"互联网+交通"的落地发展速度和规模都将会爆发式增长。

高德集团总裁俞永福认为，这说明在我国智慧城市的建设浪潮中，"互联网+交通"占据了排头兵的位置。但与此同时，他也表示即使在互"联网+交通"领域，同样面临"局域网+"的问题。而"局域网+"形成的数据孤岛，让今天的智慧城市服务就像一个人的肢体，有神经但缺乏中枢，其本质问题是底层大数据没有打通。他认为，"人人为我，我为人人"的交通大数据生态系统发展到极致，就将形成未来交通的终极形态——城市交通大脑。届时所有道路、车辆、乘客信息都将接入交通大数据系统，采集、调度、管理等都由交通大脑指挥完成。如果未来城市交通大脑能够成为现实，则城市的出行效率和道路安全程度都将大大提高。

"互联网+交通"已经在交通运输领域产生了"化学效应"，比方说，大家经常使用的打车软件、网上购买火车和飞机票、出行导航系统等。

从国外的Uber、Lyft 到国内的滴滴打车、快的打车，移动互联网催生了一批打车拼车专车软件，虽然它们在全世界不同的地方仍存在不同的争议，但它们通过把移动互联网和传统的交通出行相结合，改善了人们出行的方式，增加了车辆的使用率，推动了互联网共享经济的发展，提高了效率、减少了排放，对环境保护也做出了贡献。

9.2.7 互联网+民生

在民生领域，你可以在各级政府的公众账号享受服务，如某地交警可以 60 秒内完成罚款收取等，移动电子政务会成为推进国家治理体系的工具。

2014 年 12 月，广州率先实现微信城市入口接入，随后深圳、佛山、武汉陆续上线，随着这几个城市的接入，三个月来，已有 700 万人次享受了微信城市服务。

9.2.8 互联网+旅游

微信可以实现微信购票、景区导览、规划路线等功能。腾讯云可以帮助建设旅游服务云平台和运行监测调度平台。市民在景区门口，不用排队，只要在景区扫一扫微信二维码，即可实现微信支付。购票后，微信将根据市民的购票信息，进行智能线路推送。而且，微信电子二维码门票自助扫码过闸机，无须人工检票入园。

案例分享：创意无限，“互联网+龙门”的世界很精彩

2015 年 7 月 15 日，是注定将载入龙门石窟发展史册的日子。当天下午，“互联网+龙门”智慧景区上线运营开启仪式在龙门石窟大石门广场举行。

按照腾讯与龙门石窟的合作思路，双方将依托腾讯丰富的用户资源、成熟的云计算能力和微信、QQ等社交平台产品，充分整合双方的优势资源，把腾讯的互联网技术及资源与龙门石窟产业有机连接起来，以“互联网+”解决方案为具体结合点，让“互联网+”成为保护传承历史文化的新动力。

腾讯“互联网+龙门”团队产品经理曹杰介绍，腾讯团队结合龙门特色提出创意，发挥技术特长，私人订制“互联网+龙门”智慧景区，以龙门石窟官方微信服务号为主要依托，首期实现了四个板块、十项产品的上线启动。

具体而言，“互联网+龙门”智慧景区首期项目，具备互联网+购票、互联网+游园、互联网+管理、互联网+宣传四大功能板块，借助互联网手段，实现微信购票、微信入园、语音导游、在线客服等功能，通过便捷性、趣味性、互动性的改变，为游客带来从入园前到出园后的全流程智慧体验。

在互联网+购票方面，游客可以通过手机实现自主购买电子票，方式包括在龙门石窟官方微信服务号内购票、景区入口购票墙扫码购票、在各类宣传广告等媒介上扫码购票等。这样，可以避免游客在高峰期排队购票之苦，快捷、方便，同时减轻了景区的售票压力，可以一举两得。

在“互联网+游园”方面，游客可以体验三大类十项产品。具体包括：

通过扫码方式通过闸机，实现 3 秒自助快速入园，减少排队等候时间。

通过向龙门石窟官方微信服务号回复景点数字编码，即可体验对应的景区内 64 个景点的语音讲解、文字及图片说明。这样，游客可以便捷地了解所看到的景点信息。

通过微信摇一摇功能(打开蓝牙)，游客可以体验首期 8 项互动体验项目，增加在游览过程中的乐趣。

一是在大石门南侧的绿化景观内，摇出松林拼图小游戏，增加青少年游客的科普知识，也增加趣味性。

二是在龙门桥下，摇出互动游戏“测一测与哪尊佛像最有缘”。游客将自己的照片上传至后台，通过对比，手机界面即会显示龙门石窟内哪尊佛像与他最有缘，游客在随后游览中带着探秘感寻找到那尊最有佛缘的佛像，还可以分享到朋友圈中与亲友分享。

三是在宾阳北洞，摇出互动游戏“与剪刀手大佛”合影。宾阳北洞“剪刀手”主佛，被冠以“史上最萌佛像”称号。游客上传与它的合影，可以测测“萌系指数”，别有一番乐趣。

四是在万佛洞，摇出体验“360° 全景洞窟”。出于文物保护考虑，龙门石窟内很多洞窟不可能让所有游客进入参观。通过在万佛洞360° 体验全景洞窟，可以非常清晰地看到洞窟内的每个角落，弥补游客不能接触佛像的遗憾。

五是在奉先寺，摇出互动游戏“拜卢舍那、上心香”。奉先寺卢舍那大佛龛是龙门石窟最具代表性的佛龛，出于文物保护和安全考虑，游客不能上香祈福。

为满足游客上香祈福心愿，腾讯方面专门设计了“拜卢舍那、上心香”互动体验。游客进入页面，可以选择祈福的类型，然后选择祈福的内容或自行编辑，即可在手机上显示为亲友祈福点燃的三根香，游客可以将祈福内容发送到自己微信好友，让对方在千里之外感受到祈福祝愿。同时，现场大屏幕会显示游客是某年某月某日第几位上香的游客。

据悉，这是全国首个微信上香体验项目，由腾讯专门为龙门石窟打造设计。

六是在古阳洞，摇出互动体验“龙门送您祈福魏碑”。龙门二十品是魏碑体的代表，其中有十九品在古阳洞内，为历代书法家临摹的精品，以独特魅力吸引海内外游客。游客摇出体验界面后，就会收到关于龙门二十品的文图介绍，之后可以写下对亲友的祝福，后台将自动生成魏碑体，并被发送到亲友。这样，可以让游客对龙门二十品和魏碑体有更直观的认知。

七是在古阳洞南至漫水桥间，摇出互动游戏“龙门石窟百科知识竞赛”。游客游览完主要景点后，对龙门石窟有了初步的整体认识，在此摇出此互动游戏，可以回答问题，测试一下自己对龙门石窟的了解程度，进一步增加对龙门石窟的认识。

八是在礼佛台，摇出互动体验“心语心愿：卢舍那下许心愿”。在面对卢舍那的礼佛台，空间相对空旷，游客通过此页面，可以与卢舍那对望 10 秒钟，然后大声说出心中的愿望，通过语音方式分享给远方的亲友，相信后者在听到祝愿后一定会感动，同时增加对龙门石窟的游览兴趣。

在“互联网+管理”方面，可以实现两大功能。

一是设立微信在线客服，实时可以与游客保持互动沟通，快速高效地解决游客咨询、诉求、求助等方面的事宜，不让一位游客在龙门受到委屈。

二是统一管理智慧龙门平台。通过不断积累游客的大数据，利用后台数据分析，根据游客的来源、消费习惯、性别、年龄等有效信息，开展有针对性的旅游推介、旅游服务等，并逐步探索“龙门石窟+”的新服务模式。

在互联网+宣传方面，腾讯方面表示，将充分发挥自身互联网强势宣传渠道和影响力的优势，借助腾讯网、微信、微博、客户端等手段，对 8 亿 QQ 用户、6 亿微信用户开展高密度的立体宣传，塑造龙门石窟良好的品牌新形象。

例如，针对此次上线活动，腾讯总部特批 QQ 弹窗服务进行高规格宣传，通过腾讯网、客户端等实时向全球直播，并随后建立专题业务，对龙门石窟进行系统性宣传展示。

在上线启动仪式后，与会的嘉宾兴致勃勃地作为首批体验者，全程体验了互联网带给龙门全新的旅游体验。“很有趣味”“真的很方便快捷”“创意不错”……一声声赞誉，饱含着对“互联网+龙门”智慧景区的肯定和赞许!

在融入互联网的浪潮中，除了千年大佛永恒不变之外，其他所有的一切都将逐步改变。龙门千年文化借助互联网手段，得到更广泛、更有效的传播，让游客在参观后对龙门石窟心有所依，从而进一步传播龙门文化。

9.2.9 互联网+医疗

案例分享：智能检测，个性医疗

智能体温计 24 小时监测体温，生成体温曲线图，实时发布体温“预警”，帮助父母更精准地掌握孩子的体温变化……这样的智能健康设备受到越来越多人的欢迎。2016 年 10 月 19 日，阿里健康联合阿里智能以及三诺、海尔医疗、掌上糖医、鱼跃、罗氏、拜安进、欧姆龙等近 20 家智能健康设备和服务厂商，在京启动“智能关爱计划”，借助智能健康设备，为消费者提供个性化的医疗健康服务。

孩子发烧了，把一个拇指大小的智能体温计贴在孩子腋下，体温计每五秒上传一次数据，通过手机，家长就能看到体温变化。如今，除了智能体温计、智能体脂秤，智能血糖仪、血压计等医疗健康设备也被大数据技术所渗透。

“除了监测数据，智能设备的背后还应该包括准确而个性的医疗服务。”阿里健康相关负责人介绍，通过这些智能健康设备，消费者检测的健康数据会上传至阿里健康服务平台，并自动形成健康趋势报告。“可以把这份报告同步给自己的家人和医生，以便于他们全面了解最新健康情况，给出更加有效的治疗方案和服务。”阿里健康后台的医疗服务商也将根据检测数据，提供专业的指导建议和咨询。

现实中存在看病难、看病贵等难题，业内人士认为，移动医疗+互联网有望从根本上改善这一医疗生态。具体来讲，互联网将优化传统的诊疗模式，为患者提供一条龙的健康管理服务。在传统的医患模式中，患者普遍存在事前缺乏预防，事中体验差，事后无服务的现象。而通过互联网医疗，患者有望从移动医疗数据端监测自身健康数据，做好事前防范；在诊疗服务中，依靠移动医疗实现网上挂号、询诊、购买、支付，节约时间和经济成本，提升事中体验；并依靠互联网在事后与医生沟通。

百度、阿里、腾讯先后出手互联网医疗产业，形成了巨大的产业布局网，他们利用各自优势，通过不同途径实现着改变传统医疗行业模式的梦想。

百度利用自身搜索霸主身份，推出“健康云”概念，基于百度擅长的云计算和大数据技术，形成“监测、分析、建议”的三层构架，对用户实行数据的存储、分析和计算，为用户提供专业的健康服务。除此之外，百度还利用其超强的搜索技术优势提供一站式医疗服务平台，这其实与新型的智能医疗服务平台健趣网有异曲同工之妙，所以在智能搜索方面，百度与健趣网有着极大地合作前景与开发领域。

阿里在移动医疗的布局主要是“未来医院”和“医药 O2O”，前者以支付宝为核心优化诊疗服务，后者以药品销售为主，已有多家上市公司与其“联姻”。2014—2015年，支付宝相继与海虹控股、东华软件、东软集团、卫宁软件签订协议，共同推进“未来医院”，以智能优化诊疗服务流程，并先后在杭州、广州、昆明、中山等地的医院试点。在医药电商方面，2015年1月，阿里健康与白云山达成合作协议，阿里旗下云锋基金以5亿元参与白云山定增，双方拟共同探索开发药品 O2O 营销模式。并且“阿里健康云平台——数据服务”平台及相应的医药大数据战略已经发布实施。在大数据技术领域，百度与阿里有着很多交叉领域，为两者在以后的合作留下极大空间。

腾讯以 QQ 和微信两大社交软件为把手，投入巨资收购丁香园和挂号网，并在第一时间从 QQ 上推出“健康板块”，为微信平台打造互联网医疗服务整合入口，其“互联网+医疗”发展战略已经一目了然，从资本运作，到微信服务，再到智慧医疗，腾讯的用户争夺战始终是它布局“互联网+医疗”行业的重头戏。2014 年 4 月，九州通携手腾讯开发微信医药 O2O“药急送”功能，随后陆续开通了微信订阅号“好药师健康资讯”和微信服务号“好药师”，“好药师”微信小店开张后 10 天突破 5000 张订单。

2013 年中国移动医疗市场规模为 19.8 亿元，同比增长 50.0%，预计 2017 年将达到 200.9 亿元，4 年复合增长率高达 78.5%。移动医疗未来两年将高速发展。

9.2.10 互联网+教育

一所学校、一位老师、一间教室，这是传统教育。一个教育专用网、一部移动终端，几百万学生，学校任你挑、老师由你选，这就是“互联网+教育”。

在教育领域，面向中小学、大学、职业教育、IT 培训等多层次人群提供学籍注册入学开放课程，但是网络学习一样可以参加我们国家组织的统一考试，可以足不出户在家上课学习取得相应的文凭和技能证书。“互联网+教育”的结果，将会使未来的一切教与学活动都围绕互联网进行，老师在互联网上教，学生在互联网上学，信息在互联网上流动，知识在互联网上成型，线下的活动成为线上活动的补充与拓展。

“互联网+教育”的影响不只是创业者们，还有一些平台能够实现就业的机会，在线教育平台能提供的职业培训就能够让一批人实现职能的培训，而自身创业就能够解决就业。李克强总理提出的“大众创业，万众创新”对于教育而言有深远的影响。教育不只是商业，如极客学院上线一年多，就用近千门职业技术课程和 4000 多课时帮助 80 多万 IT 从业者用户提高职业技能。

2015 年 6 月 14 日举办的 2015 中国互联网+创新大会河北峰会上，业界权威专家学者围绕“互联网+教育”这个中心议题，纷纷阐述自己的观点。“互联网+”不但不会取代传统教育，而且会让传统教育焕发出新的活力。

第一代教育以书本为核心，第二代教育以教材为核心，第三代教育以辅导和案例方式出现，如今的第四代教育，才是真正以学生为核心。中国工程院院士李京文表示，中国教育正在迈向 4.0 时代。

9.2.11 互联网+政务

2014 年 6 月末，国内政务微信公众号大约在 6000 个左右。而截至 2014 年 11 月 27 日，有数据统计的全国政务微信公号为 16 446 个。其中，中央部委及其直属机构政务微信公号为 213 个，省(自治区、直辖市)、地市、区县三级地方类政务微信公众号 16 233 个。到 2015 年 2 月 6 日，国家网信办在石家庄举办的政务新媒体建设发展经验交流会上传出消息，政务微博账号达 24 万个，政务微信账号已逾 10 万个。政务微信公众号从数量到影响力，已是一支不容忽视的传播力量。

一些地方政府已经悄然开始了与互联网巨头的合作，试图通过互联网提升政府效率，增加行政透明度，助力向服务型政府转型。

全国两会结束后不久，腾讯先后宣布与河南省、重庆市和上海市政府合作打造“智慧城市”，其中一项重要内容就是将交通、医疗、社保等一系列政府服务接入微信，把原来需要东奔西走排大队办理的业务通过手机完成，节省时间，提高效率。

阿里巴巴和其新近成立的蚂蚁金服也已开始同地方政府接洽，计划将上述政务服务接入支付宝和新浪微博移动客户端。浙江省政府也计划在未来允许支付宝承接省内非税类收费业务。接入阿里巴巴支付宝移动客户端的政务服务体系已在上海、杭州、广州、厦门等东部沿海城市以及山西全省上线。

包括阿里巴巴和腾讯在内的中国互联网公司通过自有的云计算服务正在为地方政府搭建政务数据的后台，将原本留存在政府各个部门互不连通的数据归集在一张网络上，形成了统一的数据池，实现了对政务数据的统一管理。

案例分享：办税上云更高效

"到'网上'再到'掌上'，现在办税真是方便多了。"河北省国家税务局实行的"云办税厅"创造性地实现"互联网+税务"，受到了纳税人的高度评价。

河北省国税局在建设和应用"河北国税网上办税服务厅"网络办税平台、"掌上河北国税"移动办税终端以及办税服务厅自助办税终端等方面的基础上，提出打造"云办税厅"的设想，通过依托互联网实现云端共享，对线上线下的各类纳税服务资源全面整合，建成统一的虚拟办税服务厅，承接纳税人的社会事宜办理和纳税服务需求。

2016年7月1日，河北国税"云办税厅"全面上线推行。"云办税厅"设置办税、服务和查询3个板块，实现7大类共130项依申请事项的在线受理、自助办理，涵盖了纳税人日常办理涉税事项的90%以上。"云办税厅"上线之后，越来越多人选择在各自单位使用"云办税厅"办税。前往实体办税厅的纳税人，也多选择在自助办税终端快捷办理涉税事项。

推行"云办税厅"后，人工办税窗口数量由15个减为9个，日均叫号量由七八百人降至三百人左右，"不仅办税压力减小了，将节省下来的人员安排到咨询岗和云办税体验区，辅导纳税人使用云办税系统，让更多的人体验互联网税务的便捷"。

下一步，河北省国税局将以实现"智慧税务"为目标，逐步实现涉税业务在河北省全省范围内的通管通办，升级云识别、云存储、云发票、云预约和云投诉等功能，为税收征管提供云数据支撑，提升税收大数据的社会化应用价值。

9.2.12 互联网+农业

案例分享：织一张从田间到餐桌的网

成熟：互联网技术深刻运用的智能农业

2014年7月，第十一届世界葡萄大会在北京延庆举办。"我们接到了3000万的订单。"参加这次展会的北京派得伟业科技发展有限公司董事长杨宝祝说。

派得伟业是一家从事农业信息化产业的企业，依托"农业部农业物联网系统集成重点实验室"和"首都科技条件平台北京市农林科学院研发实验服务基地"，一直致力于农业物联网技术的集成开发与应用。

此次，他们负责葡萄大会科普馆和智能温室的规划、设计与实施，其设计的太阳屋温室采用分层分布式结构，由内外环日光温室及综合控制中心组成。

“视频监控系统实现了温室视频信息的 24 小时不间断监控，这有助于园区管理人员及时了解作物生长情况，追踪作物生长的关键环节，及时发现作物的异常情况。”杨宝祝说。

而温室环境信息智能采集控制点主要由 ASE 控制器、各种环境信息传感器、各种执行机构以及配电控制箱组成，经交换机与综合控制中心连接。

“ASE 控制器根据设置或中央控制中心对采集的各种环境传感器信息进行处理，形成决策指令，自动控制对应执行机构动作，为作物生长发育提供最优的小气候环境。”杨宝祝说。环境信息传感器则包括空气温湿度、土壤温度、土壤含水量等影响作物生长的关键环境因子。

温室视频监控系统是一套相对对立的系统，由现场图像采集摄像头、多业务综合光端机、图像数据转化传输视频服务器组成，通过现场安装的摄像头对整个设施内作物的生长状况进行图像采集，图像再经由光端机上传至视频服务器。

“用户可根据权限实现对任意位置可调镜头视频图像的聚焦、变倍以及方位移动控制，系统会保存移动物体的自动录像，根据视频图像的清晰度设置，系统提供 15 天到 45 天的存储空间，供管理人员后期察看。”杨宝祝说。

监控中心，是整个系统的核心。对内，它通过局域网将各监控点空气温度、空气湿度、光照强度及土壤温度、土壤湿度等关键参数及视频信息汇总、显示、存储及集中处理。对外，它通过 Internet 发布上述信息。

“值得关注的是，环境信息采集系统上位机软件采用组态软件开发，人机界面友好、操作简单，可显示实时数据列表以及数据曲线，下载并显示历史数据列表、数据曲线以及数据分析等。”杨宝祝说。

2014 年，派得伟业在黑龙江更是一举拿下了 7000 万的订单。

黑龙江是我国最大的水稻生产基地，2011年以来，派得伟业共承建了超过60个智能化水稻生产车间，累计催芽超过10 000吨。

“经过催芽车间催出的芽种出芽率提高 10%以上，达到 95%，催芽时间节省 2—3 天，亩产量增加 5%～10%。”杨宝祝说。

近年来，集中工厂化芽种生产模式在黑龙江得到广泛应用，为当地带来了数亿元的经济效益和社会效益。同时，节水灌溉物联网系统的应用，使每亩节约灌溉用水 150 立方米，每亩节约成本 15 元。

杨宝祝说，物联网带来的农业智能化浪潮，以计算机为中心，集成信息技术，将感知、传输、处理、控制融为一体，推进了农业生产的标准化、智能化、自动化，节省了人力成本，提高了农产品产量质量，增强了作物抗击自然风险能力，正被广泛推广和应用。

活跃：互联网营销综合运用的电商市场

一台电脑前，一家网店副店长任伟龙告诉记者，网店已成为新疆水果销往各地的重要渠道。“这是网上形象代言人‘果叔’。”打开网页，一位大叔的卡通形象跃然网上。

在新疆，有这样一个公司，它与淘宝、京东等网站建立新疆特色农产品电子商务平台，开辟“线上+线下”相结合营销模式，交易各类品牌农产品近 1 万种。

它打通与北京物美、世纪华联等大型商超农产品直通销售渠道，建成外销网点2000多个，网上专卖店18家。

它与阿里巴巴集团在第三方电子商务渠道和平台商务开展合作，搭建独立销售型电子商务销售平台。

它就是新疆果业集团，其自主培育的“新疆生态大果园”“西域果园”和“天山”三大品牌，已成为新疆果业界的领头羊。

新疆果业集团依靠线上建网站和网店，线下在各地发展展示直销中心、连锁店、加盟店，快速销售新疆特色林果。2014年，其经营各类品牌农产品40多万吨，实现收入总额22.55亿元，领办农民专业合作社达20家，发展订单农业达40万亩，年出口农产品1万多吨。

新疆果业集团负责人介绍，线下，其立足新疆林果优势，分别在乌鲁木齐、昌吉、吐鲁番、阿克苏、喀什、和田等地，建立了融特色林果种植、加工、仓储保鲜、物流配送为一体的6大基地。莎车县基地解决了当地鲜杏加工转化难题，和田基地已成为区域性农产品集散中心，吐鲁番出口加工基地成为当地现代农业发展的样板。

线上，新疆果业大唐丝路电子商务有限公司在原有C2C平台外，陆续完成了1号店、京东商城、当当、卓越商城等平台的搭建工作，2011年10月开设“西域果园”官方旗舰店，并正式运营。

新疆果业集团还投资6亿元在高新区北区建成新疆电子商务科技园区。园区在5年内吸纳1000家以上中小微企业开展电子商务，聚集100家各类电子商务企业入园发展，实现网上销售20亿元。

互联网时代的产品销售，特色和时尚文化成为关键，那些年轻的买家，表面买的是商品，实际买的是文化和感觉，谁给了年轻人想要的那种滋味，谁就会赢得市场，互联网正在突破阻碍生产力发展的枷锁。

在网络巨头企业推动下，“消费品下乡，农产品进城”双向流通体系逐渐成形，阿里巴巴、京东和苏宁等公司提供资金、技术和人才，将“电商下乡”落到行动，依靠企业现有资源和优势与政府及地方企业合作，在县、村建立运营体系，通过投资农村信息服务站，完善乡村配送体系，激活农村电商生态体系，创新农村代购服务，促进农民提高收入、增加就业。

兴起：互联网与农业深度融合的产业链

2013年11月12日，继佳沃蓝莓于当年5月上市后，联想控股旗下的农业板块佳沃集团推出第二个旗舰水果产品佳沃金艳果猕猴桃。

联想此次推出的猕猴桃与昔日“烟草大王”褚时健种植的“励志橙”一起，组合成“褚橙柳桃”首发，连带引发潘石屹代言家乡苹果、任志强代言家乡小米……

一时间，褚橙、柳桃、潘苹果等成为农产品品牌营销的佳话，随着产品的上市，联想农业初步实现。

联想进入农业有着标杆性意义：它标志着互联网农业迈入产业深度融合的新层次，也标志着资本下乡进入了资本跨界运营的新阶段。

联想对农业的改造是全方位的：运用互联网技术，改造生产环节提高生产水平，管控整个生产经营过程确保产品品质，还对产品营销进行了创新设计，最终将第一、第二、第三产业环节打通，形成了完备的产业链。

依托全球化视野以及在全球范围内的产业布局，联想提出了“三全”解决之道，即全程可追溯、全产业链运营、全球化布局。

业内分析人士指出，联想农业的可贵之处在于：对农业的深度研究和平和的预期。

首先，联想没有选常规的粮油蔬菜等产业，也没有像网易那样去做养殖业，而是选择了产品较为高端、利润提升空间较大的蓝莓和猕猴桃，这让运行有了可靠的产业基础，形成了盈利预期。其次，联想充分进行了资本运作，采取了收购的办法迅速形成规模化生产基地，缩短了投资期限。第三，联想意识到农业是长周期产业，柳传志特别提醒负责农业板块的陈绍鹏：“我们不急着挣钱，十个亿，二十个亿咱们投得起，要一步一步稳着做。”

农业看起来离互联网最远，但“互联网+农业”的潜力却是巨大的。农业是中国最传统的基础产业，用数字技术提升农业生产效率，通过信息技术对地块的土壤、肥力、气候等进行大数据分析，然后据此提供种植、施肥相关的解决方案，可大大提升农业生产效率。此外，农业信息的互联网化将有助于需求市场的对接，互联网时代的新农民不仅可以利用互联网获取先进的技术信息，也可以通过大数据掌握最新的农产品价格走势，从而决定农业生产重点。与此同时，农业电商将推动农业现代化进程，通过互联网交易平台减少农产品买卖中间环节，增加农民收益。面对万亿元以上的农资市场以及近七亿的农村用户人口，农业电商面临巨大的市场空间。

“互联网+农业”主要分为以下几种模式：

(1) 资本注入，强势打造新型农产品品牌和影响力。

(2) 改造传统，用互联网思维创造农业经济的线下体验。

(3) 全面下乡，涉农企业将渠道网络借助互联网进行升级。

(4) 网络下沉，电商巨头抢滩农村市场“第二战场”。

(5) 扎根基层，细织渠道打造农村营销根据地。

9.2.13 互联网+语言

案例分享：以即时专人翻译为特色的共享经济翻译平台小尾巴(Takeasy)

小尾巴(Takeasy)是由传神语联网近日推出的一款在线专人翻译 APP，这款产品在刚上线不久就受到了诸多用户的关注和欢迎。通过小尾巴的开发者——中国最大的语言服务商传神公司提供的后台数据显示，在小尾巴上线的半年时间内，在全球158个国家里小尾巴的使用者超过了50万人。小尾巴能够在短时间内崛起，这与他们的实力是分不开的。

第一，小尾巴背靠传神语联网，借助了传神语联网的优势资源。传神语联网作为目前中国最大的语言服务商，实力非同小可，不论是技术实力上，还是专业翻译实力上，都给小尾巴提供了充足的“弹药”。传神语联网目前已拥有注册译员近 80 万人，拥有超过 150 亿字的处理经验，覆盖 50 多个领域、30 多个语种，已累计申请和获得 200 多项专利、近百项软件著作权，这为小尾巴解决了传统翻译市场翻译准确率不高的痛点。

第二，小尾巴解决了传统线下翻译效率低、响应速度慢的用户痛点。当前，小尾巴能够实现 30 秒极速接通专人翻译官，为外出旅游或跨国商业交流、跨境购物的用户提供即时的、多语种、专人翻译服务，极大地提升了翻译效率，满足了个人用户的即时性翻译需求。此外，小尾巴的专人翻译服务支持英、日、韩、法、西、德、俄、葡等多国语言，覆盖到了全球的158个国家，几乎能够满足国内所有用户的翻译需求，具有非常广的覆盖面。

第三，小尾巴开创了用户可通过“非文字方式”下达及满足需求的新型翻译交互方式，解决了用户在很多场景下“根本不认识文字又何谈输入或口述”的尴尬问题。当用户看到不懂的文字或句子无法用文字或口述下达需求时，只需将看不懂的地方拍照发送给专人译员，即可得到译员即时反馈回来的准确翻译信息，和用户边探讨边切实解决掉当下面临的问题。

第四，小尾巴的共享经济模式，也得到了越来越多具备专业翻译能力自由职业人士支持。很多具备专业翻译能力的小伙伴纷纷加入小尾巴平台，他们中的相当一部分通过小尾巴获得了一份不错的兼职收入。这就像很多Uber、滴滴出行司机一样，一开始都是兼职，但是随着收入的不断增多，他们开始成为专职，并且可以自由支配自己的时间。

这类共享经济模式下的翻译平台，一方面弥足了机器翻译无法准确翻译地方语义、长句等用户需求，另一方面它也解决了传统翻译市场效率低、准确率低的用户痛点。从长远的角度来看，这种以互联网+为基础的共享经济的翻译模式极有可能会成为整个翻译行业的未来趋势所在。

互联网正以改变一切的力量，在全球范围掀起一场影响人类所有层面的深刻变革，而人类正站在一个新的时代——互联网时代到来的前沿。在这一前沿，作为人类最重要的交际工具——语言，随着互联网技术的发展而发生变化；“互联网+语言”的传播模式也由此诞生，它将成为增强语言影响力的有效途径。

“互联网+语言”代表了一种新的文化形态，即充分发挥互联网在语言传播中的作用，增强语言影响力，提升语言软实力，形成更广泛的、以互联网为载体和技术手段的语言发展新形态。语言传播的动因是推动语言传播的力量；不同时代不同语言的传播，有着不同的动因，如文化、科技、军事、宗教和意识形态等。在信息时代，互联网成了语言传播的直接动因和有力工具，并在逐渐演变成为多语言的网络世界。因此，充分发挥互联网在语言传播中的作用，对于增强语言的影响力具有十分重要的意义。“互联网+语言”作为一种新的语言传播模式，如何充分利用它来增强语言影响力，无疑是一个值得我们认真思考和深入研究的问题。

人类语言作为一种社会现象，它随着人类社会的出现而出现，也随着人类社会的发展而发展。当人类社会进入信息时代，互联网就催生了网络语言。这种新的语言形式简洁而生动，从诞生起就备受人们青睐，尤其受青少年追捧。网络语言不仅是信息时代网民交流沟通的社会用语，也是时代赋予语言研究者及其他研究者的历史使命，同时还是人类语言与时俱进的必然结果。随着互联网时代的到来和网络语言研究的深入，一门新的学科——网络语言学应时而生。网络语言学的概念是中国知名学者周海中教授于2000年首先提出的。在其《一门崭新的语言学科——网络语言学》一文中，他对网络语言的特点和类型以及网络语言学的研究对象、研究方法、研究任务和学科性质作了精辟的论述。此后，网络语言学引起了国际学界的关注。

9.2.14 互联网+诗词

“互联网+诗词”：旧文学的新常态，“互联网+诗词”由互联网资深人士、世界汉诗协会会员、香港诗词学会会员、诗坛新秀王加洪先生首次在全球范围内提出。“互联网+诗词”是在2015年全国两会上，李克强总理关于“互联网+”的总体概述下而衍生的新概念。旨在互联网新时代浪潮中，让中华古典文化精髓得到新的传承和发展。2015 年 8 月初，王加洪在珠海与中华诗词学会会员、知名诗人孙忠凯会面，并首次提出“互联网+诗词”的设想，并展开了深入探讨。2015 年 8 月 8 日，“互联网+诗词”助力中华传统文化传播，第二届“诗词中国”传统诗词创作大赛圆满落幕。“互联网+诗词”得到运用。由中华书局发起，中国出版集团、中央电视台、光明日报、中华书局、中华诗词研究院、中华诗词学会、中国移动共同举办的第二届“诗词中国”传统诗词创作大赛颁奖典礼在京举行。2015 年 8 月 15 日～18 日，由香港诗词学会主办的第六届中国诗人节大会上，王加洪先生再次在大会上阐述了“互联网+诗词”的设想，并得到了与会人员的认可。据香港大公报—大公网报道：“第六届中国诗人节——纪念抗日战争胜利七十周年抗战诗歌吟唱会”于 2015 年 8 月 15～8 月 17 日在香港中央图书馆举行。这次大会由香港诗词学会主办，旨在回忆往昔，缅怀七十年前的历史，用诗歌来表达中华民族的愤慨与控诉，提醒大众勿忘国耻。

9.2.15 互联网+地震

由中国地震局监测预报司主办，以“科技、创新、安全、参与”为主题的“互联网+地震”论坛 11 月 30 日在京举行，中国地震台网中心与今日头条等大型互联网平台合作，着力实现地震信息的高效传输、广泛覆盖和精准推送，将不断提高公众获得地震紧急信息服务的时效。

2009 年台网中心开发了能实时提供最新地震消息的手机应用“地震速报”，近年来实现了自动地震速报通过手机 APP、微博、微信、网站等对外同步发布。

地震台网一旦监测到地震，自动触发和实时处理系统会自动分析，生成地震速报参数，由今日头条的精准推送引擎在第一时间推送给受地震影响地区的民众，从接到地震台网的速报数据到用户接收到信息推送时间是 60 秒左右，未来这个时间有望缩短到接近 0 秒。

案例分享：打造线上特色产业集群——“童装名镇”织里

首发 2012 年 10 月 9 日，阿里巴巴与浙江湖州的“童装名镇”织里镇达成合作意向，双方共同打造“中国童装产业示范基地”。

2007 年，随着电子商务服务业的发展，阿里巴巴带动的“网商”群体开始受到社会广泛的关注。网商规模在这一阶段有了爆发式增长，同年《2007 中国网商发展研究报告》发布。

阿里巴巴集团副总裁梁春晓在报告中指出，作为一种经济现象的出现，“网商崛起”表明我国电子商务的发展开始有了主流化的进程，继“浮现、立足、崛起”三个阶段之后，网商世界下一阶段的主题将是“生态化”。电子商务平台催生网商集群，强大的电子商务平台体系则是未来商业社会的基础设施。

到 2012 年“双十一”的时候，天猫和淘宝“双十一”支付宝交易规模达到 191 亿元，远超同年美国“网络星期一”全天销售额(约 94 亿人民币)。C 类零售平台狂欢的同时，当时线下的 B 类企业在第一波电子商务的造势下已经触网，线下批发市场等流通渠道也在因以淘宝网为首的 C2C、B2C 带来的消费变革受到牵动。阿里巴巴中国产业带项目正是在此时推出，宗旨是打造新型的 CBBS 电子商务生态系统，即 C(消费者); B(分销商); B(制造商); S(生态服务体系)，同时推动专业市场的在线化和数据化。

通过多方合作的模式，结合阿里巴巴现有资源，开展本地电子商务建设，中国产业带的核心在于建设生态服务体系，即 CBBS 战略中的“S”。

阿里巴巴联合当地政府、市场方、运营商、服务商、产业基地和专业市场等，通过线上线下结合的模式，协助当地政府搭建本地特色化的电子商务平台，量身定制个性化站点，突显当地产业特色和优势，策划举办针对签约产业带的营销专场活动，全方位扶持当地产业电子商务的发展，帮助当地企业创造更好的电子商务环境和条件。

到 2013 年，阿里巴巴交易数据显示，织里镇在阿里巴巴网站注册的卖家达到了 1037 家，其中会员卖家有 902 家，而 85%的注册卖家从事童装生意。在销售旺季日均交易总额超过 200 万元，全年交易总额在 3.5 亿元左右，电商化已成为服务织里童装产业转型升级的重要途径之一。

织里产业带上线短短 2 个月，核心供应商数就翻了一番，在线交易额实现了 302%的增长。目前已有 2700 家企业入驻产业带，在童装类目上，织里童装销售额达每日 470 万元，超过广东省在阿里巴巴上的童装交易额。2013 年，以童装为主的浙江织里产业带销售额超过 20 亿元，排名第一。

项目合作同时推动线下电子商务示范基地建立，全面推动当地企业应用和普及电子商务，优化本地企业电子商务交易服务环境，推动特色产业和名牌产品的线上交易，带动电子商务整个核心产业集群的发展。同时结合阿里商学院和淘宝大学等专业培训，迅速打通企业电子商务的通道，带动传统行业从采购到销售的转型升级，为企业实实在在地谋利益。

“淘工厂”让产能在线化

“淘工厂”实质上是把服装工厂的生产线、产能、档期搬到互联网上，打包作为一种服务出售。在产品设计上，阿里要求工厂将产能商品化，开放最近 30 天空闲档期。档期表示工厂接单意愿，如果工厂没有空闲档期，则卖家搜索时会默认过滤掉。淘工厂最大的特点在于生产将更加符合淘宝卖家的需求，淘宝卖家可以尝试小批量试单，并快速翻单。阿里巴巴要求入驻的代工厂为淘宝卖家免费打样、提供报价、提供档期，并且接受 30 件起订、7 天内生产、信用凭证担保交易等协定。

同时，阿里将通过金融授信加担保交易解决交易的资金缺乏和资金安全的问题。淘宝卖家在支付货款时可使用阿里的授信额度。工厂可凭信用证收回全款，如果买家失信，阿里将会补上这份金额给工厂。目前已经有上千家服装工厂入驻“淘工厂”平台，除了中小微的服装厂，包括浙江富春江织、西格玛服饰等国际品牌代工厂也入驻平台，专门给淘宝商家开辟“柔性化”小型生产线。

从淘宝网零售，到 1688 在线批发，再到“淘工厂”，可以清晰地看到从需求端到供应链端的紧密连接和互相依存。从某种角度看，阿里巴巴的电商平台也是供应链协同的平台。未来，随着下游在线交易规模比重进一步加大，势必会以需求牵动的形式将更多的批发、分销和生产制造环节“拉”到互联网上来，而生产制造业的内部也会随着需求端的变化而变化。

【思考练习题】

1. 什么是“互联网+”？
2. 对于还是学生的你，对“互联网+”加些什么更感兴趣？
3. 除去技术问题，请你对“互联网+”有一个未来的畅想。
4. 请针对你感兴趣的行业制作一份“互联网+”创业计划书。

参考文献

[1] 辽宁省普通高等学校创新创业教育指导委员会. 创造性思维与创新方法[M]. 北京：高等教育出版社，2013.

[2] 王振宇. 创新思维与发明技法[M]. 北京：中国工人出版社，2008.

[3] 刘道玉. 创造思维方法训练[M]. 武汉：武汉大学出版社，2009.

[4] 李建平. 创新思维方法论[M]. 北京：社会科学文献出版社，2013.

[5] 刘燕华，李孟刚. 创新方法学[M]. 北京：高等教育出版社，2011.

[6] 罗玲玲. 创意思维训练[M]. 北京：首都经贸大学出版社，2008.

[7] 王如平. 创造性思维的开发与培养[M]. 北京：光明日报出版社，2012.

[8] 胡飞雪. 创新训练与方法[M]. 北京：机械工业出版社，2014.

[9] [日]大前研一. 创新者的思考[M]. 王伟，郑玉贵译. 北京：机械工业出版社，2014.

[10] 许湘岳，邓峰. 创新创业教程[M]. 北京：人民出版社，2011.

[11] 张红兵. 超级创新力[M]. 北京：人民邮电出版社，2013.

[12] 唐殿强. 创新能力教程[M]. 石家庄：河北科学技术出版社，2006.

[13] 姚凤云，苑成存. 创造学理论与实践[M]. 北京：清华大学出版社，2006.

[14] 田长广，唐恒青. 创造与策划新编[M]. 北京：北京大学出版社，2008.

[15] 胡珍生，刘奎琳. 创造性思维学概论[M]. 北京：经济管理出版社，2006.

[16] 池维东. 逻辑方法与创新思维[M]. 北京：中央编译出版社，2005.

[17] 李建军. 创造发明学导刊[M]. 第2版. 北京：中国人民大学出版社，2009.

[18] 李肖鸣，朱建新. 大学生创业基础[M]. 第4版. 北京：清华大学出版社，2014.

[19] 冯丽霞，王若洪. 创新与创业能力培养[M]. 北京：清华大学出版社，2013.

[20] 陈卫平，唐时俊. 创业基础[M]. 北京：清华大学出版社，2013.

[21] 吴运迪. 大学生创业指导[M]. 北京：清华大学出版社，2012.

[22] 奚国泉. 创业基础[M]. 北京：清华大学出版社，2013.

[23] 李时椿，常建坤. 创业基础[M]. 北京：清华大学出版社，2013.

[24] 杨华东. 中国青年创业案例精选[M]. 北京：清华大学出版社，2012.

[25] 任荣伟，梁西章，余雷. 创新创业案例教程[M]. 北京：清华大学出版社，2014.

[26] 李善友. 颠覆式创新——移动互联网时代的生存法则[M]. 北京：机械工业出版社，2014.

[27] [日]大前研一等. 创业者之道——大前研一管理实践系列[M]. 北京：中信出版社，2006.

[28] [美]杰弗里•蒂蒙斯. 创业者[M]. 北京：华夏出版社，2002.

[29] [美]杰弗里•蒂蒙斯. 战略与商业机会[M]. 北京：华夏出版社，2002.

[30] [美]杰弗里•蒂蒙斯. 创业企业融资[M]. 北京：华夏出版社，2002.

[31] [美]杰弗里•蒂蒙斯. 快速成长[M]. 北京：华夏出版社，2002.

[32] [美]彼得 • F. 德鲁克. 创新与创业精神[M]. 张炜译. 上海：上海人民出版社，2002.
[33] [美]杰斯汀 • 隆内克等. 创业机会[M]. 北京：华夏出版社，2002.
[34] 李志能，郁义鸿，Robert. D. Hisrich. 创业学[M]. 上海：复旦大学出版社，2000.
[35] 刘常勇. 创业管理的 12 堂课[M]. 北京：中信出版社，2002.
[36] 张玉利，李新春. 创业管理[M]. 北京：清华大学出版社，2006.
[37] 张玉利，张维. 创业管理理论与实践的新发展[M]. 北京：清华大学出版社，2004.
[38] 曹随，王燕梅. 中国大众创业学[M]. 中国经济出版社，2004.
[39] 郜振廷，刘志昆等. 企业创新策划新思维[M]. 中国经济出版社，1999.
[40] 马化腾. 互联网+：国家战略行动路线图[M]. 北京：中信出版社，2015.
[41] 曹磊，陈灿等. 互联网+：跨界与融合[M]. 北京：机械工业出版社，2015.
[42] 阿里研究院. 互联网+：从 IT 到 DT[M]. 北京：机械工业出版社，2015.